道路交通事故痕迹鉴定

李丽莉 余立希 王 勇 主编

科学出版社

北京

内 容 简 介

本书围绕道路交通事故痕迹鉴定这个交通事故痕迹物证鉴定具体项目内容,根据现行有效的鉴定标准《道路交通事故现场痕迹物证勘查》(GA/T 41—2019)和《道路交通事故痕迹鉴定》(GA/T 1087—2021)有关规定条款,从道路交通事故痕迹鉴定概念与特性以及轮胎痕迹、车体痕迹、地面痕迹、人体痕迹、其他痕迹等内容进行分别阐述,并增加汽车火灾痕迹这个较为疑难痕迹和整体分离痕迹这个同一认定最强的痕迹相关内容,厘清了道路交通事故痕迹鉴定包括的痕迹类型与特征、痕迹形成机理、如何开展检验鉴定以及发挥的作用,对常见的、典型的、其他特殊类型的各类痕迹实际鉴定案例进行解析,使读者能够更加深入理解和掌握如何开展道路交通事故痕迹鉴定。

本书适用于从事交通事故痕迹物证鉴定的鉴定机构和鉴定人,以及公安机关、检察机关、法院系统、司法行政机关等相关人员,还有道路交通管理人员、事故处理技术人员、汽车驾驶员、律师、保险从业人员等专业人员学习参考。同时,也可以为高等院校司法鉴定、侦查学等相关专业的师生和对道路交通事故痕迹鉴定领域感兴趣的人们提供参考帮助。

图书在版编目(CIP)数据

道路交通事故痕迹鉴定 / 李丽莉,余立希,王勇主编. -- 北京:科学出版社,2025.7. -- ISBN 978-7-03-082461-5

Ⅰ. U491.31;D918.91

中国国家版本馆 CIP 数据核字第 20251P4J02 号

责任编辑:谭宏宇/责任校对:王　瑞
责任印制:黄晓鸣/封面设计:殷　靓

科 学 出 版 社 出版
北京东黄城根北街 16 号
邮政编码:100717
http://www.sciencep.com

南京文脉图文设计制作有限公司排版
上海锦佳印刷有限公司印刷
科学出版社发行　各地新华书店经销

*

2025 年 7 月第 一 版　　开本:787×1092　1/16
2025 年 7 月第一次印刷　　印张:17　1/2
字数:388 000

定价:150.00 元
(如有印装质量问题,我社负责调换)

本书出版受司法鉴定科学研究院资助
本书出版受浙江温州宏顺司法鉴定所资助

前　言

习近平总书记在2019年中央政法工作会议上强调,要深化公共法律服务体系建设,加快整合律师、公证、司法鉴定、仲裁、司法所、人民调解等法律服务资源,尽快建成全业务、全时空的公共法律服务网络。2005年2月28日,十届全国人大常委会第十四次会议通过并出台了《全国人民代表大会常务委员会关于司法鉴定管理问题的决定》(以下简称《决定》),确立了司法鉴定在我国司法制度中的重要地位,对从事司法鉴定业务的鉴定人和鉴定机构应当具备的条件、鉴定人和鉴定机构的登记管理、鉴定人和鉴定机构的权利、义务以及法律责任等作出专门规定,2025年恰逢《决定》颁布实施二十周年,对于进一步规范司法鉴定活动,保障诉讼活动的顺利进行,具有重要意义。党的十八届四中全会提出:"建设完备的法律服务体系,推进覆盖城乡居民的公共法律服务体系建设,扩大法律援助范围,健全司法救济体系。"这是党中央首次提出公共法律服务体系建设顶层设计理念和布局思路。2024年7月,党的二十届三中全会通过的《中共中央关于进一步全面深化改革、推进中国式现代化的决定》指出:"健全覆盖城乡的公共法律服务体系,深化律师制度、公证制度、仲裁制度、调解制度、司法鉴定管理体制改革。"中办、国办印发的《关于加快推进公共法律服务体系建设的意见》明确提出要"围绕更好满足人民群众对美好生活的向往和日益增长的法律服务需求,加快建设覆盖城乡、便捷高效、均等普惠的现代公共法律服务体系,切实增强人民群众的获得感、幸福感、安全感。"司法鉴定作为公共法律服务体系的重要组成内容,其发展必然要放在公共法律服务体系建设总框架下进行。

以上海为例,2023年,上海市司法局积极推动公共法律服务体系建设,基本公共法律服务围绕可及性、均衡性关键特征,进一步提升城市治理能力现代化水平、服务民生改善、扩大法律援助社会影响;多元化专业化公共法律服务主要围绕高水平、国际化关键特征,进一步推进国际化法律服务中心建设,助力优化营商环境、促进法治政府建设,全市律师、公证员、仲裁员、司法鉴定人等公共法律服务从业人员近8万人。2023年,上海市共有司法鉴定机构44家(法医类18家、物证类10家、声像资料类16家、环境损害司法鉴定5家);司法鉴定人799名(法医类381名、物证类136名、声像资料类137名、环境损害司法鉴定145名),共办理司法鉴定业务113 259件(法医类91 481件、物证类16 411件、声像资料类5 275件、环境损害司法鉴定92件),同比上升28.95%。办理电话及网上咨询550件;办理12345市民热线工单129件。2023年1月,根据《上海市司法鉴定管理条例》《上海市司法鉴定人执业能力测试办法》相关工作要求,结合工作实际,启动开展2023年度司法鉴定机构及鉴定人准入(扩项)评审工作。经笔试、面试、现场评审等环节,5家机构通过评审,其中新机构2家、扩项机构3家;173人通过评审,其中新准入人员140人,扩项人员33人。

2020年6月19日第23次部长办公会议审议通过《物证类司法鉴定执业分类规定》第

二十七条规定:交通事故痕迹物证鉴定。包括车辆安全技术状况鉴定;交通设施安全技术状况鉴定;交通事故痕迹鉴定;车辆速度鉴定;交通事故痕迹物证综合鉴定等。非交通事故的相关鉴定可参照本条款。2024年7月,党的二十届三中全会站在党和国家事业发展全局的战略高度,着眼以中国式现代化推进强国建设、民族复兴伟业,对完善中国特色社会主义法治体系作出新的重大决策部署。《中共中央关于进一步全面深化改革、推进中国式现代化的决定》指出:"健全监察机关、公安机关、检察机关、审判机关、司法行政机关各司其职,监察权、侦查权、检察权、审判权、执行权相互配合、相互制约的体制机制,确保执法司法各环节全过程在有效制约监督下运行。"2024年10月12日,最高人民检察院下发《关于印发〈人民检察院办理伤害类案件技术性证据实质性审查工作规定〉和〈伤害类案件人体损伤程度鉴定意见专门审查指引〉的通知》(高检发办字〔2024〕239号),进一步强化伤害类案件技术性证据审查实质化,进一步提升伤害类案件审查办理的专业化、规范化水平,这对鉴定意见这一技术性证据提出更高的期待和要求。

  而对于交通事故痕迹物证鉴定这一新兴鉴定项目来说,首先应该落实《物证类司法鉴定执业分类规定》要求,对涉及的5个具体项目内容开展相应研究,其中,交通事故痕迹鉴定包括:通过对涉案车辆唯一性检查,对涉案车辆、交通设施、人员及穿戴物等为承痕客体、造痕客体的痕迹和整体分离痕迹进行检验分析,必要时结合交通事故微量物证鉴定、法医学鉴定等结果,判断痕迹的形成过程和原因(如是否发生过接触碰撞、接触碰撞部位和形态等)。而痕迹鉴定是指鉴定人运用痕迹检验学的理论、方法和专门知识,对痕迹物证进行勘验提取,并对其性质、状况及其形成痕迹的同一性、形成原因、形成过程、相互关系等进行检验检测、分析鉴别和判断并提供鉴定意见的活动。痕迹鉴定包括手印鉴定、潜在手印显现、足迹鉴定、工具痕迹鉴定、整体分离痕迹鉴定、枪弹痕迹鉴定、爆炸痕迹鉴定、火灾痕迹鉴定、人体特殊痕迹鉴定、日用物品损坏痕迹鉴定、交通事故痕迹物证鉴定等。由此可见,交通事故痕迹鉴定项目无论是在文字表述上还是在实际内容上,都是一项最接近物证类二级目录"痕迹鉴定"的项目,故而,笔者拟从道路交通事故这一典型事件类型出发,对道路交通事故痕迹鉴定开展较为全面的研究,以期为其他4个具体项目内容的研究以及除道路和非道路上行驶车辆外交通工具(如轨道列车、飞机等飞行器、轮船等水上交通工具等)痕迹鉴定提供一定参考。

  在本书撰写和出版过程中,司法鉴定科学研究院道路交通事故鉴定研究室冯浩、张泽枫、潘少猷、赵明辉、张志勇、张培锋、姜镇飞、衡威威、关闯、王礼君、沈永钢、任重、李静、孙佳,温州宏顺司法鉴定所陈勇、徐青朋、项学技、陈锡瑞等给予极大的鼓励和支持,华东政法大学博士研究生陈盈超在文献检索、文稿整理、文稿校对等方面倾力付出,科学出版社以专业的态度、一丝不苟的精神进行精心设计。在此,一并表示衷心的感谢。

  本书凝聚了作者团队20多年从事交通事故痕迹物证鉴定实务与研究的智慧和力量,怀着对交通事故痕迹物证鉴定的热爱和执着,并以道路交通事故痕迹鉴定的基本技术以及方法、现行的相关法律、法规、标准、规范和相关的学科、科学技术为基础编写,但由于作者学识水平有限,书中难免存在不妥之处,恳请专家学者及广大读者批评指正。

编 者

2025年3月

目　　录

第一章　道路交通事故痕迹鉴定概述

第一节　道路的概念及特性　　002
　　一、道路的概念　　002
　　二、道路的特性　　002
第二节　交通事故的概念及特性　　004
　　一、交通事故的概念　　004
　　二、交通事故的特性　　004
第三节　痕迹的概念及特性　　005
　　一、痕迹的概念　　005
　　二、痕迹的分类　　006
　　三、车辆痕迹概念和特性　　009
第四节　车辆痕迹检验鉴定　　010
　　一、车辆痕迹鉴定的概念　　010
　　二、车辆痕迹鉴定的内容与步骤　　011
　　三、车辆痕迹鉴定的方法　　012

第二章　轮胎痕迹

第一节　轮胎的概述　　017
　　一、车轮与轮胎　　017
　　二、轮胎的分类及特征　　017
　　三、胎面花纹的分类及特征　　018
第二节　轮胎痕迹的概述　　019
　　一、轮胎痕迹的概念　　019
　　二、轮胎及轮胎痕迹检验标准　　019
　　三、轮胎损坏痕迹的分类与特征　　020
　　四、胎面花纹磨损痕迹的分类及特征　　030
第三节　轮胎痕迹鉴定　　031
　　一、轮胎痕迹鉴定的概念　　031
　　二、轮胎痕迹鉴定的类型与方法　　031

第四节　轮胎痕迹鉴定案例解析　　　　　　　　　　034
　　一、常见轮胎痕迹鉴定案例解析　　　　　　　　034
　　二、其他轮胎痕迹鉴定案例解析　　　　　　　　037

第三章　车体痕迹

第一节　车体痕迹的概述　　　　　　　　　　　　045
　　一、车体痕迹的概念　　　　　　　　　　　　　045
　　二、车体痕迹的形成要件　　　　　　　　　　　045
　　三、车体痕迹的特点及分类　　　　　　　　　　045
　　四、车体痕迹的作用　　　　　　　　　　　　　049
第二节　车体痕迹鉴定　　　　　　　　　　　　　049
　　一、车体痕迹鉴定的概念　　　　　　　　　　　049
　　二、车体痕迹的发现、测量和提取　　　　　　　050
　　三、车体痕迹鉴定的类型与特征分析　　　　　　052
　　四、车体附着痕迹鉴定——以车体附着（油漆）痕迹鉴定
　　　　为例　　　　　　　　　　　　　　　　　　054
　　五、车体痕迹鉴定的实践运用　　　　　　　　　056
第三节　车体痕迹鉴定案例解析　　　　　　　　　058
　　一、常见车体痕迹鉴定案例解析　　　　　　　　058
　　二、其他车体痕迹鉴定案例解析　　　　　　　　074

第四章　地面痕迹

第一节　地面痕迹的概述　　　　　　　　　　　　087
　　一、地面痕迹的概念　　　　　　　　　　　　　087
　　二、地面痕迹的分类及特征　　　　　　　　　　087
第二节　地面痕迹鉴定　　　　　　　　　　　　　093
　　一、地面轮胎痕迹鉴定　　　　　　　　　　　　093
　　二、地面损坏痕迹鉴定　　　　　　　　　　　　095
　　三、地面散落痕迹鉴定　　　　　　　　　　　　096
第三节　地面痕迹鉴定案例解析　　　　　　　　　097
　　一、常见地面痕迹鉴定案例解析　　　　　　　　097
　　二、其他地面痕迹鉴定案例解析　　　　　　　　109

第五章　人体痕迹

第一节　人体痕迹的概述　　　　　　　　　　　　118
　　一、人体痕迹的概念　　　　　　　　　　　　　118
　　二、人体痕迹的分类及特征　　　　　　　　　　118

　　　　　三、人体痕迹的作用　　　　　　　　　　　122
　　第二节　人体火灾痕迹　　　　　　　　　　　　123
　　　　　一、人体火灾痕迹的概念　　　　　　　　123
　　　　　二、人体火灾痕迹的形成机理　　　　　　123
　　　　　三、人体火灾痕迹的分类及特征　　　　　125
　　第三节　人体痕迹鉴定　　　　　　　　　　　　127
　　　　　一、人体痕迹鉴定的概念　　　　　　　　127
　　　　　二、人体痕迹的勘验　　　　　　　　　　127
　　第四节　人体痕迹鉴定的实践运用　　　　　　　129
　　　　　一、行人交通行为方式鉴定　　　　　　　129
　　　　　二、非机动车当事人交通行为方式鉴定　　131
　　　　　三、机动车当事人交通行为方式鉴定　　　133
　　第五节　人体痕迹鉴定案例分析　　　　　　　　137
　　　　　一、常见人体痕迹鉴定案例解析　　　　　137
　　　　　二、其他人体痕迹鉴定案例解析　　　　　142

第六章 其他痕迹

　　第一节　其他痕迹的概述　　　　　　　　　　　171
　　　　　一、其他痕迹的概念　　　　　　　　　　171
　　　　　二、其他痕迹的特征　　　　　　　　　　171
　　第二节　其他痕迹检验鉴定　　　　　　　　　　171
　　　　　一、油漆物证的勘验　　　　　　　　　　171
　　　　　二、玻璃物证的勘验　　　　　　　　　　174
　　　　　三、塑料物证的勘验　　　　　　　　　　175
　　　　　四、纤维物证的勘验　　　　　　　　　　176
　　　　　五、橡胶物证的勘验　　　　　　　　　　177
　　　　　六、泥土物证的勘验　　　　　　　　　　178
　　　　　七、手、足印迹的勘验　　　　　　　　　178
　　第三节　其他痕迹鉴定案例解析　　　　　　　　186
　　　　　一、常见其他痕迹鉴定案例解析　　　　　186
　　　　　二、其他痕迹鉴定案例解析　　　　　　　191

第七章 车辆火灾痕迹

　　第一节　汽车电气故障火灾痕迹　　　　　　　　214
　　　　　一、汽车电气系统　　　　　　　　　　　214
　　　　　二、汽车电气故障火灾原因及分类　　　　214
　　第二节　汽车供油系统油品泄漏火灾痕迹　　　　217

　　　　一、汽车供油系统　　　　　　　　　　　　　　　217
　　　　二、汽车供油系统油品泄漏火灾痕迹形成机理　218
　　　　三、汽车供油系统油品泄漏火灾痕迹特征　　　219
　　　　四、汽车供油系统油品泄漏火灾痕迹证明作用　219
　　　　五、汽车供油系统油品泄漏火灾痕迹鉴定物证提取与
　　　　　　检验方法　　　　　　　　　　　　　　　　220
　　第三节　汽车排气系统火灾痕迹　　　　　　　　　220
　　　　一、汽车排气系统　　　　　　　　　　　　　　220
　　　　二、汽车排气系统火灾痕迹形成机理　　　　　　220
　　　　三、汽车排气系统火灾痕迹特征　　　　　　　　221
　　　　四、汽车排气系统火灾痕迹证明作用　　　　　　221
　　第四节　汽车制动系统火灾痕迹　　　　　　　　　221
　　　　一、汽车制动系统　　　　　　　　　　　　　　221
　　　　二、汽车制动系统火灾痕迹形成机理　　　　　　222
　　　　三、汽车制动系统火灾痕迹特征　　　　　　　　222
　　　　四、汽车制动系统火灾痕迹证明作用　　　　　　222
　　第五节　汽车放火痕迹　　　　　　　　　　　　　223
　　　　一、汽车放火案件　　　　　　　　　　　　　　223
　　　　二、汽车放火痕迹分类与特征　　　　　　　　　223
　　第六节　燃气汽车火灾痕迹　　　　　　　　　　　225
　　　　一、燃气汽车火灾痕迹形成机理　　　　　　　　225
　　　　二、燃气汽车火灾痕迹特征　　　　　　　　　　226
　　　　三、燃气汽车火灾痕迹证明作用　　　　　　　　226
　　第七节　道路交通事故车辆火灾痕迹鉴定案例　　　226

第八章 整体分离痕迹

　　第一节　整体分离痕迹概述　　　　　　　　　　　240
　　　　一、整体分离痕迹的认识基础　　　　　　　　　240
　　　　二、整体分离痕迹的概念　　　　　　　　　　　241
　　第二节　整体分离痕迹的作用及特征　　　　　　　242
　　　　一、整体分离痕迹鉴定的作用　　　　　　　　　242
　　　　二、整体物的固有特征　　　　　　　　　　　　242
　　　　三、被分离整体物的附加特征　　　　　　　　　243
　　　　四、整体分离痕迹的特征　　　　　　　　　　　243
　　第三节　几种常见物体的整体分离痕迹特征　　　　246
　　　　一、玻璃类整体分离痕迹特征　　　　　　　　　246
　　　　二、纺织品类整体分离痕迹特征　　　　　　　　250

三、木材类整体分离痕迹特征		251
四、纸张类整体分离痕迹特征		253
第四节　道路交通事故整体分离痕迹鉴定案例		255

主要参考文献　　　　　　　　　　　　　　　　　　　　264

第一章
道路交通事故痕迹鉴定概述

第一节　道路的概念及特性

一、道路的概念

道路,是供车辆和行人通行的路的总称,是建筑在地面上的专供车辆行驶的一种线性工程构筑物。

道路根据其功能、性质和所承担的任务可分为公路和城市道路。但在法律上,道路的范围要更大一些,《中华人民共和国道路交通安全法》第119条规定,道路是指公路、城市道路和虽在单位管辖范围但允许社会机动车通行的地方,包括广场、公共停车场等用于公众通行的场所。

"道路以外的地方"视为道路的情形,主要依据《最高人民法院关于审理道路交通损害赔偿案件适用法律若干问题的解释》第28条的规定,有些道路以外的区域在"机动车通行时"也可以参照道路交通事故处理:一是自建自管未列入规划的城市巷弄或村间路,或者自行修建并自行负责管理的地面;二是农村铺设的用于田间耕作的水泥路、沥青路、砂石路等机耕路;三是村民宅前宅后建造的路段或者自然通车形成的地面;四是封闭式住宅小区楼群之间的地面;五是机关团体单位的内部地面,厂矿、企事业单位、火车站、机场、港口、货场内的专用地面;六是撤村建居后尚未移交公安交通部门管理的路段;七是晾晒作物的厂院内;八是断路施工未竣工或已竣工未移交公安交通部门管理的路段等。

二、道路的特性

道路作为交通基础设施的核心组成部分,具有多种特性,这些特性决定了其功能、设计标准和使用方式。道路是社会经济发展的基础支撑,为人员、物资的流动提供基本通道,是连接各个区域、促进经济交流与合作的重要纽带。道路通常由政府投资建设和维护,供社会公众免费使用,以满足社会公共交通需求,具有明显的公益属性。道路主要具有以下特性:

1. **功能特性**　道路具有多种功能,如城市道路要满足城市交通、市政设施敷设、城市景观等功能;公路则主要服务于区域间的交通运输,同时兼顾一定的国防、旅游等功能。

(1) 交通服务:提供车辆、行人、非机动车的通行空间,是连接不同区域的纽带。

(2) 分流能力:通过车道划分(如快慢车道、公交专用道)实现交通流的有序分配。

(3) 可达性:直接影响沿线区域的经济发展和社会活动(如城市道路提升商业价值)。

2. **物理特性**　道路一般呈线性分布,根据地形、地貌和规划要求,连接不同的地点,具有一定的长度和走向,其路线设计需综合考虑多种因素。

(1) 线性结构:由直线、曲线、坡度、超高(弯道外侧抬高)等几何要素组成。

(2) 横断面组成:包括行车道、路肩、人行道、绿化带、排水设施等。

(3) 地面材料:沥青(柔性地面)、混凝土(刚性地面)或砂石(低等级道路),影响耐久性和舒适性。

3. **技术特性**　道路需具备足够的强度和稳定性,以承受各种车辆和行人的荷载,包括静荷载和动荷载,保证在长期使用过程中不出现严重的损坏和变形。

设计标准:
(1) 等级:高速公路(全封闭)、一级公路(部分立交)、农村公路等。
(2) 设计速度:高速公路(120 km/h)、城市道路(通常 30～80 km/h)。
(3) 承载能力:根据轴载要求设计(如重载道路需加强基层)。
(4) 几何参数:包括车道宽度(标准 3.5 m)、平曲线半径、纵坡坡度(山区道路需控制陡坡)。

4. 管理特性 道路是一个由多个要素组成的系统,包括道路本体、交通标志标线、交通监控设施、照明设施等,各要素相互配合,共同保障道路的安全和顺畅通行。
(1) 权属分类:国道(国家管理)、省道(省级)、城市道路(市政部门)。
(2) 交通控制:信号灯、标志标线、限速规定、拥堵收费(如伦敦市中心)。
(3) 特殊规则:单行道、公交优先、货车限行时段。

5. 环境与社会特性
(1) 生态影响:可能分割动物栖息地(需设置生态廊道),或引发水土流失。
(2) 噪声与污染:临近居民区需设置声屏障,推广透水地面减少径流。
(3) 文化因素:历史街区道路需保留原有风貌(如欧洲石板路)。

6. 经济特性
(1) 建设成本:山地高速公路造价显著高于平原(如桥隧比高)。
(2) 维护需求:冬季除雪、定期修补坑槽(影响生命周期成本)。
(3) 经济效益:物流效率提升(如高速公路缩短运输时间 30% 以上)。

7. 安全特性 道路不仅包括地面本身,还包括路肩、边坡、排水设施等附属空间,共同构成一个完整的道路空间,以满足交通功能和安全要求。
(1) 主动安全:反光标线、防眩光设施(如中央分隔带树木)。
(2) 被动安全:护栏(波形梁或混凝土)、避险车道(长下坡路段)。
(3) 事故黑点:通过改善视距或增设信号灯降低事故率。

8. 动态特性 道路的使用状况和性能会随时间、交通流量、环境等因素的变化而变化,需要不断进行维护、改造和升级,以适应新的交通需求和使用要求。
(1) 交通流变化:早晚高峰拥堵(可通过智能信号系统调节)。
(2) 老化过程:沥青地面 10～15 年需大修,取决于荷载和气候。
(3) 适应性改造:如拓宽车道、增设自行车道(响应环保需求)。

9. 示例对比(见表 1.1)

表 1.1

特性类型	高速公路	城市支路
设计速度	120 km/h	30 km/h
路权	全封闭	混合交通(人车共存)
功能	长途快速运输	社区短途出行

理解这些特性有助于优化道路规划、设计和管理,例如在山区优先考虑纵坡安全性,或在城市注重非机动化交通空间分配。不同特性的平衡是道路工程的核心挑战之一。

第二节　交通事故的概念及特性

一、交通事故的概念

交通事故,通常是道路交通事故的简称。《中华人民共和国道路交通安全法》第119条规定,交通事故是指车辆在道路上因过错或者意外造成的人身伤亡或者财产损失的事件。

交通事故不仅是由不特定的人员违反交通管理法规而造成的;其也可以由地震、台风、山洪、雷击等不可抗拒的自然灾害而造成。

二、交通事故的特性

(一) 构成交通事故应具备要素之一

构成交通事故应具备要素之一即事故一方必须是车辆。

车辆包括机动车和非机动车,没有车辆就不能构成交通事故,例如行人与行人在行进中发生碰撞的就不构成交通事故。

《机动车运行安全技术条件》(GB 7258—2017)3.1条规定,机动车是指以动力装置驱动或者牵引,上道路行驶的供人员乘用或者用于运送物品以及进行工程专项作业的轮式车辆,主要包括汽车及汽车列车、摩托车、拖拉机运输机组、轮式专用机械车、挂车。《中华人民共和国道路交通安全法》第119条第4款,非机动车是指以人力或畜力驱动,上道路行驶的,以及符合有关国家标准的残疾人机动轮椅车、电动自行车等交通工具。

四川省道路交通安全协会发布《非机动车类型》(T/SCJA 8—2021)3.1条和《非道路车辆类型》(T/SCJA 9—2021)3.3条规定,非机动车包括人力驱动车辆、畜力驱动车辆、残疾人机动轮椅车、残疾人电动轮椅车、电动自行车;非道路车辆是指除法律、法规规定的机动车和非机动车以外的,设计和制造用于非道路上娱乐、竞技或供辅助行走,或在道路外从事专项作业的轮式车辆/轮式或非轮式移动机械/带轮的移动器械等,其类型包括儿童类、轮椅类、动力装置驱动类、人力驱动类、畜力驱动类,具体有儿童自行车、玩具滑板车、儿童玩具车、手动轮椅、电动轮椅、智能轮椅、电动滑板车、电动平衡车、非公路用旅游观光车、非公路用旅游观光列车、卡丁车、碰碰车、滑移车、全地形车、场(厂)内机动车辆、自走式农业机械、步履式机械、并列式自行车、小轮车、滑板、分体式滑板、轮滑鞋、平板推车、狗拉车等。

(二) 构成交通事故应具备要素之二

构成交通事故应具备要素之二即事故发生在道路上。

道路不仅包括公路、城市道路,而且包括虽在单位管辖范围但允许社会机动车通行的地方,比如广场、公共停车场等用于公众通行的场所。

其中,《中华人民共和国公路法》第2条、第6条规定,公路按其在公路路网中的地位可分为国道、省道、县道和乡道,按照技术等级分为高速公路、一级公路、二级公路、三级公路和四级公路。公路桥梁、公路隧道和公路渡口,依法视为公路;城市道路是指城市供车辆、行人通行的,具备一定技术条件的道路、桥梁及其附属设施;属于单位管辖范围,但允许社会机动车车辆通行的地方,比如4S店或者汽车修理厂中供车辆停放的停车场;广场是指城市规划在道路用地范围内,专供公众集会、休憩、步行和交通集散的场地,一般分为城市中心广场和站前广场;公共停车场是指在道路用地范围内专门划设出供车辆停放的车辆集散地,是道路系统中一个重要组成部位。

(三)构成交通事故应具备要素之三

构成交通事故应具备要素之三即至少事故车辆一方处于交通运行中。

至少事故车辆一方处于交通运行中是指车辆在行驶或停放过程中发生的事件,若车辆处于完全停止状态,行人主动去碰撞车辆或乘车人上下车的过程中发生的挤、摔、伤亡的事故,则不属于交通事故。

(四)构成交通事故应具备要素之四

构成交通事故应具备要素之四即有事态发生。

有事态发生是指有碰撞、碾压、刮擦、翻车、坠车、爆炸、失火等其中的任一种现象发生。

(五)构成交通事故应具备要素之五

构成交通事故应具备要素之五即造成事态的原因是人为的。

造成事态的原因是人为的是指发生事态是由于事故当事者(肇事者)的过错或者意外行为所致。如果完全由无法抗拒的各种自然灾害造成,均不属于交通事故。

(六)构成交通事故应具备要素之六

构成交通事故应具备要素之六即一定有损害后果的发生。

损害后果仅指直接的损害后果,且是物质损失,包括人身伤亡和财产损失。

(七)构成交通事故应具备要素之七

构成交通事故应具备要素之七即当事人心理状态是过失或有其他意外因素。

若当事人心理状态处于故意,则不属于交通事故。

第三节 痕迹的概念及特性

一、痕迹的概念

痕迹,是指事物运动所遗留下来的印象或迹象。在刑事科学技术领域,一般认为,狭义痕迹是指两个客体在相互接触作用过程中形成并保留下来的反映形象,其通常具有存在的普遍性、物质的客观性、同犯罪行为密切的关联性、明显的直观性四个基本特性。

痕迹形成的基本要素包括造痕客体、承痕客体、作用力和介质,其中介质又称为中介质,是形成平面痕迹的必需物质。

二、痕迹的分类

(一) 依据痕迹的自身表现形式或者痕迹的形态分类

依据痕迹自身表现形式或者痕迹的形态分类，可以将其分为立体痕迹和平面痕迹、显在痕迹和潜在痕迹、静态痕迹和动态痕迹。

1. **立体痕迹** 立体痕迹是指造痕客体与承痕客体相互接触时，由于力的作用，使承痕客体表面发生塑性变形而形成的具有三维空间形态的痕迹。例如，犯罪现场中，罪犯的鞋底在松软的土地上留下的脚印，就是典型的立体痕迹。它不仅能反映出鞋底的花纹、图案等平面特征，还能体现出脚印的深度、凹陷程度等立体信息，对于案件侦查中判断罪犯的身高、体重、行走姿势等具有重要意义。

2. **平面痕迹** 平面痕迹是指造痕客体与承痕客体接触时，仅在承痕客体表面形成二维平面上的痕迹，没有明显的立体凹凸形态变化。这类痕迹主要是通过物质的转移或表面结构的复制而形成。比如，手指在光滑玻璃上留下的指纹，是手指表面的汗液等物质转移到玻璃表面形成的平面痕迹，它主要反映手指皮肤纹线的花纹、图案等平面特征。再如，汽车在干燥的柏油马路上紧急刹车时留下的黑色刹车痕迹，是轮胎表面的橡胶颗粒等物质转移到地面上形成的，呈现出的是轮胎与地面接触部位的平面轮廓和摩擦痕迹。

3. **显在痕迹** 显在痕迹是指能够直接被肉眼观察到的痕迹。这类痕迹通常具有明显的外观特征或与周围环境有明显的差异，不需要借助特殊的技术或设备就能被发现。例如，犯罪现场中明显的血迹、物品被破坏的痕迹、清晰的脚印、指纹等，这些痕迹能够直接为调查人员提供线索，帮助他们了解事件发生的过程和相关情况。

4. **潜在痕迹** 潜在痕迹是指那些不能被肉眼直接观察到，需要借助特定的技术、方法或设备才能显现出来的痕迹。例如，潜在指纹通常是手指接触物体表面时留下的汗液、油脂等物质形成的，因其与物体表面的颜色和质地相近，难以直接用肉眼察觉，需通过粉末显现法、化学显色法或激光照射等技术才能使其显现。再如，一些经过擦拭或被掩盖的血迹，可能在现场表面看不到明显迹象，但通过鲁米诺等化学试剂喷洒，就能使残留的血迹发出荧光从而被发现。还有一些潜在的工具痕迹，可能因痕迹细微或被污垢覆盖，需要使用显微镜等设备进行观察和分析。

5. **静态痕迹** 静态痕迹是指在造痕客体与承痕客体相对静止的状态下形成的痕迹。这种痕迹的形成过程中，造痕客体与承痕客体之间没有明显的相对位移，作用力主要是垂直方向的压力等。例如，物体放置在柔软的材料上，由于自身重力作用留下的压痕，像一本书放在沙滩上留下的痕迹；或者人站在泥地上，双脚静止时在地面形成的脚印，这些脚印的形状、大小等特征相对稳定，能较准确地反映出造痕客体（如鞋底）的形态特征，为痕迹分析和鉴定提供重要依据。

6. **动态痕迹** 动态痕迹是指造痕客体与承痕客体在相对运动状态下形成的痕迹。在形成动态痕迹的过程中，造痕客体与承痕客体之间存在着明显的相对位移，作用力较为复杂，除了垂直方向的压力外，还可能有摩擦力、剪切力等。例如，车辆在行驶过程中紧急刹车，轮胎在地面上滑动形成的刹车痕迹；罪犯使用工具撬门时，工具与门之间不断摩擦、挤压产生的撬压痕迹和擦划痕迹等。动态痕迹的形态和特征会受到运动速度、方向、力度等多种因素的影响,往往能反映出造痕客体的运动状态和作用方式,对于分析案件发生的过程和机制具有重要意义。

(二)依据痕迹特征所反映的内涵或者说痕迹形成的原因分类

依据痕迹特征所反映的内涵分类,可以分为外部形象痕迹和内部结构痕迹、动作习惯痕迹、整体分离痕迹。

1. **外部形象痕迹** 外部形象痕迹是指物体在外力作用下,在其他物体表面留下的能够反映该物体外部形态、结构等特征的痕迹。这种痕迹主要通过压印、擦划、复制等方式形成。例如,人的足迹是脚在地面等承受客体上形成的外部形象痕迹,能反映出脚的大小、形状、鞋底花纹等特征;工具痕迹如螺丝刀撬压门窗边框留下的痕迹,会呈现出螺丝刀头部的形状、尺寸以及表面纹理等特征,这些痕迹都属于外部形象痕迹,它们对于识别和鉴定形成痕迹的物体具有重要作用,常被应用于刑事侦查、物证鉴定等领域。

2. **内部结构痕迹** 内部结构痕迹是指存在于物体内部,反映物体内部结构特征和形成过程中相关信息的痕迹。这些痕迹通常需要借助特殊的技术手段,如无损检测技术(包括射线检测、超声波检测、磁粉检测等)、金相分析等才能观察到。例如,金属材料在加工过程中会形成内部的金相组织痕迹,通过金相分析可以了解金属的加工工艺、热处理状态等信息;铸件内部的缩孔、疏松等缺陷也是内部结构痕迹的一种,通过射线检测可以发现这些隐藏在物体内部的痕迹,从而评估铸件的质量。在刑事侦查中,对于一些被破坏或隐藏内部结构的物证,通过分析其内部结构痕迹,可以推断物体的原始状态、遭受的破坏方式以及可能的作案工具等。

3. **动作习惯痕迹** 动作习惯痕迹是指人在进行各种活动时,由于长期形成的动作习惯而在相关物体上留下的具有特定特征的痕迹。每个人都有独特的动作习惯,这些习惯会在书写、行走、使用工具等行为中体现出来,并留下相应的痕迹。例如,书写习惯痕迹是个人在书写过程中形成的独特书写风格,包括笔画的形态、书写的速度和力度、连笔方式等,通过笔迹分析可以帮助鉴定文件的真伪或判断书写者的身份。又如,行走习惯痕迹表现为脚印的特征,如步幅大小、落脚和起脚的方式、鞋底磨损的部位等,能为案件侦查提供有关嫌疑人身高、体态和行走姿势等线索。此外,使用工具的习惯痕迹也具有重要的鉴定价值,不同人使用工具的力度、角度和动作顺序不同,会在工具接触的物体表面形成独特的痕迹,有助于判断作案工具以及作案人的职业或生活习惯等。

4. **整体分离痕迹** 整体分离痕迹是指原本属于一个整体的物体,由于受到外力作用而被分离成若干部分后,在分离部位所形成的痕迹。这种痕迹具有以下特点和作用:首先,整体分离痕迹能够反映物体分离的方式和原因,如撕裂、剪断、锯断、折断等,不同的分离方式会产生不同特征的痕迹。例如,撕裂痕迹边缘通常较为粗糙、不规则,有纤维状的撕裂纹路;剪断痕迹则相对整齐,在断口处可能会有剪切工具留下的压痕。其次,通过对整体分离痕迹的分析,可以将分离的部分进行同一认定,即判断这些部分是否原本属于同一个整体。这在刑事侦查中具有重要意义,例如在犯罪现场发现的碎玻璃、断裂的木棍等,如果能与嫌疑人身上或其他相关地点找到的对应部分通过整体分离痕迹准确匹配,就可以作为重要的物证,证明嫌疑人与案件现场的关联性。

(三) 依据痕迹的物质属性分类

依据痕迹的物质属性进行分类,可以分为物质交换痕迹和反映性痕迹。

1. 物质交换痕迹　物质交换痕迹是指两个物体或实体在接触、摩擦、碰撞等相互作用过程中,因物质转移或表面改变而留下的可观测的物理或化学标记。物质交换痕迹具有双向性、微量性、特异性的特性。来源于著名洛卡德交换原理,法国犯罪学家埃德蒙·洛卡德(Edmond Locard)提出:"每一次接触都会留下痕迹"。该原理是物质交换痕迹的理论基础,强调犯罪者与现场、工具、受害者之间必然存在物质交换。比如在道路交通事故痕迹鉴定中,车辆碰撞后,通过油漆层转移痕迹还原碰撞角度和顺序。

2. 反映性痕迹　反映性痕迹是指某一客体在外力或其他因素作用下,其表面或内部结构因受力、接触或环境作用而留下的能够反映另一客体形态、特征或作用机制的印迹或变化。反映性痕迹具有间接反映性、形态对应性、动态可塑性的特性。常见的痕迹有:静态压痕、动态擦划痕(道路交通事故痕迹中常见车体痕迹)、断裂痕迹、工具痕迹等。反映性痕迹的科学原理主要有形态学匹配和力学分析,其中力学分析是根据痕迹的受力方向、深度推断作用力大小和角度(如交通事故碰撞分析),在交通事故重建过程中,可以用于地面刹车痕的长度和方向推算车辆速度和行驶轨迹。

(四) 按痕迹承痕客体的不同分类

按痕迹承痕客体的不同进行分类,可分为人体痕迹、物体痕迹和地面痕迹。

1. 人体痕迹　人体痕迹是指在人体上形成的,能够反映出与人体相关的各种信息的痕迹。这些痕迹可以由多种原因造成,在法医学、刑事侦查等领域有着重要的作用。常见的人体痕迹:体表损伤痕迹、指纹和掌纹、足迹、牙齿痕迹、毛发痕迹等。

2. 物体痕迹　物体痕迹是指某一物体在外力作用、环境变化或与其他物体接触过程中,在其表面或内部形成的能够反映作用方式、接触特征或历史状态的物理或化学变化。物体痕迹具有客观性、稳定性、特异性、可检测性的基本特性。这些痕迹可以通过多种方式产生,比如物体与物体之间的接触、摩擦、碰撞,或者物体受到自然环境因素的影响等。常见的物体痕迹包括工具痕迹,如撬棍撬门时在门上留下的撬压痕迹,能反映出工具的形状、使用方式等;还有车辆痕迹,像轮胎在地面留下的刹车印、行驶轨迹等,可帮助分析车辆的行驶状态和事故过程;另外,物体表面的划痕、刻痕、压痕等也都属于物体痕迹,它们对于判断物体的用途、经历以及是否与特定事件相关等具有重要作用。在刑事侦查和物证鉴定等领域,物体痕迹是重要的证据来源,通过对其细致分析可以为案件侦破提供关键线索。如道路交通事故痕迹鉴定中对轮胎印进行分析,用于判断车辆行驶方向、速度及制动情况。对车身碰撞痕迹进行分析,还原事故碰撞角度、力度及先后顺序。

3. 地面痕迹　地面痕迹是指在地表或地面物体(如土壤、沥青、雪地等)上,由于外力作用、物体接触或环境变化而形成的可观测的印迹、变形或残留物。这些痕迹可以通过多种方式产生,比如物体与物体之间的接触、摩擦、碰撞,或者物体受到自然环境因素的影响等。常见的物体痕迹包括工具痕迹,如撬棍撬门时在门上留下的撬压痕迹,能反映出工具的形状、使用方式等;还有车辆痕迹,像轮胎在地面留下的刹车印、行驶轨迹等,可帮助分析车辆的行驶状态和事故过程；另外，物体表面的划痕、刻痕、压痕等也都属于物体痕迹，它们对于判断物体的用途、经历以及是否与特定事件相关等具有重要作用。在刑事侦查和物证鉴定等领域，物体痕迹是重要的证据来源，通过对其细致分析可以为案件侦破提供关键线索。这类痕迹是刑事侦查、交通事故鉴定、地质勘探、考古学等领域的重要研究对象，能够帮助还原事件发生过程、分析物体运动状态或推断环境变化。地面痕迹具有介质依赖性、动态变化性、力学反映性、时空关联性的基本特性。道路交通事故痕迹中刹车痕、车身刮地痕、散落物位置等均体现地面痕迹，可用于匹配嫌疑车辆的花纹型号、磨损特征；利用刹车痕计算车辆事发时的行驶速度；通过散落玻璃、油漆碎片分布确定碰撞位置。

三、车辆痕迹概念和特性

（一）车辆痕迹的概念

车辆痕迹从大的方面来讲，属于物体痕迹，是道路交通事故痕迹鉴定中最为常见和主要的痕迹。道路交通事故特征性痕迹，是指道路交通事故中可以作为所涉及人、车辆或者其他客体特点的标志性的形象。本论著所研究的主要是依据承痕客体的类别分类的道路交通事故特征性痕迹，包括车体痕迹、地面痕迹、人体痕迹和其他痕迹等。

车辆痕迹是指车辆在行驶、停放或发生事故过程中，因机械作用、摩擦碰撞或环境因素而在道路表面、其他物体或车辆自身上形成的可识别印迹或损伤。

这些痕迹包括轮胎痕迹（滚动痕迹、制动痕迹）、车体碰撞痕迹、车辆零部件刮擦痕迹、附着痕迹、分离痕迹、地面痕迹、其他痕迹等。轮胎痕迹是车辆行驶时轮胎在地面上留下的印记，可反映出车辆的行驶方向、速度、制动情况等；车体碰撞痕迹能体现碰撞的部位、力度、角度等信息，有助于分析交通事故或其他涉车案件的发生过程；车辆零部件刮擦痕迹则可以显示车辆与周围物体的接触位置和运动轨迹等。通过对车辆痕迹的勘查和分析，进行形态学比对分析、三维重建、物质成分检测、动力学计算分析等方法，能够为交通事故处理、犯罪侦查等提供重要线索和证据。其难点在多车发生多次碰撞过程中形成的交叉重叠的痕迹检验、分析和评判。车辆痕迹是道路交通事故与刑侦领域的"机械指纹"，通过"形态＋物质＋力学"三位一体分析，可精准还原事故过程或犯罪行为。并随着车载黑匣子（EDR、VDR等）数据解读与AI重建技术的结合，未来车辆痕迹鉴定将迈向更高精度，呈现更多量化指标，减少人为经验成分的认知偏差干扰。

（二）痕迹的特性

1. **特定性** 每个痕迹都有其独有的特征，这些特征由形成痕迹的客体本身的特性以及形成过程中的各种因素决定。例如，指纹具有独一无二的纹线特征，不同人的指纹不会完全相同，这使得通过指纹识别个体成为可能。

2. **稳定性** 痕迹在一定时间和条件下能够保持相对稳定的状态。一旦形成，在没有受到外界较大干扰或破坏的情况下，痕迹的基本特征不会发生明显变化。例如，犯罪现场的足迹，在干燥、无人为破坏的环境中可以保存较长时间，为后续的勘查和鉴定提供稳定的依据。

3. **反映性** 痕迹能够客观地反映出形成它的客体的部分或全部特征，以及痕迹形成的过程和相关情况。比如,工具痕迹可以反映出工具的形状、大小、质地等特征,以及工具与被作用物体之间的接触方式和作用力的大小、方向等。

4. **关联性** 痕迹不是孤立存在的,它与周围的环境、其他痕迹以及案件或事件本身存在着密切的联系。通过对痕迹关联性的分析,可以帮助还原事件的全貌。例如,在犯罪现场,血迹的分布、形态与受害者的位置、受伤情况以及嫌疑人的行动轨迹等都有着紧密的关联,综合分析这些痕迹之间的关系,能够推断出案件发生的过程。

（三）车辆痕迹的特性

车辆痕迹具有以下特性：

1. **特定性** 每辆车的轮胎花纹、磨损程度、车体形状及零部件等都有独特之处,不同车辆部件（轮胎、保险杠等）会形成独特痕迹（如轮胎花纹、车灯碎片棱角）,这些因素使得车辆痕迹具有特定性,能够区分不同的车辆。即使是同一型号的车辆,由于使用情况不同,其痕迹也会存在差异。

2. **稳定性** 在一定条件下,车辆痕迹能够保持相对稳定。例如,在干燥、无干扰的地面上,轮胎痕迹可以在一段时间内保持清晰,为勘查和鉴定提供稳定的依据。不过,这种稳定性也会受到环境因素如雨水、风沙等的影响,随着时间变化,新鲜刹车痕颜色深,但随氧化作用会变浅。

3. **连续性** 车辆在行驶过程中会形成连续的痕迹,这些痕迹能够反映出车辆的行驶轨迹和运动状态的变化。通过对连续痕迹的分析,可以推断车辆的行驶路线、速度变化以及是否有转向、制动等操作。并且,痕迹形态直接反映作用力大小、方向和速度,如刹车痕长度与车速正相关。

4. **反映性** 车辆痕迹能够直观地反映出车辆的诸多信息,如轮胎痕迹可以反映轮胎的规格、气压,车体碰撞痕迹能反映碰撞的部位、力度和角度,这些信息对于事故原因分析和责任认定具有重要作用。同时,常伴随其他物证,如油漆转移、玻璃碎屑等。

第四节　车辆痕迹检验鉴定

一、车辆痕迹鉴定的概念

车辆痕迹鉴定是指专业鉴定人员运用科学技术手段和专业知识,对与车辆有关的痕迹进行检验、分析、比较和判断,从而确定痕迹的形成原因、过程,以及与特定车辆之间的关联性等问题的一种技术鉴定活动。在刑事技术领域,认为：车辆痕迹鉴定是利用遗留在现场的各种车辆痕迹及嫌疑车辆上提取的痕迹,进行全面的分析、比对检验,最后认定现场车辆痕迹是否为嫌疑车辆所留。

故而,车辆痕迹鉴定在交通事故处理、刑事侦查等领域有着广泛的应用。例如在交通事故中,通过对车辆碰撞痕迹、轮胎痕迹等的鉴定,可以分析事故发生时车辆的行驶速度、碰撞角度、接触部位等,为事故责任的划分提供科学依据。在刑事案件中,车辆痕迹鉴定可以帮助确定涉案车辆是否与犯罪现场有关,以及车辆的行驶路线和活动范围等,为案件侦破提供重要线索。

车辆痕迹鉴定的目标主要是通过痕迹推断车辆运动轨迹、速度、碰撞角度等还原事件过程,通过匹配痕迹与嫌疑车辆用于关联物证与嫌疑车辆,通过区分事故责任方或识别犯罪行为来判定事故责任或行为性质。其鉴定对象包括轮胎痕迹、车体痕迹、散落物痕迹、附着物痕迹等。

车辆痕迹鉴定是"痕迹检验学＋工程力学＋分析计算"交叉领域的技术性活动,通过系统性分析轮胎、车体及环境痕迹,为司法公正提供客观证据。其核心价值在于将"静态痕迹"转化为"动态事件链",推动道路交通事故与刑侦案件的高效解决。

二、车辆痕迹鉴定的内容与步骤

(一) 现场车辆痕迹的检验

犯罪现场遗留的车辆痕迹物证,不仅是轮胎痕迹。因此,对现场提取的与车辆有关的各种痕迹物证,应该进行全面检验、综合分析。检验现场车辆痕迹主要从以下几方面进行。

1. 现场轮胎痕迹的检验　对车辆痕迹的检验,应首先从轮胎痕迹确定嫌疑车辆的轴数、轮数、轮胎花纹组合及花纹形态。然后确定轮胎痕迹的特定特征,如轮胎面的磨损程度、花纹块边缘的形态及磨损情况;轮胎面上机械损伤的部位、形态、方向与相邻花纹沟槽的位置关系等。

2. 对车体上的脱落物检验　对车体上脱落的零件、油漆片、车灯玻璃碎块的检验,应首先判断这些物体的脱落部位。如果物体是由于断裂而脱落,则断口形态是非常好的特定特征。

3. 对车辆上的掉落物检验　从车辆上掉落的物体,很可能是车辆上某种物体的一部分。另外从轮胎或车体上掉落的泥土、沙石、装载物等,与车辆的行驶地点、使用情况有一定关系。因此对掉落物的分析、检验也能为鉴定提供依据。

(二) 对嫌疑车辆的检验

检验嫌疑车辆,应首先分析被检验车辆是否有条件形成现场痕迹,即嫌疑车辆的轮数、轴数和胎冠宽是否与现场痕迹反映的数据一致;轮胎花纹组合、花纹形态和花纹方向是否与现场痕迹反映的形态一致。在此应注意案发后车辆的使用及轮胎的更换情况。

对车体的检验应从前至后、由上至下地仔细观察。对车体表面的碰撞痕迹、擦蹭痕迹、油漆脱落,应记录其部位、形态和面积,同时应观察痕迹表面是否有明显稳定的特征。对破碎的车灯玻璃或塑料碎片,应提取并妥善保存。

对车体上的泥土等附着物及装载物;轮胎花纹中的泥土;车体内外、轮胎上的血迹、毛发、纤维等微量物质,应查明来源,确定与案件的关系。特别应注意车体表面及轮胎侧面上的手印和脚印,这些痕迹通常是受害人形成。

(三) 比对检验

车辆痕迹的比对检验,可以根据痕迹种属采用不同的方法。轮胎痕迹的比对检验通常是用特征对照法,而对于玻璃碎片、油漆片等痕迹可以采用特征接合法或微量分析进行

检验。

1. 轮胎痕迹的比对检验　利用轮胎痕迹比对时,轮胎痕迹样本应选择与案件现场轮胎痕迹处相同的土质、相同硬度的土地,让嫌疑车从上面开过,提取样本痕迹时,应采用与现场痕迹相同的提取方法。

比对中应注意观察和分析现场痕迹和样本痕迹反映的花纹块磨损程度；花纹沟边缘的损伤；轮胎面的机械损伤数量、位置、形态及特征之间的相互关系是否相同。对特征的变化作出科学的解释。

2. 脱落物的比对检验　从车体上脱落的物体,通常与车辆本身有着某种必然的联系。因此,可以根据整体分离痕迹检验认定车辆。如利用油漆片的形态与脱落部位的形态比对,或者利用油漆片的层数及每一层的厚度与脱落部位的油漆样品进行比对。通常车辆的油漆都喷涂两次以上,有些高级轿车可喷涂六次以上。因此利用油漆片的整体分离鉴定,可以直接认定车辆。

另外可以利用车灯玻璃碎片及车体上脱落的零件等物,通过整体分离检验认定车辆或认定与车辆相关的其他物体。

3. 散落物及其他痕迹物证的比对检验　对现场中提取的泥土,砂石等散落物与嫌疑车上的相应物质进行比对检验,可确定二者的成分是否相同,为认定车辆提供依据。

对现场和嫌疑车上的血渍、毛发及轮胎上或车体上的手印、脚印进行检验,可以确定痕迹物证与受害人的关系。

三、车辆痕迹鉴定的方法

车辆痕迹的形成不仅与地面条件、行驶状态有关,还与环境温度有关。车辆在比较干燥的水泥或柏油地面上行驶,一般不能形成明显的轮胎痕迹,而只能使轮胎驶过的地面上的尘土产生一定形态的分布。当车辆急速刹车时,在地面上能形成明显的轮胎拖痕或印痕。车辆从环境温度较高的柏油地面上驶过,或者从潮湿的泥土、沙石地面和泥水地面驶过后均可形成清晰的轮胎印痕。另外,在犯罪现场出现的车辆痕迹分布范围较大,同时还可能出现其他的轮胎痕迹。因此在勘查时应根据地面情况和犯罪性质来寻找和确定犯罪车辆痕迹。

（一）犯罪车辆痕迹的发现及确定

车辆痕迹的分布范围与案件性质有关。在确定犯罪车辆痕迹时,应首先分析案件的性质和特点。同时应结合发案地区的车流量特点进行分析确定。

1. 作案现场车辆痕迹出现情况　驾车作案的地点是经过案犯预谋和选择而确定的。通常作案地点选择在距离较远或较偏僻的地区。如内蒙古的牧区,案犯利用牧民放牧之机,驾驶汽车或摩托车长途奔袭数十或数百公里作案行窃。在这些地区车流量较少,车辆种属单一,因此在犯罪现场周围出现的车辆痕迹,一般可确认为犯罪车辆痕迹。

另外一种情况是案犯选择比较沉重或体积较大的物体作为盗窃目标时,通常使用车辆作为运输工具。因此在中心现场附近能出现车辆停靠的痕迹,这些痕迹可确认为犯罪车辆痕迹。

案犯在作案时由于受心理、环境等因素的影响，车辆很可能与其他物体发生刮碰。因此在勘查时应注意现场附近的物体是否被碰撞，是否有刮擦痕迹，在刮碰痕迹附近的地面上是否有油漆片、玻璃或塑料碎片及车体零件的脱落等。如果在刮碰痕迹及散落物附近的地面上出现轮胎痕迹，则可确认为犯罪车辆痕迹。另外还可以根据现场足迹及其他痕迹物证与现场轮胎痕迹的关系来确认犯罪车辆痕迹。

2. 肇事逃逸案件车辆痕迹出现情况　肇事逃逸案件一般都是机动车与人碰撞后机动车潜逃。这种案件的车辆痕迹比较容易确认。通常在受害人身体上、衣服上出现的轮胎痕迹均为肇事车所留。另外机动车与人碰撞后，车体上的油漆很容易被刮掉，车灯玻璃也容易破碎而脱落。因此受害人身体上或身体周围出现的油漆片、玻璃碎块等物体均为肇事车所留。

（二）车辆痕迹的测量

精确地测量轮胎痕迹是推断车种的重要条件。从车辆在不同行驶状态下形成的轮胎痕迹中，可分别测出多个车辆参数。可以根据轮胎痕迹的具体形态选择不同的测量方法。

1. 测量轮距和胎面宽　车辆直行时形成的轮胎痕迹，只能反映出前、后轮距。前、后轮距的大小和分布根据车型不同而变化。在各类车型中，前轮距大于后轮距的车辆数最多；前轮距小于后轮距的车辆数，随着车型的变小百分比也减小；而前、后轮距相等的车辆数，随着车型的变小百分比增大，因此，在轮胎痕迹中，后轮痕迹覆盖前轮痕迹的位置也将随轮距而变化。

测量前应首先确定前、后轮痕迹，由于后轮痕迹覆盖或部分覆盖前轮痕迹，所以轮胎花纹完整的可确认为后轮痕迹。痕迹确认后，应选择边缘清晰的轮胎痕迹测出胎冠宽，即痕迹宽度。测量线应与痕迹边缘垂直，同时应选择多点进行测量，将测量数据取平均值可得出比较精确的胎冠宽。

（1）利用直行痕迹测量轮距：测量前、后轮距相同的轮胎痕迹，测量线应与两条平行的轮胎痕迹垂直。测量点可分别选择在两条轮胎痕迹的中心，也可以选择在两条轮胎痕迹的左侧边缘或右侧边缘。此时可将前、后轮距同时测出。

测量前轮距大于后轮距的轮胎痕迹，此时后轮痕迹覆盖于前轮痕迹的内侧。测量时首先测出后轮距和胎冠宽。测量前轮距时，由于轮胎痕迹被部分覆盖，测量点可选择在前轮痕迹的外侧边缘，测出的数据减去一个胎冠宽就是前轮距。

测量前轮距小于后轮距的轮胎痕迹，此时后轮痕迹覆盖于前轮痕迹的外侧。当测出后轮距与胎冠宽后，前轮距的测量点，可选择在前轮痕迹的内侧边缘，将测出的数据加上一个胎冠宽就可得出前轮距。

如果汽车后轮为4轮，即单侧为并列2轮，则前轮痕迹基本被后轮痕迹覆盖。此时后轮距的定义是指左侧两轮中心至右侧两轮中心之间的距离。测量点可选择在痕迹的中心线上，测量左、右两侧中心线之间的距离。另外，也可以分别测量轮胎痕迹最内侧的距离和最外侧的距离，然后通过计算得出后轮距。在这种车辆中，由于前轮痕迹左、右两侧被覆盖的位置无法确定，因此测量前轮距是比较困难的。

（2）利用转弯痕迹测量轮距：汽车转弯时，前、后轮胎痕迹分离，此时可利用转弯痕迹测出各轮胎的胎冠宽。测量轮距时应注意,转弯痕迹中,后轮距不变,而前轮距变小。后轮距的测量点,可选择在转弯弧的任意位置;而前轮距的测量点,一般选择在刚入弯或转弯结束前的位置上。测量时首先过测量点做轮胎痕迹的切线,过切点做垂直于切线的直线,直线与另一条轮胎痕迹相应部位相交,则切点和交点之间的距离就是相应的前、后轮距。

轮距的测量仅取一点是不准确的,应该选择不同的位置测量 3~5 处,求出平均值。

2. 测量轴距　轴距一般情况下只能在刹车痕迹和倒车痕迹中反映出来。轴距的测量点通常只有 1~2 处,因此必须仔细勘查、精确测量,才能得出正确的数据。

(1) 根据刹车痕迹测量轴距:汽车刹车痕迹反映的车辆参数最多,从刹车拖痕中能分别反映出前、后轮距和各胎冠宽,另外从前后轮终止的位置能反映出车辆的轴距。测量时应选择同侧前、后轮胎拖痕终止处为测量点,测出两点之间的长度。对另一侧轮胎拖痕也应采用同样的方法测量,将两次测出的数值取平均值就是所测的车辆轴距。

(2) 根据倒车痕迹测量轴距:车辆由前行到后退,必然要经过停止的过程,根据轮胎痕迹可确定停车点的位置。特别是汽车倒退转向时,前、后轮停车点痕迹分离。因此,可分别测量左、右两侧,前、后轮停车点痕迹之间的距离,取其平均即为车辆的轴距。有时车辆在原地转向时(俗称调头),其停车点痕迹可出现两次以上。此时应充分利用停车点痕迹,增加轴距的测量次数。取多次测量结果的平均值,可提高轴距的测量精度。

(三) 车辆痕迹的提取

车辆痕迹的分布范围,根据案件性质而不同。在驾车作案的现场中,通常只出现轮胎痕迹和支架痕迹。而在肇事逃逸案件现场不仅有轮胎痕迹,其他附属痕迹也较多。因此痕迹的提取必须在全面勘查的基础之上进行。

1. 提取轮胎痕迹　轮胎痕迹的留痕范围很大,提取前应全面勘察,选择痕迹轮廓清晰,特征反映较多的部位。取多处进行提取,以便能更多地反映出轮胎的特征。

(1) 提取立体轮胎痕迹:提取前应在轮胎痕迹上配以比例尺进行拍照,然后用石膏连续铸入立体轮胎痕迹中,放入加强筋,待石膏溶液硬化到一定程度时,可用塑料板、金属板、胶合板,将石膏溶液分割成适当大小的若干块,并编写序号,待完全硬化后将其取下。

(2) 提取平面轮胎痕迹:在泥土地面上的平面轮胎痕迹一般反映较清晰,而柏油路和水泥地面上的痕迹较差。观察时如果利用自然光,则应贴近地面以小角度从不同方向观察,这种方法可观察到轮胎痕迹。如果利用光源,则光源应贴近地面或与地面呈 15 度角左右照射痕迹进行观察。当平面痕迹用肉眼可清晰地观察到,或利用光源照射使痕迹清晰的情况下,在痕迹上配以比例尺,并不断变换光源位置,选择最佳状态进行拍照。拍照后可以用透明胶纸或石膏将轮胎痕迹提取。

当采用侧光无法观察到地面上的轮胎痕迹,或用肉眼观察不清楚时,可用石膏溶液大面积浇铸的方法提取。提取时将石膏液浇在不清楚或潜在的轮胎痕迹之上,然后分块、编序号,待石膏完全硬化后取下。

这种方法可将不明显的轮胎痕迹显现清楚,有时也可以将潜在的轮胎痕迹显现出来。如果用石膏提取后,痕迹仍不清楚,可将石膏模放置数天,待其干燥后,用硫氰酸溶液喷入石膏模,此时潜在的轮胎痕迹则会被染成红褐色。用这种方法通常可以显现柏油、水泥和泥土地面上不清楚或潜在的轮胎痕迹。

在案件现场中出现的,被车辆轮胎压过的木板、纸张等平面物体上,往往能留下清晰的轮胎痕迹,对于这些物体应全部提取。

(3)提取受害人身体上及服装上的轮胎痕迹:提取受害人身体上的轮胎痕迹之前,应首先通过照相或现场调查,记录受害人的原始位置。如果确认汽车是从受害人的身体上轧过的,应在肇事后,将被害人皮下出血形成的轮胎痕迹拍摄下来。

印在衣服上的轮胎痕迹,一般都是潜在的或模糊不清的。通过侧光有时可以观察到轮胎痕迹,如果用紫外灯照射印有轮胎痕迹的纺织物,则印有轮胎痕迹之处和未印有轮胎痕迹之处会产生不同强弱的荧光,因此可清晰地显现出轮胎花纹。此时,可通过紫外照相,将纺织物上的轮胎花纹拍摄下来。

拍摄人体皮肤上及服装上的轮胎痕迹,均应配加比例尺。

2. 提取车体上脱落的破碎物和散落物　当车辆与现场中的某些物体和人体相撞后,硬度较大的物体能使车体相应的部位产生损伤、油漆脱落或其他物体振落,而与人体碰撞后也能在人体上遗留车体上的微量物质。这些物质对寻找车辆和认定车辆具有重要的价值。

(1)提取车辆的油漆片、电镀层剥离片:从车体上脱落的油漆片、电镀层一般都很微小,所以很难发现。提取时应从受害人身体的创口内、头发内、衣服上仔细查找,必要时可使用放大镜、普通光源、紫外光源等仪器发现寻找微量的油漆片。

被车辆碰撞过的物体上,如建筑物、树木、电线杆等相应的部位上,均能留下油漆片和电镀片。在碰撞点周围的地面上,或者受害人使用的工具上,如自行车或材质较硬的工具上,都是发现油漆片和电镀片的重点部位。

在寻找油漆片和电镀片时,应顺着轮胎痕迹方向勘查,尤其应重点勘查碰撞点周围的物体。当发现油漆片和电镀片后,应将其原始位置拍照。然后用透明胶纸或脱脂棉将油漆片和电镀层提取,提取时应注意不能使其破损。

(2)提取车辆的玻璃和塑料碎片:车辆与物体碰撞时,前灯和转向灯罩及挡风玻璃很容易破碎。因此,在犯罪现场与车辆碰撞的物体周围,应大范围地寻找带有花纹的玻璃或塑料碎片。当发现碎片后,应将碎片的原始状态进行拍照,然后全部提取。提取时应注意玻璃片上是否有手印等其他痕迹物证。

(3)提取车体上的其他脱落物:车辆与物体的碰撞作用,往往能使车体的某些零件受损而脱落。当发现脱落的零件时,应根据零件的形态、用途,注意发现其表面上是否存在其他的痕迹物证。如碰撞断离的车门把手,其表面上很可能有驾车人的手印。对提取的断离物,应注意保护断口形态,避免断口变形、损坏、锈蚀。

从车辆上掉落的沙土、油脂、装载物品等,可以反映车辆的使用情况。特别是从轮胎上脱落的泥块,能反映轮胎花纹的局部形态。对这些物体均应提取,并妥善包装和保管,以备检验所用。

(4)提取碰撞、擦划痕迹:由于车辆碰撞,在现场遗留物上形成的碰撞凹陷痕迹和擦划痕迹,通常能反映车体相应部位的形态和结构。因此,对现场被碰撞物体上的痕迹应全部提取,对易变形、易透蚀的物体应进行适当的处理。

第二章

轮胎痕迹

第一节 轮胎的概述

交通事故中,涉及车轮和轮胎的车辆类型包括轿车、货车、摩托车、电动自行车、自行车、畜力车等,本章主要针对轿车和货车的车轮和轮胎进行分析。

一、车轮与轮胎

(一) 车轮的结构

车轮与轮胎是汽车行驶系统的核心部件,具有多项关键功能:支撑整车重量、缓冲地面冲击、通过轮胎与地面的摩擦力产生驱动力和制动力,在转弯时通过侧向抗力抵消离心力以确保稳定转向,同时利用自动回正力矩维持车辆直线行驶。此外,车轮还具备越障能力,提升车辆在不同路况下的通过性。

车轮位于轮胎和车轴之间,承受负荷并进行旋转,通常由轮辋和轮辐两部分组成。轮辋是支撑和安装轮胎的部分,而轮辐位于车轮内,介于车轴和轮辋之间,起支撑作用。轮辋和轮辐可分为整体式、永久连接式或可拆卸式。轮辋的常见形式包括深槽轮辋和平底轮辋,此外还有对开式轮辋、半深槽轮辋、深槽宽轮辋、平底宽轮辋、全斜底轮辋等。根据构成零件数量,轮辋可分为一件式、二件式、三件式、四件式和五件式。根据轮辐构造,车轮可分为辐板式和辐条式。除了轮辋和轮辐,车轮还包括轮毂。车轮根据车轴一端安装的轮胎数量分为单式车轮和双式车轮。目前,轿车和货车普遍使用辐板式车轮,此外,也可见对开式车轮、可反装式车轮、组装轮辋式车轮和可调式车轮。

(二) 轮胎的结构

轮胎(外胎)主要由胎面(胎冠)、胎肩、胎侧和胎圈等部分构成,包括胎面花纹、防擦线、胎踵、胎圈底面和胎趾等。胎冠表面刻有各种沟纹和窄槽,称为胎面花纹。胎圈包括帘布层包边、钢圈、胎圈包布三部分,其主体由钢圈,钢圈由钢丝圈、填充胶(三角胶条)、钢丝圈包布组成。

常见的轮胎结构材料有:胎面胶、胎侧胶、帘布层、气密层、钢丝圈、胎圈包布、帘布层包布、带束(缓冲层)、辅助缓冲层等。

二、轮胎的分类及特征

(一) 按照用途分类

汽车轮胎主要分为轿车轮胎和载货汽车轮胎。其中,载货汽车轮胎又可分为重型、中型和轻型载货汽车轮胎。

(二) 按照胎体结构的不同分类

汽车轮胎可以分为充气轮胎和实心轮胎。现代汽车多用充气轮胎。

1. **按照轮胎按组成结构的不同分类** 充气轮胎可分为有内胎轮胎和无内胎轮胎。
2. **按照胎体帘线排列方向分类** 充气轮胎可分为普通斜交轮胎和子午线轮胎。

3. 按照胎内空气压力大小分类　充气轮胎可分为高压胎、低压胎和超低压胎。目前，轿车和货车几乎都采用低压胎。

其中，有内胎的充气轮胎由外胎、内胎和垫带组成。内胎中充满压缩空气；外胎则作为保护层，防止内胎受外界损害，具有较高的强度和弹性；垫带位于内胎与轮辋之间，起到防止内胎被轮辋及外胎胎圈擦伤和磨损的作用。

无内胎充气轮胎在外观和结构上与有内胎充气轮胎近似，不同之处在于无内胎轮胎的外胎内壁上附加了一层厚 2～3 mm 的橡胶密封层，用以封气。无内胎轮胎只有在轮胎爆破时才会失效。

（三）其他类型的轮胎

其他类型的轮胎还包括活胎面轮胎、低滚动阻力轮胎、低噪声轮胎、防爆轮胎等。

三、胎面花纹的分类及特征

轮胎（胎面）花纹对其性能影响显著。常见的轮胎花纹类型包括普通花纹、混合花纹和越野花纹等。

（一）普通花纹

普通花纹，又称通用花纹，其特征表现为花纹细而浅，花纹块接地面积大，因而具有较好的耐磨性和附着性。

其中的纵向花纹，其花纹沟方向与圆周方向一致，滚动阻力小，不易发生侧滑，具有良好的操纵稳定性；但其制动性能与湿地稳定性能较差，且在高负荷情况下容易出现开裂现象，一般适用于铺装地面和高速路。

横向花纹的花纹沟方向与圆周方向垂直，具有良好的制动、操纵和驱动性能；但高速行驶过程中其噪声和滚动阻力较大，因而更适合在普通地面、非铺装地面或路况较差路段行驶。

（二）越野花纹

越野花纹的凹部深而宽，花纹呈块状规则排列，花纹块较大、沟纹深的特点有利于提高轮胎的抓地性能和驱动力。此外，通过特殊沟槽设计，越野花纹轮胎在行驶过程中具备自动去除石块和土块的能力，适合在复杂路段行驶。

（三）混合花纹

混合花纹轮胎结合普通花纹轮胎与越野花纹轮胎的特点，兼顾高速地面和非铺装地面的适应性要求，其花纹特征具体表现为胎面中部具有方向各异或以纵向为主的窄花纹沟槽，而在两侧则分布方向各异或以横向为主的宽花纹沟槽。相较于普通花纹，混合花纹轮胎具有更好的附着性能，但耐磨性能稍逊。

（四）其他新型花纹轮胎

拱形胎花纹和特种花纹轮胎的断面更宽、接地比压更低，具有良好的附着性。

其他新型花纹轮胎如非对称花纹和单导向花纹轮胎，则具有特殊的性能优势，如更好的排水性能和制动性能，适合高速行驶。

第二节　轮胎痕迹的概述

一、轮胎痕迹的概念

依据《法庭科学车辆轮胎痕迹检验技术规范》(GA/T 1508—2018)3.1,"车辆轮胎痕迹"是指车辆轮胎与地面等承痕客体接触后,在承痕客体上留下的痕迹。轮胎痕迹包括轮胎的花纹、磨损状况、气压等特征所形成的痕迹,能反映出车辆的行驶方向、速度、制动情况以及车辆的类型等信息,在交通事故调查、刑事侦查等领域具有重要的证据价值。轮胎痕迹常见的有制动痕迹、滑移痕迹、滚动痕迹、加速痕迹、转弯痕迹,在地面形成的痕迹有滚印(滚印是指车辆轮胎相对于地面作纯滚动运动时,留在地面上的印迹,制动开始阶段也会留下制动滚印。滚印能清晰反映轮胎胎面花纹形态、花纹组合形态、胎面磨损、机械损伤和行驶方向等特征)、压印(压印是指车辆轮胎受制动力作用,沿行进方向相对于地面作滚动、滑移复合运动时,留在地面上的印迹。压印显示花纹结构加粗和畸变延长的形态。压印是制动拖印的前段,与拖印黑带接连,压印因受制动力影响,印痕形态一般都有纵向滑移,花纹结构拉长变形)、拖印(拖印是指车辆轮胎受制动力作用,沿行进方向相对于地面作滑移运动时,留在地面上的印迹。拖印特征为带状,不显示胎面花纹,宽度与胎面宽度基本一致。拖印方向与车辆行驶方向基本一致,有时也会因制动跑偏或外加力矩的影响而有所偏离)、侧滑印(车辆轮胎受制动力或碰撞冲击力或转向离心力的作用,偏离原行进方向相对于地面作横向滑移运动时,留在地面上的印迹。侧滑印特征为印迹宽度一般大于或小于轮胎面宽度,一般不显示胎面花纹,有时可能出现一组斜向排列的平行短线状印迹)。地面痕迹中还常见挫划印,挫划印是指硬物或其突出部分在地面上移动时,对地面造成的滚轧、刮擦印迹或沟槽。

轮胎痕迹的形成原因一般是由于摩擦力作用、能量转化、材料转移、地面材质和湿度等方面影响,产生导致橡胶颗粒脱落或热熔,胎面橡胶、地面颗粒或污染物(如泥土、油渍)相互转移等情形。轮胎痕迹在交通事故痕迹物证鉴定中可以用于事故重建、车辆识别、驾驶等行为分析、追踪嫌疑车辆等多种场景,其中,事故重建一般是通过痕迹长度计算车速,一般要结合摩擦系数、坡度等参数,判断车辆行驶轨迹、碰撞点或逃逸方向。轮胎痕迹一般采取拍照、测量(长度、弧度)、绘制比例图等现场记录以及使用石膏或硅胶提取立体痕迹、采集橡胶残留物进行化学分析、通过3D扫描或软件模拟还原痕迹形成过程、将胎面花纹与轮胎厂商等数据库比对等方式进行采集分析。

本章所研究的轮胎痕迹主要是指车轮和轮胎作为造痕客体所形成的印迹或印痕,但同样也包括车轮和轮胎作为承痕客体表面承载的车轮和轮胎作为造痕客体所形成的印迹和印痕。

二、轮胎及轮胎痕迹检验标准

标准化工作在社会经济生活中扮演着基础性、引领性和战略性的角色,在当前国家治理体系和治理能力现代化建设中尤为重要。

随着汽车工业的发展,我国轮胎行业制定了相关标准规范,如《轿车轮胎》(GB 9743)、《轿车轮胎规格、尺寸、气压与负荷》(GB/T 2978)、《载重汽车轮胎》(GB 9744)、《载重汽车轮胎规格、尺寸、气压与负荷》(GB/T 2977)。这些标准明确规定了轮胎规格的表示方法、尺寸、气压和负荷要求。

在轮胎痕迹检验领域,全国刑事技术标准化技术委员会痕迹检验分技术委员会负责的相关标准主要有《法庭科学车辆轮胎痕迹检验技术规范》(GA/T 1508—2018);而全国道路交通管理标准化技术委员会负责的标准有《道路交通事故现场痕迹物证勘查》(GA/T 41—2019)和《道路交通事故痕迹鉴定》(GA/T 1087—2021)。GA/T 1508—2018 规范了车辆轮胎痕迹的检验内容、要求和检验意见,涉及轮胎种属、车辆种属、轮胎个体的识别。具体条款包括:

3.2 条:"轮胎痕迹的宽度(胎冠宽)"是指轮胎行驶面的宽度;

3.3 条:"轮胎痕迹的轮距"是指位于同一轴线上的两个轮胎痕迹中心线之间的垂直距离;

3.4 条:"轮胎痕迹的轴距"是指车辆前、后轮与地面接触点的切线距离。

《道路交通事故现场痕迹物证勘查》(GA/T 41—2019)规定了交通事故现场痕迹和物证勘查的要求、设备、工具和方法。其中,3.1.1 条定义了"地面痕迹"是指车辆、人体或其他物体与地面接触,形成的痕迹,主要包括滚印、压印、拖印、侧滑印、挫划印等。6.1.1 条列举了地面痕迹勘查的内容,包括:

1) 地面轮胎痕迹的种属、形状、方向、长度、宽度及附着物;

2) 逃逸车辆两侧轮胎痕迹的间距和前后轮痕迹止点的间距;

3) 滚印、压印、拖印、侧滑印等的相对地面边缘垂直距离、与道路中心线夹角、滑移量、旋转方向及旋转度数等;

4) 车体、人体、牲畜及其他物体在地面留下的挫划印等痕迹的分布、长度、宽度、深度及其起止点、突变点的位置。

三、轮胎损坏痕迹的分类与特征

根据《汽车轮胎理赔工作管理办法》第六条"下列情况属制造质量问题:1.外胎:一是因各部件粘合不牢引起的冠空、肩空、肩泡、侧空、侧泡、脱接头、脱层;二是因胎圈钢丝松散、露铜、与橡胶粘合不牢,或两胎圈严重错位引起的胎圈空、胎圈爆;三是因帘线层排列松散、劈缝,充气后引起的兼鼓、侧鼓;四是因缺胶引起的胎侧裂口、胎里帘线外露;五是因设计、配方、工艺等原因,引起的胎冠露丝、胎面胶起层、花纹圆角、花纹沟基部周向开裂、胎圈裂;六是因轮胎欠硫引起的胎面早期严重磨损;七是胎内有杂质。2.内胎:一是新内胎有沙眼慢漏气;二是接头脱开、打折;三是气门嘴胶垫和内胎胎身脱开。3.垫带:一是气泡、杂质或缺胶等缺陷部位超标的;二是厚薄不均;三是欠硫。"

第七条"下列情况属使用不当问题:1.存放不当:一是油类、易燃品、化学腐蚀品混放,造成轮胎发黏软化;二是长期露天堆放、阳光直射、雨淋,引起轮胎老化;三是堆放不当引起轮胎变形；2.装配不当：一是轮胎装卸时叉车使用不当，叉坏轮胎胎圈或胎体；二是轮胎安装时，用强力硬撬造成胎圈变形、损坏；三是轮胎和轮辋装配不当，或轮辋变形、锈蚀造成磨胎圈、烧胎圈；四是锁环弹出或弯曲变形造成割胎圈；内胎气门嘴受外力引起弯曲变形。3.充气不当：一是气压过低，使轮胎变形大，胎温急剧升高，胎体变软，造成胎面异常磨损，胎里帘线松散、断裂、冠空、肩空、肩裂、肩泡、脱层或胎体碾坏；二是气压过高，使轮胎帘线受力增大，抗屈挠性能下降，造成磨冠、冠爆、胎面异常磨损；三是气压高低不一，并装轮胎一条气压高，一条气压低造成单胎超载损坏。4.超载和负荷不均：轮胎超载，造成胎面异常磨损，胎冠或胎侧爆破，肩空，胎里帘线松散、断裂，胎圈爆、胎圈折断；二是负荷不均，造成胎面磨损不均。5.使用和保养不当：一是车况不良（如车辆前束角、外倾角之间调整不当等）引起的轮胎偏磨、不规则磨损或随之发生的轮胎损伤；二是轮胎未定期换位，轴距偏差过大，造成胎面异常磨损；三是斜交结构轮胎和子午线结构轮胎混装，造成轮胎损坏；四是各种轮胎均有时速的限制，超速行驶造成轮胎损坏；五是因驾驶不当，使轮胎撞击其他物体，造成各种冠爆、冠刺穿、肩爆、侧爆、花纹沟裂；六是在甲、乙、丙级以外的地面，如便道、矿区等地面条件差的地方使用，造成轮胎胎冠啃坏、冠划伤、冠刺伤、花纹沟局部开裂、肩外伤或侧外伤。"

轮胎主要包括斜交轮胎、全钢丝载重子午线轮胎、轿车子午线轮胎、工程胎等。本部分将以斜交轮胎和全钢丝载重子午线轮胎为例，从上述方面介绍分析轮胎在生产过程中存在的质量问题及使用不当所造成的损坏痕迹。

（一）斜交轮胎

1. 胎冠部位

（1）生产过程中存在的质量问题所造成的损坏痕迹

1）冠空：特征为轮胎冠部脱层，胎面胶鼓起，出现胶与胶、胶与胎体或胶与胎体帘线之间的分离。产生原因包括生产过程中胎面胶未压实、汽油未干、空气未排净或硫化失压等。

2）冠部胎体帘线断裂：特征是轮胎外部无明显的撞击痕迹，但是内部会发生断裂。产生的原因是胎体强度不够。例如，轮胎标识为 8 层级，但在生产过程中实际上只用了 4 层单股帘线，使得轮胎即使受到较轻的力后也易发生断裂。

3）胎面胶接头裂：特征是胎侧胶或胎冠胶呈坡度裂口，裂口处两面光滑。产生的原因有半成品胶料粘着性能差、生产加工过程中接头未压实等。

4）花纹沟裂：特征是胎冠中间的两条纵向花纹沟顺周向与裂口相接。其原因是胎面基部胶过薄、胎面胶过硫或胶料过硬而导致的屈挠性能差。

5）胎冠重皮：特征是冠部胶面一层层脱落，出现胶沫或胶片。其产生原因是生产过程中胶料混炼不均、返回胶配比超标、胶料中混有杂质或油污等。

6）花纹圆角：特征是冠部花纹局部呈圆形。其产生的原因是在生产过程中模具排气孔堵塞、模具沾有油污或者硫化脱压等。

7）欠硫：特征是冠部花纹沟有胶料渗出，肩部大面积脱空。其原因是生产过程中温度、压力、时间未达标准，或者混炼胶不符合标准等。

（2）使用不当所造成的损坏痕迹

1）胎冠脱层爆：其特征是爆破口呈现出类似被高温烘烤的特点，胎体帘线端点发黑变硬。其产生原因可能是超载、车速过快、运距过长、轮胎生热过大、胎温过高,导致离层或熔断帘线爆破。

2) 刺穿爆破:其特征是爆破口处有明显受到冲击刺割的痕迹。其产生原因可能是驾驶人用胎不慎、遇到障碍时没有减速或没有绕道通过,以至于轮胎被尖锐障碍物顶撞刺穿,进而爆破。

3) 机械撞击:其特征表现为:①轮胎内腔帘线断裂爆破但没有分层,帘体端点呈扯断状,损坏处一般表现为"X""Y""/"形态。其原因是驾驶人用胎不慎、遇障碍没有减速或没有绕道通过,以至于轮胎被障碍物冲击顶撞或刺击,从而导致内腔帘线断裂,严重的话轮胎甚至会爆破损坏;②轮胎冠部爆破,爆破处没有大面积脱层,具有撕裂性分层,帘线端点呈扯断状或冗长状,爆破口通常为"X"或"Y"状。其原因是轮胎在使用过程中受外物冲击,造成胎冠处部分胎体帘线断裂,即使当时未发生爆破,继续使用会进一步促使该部位帘线屈挠断裂、强度下降,最终仍会导致爆破。以上现象在载重汽车后轮用全钢丝子午线轮胎、前轮用斜交轮胎中尤为突出。

4) 花纹沟刺伤裂口:特征是轮胎花纹沟明显被刺伤或花纹沟内夹有碎石。其产生原因是车辆行驶过程中花纹沟被碎石等尖锐物刺伤,或驾驶人未及时剔除花纹沟中嵌入的碎石,导致碎石在车辆运行时挤压轮胎花纹沟底部、刺伤基部胶,进而在屈挠作用下,橡胶顺着伤口延伸并形成裂口。

5) 胎冠崩花掉块:特征是胎冠胶一块块被啃掉,表面非常粗糙。其产生原因是轮胎常在矿山和碎石地面行驶,胎冠胶经常被刺刮伤,继续行驶时,受损的胶块被进一步磨损掉。

6) 花纹块基部裂纹:特征为多见于横向花纹轮胎,轮胎花纹块基部出现裂口。其产生原因是载重车辆在崎岖山路上爬行时,强行爬上煤堆、石堆、矿堆等,轮胎抓地力和扭力过大,导致花纹胶块基部的剪切应力过度集中,最终产生裂口。

7) 磨冠:特征是胎冠中心位置严重磨损,而两侧磨损较轻。其原因是轮胎充气压力过高,导致中央部分过度磨损。

8) 偏磨:特征是胎面单侧磨损过快。其产生原因可能是轮胎没有定期换位、汽车前束或外倾角不符合标准等导致的轮胎单侧磨损。

9) 磨蚀:特征是轮胎花纹在极短时间内被磨光,肩角起锋起毛,磨面较为粗糙。其产生原因是汽车前束调校不当,导致轮胎出现严重磨蚀。

10) 畸形磨损:特征是胎面花纹块被磨耗成高低不平或波浪形的形态。其产生原因是汽车技术性能不佳,如轴头、轴承或后轴套等松动,导致轮胎在行驶过程中发生摆动,最终造成轮胎畸形磨损。

11) 轮胎冠部局部磨损:其特征是胎面局部严重磨损,甚至磨到露出见帘线或发生穿透。其原因是轮辋失圆或偏心,或轮胎受损后对内腔进行了不当修补。

12) 刺扎后加垫爆破:特征为冠部呈"/"形爆破,爆破口局部帘线断裂整齐,刺扎切入点明显,其他部位帘线呈扯断状。检查轮胎内侧可见加垫的痕迹,对应破裂的内胎也有修补痕迹。其原因是在轮胎被刺扎后对其进行加垫,而后继续使用,导致刺扎处屈挠变形量增大,胎体帘线逐渐屈挠断裂,导致轮胎强度下降,最终发生爆破。

2. 胎肩部位　胎肩部位是指轮胎胎冠与胎侧的过渡区域,主要由胎冠末端、垫胶等部分组成。

（1）生产过程中存在的质量问题所造成的损坏痕迹

1）肩空:特征是轮胎肩部脱层鼓泡,包括胶与胶、胶与缓冲层端点、相邻缓冲层之间的肩垫胶接头开裂而导致的脱层,其产生的原因是在生产过程中,胎胚内的汽油未充分晾干、空气未排净,或者存在油污等杂物。

2）肩裂:特征是轮胎肩部周向出现裂口,有时从外向内裂开,有时从内向外裂开,可能伴有帘线断裂或脱层。其产生原因是胎肩部分的应力过度集中,或者胎肩胶的屈挠性差。

3）欠硫:特征是单侧肩部早期出现整周肩空。其产生原因是蒸锅或定硫机内的冷凝水排放不畅,导致冷凝水浸入模具;或出现内压过热、水阀门失灵、循环不良等状况,导致欠硫。

4）龟裂:特征是胎侧、胎肩或者花纹沟底等多处有老化裂纹。其原因是生产过程中,胶料的防老化体系未调配好,导致轮胎老化过快。

5）杂质:特征一是轮胎外表或内腔可见一层杂物黏附,原因是在对轮胎进行硫化前,未检查并清除胎胚内附着的熟胶片等其他杂物,导致这些杂物嵌入成品中;特征二是轮胎早期出现肩部脱层,解剖后发现冠部底层胶与缓冲层出现脱层,且周围呈蜂窝状,进一步解剖会发现有类似沙子样的杂质,是在生产过程中部件间界面受到污染所导致。

6）肩部界面气泡:特征是对新轮胎进行解剖后,会发现其肩部橡胶界面存在气泡,其产生的原因是轮胎成型时未压实,导致气体未能充分排出。

7）轮胎早期脱层后继续使用:特征是轮胎在使用初期出现脱层,尤其是当缓冲层与胎体之间,或胎体与胎体之间出现脱层后,没有及时发现并处置,导致界面磨损、帘线断裂、端点冗长,使得轮胎强度下降造成轮胎爆破。轮胎使用初期出现脱层是由于生产过程中质量不过关,而在其脱层后仍继续使用最终导致爆破,则属于使用不当行为。

（2）使用不当所造成的损坏痕迹

1）胎肩崩花掉块:其特征是轮胎肩部花纹胶块或胶卷被啃扯掉。产生原因是轮胎肩部被障碍物刺刮伤,或在车辆转弯、靠边行驶时,轮胎被路缘硬物挤压;转盘车就地拐弯时扭力过大,同样会导致轮胎肩部崩花掉块。

2）胎肩和花纹沟底皱纹:其特征是轮胎肩部切线位和花纹沟底存在明显皱纹。产生原因是轮胎气压偏低,且较长时间未补充气压,车辆在低气压下的状态下超负荷运行,导致胎肩切线位和花纹底沟受压过磨,逐渐形成皱纹和裂口。

3. 胎侧部位　胎侧部位是指轮胎侧面标有相关标识及参数的部位,是轮胎最薄处,由胎侧胶和胎体帘线等部分组成。胎侧部位是轮胎中承受屈挠（弯曲变形）最频繁的区域。

（1）生产过程中存在的质量问题所造成的损坏痕迹

1）胎侧脱层:特征是胎侧胶鼓起,剖开可见帘线挂胶不牢、裸露。产生原因是生产过程中压延帘布挂胶欠佳、轮胎成型时未压实,或硫化过程中失压等。

2）胎侧重皮:特征是胎侧部位胶与胶之间分开,出现裂口,俗称"重皮裂口"。其产生原因包括生产过程中胎面压出胶料复合欠佳、模具沾染油污或白粉、模温不高,或出现翻缸等操作不当行为。

3) 胎侧缺胶：特征是胎侧表面胶料缺失。其产生原因可能是在生产过程中出现模具内水未吹干或沾染油污、模温过高、模具气眼太少或堵塞、胶囊或水胎漏水等问题。

(2) 使用不当所造成的损坏痕迹

1) 刮爆胎侧：其特征是明显被汽车部件刮坏胎侧，胎体帘线端点整齐，不松散，离层。其产生原因是轮胎气压过高，汽车严重超载，轮辋无法承受苛刻使用条件，凸缘底部疲劳过度裂口爆开，胎圈鼓起，导致胎侧凸起局部刮破。

2) 刮伤胎侧：其特征是明显可见尖锐物由胎侧上方往下刮伤痕迹。其产生原因是驾驶人用胎不慎，遇障碍物没有减速或没有绕道通过，轮胎被障碍物刺刮伤。

3) 刮坏胎侧：其特征是胎侧单边整周被外物刮损。具体产生原因是汽车部件松脱，轮胎被单边整周刮坏。

4) 漏气碾坏：其特征是轮胎被碾压过变形，上胎侧帘线或连胎侧胶被碾压断裂。其产生原因是驾驶人用胎不慎，轮胎在较短时间内漏气，当载荷过重时轮胎胎侧受碾压致使轮胎整体变形。另有一特征表现为轮胎被碾压整体变形，胎侧折断，明显可见刺穿伤口和钉子等，其产生原因是驾驶人用胎不慎，轮胎被铁钉等尖锐物刺穿漏气，且因未能及时发现，在漏气下状态下继续行驶导致碾压损坏。

5) 下胎侧帘线松散折断：其特征是轮胎下胎侧起鼓、帘线松散断裂，严重的帘线层全断裂爆破。其产生原因是气压偏低，驾驶人未能及时发现，且较长一段时间无补齐充气，继续在缺气状态下超负荷运行而碾压损坏。

4. 胎圈部位　胎圈部位是指轮胎与轮辋的接触部位，由胎体帘线、三角胶、胎圈反包帘布层、胎圈钢丝等部分组成。胎圈是轮胎结构中承受应力最大的部位。

(1) 生产过程中存在的质量问题所造成的损坏痕迹

1) 断钢丝圈：特征是钢丝圈（单边）整齐断裂、轮辋无变形损坏，轮胎无法使用，多发生在新胎充气时或仅使用十天左右。其产生原因是生产过程中使用的钢丝质量差，如冷拉钢丝比例高，或者布筒周长偏小。

2) 钢丝刺出：特征是胎圈钢丝从胎圈位刺出胎体，可能是单根也可能是多根，通常由轮胎胎圈部位欠硫所致。

3) 胎圈内裂：特征是胎圈内侧出现裂纹，严重时可能发生爆裂。其产生原因是生产过程中钢丝附胶少、钢丝圈高低错位，布筒周长小于设计标准；或因反包位的帘线拉伸过度，动负荷下钢丝圈受力不均，导致钢丝与反包帘布直接摩擦产生高温，最终熔断反包帘布，造成爆裂。

(2) 使用不当所造成的损坏痕迹

1) 扇形爆胎圈：其特征是钢丝圈裸露，爆口呈扇形延伸至胎肩、胎冠甚至对面胎侧。其产生原因是车辆严重超载且轮胎气压偏高，在大负荷状态下急转弯等。

2) 断钢丝圈：特征是胎圈钢丝断裂、脱圈且严重变形。产生原因是车辆严重超载，轮胎气压过高，轮辋由于无法承受过载负荷而爆裂，进而导致胎圈钢丝断裂并爆破脱圈。

3) 割伤胎圈：其特征是轮胎胎圈处呈周向割伤，或帘布被割断。其产生原因是安装轮胎时操作不规范或轮辋锁环变形,导致安装不够吻合,且此时加气过急,导致轮胎口内圈被保险锁环卡割坏。

4)烧坏胎圈:其特征是轮胎的胎圈部位被高温烧焦,严重时尼龙帘布被熔断爆破。其产生原因是车辆技术状况欠佳,如车辆制动系统出现问题(如拖刹车),导致刹车鼓产生高温并传至轮辋,从而烧坏轮胎胎圈和垫带内胎。

5)磨胎圈:特征是轮胎胎圈部位的帘线被轮辋凸缘磨断,严重时会露出钢丝圈甚至发生爆破。其产生原因可能是轮辋严重锈蚀或轮辋发生变形,导致轮胎与轮辋咬合处受力不均,此时,若在气压偏低或严重超载的状况下使用轮胎,会加速帘线的磨损。

6)胎圈位斜纹裂口:其特征是胎圈位胶料斜纹裂口,剖开后可见帘线已断裂若干层并互磨成毛头状。其原因是在超负荷、低气压的状态下使用轮胎,致使轮胎下沉量增大、应力下移至轮辋凸缘边,导致胎体外层帘线过分伸张、屈挠疲劳过度而松散折断,最终导致下胎侧胶出现斜纹裂口。

5. 胎里部位

(1)生产过程中存在的质量问题所造成的损坏痕迹

1)胎里脱层:特征是胶与帘布层或者帘布层之间出现大面积的脱开突起。其产生原因是生产过程中帘布附着力较差、脱压,或出现胶囊、水胎漏水等问题。

2)胎里露线:特征是胎里帘线局部外露、跳起呈根状,严重时会成片跳起。产生原因是内衬层胶半成品的尺寸未达到设计标准,或者是由胶囊、水胎漏水所致。

(2)使用不当所造成的损坏痕迹

1)缺气行驶导致胎体帘线出现问题:其特征是轮胎内腔侧壁出现皱纹,帘线松散、断裂。产生原因是轮胎气压偏低或被尖锐物刺穿漏气,驾驶人未及时发现,并在较长一段时间未对其进行补气,继续在低气压或慢减气状态下行驶,最终导致轮胎受损。

2)轮胎气压偏低且超负荷,导致胎体帘线出现问题:表现为轮胎内腔侧壁帘线松散、断裂。其原因是轮胎气压偏低,驾驶人未能及时发现,未对轮胎进行补气,放任其继续在低气压状态下超负荷运行,使得轮胎下沉量增大,应力逐渐下移至下胎侧,导致内侧帘线受压缩屈挠、疲劳过度而松散,严重时会发生爆破。

(二)全钢丝载重子午线轮胎

1. 胎冠部位

胎冠部位是指轮胎与地面的接触部位,由胎面胶、胎冠基部胶、带束层等部分组成。

(1)生产过程中存在的质量问题所造成的损坏痕迹

1)胎面胶与带束层脱层:特征是胎冠部位橡胶与橡胶、橡胶与骨架材料之间发生分离,导致胎冠部位凸起、胎面胶脱落或带束钢丝松散爆开。产生原因可能为生产过程中胶料粘合不良、部件材料闲置时间过长导致表面喷霜、部件定位不当或未压实等。

2)胎冠接头脱开:表现为胎冠胶接头按一定角度斜向光滑剥离。产生原因有胎冠接头部位的接合强度不足,生产过程中接头表面有水、汽油、灰尘等杂质,或接头表面喷霜。

3)胎冠胶脱层:特征是胎冠上层胶与基部胶脱离,脱层面光滑,有时该位置的胎面胶有磨耗加重的现象。其产生原因是轮胎生产过程中冠部胶与基部胶之间有水、汽油、气泡等杂质,或者橡胶界面喷霜。

4) 带束层脱层:表现为带束层之间脱层,界面光滑,有时伴有钢丝帘布之间的磨损现象。其产生原因是生产过程中带束层之间有水、汽油、气泡等杂质。

5) 花纹沟裂口:特征是花纹沟底部沿着花纹沟方向裂开,可能伴有花纹沟底部胶与胎冠基部胶脱层。其产生的原因可能有花纹沟深度太深与胎体结构不协调、底部胶太薄、硫化过度;带束层设计与使用环境不匹配;胎冠沿断面方向变形量过大等。

6) 带束层与胎体帘线脱层:特征是整周胎冠胶连同带束层与胎体帘线脱层、分离,可能导致爆胎。其产生的原因是胎冠底层胶与带束层垫胶脱离,导致局部带束层与胎体帘线脱层,此时若轮胎高速运行,会使脱层面沿周向迅速扩大,形成撕裂性脱层。

(2) 使用不当所造成的损坏痕迹

1) 割伤贯穿:其特征是轮胎胎面上有割伤或贯穿的痕迹,内视可见与胎面割伤位置对应的贯穿。其原因是轮胎在使用过程中,胎冠受较强尖锐外物刺扎或切割,导致带束层钢丝及胎体钢丝断裂。

2) 冠冲击爆破:其特征是轮胎冠部受到外物撞击后,呈"I""X""Y"形裂开,冠部带束层断裂并露出,爆裂端面无明显脱层迹象,有时会显现出爆裂时的撕裂状。其原因是车辆在高气压、高负荷或高速度状态下行驶,遇到障碍物时直接撞击或强行越过沟坎,进而导致胎面爆裂。

3) 割伤爆破:其特征是轮胎冠部受到外物切割冲击,导致冠部损坏、带束层断裂并露出,爆裂端面无脱层迹象,切割处钢丝端点整齐,其余钢丝端点呈撕裂状。

4) 冠刺穿胎侧凸起:其特征是轮胎冠部被尖锐物刺伤或刺穿,在被刺部位呈现胎侧径向鼓包的现象。其原因是车辆在行驶过程中接触尖锐物,导致轮胎冠部被刺伤或刺穿,并引发带束帘线断裂。

5) 刺伤脱层:其特征是胎冠出现大面积周向脱层,钢丝裸露部分发生锈蚀。其原因是轮胎冠部被刺扎或刺穿,未及时进行修补或修补不良,导致水从刺扎点渗入,使得钢丝生锈,引发冠部部件之间脱离。

6) 羽毛状磨损:其特征是轮胎胎面花纹沟槽边缘出现横向排列的羽毛状磨损,且胎面通常呈斜坡形。主要是由于车轮或车轴定位不良,导致轮胎胎面在地面上横向移动,从而形成羽毛状磨损。

7) 鱼鳞状磨损:其特征是轮胎胎面花纹边缘沿周向呈现鱼鳞状磨损。其形成原因主要有车辆频繁刹车、启动或大扭矩驱动;轮胎气压不正确;复轮安装不良;悬挂弹簧或减震器强度不够等。

8) 低气压磨损:其特征是由于过度磨损,轮胎两肩的花纹较中部更加光滑,轮胎胎面呈一个拱形断面,主要是由于轮胎充气压力不足或负载过重所导致。

9) 坡形磨损:其特征是轮胎胎面呈光滑的坡形磨损,通常在轮胎肩部边缘表现得尤为严重。其形成原因有车辆行驶过程中遇到路拱,使得车轮倾角过大;车辆严重超载;轮胎气压不足;车辆设计不良或驾驶员的不良驾驶习惯等。

10) 电车轨磨损:其特征是轮胎花纹沟槽边缘发生磨损,通常从部分胎面扩展至其他部位。是一种在平稳直路行驶过程中产生的典型慢速磨损,通常不影响正常里程。

11) 高气压磨损:其特征是与轮胎胎肩花纹相比,胎面中部花纹周向磨损较为严重。其产生原因是轮胎气压过高或车辆严重超载,轮胎冠部磨损加剧。

12) 胎冠胶掉块:其特征是胎冠表面胶局部发生掉块脱落,严重时会露出带束层。其原因主要包括轮胎内压高、胎冠刚性增强,在碎石地面上加速或刹车时,碎石容易啃下胶块;轮胎结构与花纹设计与车型或行驶环境不匹配;胶料性能不良等。

13) 胎面局部磨损:表现为胎面局部磨损严重,轮胎明显失圆、花纹被磨平,胎冠局部磨损甚至被磨穿。车辆紧急制动系统调校不准、车辆制动抱死或负载较重、后轮复轮气压不平衡或气压过高等,都可能导致此类磨损产生。

14) 胎冠胶异常脱落:是由于轮胎表面受到机油等有机溶剂的浸蚀后,胎面胶失去原有的物理性能,因而在行驶过程中发生局部脱落。

2. 胎肩部位 胎肩部位是指轮胎胎冠与胎侧间的过渡区域,由胎冠末端、垫胶、带束层端点、带束层夹胶和胎体帘线组成。

(1) 生产过程中存在的质量问题所造成的损坏痕迹

1) 胎肩脱层:表现为在轮胎使用初期轮胎胎肩部位出现凸起,用手指按压有明显的气泡感。通常是轮胎在生产过程中带束层端点没有压实所导致。

2) 带束层端点部位脱层:表现为带束层端点部位沿周向有细微的橡胶裂口、发生脱层,带束层端点脱层后被揉搓,导致钢丝露出、局部橡胶变成粉末状,该部位有时还会出现胎冠基部胶与带束层夹胶界面脱层的现象。其产生原因是生产过程中部件间有气泡,或残留有隔离介质、汽油等杂质。

3) 垫胶接头断开和垫胶偏移:特征是对肩部脱层进行解剖后,可见垫胶接头断开明显、端面光滑,或者垫胶偏移。其产生原因是在轮胎成型过程中垫胶位置发生偏移;部件间产生气泡,或有间隔介质、汽油等杂质。

4) 胎冠基部胶与垫胶脱层:特征是脱层部位并无外伤,各部件界面之间发生脱层,界面光滑,有时伴有气体摩擦碳化现象。其产生原因是在生产过程中部件间有气泡残留,或有隔离介质、汽油等杂质。

5) 欠硫:特征是肩部脱层并伴随周向裂口,有胶沫和溶剂类物质析出,解剖后脱层处析出物粘手。其产生原因是硫化不足,或成型时易挥发的溶剂未干。

6) 外观不良:特征是新轮胎肩部橡胶解剖界面出现气泡。其产生原因是轮胎成型时未压实,导致空气未能充分排出。

7) 轮胎早期脱层后继续使用:是指轮胎在使用初期即发生脱层。通常发生在缓冲层与胎体之间或胎体与胎体之间,由于未能及时发现并处置,造成轮胎界面磨损、帘线断裂、端点冗长,从而导致轮胎强度下降并最终发生爆破。

(2) 使用不当所造成的损坏痕迹

1) 刺伤脱层:其特征是肩部胶与钢丝帘发生脱层,在观察和用力压时可明显感受到。原因是子午线轮胎在径向变形较大的情况下,容易被不平坦地面上的障碍物刺划,导致泥水、灰沙渗入,若未能及时检查处理,即可能导致带束层端点生锈脱层。

2) 肩部割伤：主要是由于在车辆行驶过程中，轮胎肩部被尖锐障碍物（如石块、金属）割伤，或者胎肩部受力过大，出现明显的撕裂痕迹或局部断裂，同时可能引起带束层端点钢丝割断，严重时发生轮胎爆破。

3) 胎肩啃伤掉块：表现为轮胎肩部花纹胶块被啃掉。轮胎肩部被障碍物刺刮伤、行驶时轮胎被路基硬物挤压或重载起步时轮胎打滑，都可能导致轮胎局部崩花掉块。

3. 胎侧部位　　胎侧部位是指轮胎侧面标有轮胎标识及相关参数的部位，通常是轮胎最薄的区域，是承受整个轮胎屈挠最多的部分，主要由胎侧胶和胎体帘线等组成。

（1）生产过程中存在的质量问题所造成的损坏痕迹

1) 胎侧脱层：特征是胎侧胶部位鼓起，剖开后可见帘线挂胶不良、裸露。产生原因是在生产过程中压延帘布挂胶不良、成型时未压实或硫化过程中失压等。

2) 胎侧重皮：表现为轮胎侧部胶料与胶料分离，俗称"重皮裂口"。原因有生产过程中胎面压出胶料复合欠佳；模具沾染油污或白粉；模具温度不高或者翻缸时出现操作问题等。

3) 胎侧缺胶：表现为胎侧表面胶料缺失。产生原因有生产过程中模具内的水未被吹干或存在油污；模具温度过高；模具气眼过少或堵塞；胶囊或水胎漏水等。

（2）使用不当所造成的损坏痕迹

1) 胎侧划伤爆破：特征表现为轮胎胎侧有刺伤或划伤痕迹，部分伤痕可能与外伤位置对应，并形成贯穿孔。产生原因是轮胎胎侧与石块、铁板、螺栓、钉子等尖锐物体接触，造成刺伤或划伤。

2) 割伤爆破：其特征表现为胎侧被割伤导致胎体断裂，轮胎呈拉链式爆破，割伤处帘线端点整齐且呈切割状，其他部分帘线端点呈缩径现象。产生原因是轮胎在高压状态下运行，胎侧被地面障碍物割伤，从而导致爆破。

3) 磨损后爆破：其特征表现为胎侧受车辆或者所载货物磨损使得胎体断裂，轮胎呈拉链式爆破。产生原因是车辆在轮胎高压状态下行驶，胎侧被车辆或所载货物磨损，最终导致爆破。

4) 缺气使用导致拉链式爆破：其特征表现为胎体钢丝周向断裂，断裂钢丝端点整齐且呈拉链式，胎内有明显缺气使用的迹象，大部分断裂端点折断并被橡胶覆盖，其他部分帘线端点有缩径现象。产生原因是轮胎在低压状态下使用，导致部分胎体帘线屈挠折断。

5) 缺气行驶碾坏胎体：特征表现为轮胎胎侧多处沿径向裂开，严重时胎侧会发生多处破碎，肩部呈周向撕裂状。产生原因是车辆在行驶过程中，轮胎被外物刺穿或因气门漏气造成失压，此时，若车辆制动不及时，轮胎胎侧即可能受轮辋碾压而损坏。

6) 胎侧径向裂口：特征是胎侧出现径向裂缝，并伴有明显的剐蹭痕迹。产生原因是轮胎遭受撞击后，胎侧局部变形导致开裂。

7) 刺伤或刮伤胎侧：特征表现为轮胎胎侧出现明显的刺伤或刮伤痕迹。产生原因是轮胎在使用过程中被障碍物或机械刺伤、刮划伤。

8) 两胎夹异物而导致轮胎损坏：其特征表现为胎侧有明显的异物挤压痕迹，严重时可导致局部胎体帘线断裂。产生原因是在使用过程中两胎之间夹有异物,从而导致胎侧损坏。

4. 胎圈部位　胎圈部位是指轮胎与轮辋的接触部分,是轮胎结构中承受应力最大的部位。由胎体帘线、三角胶、胎圈反包帘布层、胎圈钢丝等组成。

(1) 生产过程中存在的质量问题所造成的损坏痕迹

1) 断钢丝圈:特征表现为钢丝圈(单边)整齐断裂,轮辋虽无变形损坏,但轮胎无法使用,多发生于新胎充气时或者仅使用十天半月后。其产生原因是生产过程中使用的钢丝质量较差,如冷拉钢丝过多,或布筒周长偏小等。

2) 钢丝刺出:特征表现为胎圈钢丝从胎圈部位刺出,呈单根或多根钢丝刺出胎体。产生原因是胎圈部位硫化不充分,致使钢丝外露。

3) 胎圈内裂:特征表现为胎圈内侧出现裂纹,严重时轮胎可能发生爆裂。产生原因主要有生产过程中钢丝附胶量不足;钢丝圈高低错位;布筒周长小于设计标准;反包帘线拉伸过度,导致动负荷下两钢丝圈受力不均;钢丝与反包帘布摩擦产生高温,熔断尼龙帘线,从而引起爆破等。

(2) 使用不当所造成的损坏痕迹

1) 胎圈表面周向凸起:特征表现为胎圈发生塑性变形,解剖后可见界面呈撕裂状,通常是由于车辆使用过窄轮辋或严重超载导致的。

2) 胎圈周向裂口:其特征是胎圈与轮辋结合部位沿周向出现整周或断续的斜裂口,端面不整齐,钢丝反包端点处较整齐。产生原因主要有车辆严重超载;轮辋不适配或局部变形;轮胎在气压过高的情况下长时间转弯等。

3) 胎圈爆破:该故障有多种表现形式。其一是轮辋割伤,特征是轮胎在使用初期时胎圈部发生周向爆破,爆破处钢丝端点及橡胶端口整齐,均未见由于屈挠而导致的磨损,一般是由于装胎过程中轮辋不适配或轮胎未放正,从而导致胎圈被外侧轮耳切断。其二是轮辋破裂,特征表现为胎圈发生爆破,爆破位置钢丝端点散乱,主要原因有轮辋达到疲劳程度、压圈不符合标准、轮胎气压过高或车辆严重超载等,致使轮辋发生爆破并压圈崩出。其三是轮辋幅板损坏,主要由于胎侧与弹簧板摩擦生热所致。其四是胎圈局部受力导致钢丝抽出,通常是由轮辋不符合标准或者轮辋变形导致,通常表现为胎圈出现周向裂口,钢丝抽出、生锈;胎圈出现局部撕裂性脱层,界面不光滑,没有磨损痕迹。其五是外侧轮耳加垫,导致胎圈损坏。

4) 撬坏胎圈:特征表现为轮胎胎圈部位趾口护胶局部损坏、轮胎钢丝圈裸露,产生原因是轮胎在拆装过程中胎圈被撬杠损坏导致。

5) 胎圈变形:特征表现为轮胎胎圈有明显的变形,且内、外侧变形程度不一致。产生原因是实际使用的轮辋小于标准规定,使得轮辋与胎圈无法有效配合,导致胎趾悬空,最终造成胎圈变形。

6) 胎圈钢丝断裂:特征表现为断裂处钢丝端点呈拉伸缩径状态。其产生原因是轮辋幅板损伤,造成钢丝圈局部受到外力,应力集中所致。

5. 胎里部位　胎里部位是指从一个胎趾到另一个胎趾之间的区域,主要由内衬层和内衬层过渡层组成,通常与内胎接触。

(1) 生产过程中存在的质量问题所造成的损坏痕迹

1) 胎里凹凸不平:其特征是轮胎胎里出现凸出或者凹陷部位,严重时可能造成内胎损坏。产生原因是在轮胎硫化过程中,因胶囊表面崩块或者杂物的存在,导致轮胎胎里表面凹凸不平。

2) 胎里内衬层与胎体脱层:特征是胎里鼓起形成球形圆滑包,指压时有反弹感觉。产生原因是轮胎制造过程中工艺不良、成型时部件压合不佳,导致层与层之间的局部位置有气泡残留,当车辆在超载、超气压或超速状态下行驶时,气泡会加剧膨胀,从而导致胎里内衬层与胎体脱离。

3) 胎里露线:特征表现为在胎里靠近肩部或侧面的部分,局部或整周可见胎体钢丝排列,严重时在充气状态下胎侧即鼓起并破裂。产生原因是硫化过程中,内衬层胶料流动不规则或半成品尺寸不合格,导致内衬层与胎体帘线附着力低,最终造成脱层露线。

4) 加强层端点与内衬层脱层:其特征表现为在胎圈内侧发生加强层端点与内衬层脱层,内衬层鼓起,解剖后界面光滑。其产生原因是在制造过程中部件压合不实,或有水分、灰尘等杂质,且成型时加强层定位不准确等。

(2) 使用不当所造成的损坏痕迹

1) 胎侧外挤内裂:特征表现为胎侧沿径向出现裂口,胎侧可能有擦痕或撞击痕迹,胎里沿胎体帘线方向裂开,严重时胎侧会里外穿透。产生原因可能包括轮胎在使用过程中受到障碍物撞击,车轮在停靠路边时被挤压,或轮胎打滑时被侧边障碍物顶伤等。

2) 胎里出现周向折痕或者钢丝裸露:其特征表现为胎里有明显的周向折痕,严重时有钢丝刺出。产生原因是在缺气或严重超载情况下使用轮胎,导致胎侧屈挠过度。

3) 胎里磨损:其特征表现为在胎里内衬层表面有明显划伤。产生原因是在轮胎装配过程中,内胎与外胎之间夹杂石子或滑石粉等杂物。

四、胎面花纹磨损痕迹的分类及特征

车轮胎面磨损痕迹是指车辆在行驶过程中因摩擦、撞击等作用,在胎面部位形成的磨损形态。胎面花纹与地面相互作用的过程就是胎面花纹的磨损过程,其痕迹特征一般可分为三类。

(一) 细小花纹磨损特征

细小花纹磨损,是指胎面上的花纹(包括纵向、横向、混合花纹)棱边和肩部凸起部分见细小磨损痕迹,胎面花纹边缘呈现出不整齐形态特征。产生原因主要是轮胎胎面部在周向和侧向切线应力作用下,与地面及地面砂石等物体接触并发生相互滑移摩擦,从而产生磨损。

(二) 龟裂、沟痕和裂缝特征

龟裂、沟痕和裂缝特征,是指胎面凸起花纹上出现的裂缝、裂口和沟痕等,此类裂痕随着轮胎的行驶而逐渐加深、加大,最终形成轮胎胎面部凸起花纹上的各种龟裂、沟痕和裂缝痕迹。其产生原因是轮胎胶面受机械应力、热、氧等因素的综合作用,经多次变形后致使胎面物理机械性能劣化,从而发生硬化、龟裂。

(三) 小洞、小孔和坑凹缺失特征

小洞、小孔和坑凹缺失特征,是指胎面花纹上出现的小洞、小孔或坑凹等磨损缺失。其产生原因是胎面与地面凸起物的接触产生应力集中,二者的接触应力超过橡胶的屈服极限时,橡胶表面因而受到切削作用,导致胎面发生塑性变形,进而造成胎面撕裂性损坏。例如,车辆行驶过程中,胎面花纹沟被碎石等尖锐物刺伤,或花纹沟嵌入碎石后驾驶人未及时剔除,继续行驶,则可导致碎石挤压花纹沟底部并刺伤基部胶,屈挠作用下,可能导致胎面基部胶裂口进一步扩展。

第三节　轮胎痕迹鉴定

一、轮胎痕迹鉴定的概念

轮胎痕迹鉴定是指专业鉴定人员运用科学技术手段和专业知识,根据现场所反映的轮胎花纹、胎面宽度和相关测量参数及车轮痕迹状态等特征,分析车辆种属、判断车辆行驶方向、速度、制动状态,以及是否与特定车辆的轮胎相匹配等一系列活动。在刑事侦查、交通事故处理等领域,轮胎痕迹鉴定能为案件侦破和事故责任认定提供重要依据,帮助还原事件发生过程,确定涉案车辆或排除嫌疑车辆,在司法实践中具有重要作用。

轮胎痕迹鉴定是指通过科学方法对交通事故、刑事案件或其他场景中遗留的轮胎痕迹进行分析和解释,以还原事件过程、推断车辆行为或识别特定车辆的技术手段。其核心目标是将痕迹转化为客观证据,支持法律判定或事故责任划分。

轮胎痕迹鉴定可以通过观察痕迹的连续性、方向性、弧度等,判断车辆运动状态(如转向、侧滑)进行形态分析;通过测量痕迹长度、宽度、间距(轴距推断)等参数,结合摩擦系数计算事发时车辆速度;通过化学与材料检测分析橡胶残留物的成分以及检测地面附着物(油渍、泥土)与嫌疑车辆轮胎的关联性等方式进行分析评判。

二、轮胎痕迹鉴定的类型与方法

(一) 车辆种属鉴定

1. 根据轮胎痕迹和车辆参数判断车种　轮胎痕迹和车辆参数是判断车种的主要依据。首先,应当根据轮胎痕迹确定车轮数量。如果现场轮胎痕迹由三轮或以下车辆形成,则可判断为摩托车或力车。然后利用胎面痕迹的宽度和花纹形态特征进一步确定车辆种类。力车的花纹形态简单,胎面痕迹宽度一般为 25~50 mm;而摩托车的轮胎花纹较为复杂,胎面痕迹宽度为 50~120 mm。

如果能从轮胎痕迹中测出轴距,则可根据表 2.1 中的相关数据确定自行车和摩托车的车型范围。根据轴距通常能较准确地确定自行车车型;而摩托车由于前轮减振系统的结构,使轴距产生变化,因此需结合具体情况确定车型。

表 2.1　自行车结构参数

车　型	轴　距	车　型	轴　距
28 型	1 165～1 210 mm	24 型	1 000～1 030 mm
26 型	1 060～1 100 mm	26 型山地车	1 040～1 070 mm

若轮胎痕迹由四轮或四轮以上的车辆形成,则可确定为汽车。四轮汽车主要有轿车、小型客车和微型载重汽车;六轮车辆则主要包括大型客车、中型载重和载重汽车;六轮以上的车辆一般具备三轴,以重型载重汽车为主。

若现场遗留的轮胎痕迹能准确反映车辆轮数和轴数,则一般可凭此确定车种。此外,轿车轮胎花纹、工程机械轮胎花纹和载重汽车轮胎花纹三者在形态上存在显著差异,故轮胎花纹特征也可用于确定车种。

2. 根据其他痕迹物证判断车种　利用现场遗留的车灯玻璃碎片可以确定灯罩形状和尺寸,而后,根据不同车辆配用车灯的情况可以进一步确定车种;此外,还可以利用现场遗留的油漆碎片、掉落的装载物等协助判断车种。

应当注意的是,通常情况下,上述痕迹物证只能起到辅助判断的作用。

(二) 车辆行驶方向鉴定

车辆行驶过程中,通常会在地面形成与行进方向相关的痕迹特征:尘土呈定向分布、轮胎痕迹产生形态变化及颜色过渡等。通过分析轮胎痕迹的分布规律,可推断车辆行驶方向,并为案件侦查提供有效线索。

1. 根据尘土分布判断行驶方向　车辆在柏油、水泥和硬土地面行驶时,轮胎行驶过的地面上会遗留下尘土花纹,此类尘土花纹的形态因车速的不同而呈现不同痕迹特征,并反映车辆行驶方向等相关信息。

车辆在行进过程中,轮胎连续向前滚动,轮胎后方则产生空气涡流。车速较慢时,其产生的空气涡流较小,尘土所受到的作用小,此时尘土花纹形态呈弧状,并从轮胎痕迹两侧向中心汇聚,汇聚点的指向即为行车方向。当车速较快时,其产生的空气涡流较大,尘土所受作用大,地面花纹呈树枝状,树枝展开方向即为行驶方向。

尘土分布形态与轮胎花纹的对称性有关,若轮胎横向花纹呈左右对称状,则尘土分布也对称,反之则反。

2. 根据轮胎花纹颜色深浅判断行驶方向　当横向花纹轮胎(含宽横向沟槽)在柏油、水泥等硬质地面上行驶时,同一花纹块接触地面的前后两侧会形成颜色差异,即先触地端痕迹较深,后触地端痕迹较浅。据此,通过观测花纹块痕迹的深浅过渡方向(深→浅),即可判断车辆行驶方向。

3. 根据转弯处轮胎摩擦痕迹判断行驶方向　由于离心力的作用,车辆转弯时车体向弯道外侧倾斜。当转弯速度较快时,离心力大于轮胎与地面之间的摩擦力,车体外倾的同时轮胎将沿切线方向产生侧滑。若车辆在柏油或水泥地面上转弯,则在转弯处的轮胎痕迹上会形成相互平行的倾斜线条,且线条痕迹与车辆行驶方向的夹角成锐角。

4. 根据制动痕迹判断行驶方向　车辆依靠轮胎与地面之间的相互摩擦而产生制动力。车辆在柏油、水泥及较硬的土路上采取紧急制动时,轮胎花纹呈现由清晰到模糊的趋势,制动拖痕由轻到重,直至无法分辨。因此,轮胎花纹印痕由清晰到模糊的方向或拖痕由轻到重的方向即为车辆行驶方向。

当车辆在松软土路或夏季的柏油路上紧急制动时,停止处的地面会形成凹陷;而当其急速启动时,砂土则会在轮胎后下方隆起,形成起动痕迹。此类痕迹均可作为辅助判断车辆行驶方向的依据。

5. 根据立体轮胎痕迹判断行驶方向

(1) 根据立体轮胎痕迹壁上线条判断:车辆在松软的泥土路或较厚的雪地上行驶时,通常能够形成立体轮胎痕迹,其在痕迹壁上分布有若干条倾斜或弧状的旋轮曲线。

圆柱形物体在平面上滚动时,圆周上某一点的运动轨迹为旋轮曲线。轮胎在陷入土路后进行滚动,首先向下运动,此时胎肩部花纹会在痕迹壁上形成向后倾斜的线条痕迹;随着轮胎继续向前滚动,先期形成痕迹的花纹由下而上运动,此时痕迹壁上将形成向前倾斜的线条痕迹,且该痕迹会逐渐将向后倾斜的痕迹覆盖。据此,痕迹中的线条呈现自下而上的倾斜特征时,其倾斜方向即为车辆行驶方向。

但需注意,若地面上泥土较稀,立体轮胎痕迹形变量较大,倾斜线条往往难以指示车辆行驶方向;此时,需整合分析多组痕迹特征,当线条倾斜角度呈现规律性递增趋势时,该趋势方向即为车辆行驶方向。

(2) 根据立体轮胎花纹判断:车辆驶过松软地面(如厚积雪或松软泥土)时,轮胎肩部附着的泥土或雪块会脱落于痕迹两侧,形成锯齿状分布特征,锯齿状的尖端指向车辆行驶方向。

横向花纹轮胎行驶时,其花纹沟形成的立体痕迹呈现向行驶方向倾斜的特征。同时,因花纹块触地时序差异:先接触地面的部位形成边缘清晰、结构坚实的痕迹,后接触部位则产生边缘模糊的虚松痕迹,故立体痕迹由实向虚的过渡方向即为车辆行驶方向。

6. 根据车体脱落物等其他痕迹判断行驶方向　车辆上装载的液体、沙土掉落时,将沿行驶方向喷溅;车辆碾压树枝、草棍和麦秸等细长杆状物时,杆状物体两端向行驶方向弯曲;车辆从泥水处驶出,行驶方向一侧会形成泥水轮胎痕迹;手推车、畜力车的行驶方向与人脚印或牲畜蹄迹方向一致;若轮胎花纹呈人字形,则人字花纹的展开方向为行驶方向。

第四节　轮胎痕迹鉴定案例解析

一、常见轮胎痕迹鉴定案例解析

> **案例一**

××××司法鉴定所司法鉴定意见书

一、基本情况

委 托 人：××市公安局××区分局交巡警大队

委托鉴定事项：

黄××（男）长裤左裤管背面残缺的轮胎印压痕迹与某号牌重型自卸货车轮胎的印压痕迹是否相一致。

受理日期：20××年××月××日

鉴定材料：

1. 某号牌重型自卸货车（以下简称货车）

2. "××400××04"自行车骑车人黄××（男）所穿的长裤（以下简称长裤）

鉴定日期：2010年1月17日

鉴定地点：

1. ××市××区军民停车场

2. ××××司法鉴定所

二、案情摘要

20××年××月××日××时××分许，在××市××区××大道与××大道交会处发生一起交通事故。××市公安局××区分局交巡警大队要求鉴定：长裤左裤管背面残缺的轮胎印压痕迹与货车轮胎的印压痕迹是否相一致。

三、鉴定过程

（一）鉴定方法

参照GA/T 41—2019《道路交通事故现场痕迹物证勘查》、GA/T 1087—2021《道路交通事故痕迹鉴定》、GA/T 1508—2018《法庭科学车辆轮胎痕迹检验技术规范》、SF/T 0072—2020《道路交通事故痕迹物证鉴定通用规范》有关条款及检验方法，对甲乙两车的痕迹进行检验，并对委托事项进行鉴定。

（二）检验所见

1. 检验长裤：该长裤为蓝色，其左裤管背面残缺的轮胎印压痕迹，该痕迹外侧花纹为"介"形，内侧花纹为折线形，其宽度约为5 mm（见图2.1）。

2. 检验货车：该车为蓝色"东风牌"重型自卸货车。

货车除左前轮轮胎外，其他车轮轮胎花纹与长裤上的花纹在形态、宽度及磨损程度上均不一致；左前轮胎肩花纹为横向"介"形，其中部分花纹残缺；左前轮胎面花纹为三条平行

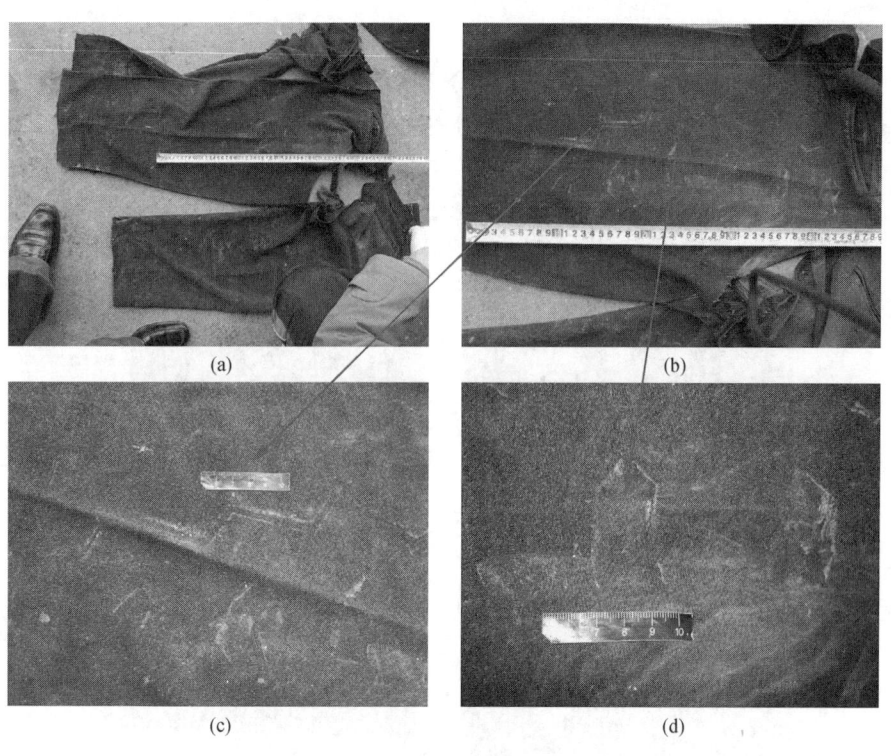

图 2.1 受害人左裤管背面见残缺轮胎印压痕迹

的横向折线形花纹,其宽度约为 5 mm(见图 2.2)。

图 2.2 货车轮胎花纹形态

四、分析说明

1. 将左裤管背面残缺的轮胎印压痕迹分别与货车各车轮轮胎花纹比对后发现,长裤左裤管背面残缺的轮胎印压痕迹与货车左前轮轮胎花纹在形态、宽度及磨损程度上均相一致;

2. 用蓝布拓印货车左前轮花纹作为样本,与长裤左裤管背面残缺的轮胎印压痕迹进行重叠比对,两者花纹完全重合(见图2.3)。

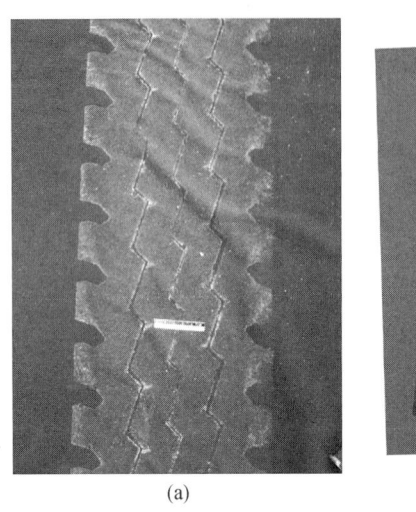

(a)   (b)

图2.3 轮胎印压痕迹重叠比对图

综上所述,货车左后轮轮胎与形成长裤左裤管背面印压痕迹的轮胎,在花纹形态、宽度及磨损程度上相一致。

五、鉴定意见

某号牌重型自卸货车左前轮轮胎与形成黄××(男)长裤左裤管背面残缺轮胎印压痕迹的轮胎,在花纹形态、宽度及磨损程度上相一致。

案例解析

上述案例是较为典型的轮胎痕迹鉴定,在委托事项中表述为"黄××(男)长裤左裤管背面残缺的轮胎印压痕迹与某号牌重型自卸货车轮胎的印压痕迹是否相一致",而在案情摘要中表述鉴定委托事项为"长裤左裤管背面残缺的轮胎印压痕迹与货车轮胎的印压痕迹是否相一致",未提及谁的长裤,且是轮胎印压痕迹与轮胎印压痕迹的比对,疑问在于长裤上的印痕一定是轮胎印痕的依据是什么?可以表述为:对某号牌重型自卸货车的轮胎是否能形成黄××(男)长裤左裤管背面残缺的印压痕迹进行鉴定,或者黄××(男)长裤左裤管背面残缺的印压痕迹是否为某号牌重型自卸货车所形成进行鉴定。但得出的鉴定意见如下:某号牌重型自卸货车左前轮轮胎与形成黄××(男)长裤左裤管背面残缺轮胎印压痕迹的轮胎,在花纹形态、宽度及磨损程度上相一致。简言之即为轮胎与轮胎相一致。对于本次痕迹鉴定的委托事项应为轮胎痕迹与轮胎痕迹之间的比对分析,所以以实验的方式采集了轮胎印痕,表述为"用蓝布拓印货车左前轮花纹作为样本",实现印痕与印痕之间的比对分析,鉴定意见书中提及比对,但未体现特征比对表。

二、其他轮胎痕迹鉴定案例解析

案例二

×××××司法鉴定意见书

一、基本情况

委 托 人：××市公安局××分局交通警察支队

委托事项：根据事故调查需要,对甲车:某号牌雪佛兰牌小型轿车与乙车:未悬挂号牌迪派克牌 24 英寸自行车的碰撞形态进行鉴定。

委托日期：××××年×月×日

鉴定材料：被鉴定的甲乙两车

二、基本案情

××××年×月×日 0 时许,甲乙两车在××路××路路口东约 5 米处发生道路交通事故。

三、鉴定过程

（一）鉴定方法

参照 GA/T 41—2019《道路交通事故现场痕迹物证勘查》、GA/T 1087—2021《道路交通事故痕迹鉴定》、SF/T 0072—2020《道路交通事故痕迹物证鉴定通用规范》有关条款及检验方法,对甲乙两车的痕迹进行检验,并对委托事项进行鉴定。

（二）检验所见

1. 甲车

车辆识别代号为××××××××××××××××××。前风窗玻璃以距其下缘 14 cm、距其左侧 10 cm 处为中心呈放射状碎裂。发动机舱盖距其前侧 0～89 cm、距其左侧 19～74 cm 范围内见片状擦痕,其中发动机舱盖中前部局部弯折变形,伴刮擦痕迹,表层白色涂层呈减层。前保险杠距地高 60 cm 以下、距车左侧 10～114 cm 范围内见刮擦痕迹,表层白色涂层呈减层,前保险杠左部局部伴轮胎花纹印。

2. 乙车

未检见车架钢印号。车把把立管、前叉与车架前部管槽脱离,将把立管、前叉复位后进行勘验。前轮左侧胎侧局部见擦痕。车辆左侧(前轮左侧辐条、前叉左侧、后书报架左侧)距地高 60 cm 以下范围内见刮擦痕迹,局部黏附白色物质。

四、分析说明

甲乙两车所检见的痕迹,在部位、高度、附着物及痕迹形成机理等方面均可以相互印证,符合甲车正面左部与乙车左侧发生碰撞所形成的痕迹特征。

五、鉴定意见

某号牌雪佛兰牌小型轿车正面左部与未悬挂号牌迪派克牌 24 英寸自行车左侧发生过碰撞可以成立。

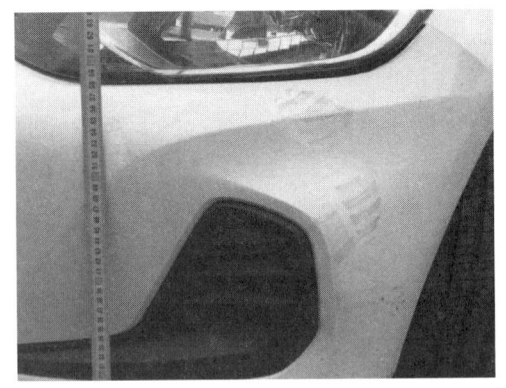

图 2.4　甲车正面左部痕迹　　　　　图 2.5　甲车前保险杠左部轮胎花纹印

图 2.6　甲车发动机舱盖痕迹　　　　图 2.7　乙车左侧照

图 2.8　乙车前轮痕迹　　　　　　　图 2.9　乙车左侧后部痕迹

案例解析

上述案例实际是非典型的轮胎痕迹鉴定案例,鉴定委托事项是对甲车与乙车的碰撞形态进行鉴定,而且在甲车车体上发现了疑似轮胎为造痕体的痕迹,乙车的轮胎具备造痕条件,此处轮胎痕迹作为车体发生接触碰撞遗留的痕迹之一,与其他相关痕迹形成痕迹组。

在检验过程中,甲车前保险杠左部轮胎花纹印的特征(整体特征和细节特征)未见表述,准确地讲,整体特征的表述较为模糊,细节特征未提及,仅表述为"前保险杠左部局部伴轮胎花纹印",对于痕迹检验部分的表述,此种表述有值得商榷之处。

主要体现在:一是未见此处痕迹的位置较为明确的定位,GA/T 1087—2021《道路交通事故痕迹鉴定》中有提及直角定位法,这里可以进行参考借鉴,便于与其他痕迹形成痕迹组进行分析判断,可以表述为"前保险杠左部距地高××~××cm、距左端××~××cm范围内见花纹样印痕"。二是明确表述为"轮胎花纹印"需要再斟酌,在勘查与检验过程中,鉴定人一般是通过观察法等方法,借助放大镜、测量工具等设备工具,对花纹印进行特征性描述,可以表述为"花纹样印痕呈均匀分布条块状,条块一侧较为平滑齐整、一侧呈不规则单个锯齿状,每个条块宽××cm,条块内见线性擦痕,条块间距宽××cm"。三是乙车前轮轮胎花纹形态未见清晰表述,"前轮左侧胎侧局部见擦痕",可以表述为"前轮左侧胎侧花纹由间隔均匀的块状花纹组成,其中,每个块状花纹内侧平滑齐整、外侧呈似不规则单个锯齿状,内部均匀分布线性乳突状花纹,块宽××cm,条块间距宽××cm"。四是检验所见的内容表述不够全面,体现了痕迹所在的部位、痕迹类型、物质交换,但由于没有体现痕迹的细节特征,包括动态痕迹中理应描述的痕迹的方向,故而不能很好地对应支持甲乙两车的碰撞形态分析,建议增加痕迹的细节特征以及痕迹的方向,比如:"前保险杠距地高60 cm以下、距车左侧10~114 cm范围内见刮擦痕迹,表层白色涂层呈减层"的表述,可以调整为:前保险杠距地高××~××cm、距车端××~××cm范围内见刮擦痕迹(此处不详细描述时,应有痕迹的细目照片,以便痕迹比对分析时形成特征比对表),方向从左向右(或者从右向左、从上向下、从下向上等等,根据实际勘验情况进行表述),表层白色涂层呈减层,如有物质增加,应进行相应表述。五是分析说明部分存在重合、与检验过程不对应的情形,比如高度是部位中的一种显见表现,建议表述为"部位"即可;还有痕迹形成机理的表述与检验过程存在一定不对应性,且与其他表述存在重合。

痕迹形成机理一般是指痕迹形成的原因、过程和规律。其中,形成原因:涉及客体相互作用,包括物体间的接触、摩擦、挤压、碰撞等机械作用,也有热、电、化学等作用,致使物体表面形态、结构或成分改变形成痕迹。例如,刀具砍切物体,因刀具与物体接触挤压,使物体表面物质被分离或变形,形成砍切痕迹。形成过程:是一个动态过程,从客体接触瞬间起,力和能量传递、物质交换与转移等现象发生。以指纹形成过程为例,手指皮肤分泌汗液等物质,接触物体时,汗液等物质转移到物体表面,留下指纹痕迹,同时存在介质。形成规律:痕迹形成遵循一定规律,如力学规律在机械性痕迹形成中起关键作用,作用力大小、方向、作用时间等因素决定痕迹的形态、大小和特征。通过研究这些规律,可依据痕迹反推形成时的条件和情况。在刑事侦查中,用于分析犯罪现场痕迹,推断犯罪手段、过程和嫌疑人特征。在交通事故处理中,根据车辆碰撞痕迹、刹车痕迹等,分析事故发生原因和责任。

案例三

×××司法鉴定所司法鉴定意见书

一、基本情况

委 托 人:××市公安局高速公路交通警察支队

委托日期:××××年×月×日

委托事项:对某号牌小型普通客车左前轮胎破损原因进行鉴定

鉴定材料:

1. 某号牌小型普通客车

2. 某号牌小型普通客车车载视频1段(复制件)

鉴定日期:××××年×月×日至×月×日

鉴定地点:××××停车场、××××鉴定所

二、基本案情

据送鉴材料记载,××××年×月×日×时×分,在××高速公路往××方向270公里处,郭某某驾驶的某号牌重型半挂牵引车/某挂号牌重型集装箱半挂车与徐某驾驶的某号牌小型普通客车发生道路交通事故,造成徐某死亡,两车受损。

三、鉴定过程

(一)鉴定方法

根据 GB 7258—2017《机动车运行安全技术条件》、GA/T 642—2020《道路交通事故车辆安全技术检验鉴定》、GB 38900—2020《机动车安全技术检验项目和方法》、GB/T 6326—2023《轮胎术语及其定义》、SF/T 0072—2020《道路交通事故痕迹物证鉴定通用规范》等有关条款及检验鉴定方法,对提供的被鉴定车辆进行检验,就委托事项作出鉴定意见。

(二)检验所见

1. 车辆相关信息

整车品牌型号:别克牌××××××××××型

车辆识别代号:×××××××××××××××××

2. 车辆损坏痕迹

被鉴定车辆的发动机舱盖、车顶、左右后围板、后舱盖、后保险杠、车身右侧变形;前保险杠右部见刮擦痕迹;前风窗玻璃、右侧前后玻璃、后风窗玻璃及车顶玻璃破碎;左前车轮轮辋损坏,车内右侧气帘展开等(见图2.10~图2.12)。

图 2.10 左前部损坏痕迹　　图 2.11 右后部损坏痕迹

3. 左前轮胎基本信息及损坏情况

(1)左前轮胎品牌为安耐特,规格型号为235/50ZR19 103W子午线无内胎轮胎(见

图 2.13)。

图 2.12　左前轮损坏痕迹 　　　　　　　图 2.13　轮胎规格型号

（2）左前轮胎已瘪气，轮辋约 2/5 圆弧面连同 4 条轮辐断裂脱落，断口为新痕，轮胎已向内移位。勘查现场在轮胎外胎侧 9 点钟至 12 点钟位置、7 点钟位置见一表面橡胶刮痕，其橡胶表面为浅表性刮伤未戳穿。轮胎胎里见表面橡胶刮痕，其橡胶表面为浅表性刮伤未戳穿。轮辋下部断裂脱落，制动盘在 5 点钟位置见一处平整疑似触地形成的磨损（见图 2.14～图 2.17）。

图 2.14　左前轮辋、制动盘及外胎侧损伤痕迹 　　　图 2.15　左前轮辋、制动盘及外胎侧局部损伤痕迹

图 2.16　左前轮胎外胎侧损伤痕迹 　　　　　图 2.17　左前轮胎胎里损伤痕迹

（3）检查左前轮胎内外侧各部位未见局部磨损暴露出轮胎帘布层，未见影响使用的缺

损、异常磨损和变形(如爆破口、戳穿、脱层、起泡、开裂等明显损伤)。

(4) 检查左前轮胎的胎面花纹正常,未磨至胎面磨耗标志位置,测量轮胎胎冠花纹深度约 5 mm(见图 2.18)。

图 2.18　左前轮胎胎冠花纹状况

四、分析说明

根据检验所见,被鉴定车辆左前轮胎品牌为安耐特,规格型号为 235/50ZR19 103W 子午线无内胎轮胎,检查轮胎的胎冠花纹深度约为 5 mm,轮胎未见影响使用的缺损、异常磨损和变形,符合 GB 7258—2017《机动车运行安全技术条件》第 9.1.6 条"乘用车、挂车轮胎胎冠花纹上的花纹深度应大于等于 1.6 mm……",以及第 9.1.7 条"轮胎胎面不应由于局部磨损而暴露出轮胎帘布层。轮胎不应有影响使用的缺损、异常磨损和变形"等技术要求。

检验现场被鉴定车辆左前轮胎已瘪气,轮辋及轮辐局部断裂脱落,轮胎向内移位。勘查现场在轮胎外胎侧 9 点钟至 12 点钟位置、7 点钟位置见一表面橡胶刮痕,其橡胶表面为浅表性刮伤未戳穿。轮胎胎里见橡胶刮痕,其橡胶表面为浅表性刮伤未戳穿。轮辋下部断裂脱落,制动盘 5 点钟位置见一处平整磨损。从损伤痕迹分析,符合车辆因事故碰撞时受外障碍物撞击而损伤,从而导致轮胎气密性破坏而泄气特征。

五、鉴定意见

某号牌小型普通客车左前轮胎事故发生前技术状况正常,其轮辋外侧因受事故撞击损伤导致轮胎泄气。

案例解析

上述案例虽然是对轮胎损坏痕迹进行检验鉴定,但项目内容可归属于车辆安全技术状况鉴定,且在较为复杂、需要结合其他比如地面痕迹形成原因及位置等方面还原事故过程、分析判断其损坏与事故发生之间的关系的情况下,可归属于交通事故痕迹物证鉴定的综合鉴定项目。这里被鉴定车辆的左前轮胎是该车的一个组成部分,对其损坏原因进行鉴定,得出"某号牌小型普通客车左前轮胎事故发生前技术状况正常,其轮辋外侧因受事故撞击损伤导致轮胎泄气"的鉴定意见。其中判断左前轮胎事故发生前技术状况正常的依据如下:被鉴定车辆左前轮胎品牌为安耐特,规格型号为 235/50ZR19 103W 子午线无内胎轮胎,检查轮胎的胎冠花纹深度约为 5 mm,轮胎未见影响使用的缺损、异常磨损和变形,符合

GB 7258—2017《机动车运行安全技术条件》第9.1.6条"乘用车、挂车轮胎胎冠花纹上的花纹深度应大于等于1.6 mm……",以及第9.1.7条"轮胎胎面不应由于局部磨损而暴露出轮胎帘布层。轮胎不应有影响使用的缺损、异常磨损和变形"等技术要求。这里提醒大家关注"左前轮胎事故发生前技术状况正常"中"技术状况正常"的表述,对轮胎的检验除了花纹深度、缺损、异常磨损和变形外是否已经全面、充分,分析准确,与事实相符合,可以完全支持"技术状况正常"的评断,因为"技术状况"包括不仅限于轮胎花纹深度、缺损、异常磨损和变形。可以表述为轮胎检验的结果符合GB 7258—2017《机动车运行安全技术条件》第9.1.6条和第9.1.7条有关规定。而"损伤"的表述一般用于生命体,建议用损坏更为贴切。对于"其轮辋外侧因受事故撞击损伤导致轮胎泄气"的评断,依据如下:检验现场被鉴定车辆左前轮胎已瘪气,轮辋及轮辐局部断裂脱落,轮胎向内移位。勘查现场在轮胎外胎侧9点钟至12点钟位置、7点钟位置见一表面橡胶刮痕,其橡胶表面为浅表性刮伤未戳穿。轮胎胎里见橡胶刮痕,其橡胶表面为浅表性刮伤未戳穿。轮辋下部断裂脱落,制动盘5点钟位置见一处平整磨损。从损伤痕迹分析,符合车辆因事故碰撞时受外障碍物撞击而损伤,从而导致轮胎气密性破坏而泄气特征。我们从案情介绍中可以了解到被鉴定车辆事发时与某号牌重型半挂牵引车/某挂号牌重型集装箱半挂车发生碰撞,建议在此鉴定意见中对被鉴定车辆与某号牌重型半挂牵引车/某挂号牌重型集装箱半挂车的碰撞部位和形态予以体现,可以更好体现造痕客体与承痕客体以及作用力的特征、关系,得出"其轮辋外侧因受事故撞击损伤导致轮胎泄气"的评断依据更全面、充分。

第三章
车体痕迹

第一节 车体痕迹的概述

一、车体痕迹的概念

根据《道路交通事故现场痕迹物证勘查》(GA/T 41—2019)3.1.2,车体痕迹是指车辆与其他物体或人体接触,在车体上形成的痕迹,主要包括车体的变形、破损、表面物质增减或部件整体分离等。

车体痕迹一般范围较大,特征明显:以碰撞、刮擦痕迹为主,且多为动态痕迹,在造痕客体和承痕客体之间往往还存在微量物质交换。车体痕迹的形成遵循运动力学、车辆碰撞力学等客观规律。车体痕迹的作用主要体现在确认肇事嫌疑车辆、确认车体接触部位、分析事故成因和演变过程、确认接触表面物质的种属和成分、确定案件现场性质等方面。

二、车体痕迹的形成要件

(一) 造痕客体

造痕客体是指在车体痕迹形成过程中,在车体表面留下自身表面结构形态特征的物体。车体痕迹的造痕客体包括与车体接触的车辆或其他物体。

(二) 承痕客体

承痕客体是指在车体痕迹形成过程中,在自己表面的接触部位留下造痕客体表面结构特征的载体。车体痕迹的承受体只有一种,即车体。通常情况下,形成车体痕迹的两个交通元素可互为造痕客体或承受体。

(三) 作用力

作用力即车辆与其他车辆或物体之间在接触过程中产生的机械作用力。车体痕迹在形成过程中,作用力的大小、方向及作用方式等共同决定了车体痕迹的形态和特征。当作用力与接触平面成垂直方向时,形成碰撞痕迹;此时,若接触面积小、作用力大、作用时间短,则形成空洞状破损痕迹;当作用力与接触平面成平行方向时,形成刮擦痕迹;此时,若接触面积大、作用时间长,一般形成凹陷状和塌陷状痕迹。

(四) 介质

介质是指两种接触物体表面的中介质,一般是呈现痕迹的某种涂料或附着物质。车体平面痕迹在形成过程中,除受造痕客体、承受体、作用力等因素影响外,介质也是不可缺少的要素。由于车体表面的油漆、涂料和尘土等的存在,车体平面痕迹的形成都会存在表面介质的转移,并在形成结构形象痕迹的同时形成微量物质附着痕迹。

三、车体痕迹的特点及分类

(一) 车体痕迹的特点

车体痕迹的形成过程遵循痕迹形成的客观规律,因此,车体痕迹的造痕客体和承受体在道路交通事故现场比较容易发现和确定。由于车体与其他物体接触而形成痕迹的时间极为短促,几乎不受人为因素的影响,故而,在确定痕迹的造痕客体和承受体时,鉴定人必须在充分考虑交通参与者生理状况、天气情况、道路环境、车辆状况的基础上,运用动力学、力学等理论知识,对车辆以及与其接触的物体可能的运动状态进行综合分析,才能得出符合客观实际的判断。

车体痕迹的特点具体如下:

1) 道路交通事故中的车体痕迹一般范围较大,特征明显,容易被发现。

2) 造痕客体、承受体之间往往有微量物质转换,可以通过物质分析对其进行种属认定;特别是机动车与人员相接触形成的车体痕迹,大多为附着痕迹,车体上一般有纤维、毛发、血迹、人体组织等附着物。

3) 车体痕迹以碰撞、刮擦痕迹为主。碰撞多形成立体的凹陷状痕迹、孔洞状痕迹和整体分离痕迹;刮擦痕迹则一般为平面痕迹,包括线条状痕迹和大面积的塌陷状痕迹。

4) 车体痕迹多数为动态痕迹。车辆碰撞是在极短的时间内发生的,撞击力的大小、方向、角度、作用部位等因素,都将对车体痕迹特征造成影响。车体痕迹的动态性,使得痕迹的比对检验和同一认定都十分困难。

5) 车体痕迹的形成遵循动力学、力学等客观规律,伪造的车体痕迹比较容易分辨。

(二) 车体痕迹的分类

1. 按车体痕迹的保留状态分类

(1) 立体车体痕迹:车体表面发生三维变形的痕迹称为立体车体痕迹。其特征表现为变形部位的形成与造痕客体接触处的外形结构特征凹凸方向相反,并能反映三维结构特征。例如车体凹陷状、塌陷状和空洞状等痕迹,都属于立体车体痕迹。

(2) 平面车体痕迹:车体与其他车辆或物体接触后,车体外形未发生变化,只是在车体表面附着或被剥离一层附着物质而形成的痕迹称为平面车体痕迹。其中,涂上一层物质的称为加层平面痕迹,例如自行车车把套等塑料物质与车体表面接触形成的薄膜状痕迹,以及车体表面附着的血迹等;车体表面被带走一层物质的称为减层平面痕迹,例如车体表面的油漆、灰尘等附着物质因擦划脱落而形成的痕迹等。

(3) 分离车体痕迹:分离车体痕迹是指车辆部件在外力作用下分离为多部分或从车体部位整体脱落所形成的痕迹。此类痕迹在车辆与其他物体发生碰撞或刮擦时均可能形成。例如:保险杠受撞击脱落的碎片边缘断裂形态;灯罩玻璃碎片的破裂形态;转向灯、后视镜整体脱落时呈现其与车体接合部位的脱离特征等。由于车体部件鲜有标准晶体结构,这类痕迹在痕迹检验中具有重要应用价值。

2. 按车体痕迹的特征分类

(1) 静态车体痕迹:静态车体痕迹是造痕客体与承受体(车体)接触时,在作用力方向位移量较小情况下形成的痕迹,如两车正面碰撞;追尾撞击;车体挤压固定物等。其形成机理与工具痕迹中的打击、撬压痕迹相似,特征表现为承受体(车体)接触面在垂直静载荷或冲击载荷作用下,与造痕客体接触部位产生凹陷变形。此类痕迹通过静态成像完整反映造痕客体表面结构特征,具备显著鉴定价值。

(2) 动态车体痕迹：动态车体痕迹形成于造痕客体与承受体紧密压合并进行相对运动时，其特征表现为摩擦作用方向与接触面平行且位移较大，例如，车辆刮擦固定物形成的线性痕迹。其核心特征在于痕迹形态会随接触角度和作用力方向的改变而产生相应变化。

严格意义上讲，车体痕迹中，静态车体痕迹与动态车体痕迹间并没有明显的界线，它们往往是同时存在的。

3. 按车体痕迹的形成过程分类

(1) 初始损坏痕迹：初始损坏痕迹是指车辆与物体首次接触时所形成的原始损伤，多表现为大面积撞击或局部碰撞特征。典型形态包括：与地面碎石碰撞对应的轮辋凹痕；车门把手、保险杠等易损件变形；轮胎及轮辋嵌夹树枝、碎石等异物。此类痕迹可有效反映车辆碰撞前的运动轨迹与行驶方向。

(2) 撞击损坏痕迹：撞击损坏痕迹产生于车辆与静止障碍物或运动物体剧烈碰撞时，其具有显著的冲击特征。这种痕迹可以用来确定发生撞击时车辆的接触角度。如果将撞击损坏痕迹与道路上的刮擦痕迹、轮胎痕迹结合分析，还可以确定事故撞击位置。

(3) 传导损坏痕迹：传导损坏痕迹指非直接碰撞部位因力学传导产生的形变损伤。典型案例为正面碰撞中发动机与变速箱后移引发的关联部件变形，此类痕迹可揭示碰撞能量的传递路径。

(4) 二次损坏痕迹：二次损坏痕迹一般是运动的人或物体在车体上形成的痕迹。例如，在车辆正面碰撞过程中，驾驶人的身体受力被压向方向盘，并使其弯曲，这时方向盘弯曲痕迹和人体胸部的体表痕迹均是二次损坏痕迹。

二次损坏痕迹由车辆横向摆动或二次接触行为形成，包括与初次碰撞对象再次接触或与其他障碍物发生新接触而产生损伤。此类痕迹可反映两方面事实：一是碰撞发生时乘员或载物的原始位置；二是碰撞发生后车辆持续运动的运动状态及其动态特征。

4. 按车体痕迹的形成机理分类

(1) 撞击痕迹：撞击痕迹根据理想化模型可分为轴向平行碰撞与横向垂直碰撞两类，二者皆能较为完整地呈现造痕客体特征。其他角度的碰撞痕迹在特征典型性和规律性方面相对较弱。理论研究表明，痕迹的高度、角度参数与涉事车辆行驶速度平方呈正相关，与转弯半径呈负相关。

(2) 刮擦痕迹：刮擦痕迹是车体与其他物体接触时，受切向摩擦力作用所形成的痕迹形态，具体有两种表现形式：一是线状、带状等平面痕迹；二是凹陷、撕裂等立体痕迹。其形成机理为接触面切线方向的应力作用引发材料塑性形变。痕迹特征受多重因素影响，包括车辆质量、运动速度、接触角度、接触部位结构特性、材料力学性质及表面涂层属性等。此类痕迹多分布于车体侧面，其宽度与造痕客体的外廓几何特征存在直接关联。

(3) 其他车体痕迹：其他车体痕迹，主要指车辆零部件的断裂或爆裂痕迹，一般包括车辆横拉杆和转向节等断裂痕迹，以及刹车管、轮胎等爆裂痕迹。

5. 按车体痕迹的形成部位分类

(1) 车体外部痕迹：车体外部痕迹指车体与外部物体相互作用导致其表面发生形态变化的痕迹，具体表现为车身外表及外部部件的形变特征（含轮胎痕迹）。此类痕迹具有双重特性：一方面因暴露在外易于识别；另一方面因受环境等因素影响易遭破坏或灭失。

（2）车体内部痕迹：车体内部痕迹指车厢内表面与乘员或物体接触引发的两类痕迹：一是结构形变痕迹，表现为接触部位的形态改变；二是物质转移痕迹，形成于接触面的物质交换过程。此类痕迹对重建碰撞后乘员运动轨迹、物品位移状态及原始乘坐位置等具有重要鉴定价值。

（3）轮胎客体痕迹：轮胎客体痕迹是指以轮胎为承受体时，轮胎相对于其他物体运动，并在其外表面形成的痕迹。按形成痕迹的部位，可将轮胎客体痕迹分为胎面客体痕迹和胎侧客体痕迹。轮胎胎面客体痕迹的造痕客体一般是地面，胎侧客体痕迹的造痕体一般是高于地面的物体，如路缘石、树干、公里桩、其他车体、人体等。

在车辆正常行驶的过程中，只有车轮碾压血迹等液体时，轮胎表面才有可能形成加层平面痕迹，其他轮胎胎面客体加层痕迹一般不易形成。但是，在车辆制动、侧滑、急加速等情况下，轮胎胎面客体痕迹则容易形成。

6. 按车体痕迹的外部结构特征分类　车体撞击痕迹根据其外部结构特征可分为凹陷状痕迹、塌陷状痕迹、孔洞状痕迹和分离破碎状痕迹。

（1）凹陷状痕迹：凹陷状痕迹是车体在垂直碰撞方向上受到冲击力作用时，与造痕物体接触面发生塑性形变而形成的立体痕迹。车体凹陷状痕迹具有明显的形态特征，即完整保留痕起缘（初始接触边界）、痕止缘（变形终止线）、痕底（凹陷最深区）、痕壁（凹陷侧斜面）等，且具有部分静态痕迹的特征。这种痕迹可逆推碰撞物体的接触面尺寸、倾斜角度等，并能复现造痕物体表面细微纹路特征。凹陷状痕迹的形成条件包括：

1）材料性能要求：受撞击部位需具有良好形变能力与韧性；

2）碰撞强度要求：当车体承受的应力未达材料屈服强度时仅能产生可恢复形变；当应力超过材料屈服强度但未达抗拉极限时形成塑性凹陷；当应力突破材料抗拉极限时则出现断裂或孔洞；

3）造痕物体要求：造痕物体硬度需高于车体材料且具备外凸结构特征；

4）作用时效要求：瞬时冲击作用形成（作用时长通常不超过 1 秒）。

（2）塌陷状痕迹：塌陷状痕迹是车体与造痕客体发生大面积接触时，因材料强度差异形成的特殊塑性形变痕迹。其形成需满足两方面的核心条件：首先，造痕客体与车体的接触面需具备较大且均匀分布的接触面积；其次，造痕客体的材料强度需显著低于车体受撞击部位的强度。在痕迹特征方面，此类痕迹通常呈现出大范围连续塌陷形态，边界模糊且缺乏典型痕起缘与痕止缘特征。

（3）孔洞状痕迹：孔洞状痕迹是在撞击力所产生的内应力大于车体材料的强度极限，且造痕客体外部有高硬度、尖锐结构的情况下形成的。孔洞的形态和尺寸可反映穿透物体的外部轮廓和大小。

（4）分离破碎状痕迹：分离破碎状痕迹形成于车体上具备高硬度、强脆性、易碎裂特性的部件遭受撞击时。破碎部件部分脱落遗留在现场，其余仍附着于车体。此类痕迹虽无法还原造痕客体的外部形态特征，但对判定碰撞作用点及受力方向具有关键价值。

四、车体痕迹的作用

(一)确定肇事车辆

通过对车体痕迹的同一认定,可以确定或排除车体与其他物体的接触部位,从而确定造痕客体。

(二)确定接触部位表面物质的种属和成分

通过对车体痕迹遗留部位附着的微量物质进行检验,可以分析认定造痕客体和承受体表面物质的种属和成分。

(三)分析道路交通事故的成因和演变过程

通过对车体痕迹特征及其分布状况的研究,可以对车辆碰撞机理及过程进行分析判断,由此推断道路交通事故的成因和演变过程,进而判断现场车辆的位置是否发生变动或伪造形成。

(四)确认车体接触部位

车体痕迹能够反映与其相接触物体的接触部位及其外部结构特征。因此,通过对车体痕迹的检验,或对车体痕迹上关联物质的分析,可以确定车辆与其他物体是否发生接触的事实。通过进一步测量接触部位的道路空间位置,还可以确定接触点。

(五)确定事故性质

通过对车体痕迹的分析,可以判断全部车体痕迹是否均符合道路交通事故形成的运动过程规律,进而鉴别事故性质。

第二节 车体痕迹鉴定

一、车体痕迹鉴定的概念

道路交通事故车体痕迹鉴定的鉴定对象为被鉴定车辆的车体痕迹,是指在对道路交通事故中被鉴定车辆车体痕迹进行勘查与检验的基础上,结合案件情况及相关痕迹物证材料进行分析评断,并形成鉴定意见的活动。

该鉴定本质上是对道路交通事故发生过程的科学重建,核心任务涵盖判定涉案车辆是否与人体、车辆或固定物发生碰撞及其碰撞形态特征,开展轮胎痕迹检验鉴定,并延伸至涉案者交通行为方式鉴定(如驾驶人操作行为分析)、基于车体痕迹的车速计算、车辆识别信息核验(车架及发动机钢印真伪鉴别)、行人轨迹鉴定(是否处于人行横道区域)、交通信号状态研判(事发时路口信号灯相位)等交通事故综合鉴定类型。故而,道路交通事故车体痕迹鉴定是实验室认可体系中与交通事故痕迹物证鉴定有关的认可项目之一,但与物证类执业分类规定中交通事故痕迹物证鉴定具体项目内容之一的交通事故痕迹鉴定和交通事故综合鉴定存在交叉融合,笔者此种分别表述旨在将道路交通事故痕迹鉴定从车体痕迹、地面痕迹、人体痕迹、其他痕迹的方面进行阐述,对道路交通事故痕迹鉴定的实践与研究提供一定的参考,是对相关体系规定等的贯彻落实,不是论证冲突、提出新观点。

二、车体痕迹的发现、测量和提取

(一) 车体痕迹的发现与确认

1. **车体痕迹的发现** 车体痕迹主要通过现场勘查与车体检验程序发现,常规条件下通过目视检查即可辨识多数痕迹。而对车内人体碰撞痕迹的发现,需结合车辆运动状态分析进行综合研判。对于肉眼难以直接观察到的潜在痕迹特征,一般需要借助多光谱光源、荧光增强技术或化学显现法等专业技术手段予以发现、提取。

2. **车体痕迹的确认** 不论是通过何种方法发现的痕迹,首先都必须对其进行确认:一是确认痕迹是否是该起事故造成的;二是确认痕迹形成的顺序。确认方法一般采用分别检验法、比对法等。

3. **车体痕迹的勘查内容** 据《道路交通事故现场痕迹物证勘查》(GA/T 41—2019) 6.2 车体痕迹物证相关条款,车体痕迹、物证勘查的内容具体如下:

1) 车体上各种痕迹所在的部位及其长度、宽度、凹陷深度;痕迹上、下边缘距离地面的高度,痕迹与车体一侧的距离;

2) 车辆部件的损坏、断裂、变形;

3) 车辆与其他车辆、人体、牲畜、物体第一次接触的部位和受力方向,及另一方相应的接触部位;

4) 道路交通事故涉及车辆灯光信号装置时,车辆灯泡或灯丝及其碎片,部件安装、导线连接状况;

5) 车体上遗留的纤维、毛发、血迹、生物组织、牲畜、漆片等附着物的种类、形状、颜色及其分布位置;

6) 车内方向盘、变速杆、驾驶室内外门把手、驾驶位周围、安全气囊和脚踏板等处的附着物及遗留物的种类、形状、颜色及其分布位置;

7) 需要确定车辆驾驶人的,应提取方向盘、变速杆、驾驶室门把手、驾驶位周围、安全气囊和脚踏板等处的手、足痕迹及生物检材,具体方法见 GA/T 944《道路交通事故机动车驾驶人识别调查取证规范》;

8) 其他与道路交通事故有关的车体附着物的种类、形状、颜色及其分布位置。

(二) 车体痕迹的测量

1. **车体痕迹测量的总体原则** 确定车体痕迹后应系统开展测量工作,遵循由前至后、自上而下、从关联侧向非关联侧的勘验及测量原则。

测量需重点完成两项核心操作:其一为痕迹定位,通过选取起止点、突变点、极值点(最高/最低点)及主客体特征点建立空间基准;其二为参数采集——针对刮擦类痕迹需标定起止点、极值点及特征性突变点(如金属卷边形态);对于撞击类痕迹则需通过造痕客体特征点实现接触区域的逆向定位。此方法体系可确保痕迹空间位置与形态特征的相对精准记录。

2. **机动车车体痕迹的测量方法及要求** 对机动车前部痕迹需记录具体部位、形态特征、接触面积、上下端离地高度及横向定位参数(痕迹边缘至关联侧距离),以此重建碰撞瞬间接触状态。其中,竖向痕迹应额外测定上下端至车身关联侧间距,并结合下端离地高度判定精确接触点位,同步将痕迹空间坐标与形态参数完整载入勘查笔录。

侧面痕迹测量须标注具体区位、接触面积、中心离地高度,并测定痕迹起止点至前保险杠及关联车轮的纵向间距,针对横向线状痕迹需补充记录其延展长度、前后端离地高度及前端至保险杠与关联车轮的间距参数。

底盘痕迹则须系统测量长宽尺寸、离地高度、端点至前保险杠及关联车轮间距,通过离地高度解析被轧物体空间姿态,结合车轮间距数据重建进入/脱离轨迹,以判定碾压时车辆运动方向。

轮胎痕迹应当重点检测胎壁、胎肩、胎面区域附着的人体皮肤纹印或物体压痕特征,详细记录其所在区位、形态类别及面积参数,为逆向推演接触过程提供物证支持。

3. 其他车辆车体痕迹的测量方法及要求　　对摩托车、自行车及其他车辆车体痕迹应着重检查最先接触部位的痕迹,检查测量痕迹的部位、形状、面积和距地面的高度,以便分析自行车与机动车的接触部位及被撞击或碾压时的变化情况。

(三)车体痕迹的固定与提取

在提取车体痕迹前,为防止破坏痕迹的原始状态,应依据 GA/T 50—2019《道路交通事故勘验照相》及 GA/T 41—2019《道路交通事故现场痕迹物证勘查》相关标准要求,对车体及接触部位相关痕迹进行全要素拍摄固定。需重点固化三类证据参数:

一是空间定位参数:痕迹原始坐标、距地面垂直高度、突变点位;

二是形态特征参数:痕迹固有形态、特征标识点(如金属卷边形态);

三是关联参数:痕迹与周边物体的关系。

1. 车体痕迹的记录与固定　　对道路交通事故车体痕迹的记录,一般是以道路交通事故现场勘查笔录的形式予以实现。现场勘查笔录应当反映出车体痕迹所在的部位、高度、面积和形态等。另外,照相提取法除了可以作为痕迹物证的提取方法,还可以记录和固定现场痕迹。对于重要的车体痕迹及其勘查,在文字记录的同时,还应采取全过程摄像的方式记录固定。

2. 车体痕迹的提取

(1)照相提取法:当车体痕迹较大或极小时,可以利用照相的方式加以提取,用照相提取法提取车体痕迹时应符合 GA/T 50—2019《道路交通事故勘验照相》的相关要求。

(2)原物提取法:原物提取法是指将承受体全部或局部加以提取的方法。这种方法适用于可拆卸或分离物体上的车体痕迹,其能最完整、客观地保护现场车体痕迹上的细节特征不受破坏,有利于后续检验和鉴定。保存原物时,应防止其受潮、生锈、霉变。

(3)制膜法:根据车体痕迹的深浅,痕迹表面的光洁程度、痕迹形状的不同,可以用醋酸纤维素薄膜、硅橡胶、硬塑料等制作模型,提取车体痕迹。

(4)注意事项:提取过程中,注意不能用工具直接接触痕迹,以免造成互换痕迹,导致失去检验条件。提取到的痕迹或分离物应妥善保管,防止自然或人为的损坏。提取到的物证应及时送检。

三、车体痕迹鉴定的类型与特征分析

痕迹鉴定是指鉴定人运用痕迹检验学的理论、方法和专门知识,对痕迹物证进行勘验提取,并对其性质、状况及其形成痕迹的同一性、形成原因、形成过程、相互关系等进行检验检测、分析鉴别和判断并提供鉴定意见的活动。交通事故痕迹鉴定包括通过对涉案车辆唯一性检查,对涉案车辆、交通设施、人员及穿戴物等为承痕体、造痕体的痕迹和整体分离痕迹进行检验分析,必要时结合交通事故微量物证鉴定、法医学鉴定等结果,判断痕迹的形成过程和原因(如是否发生过接触碰撞、接触碰撞部位和形态等)。由上可见,车体痕迹鉴定包括涉案车辆唯一性检查,对涉案车辆车体为承痕体、造痕体的痕迹进行检验分析,必要时结合交通事故微量物证鉴定、法医学鉴定等结果,判断痕迹的形成过程和原因(如是否发生过接触碰撞、接触碰撞部位和形态等)的活动。车体痕迹鉴定聚焦被鉴定车辆的车体,勘查检验的是车体上的痕迹物证,在实际鉴定实践中,并不能将其与道路交通事故痕迹鉴定截然区分,且一般在鉴定委托事项中,也不宜直接表述为车体痕迹鉴定,而是根据服务诉讼活动的实际需求,结合道路交通事事实真相,表述为是否发生过接触碰撞、接触碰撞部位和形态、是否为同一整体所分离、起火原因等。

(一)车体碰撞痕迹鉴定

1. 碰撞痕迹的形成机理　车辆以一定的速度行驶,以冲力的形式作用于其他车辆或塑性物体表面,使被撞车辆或承痕体表面产生塑性变形和线性痕迹,即为碰撞痕迹。

2. 碰撞痕迹特征与分析　车辆碰撞按行驶方向与接触部位可分为正面碰撞、侧面碰撞、追尾碰撞三类;按作用力方向可分为向心碰撞(力线通过重心)与偏心碰撞(力线偏离重心)两类。

(1) 正面碰撞痕迹特征与分析:两车车头直接相撞为典型正面碰撞。向心正面碰撞中,相对速度方向与接触面垂直,作用力沿车辆纵轴线传递,碰撞后车辆无旋转运动且接触面无横向摩擦,可按一维碰撞模型分析。偏心正面碰撞则导致车辆运动方向改变并产生接触面横向摩擦,需采用二维碰撞模型分析。

车辆本身也可能与其他刚性物体发生正面碰撞,其所产生的碰撞痕迹及运动轨迹特征相当。举例来说,当车辆正面碰撞刚性柱状物(如树木、灯杆)时,因接触面积小,同等撞击力下更易形成深度凹陷痕迹。当碰撞车辆的重心与刚体圆柱对心时,凹陷变形发展到发动机处,由于发动机刚性大,不易变形,所以即使碰撞速度增大,变形量也不再增大;如果碰撞汽车的中心与刚体圆柱偏心时,汽车要受到力矩的作用,车体绕圆柱发生旋转,接触面和凹陷痕迹宽度将加大,所以当汽车侧面与刚体圆柱发生碰撞时,车身常常发生回转运动。

正面碰撞痕迹的形态特征一般与碰撞力的大小、碰撞部位的结构、刚度、形状、材料等因素有关。正面碰撞所受作用力以撞击力和挤压力为主,挤压力方向与相对碰撞速度方向一致,因此在碰撞接触面会形成静态痕迹特征,车辆损坏变形多表现为凹陷状立体痕迹及部件断裂分离痕迹。

发生正面碰撞时,驾驶员通常采取紧急制动。在制动过程中,因前后轮载荷变化导致车体纵向倾斜,引发车头下沉与车尾抬升现象。痕迹比对检验时需注意由此产生的痕迹高度差异。

（2）侧面碰撞痕迹特征与分析：一车车头与另一车侧面发生接触即构成侧面碰撞。按被撞车辆侧面受撞位置可分为前部、中部、后部侧面碰撞。若两车速度方向垂直则为正侧面碰撞。碰撞后车辆常伴随平移与旋转复合运动，可能引发多次"二次碰撞"。碰撞位置、角度及力度共同决定车辆旋转方向与幅度。根据被撞车辆状态可分为静止被撞与运动中被撞两类。

侧面碰撞痕迹的形态特征主要与碰撞力大小、接触部位刚度及车辆运动状态相关。两乘用车发生侧面碰撞时，由于车头刚度高于侧面，被撞车辆变形通常大于撞击车辆。被撞车辆接触面形成凹陷痕迹，撞击点、面积及凹陷深度特征明显，痕底可见静态痕迹特征；撞击车辆头部则形成保险杠、中网、车灯等部件破损及发动机舱盖、翼子板变形。

正侧面碰撞中，被撞车辆侧面痕迹具有一定静态特征。侧面碰撞痕迹总体特征与被撞车辆运动状态相关：若被撞车辆静止，痕迹以静态凹陷为主；若被撞车辆运动，接触面会叠加刮擦痕迹。撞击车辆头部除碰撞痕迹外，整体变形方向与被撞车辆行驶方向一致。

车辆碰撞速度方向与接触面呈非直角时即构成斜向碰撞。斜碰撞时，两车重心对重心的碰撞称为对心斜碰撞，重心与重心偏斜的碰撞称为偏心斜碰撞。斜碰撞后车辆会发生旋转，在彼此碰撞接触面上会产生摩擦力，因此斜碰撞后的运动一般为平面二维运动。

（3）追尾碰撞痕迹特征与分析：追尾碰撞是指同一车道内，后车因跟车距离不足或反应延迟导致其车头撞击前车尾部的事故形态。此类碰撞多发于高速公路夜间时段，通常作用力沿车辆纵轴传递，可按一维碰撞模型分析（受力机制类同正面碰撞），罕见斜向碰撞情形。

追尾碰撞接触面呈现显著静态压印痕迹，两车外部结构特征在接触面形成对应关系。后车头部通常出现轻微变形与部件破损；前车尾部因行李舱结构刚度低、恢复系数小，在较高刚度车头的撞击下产生明显塑性变形，其变形量远大于后车头部。

需要注意的是，追尾事故中，双方制动状态的差异会导致痕迹高度的偏移，检验时应重点分析制动操作对痕迹形态的影响。

（二）车体刮擦痕迹鉴定

1. 刮擦痕迹的形成机理　刮擦痕迹是由于车体表面与其他车辆或物体相接触，受摩擦力作用，在其表面形成的线状、带状、片状的平面痕迹或凹陷、撕裂等的立体痕迹。刮擦痕迹的形成机理是：作用力沿两接触物体的切线方向作用而形成塑性形变或物质转移。车体刮擦痕迹的形成与车辆的质量、行驶速度、接触角度、接触部位的结构、材料特性等因素密切相关。

2. 刮擦痕迹的特征与分析　车体刮擦痕迹一般在车体侧面，痕迹形态与造痕客体外部结构、刚度及作用方式有关，痕迹宽度与造痕客体的外部几何形状相关，痕迹位置与造痕客体的距地高度、相对运动方式相关。

（1）刮擦痕迹的特征

1）平面车体刮擦痕迹的特征：平面车体刮擦痕迹一般是在车体外表轻微接触下，由车体表面涂料或附着物质形成的擦蹭痕迹。痕迹的种属特征是附着物的组成、颜色，痕迹的轮廓、位置尺寸等。平面车体刮擦痕迹可以用做事故现场比对，分析确认接触事实和事故过程的重要依据。

2）线状沟痕、片状凹陷、撕裂等刮擦痕迹的特征：车体上遗留有的线条状沟痕、片状凹陷、撕裂等刮擦痕迹，是在车体紧密接触的情况下，车体外部突出部件在切向力的作用下所形成的车体损坏变形痕迹。这些痕迹的种属特征是附着物的组成、颜色，损坏变形的形状、深度和位置尺寸等。线性沟痕和撕裂刮擦痕迹可以呈现出个别特征，具有一定的同一认定价值。

对单一的车体沟槽状线痕的检验，应当注意痕迹断面的形态变化，沟槽状线痕断面有峰、腰、谷，并以凸凹线条的起伏形态变化反映造痕客体突出部位的形状特点；对多条车体沟槽状线痕的检验，应注意痕迹间的距离、分布和组合特征。

当车辆行驶的相对速度较快，造痕客体较承痕体相对坚硬时，在作为承痕体的车体上易形成沟槽状损坏变形和刮擦痕迹。损坏变形的形态和程度主要受以下三方面因素的影响：一是造痕客体的结构、形状和刚度；二是与车辆侧面接触深度和接触方式；三是接触时车辆相对行驶速度。

（2）刮擦痕迹的分析：车体刮擦痕迹分析的重点是通过对同一刮擦痕迹的不同部分形成的先后顺序，痕迹形成的方向等，确定造痕客体相对于车体的运动方向。

通常情况下，造痕客体的点、线、面会在承痕体的对应部位上形成线、片状的刮擦痕迹。一次形成的线条状、片状刮擦痕迹常常出现间断现象，这主要是因为承痕体的表面不连续或不平整，如车体表面的凸凹、接缝等因素造成。痕迹间断的部位称为痕迹跳点。通过对痕迹跳点处特征的观察和分析，能够判断痕迹的形成方式。

此外，两车在发生刮擦之前，有时可形成一个小角度的撞击，其撞击力的作用点部位往往会形成一定程度的撞击变形。结合作用点部位车体表面撞击变形即可判断作用力的方向，即刮擦方向。

四、车体附着痕迹鉴定——以车体附着（油漆）痕迹鉴定为例

（一）车体附着痕迹鉴定的概念

车体附着痕迹是道路交通事故中被鉴定车辆发生接触碰撞发生物质交换的过程中产生的物质增加的痕迹。这些痕迹一般附着在车体的表面，体现的是道路交通事故中其他参与方（包括车辆、行人、道路安全设施、动植物等）物质减少的结果，以及某部分的痕迹特征，对这些来自其他参与方且附着在车体表面的痕迹进行勘查与检验，并进行分析评断，作出鉴定意见的活动，即为车体附着痕迹鉴定。

（二）车体附着（油漆）痕迹检验

车体附着的油漆物证是涉车案件中常见的重要证据类型，具有显著的司法鉴定价值。此类物证可实现以下鉴定目标：锁定肇事车辆与排除嫌疑车辆、确认碰撞事实及其接触点位、解析接触作用机制、还原事故真实过程等。

在车辆碰撞过程中，油漆物质普遍存在双向转移现象，即肇事车辆油漆附着于被撞物体，同时被撞物体油漆亦转移至肇事车辆。这种交互式的物质转移为痕迹鉴定提供了关键物证支撑。

1. 车用油漆概述

(1) 车用油漆的组成：在车辆上使用油漆的目的主要是为了满足车辆保护和装饰的要求。车用油漆一般是多种有机和无机成分组成的混合物，对于油漆种属的鉴定必须应用分析仪器才能实现。油漆一般由五大部分组成：即成膜物质、颜料、体质颜料（填料）、辅助材料和溶剂，车辆油漆一般由底漆、腻子、二道底漆、面漆、罩光漆五层组成。不同车型差异显著，货车车体外表油漆层数较少，小轿车则油漆层数较多，高档车型车身油漆层数甚至多达十几层。

(2) 车用油漆的分类：按应用部位与涂装功能，汽车用油漆品种可分为：车身涂装漆；货箱专用漆；车轮/车架防腐漆；发动机部件漆；底盘防护漆；铸锻件半成品漆；内饰件装饰漆；特种功能漆等。

2. 油漆物证的发现及提取

(1) 油漆物证的发现：油漆物证的发现需要对案件现场及嫌疑车辆进行全面细致的勘验，应当重点在嫌疑车辆、被撞物体及相关客体表面寻找首次接触部位的新鲜痕迹。

勘验要点包括：在被撞车辆/物体表面提取与嫌疑车辆油漆颜色一致的油漆物质；在嫌疑车辆接触部位提取与被撞方油漆颜色相同的物质；现场散落油漆碎片的识别与收集（需排除非事故相关漆片）；检查被刮擦客体表面痕迹及附着油漆情况。

(2) 油漆物证的提取：应当依据现场具体情况，选用最佳的油漆提取方法。常用方法包括直接提取法、刮取法、黏取法、溶剂提取法，工具包括手术刀、不锈钢镊子、钢针、胶带、磁质点滴板、柔软小刷等。

当现场脱落的油漆和客体表面残留的油漆量较大时，可直接用镊子夹取或用牙签等工具轻拨至物证袋；若油漆量小则用刮取法（手术刀轻刮）或黏取法（胶带加压黏取），必要时组合使用；采用溶剂提取法时，需用脱脂棉蘸有机溶剂擦拭，避免溶解客体材质；若油漆附着于小型客体，则可整体提取载体，并在提取后采用刮取法提取比对样本。

3. 油漆物证检验鉴定的内容及方法

(1) 外观检验：外观检验的目的是对检材与样本进行比对，观察检材是否存在被污染情况。具体方法有：

1) 肉眼观察法：核定油漆检材后，在光线明亮处观察检材外观，比较油漆物证与样本的层数及每层油漆的色泽差异；

2) 立体显微镜观察法：在体视显微镜下观察漆层结构（单层/多层、层序、各层厚度与颜色），并检视残留形态（色调、光泽、透明度、新旧程度、颜料分布及腻子/底漆状况）；

3) 紫外灯观察法：比对检材与样本荧光颜色和亮度间的一致性。

(2) 有机检验：有机检验是对油漆中成膜物质的检验。成膜物质是油漆中的最主要成分，其决定着油漆的种属、性质与特点；对油漆中成膜物质的检验是油漆检验中最为重要的项目，常用的检验方法包括红外光谱法、裂解色谱法和质谱法。

(3) 无机检验：油漆中除成膜物质外还有大量的无机颜料、填料等，因而，对油漆检材进行无机检验也是行之有效的分析方法。常用的方法包括原子吸收光谱法、发射光谱法、电镜能谱法等。

(4) 扫描电镜能谱仪检验：利用扫描电镜能谱仪检验油漆的基本原理是将电子束射入

到油漆检材上,产生弹性散射和非弹性散射,成分不同的油漆检材将得到不同的X射线能谱。采用扫描电子显微镜能谱仪检验的最大特点在于:在观察检材与样本油漆微观结构的同时,同步实施无损微观分析;对于多层油漆,则能实现每层油漆的分层独立检测。

值得注意的是,目前对于油漆所开展的检验均属种属认定范畴。若检验结果显示检材与样本的有机成膜物质种属相同,且无机组分种属及相对含量一致,则得出鉴定意见为"油漆种属一致",而非"特定同一"或"出自同一车辆"。

4. 油漆物证检验鉴定的意义　微量物证理论的基本观点"若干个种属一致可构成特定同一"同样适用于交通事故油漆物证的检验鉴定。单一的油漆物证检验鉴定意见不足以认定肇事车辆,因同批次出厂车辆可能使用相同批号油漆(其有机成膜物质与无机颜料/填料的种属及含量基本一致)。若结合其他证据综合分析,则可提升认定同一的可能性。

若车辆油漆为多层结构,油漆检验鉴定意见对认定肇事车辆的证明力相对较强。考虑到同批次车辆在相同时间段内于同一修理厂喷涂同批号油漆的概率极低,当检材油漆与样本油漆均为多层漆且层数相同、每层颜色一致、各层油漆种属对应相同时,原则上可以认定肇事车辆。

五、车体痕迹鉴定的实践运用

(一) 车辆碰撞角度鉴定

1. 基于车体痕迹检验的车辆碰撞角度鉴定

(1) 碰撞变形受力面的分析判断:对于碰撞变形受力面的检验是分析车辆碰撞角度的第一步。车体表面的碰撞损坏变形情况主要取决于碰撞速度和碰撞部位的刚度。如果碰撞速度较大,第一次撞击会产生较大的塑性形变,进而在两车碰撞部位形成显著的碰撞变形受力面。两车碰撞时,如果接触面没有发生滑移,碰撞面的宽度和长度应与造痕客体接触部位外部结构一致。对心碰撞痕迹会呈现静态痕迹特征,与接触部位外部凸凹结构相对应,甚至两车接触面咬合镶嵌在一起。非对心碰撞时,接触面上虽然也有撞击痕迹,但痕迹边缘的一端或两端一般会呈现明显的刮擦痕迹特征,刮擦痕迹的方向指示车辆碰撞后的运动方向。因此,车辆碰撞变形受力面的确认应根据接触面积、造痕客体痕迹对应关系和刮擦痕迹等特征综合判断。

(2) 碰撞变形受力面与车辆纵轴方向夹角的分析判断:碰撞变形受力面确定后,需计算受力面与车辆纵轴方向的夹角。碰撞受力面吻合夹角不完全等于碰撞前两车间的角度。车辆碰撞角度的形成与碰撞过程、接触部位刚度及变形等均有一定关联,故对于车辆碰撞角度的鉴定需结合两车碰撞受力面分析、车辆碰撞受力分析及地面轮胎痕迹等开展综合研判,而不能简单用两车受力面吻合夹角代替。

2. 车辆碰撞角度鉴定的意义　碰撞角度是指碰撞时两车行驶方向所形成的夹角。在道路交通事故案事件的调查过程中,常常需要解决碰撞角度的问题。由于碰撞发生后事故车辆运动的复杂性,通常情况下,难以通过其在事故现场的终止位置来倒推事故发生前车辆在道路上所处的位置和车辆碰撞角度等。

一般来说,判断车辆碰撞角度的方法是分析第一次碰撞部位的痕迹和形变,确定车体碰撞变形受力面,再结合地面痕迹走向等进行综合评判。通过对于车辆碰撞角度的鉴定,可以推断两车在发生事故前各自在道路上所处的位置和行驶方向,进而推断驾驶人的行为或状态。

因此,分析车辆碰撞角度对于分析两车在发生事故前的运动状态,查明事故基本事实等具有重要意义。

(二) 车辆行驶方向鉴定

1. 基于车体痕迹检验的车辆行驶方向鉴定

(1) 碰撞发生前车辆行驶方向的分析判断

1) 通过碰撞痕迹判断:碰撞前车辆行驶方向的判断在正面碰撞和追尾碰撞事故中较易实现,因碰撞前后两车行驶方向通常保持同一直线,尤其是对心正面碰撞及追尾碰撞通常可按一维碰撞处理。此时,碰撞发生后两车沿动量较大一方的行驶方向运动。然而实际交通事故中多见斜碰撞,则需按二维碰撞展开分析。

通过车体凹陷痕迹形态可分析车辆运动方向。以摩托车和轿车侧面碰撞为例:当被撞轿车静止时,其侧面痕迹为纵沟凹陷痕迹;当被撞轿车行驶时,由于碰撞接触部位摩擦力的作用,摩托车将在被撞汽车的行驶方向上产生旋转运动,并与轿车侧面发生二次碰撞,同时追加产生凹陷痕迹。

车体凹陷痕迹除二次碰撞形成的追加痕迹外,还包括车辆运动产生的延续性凹陷痕迹。通过分析此类痕迹形态、组合及分布规律,可推断碰撞后车辆的运动方向。

2) 通过刮擦痕迹判断:车体刮擦痕迹分析的重点是通过对同一刮擦痕迹的不同部分形成的先后顺序,及痕迹形成的方向等,确定造痕客体相对于承痕体的运动方向。一般通过观察和检验车体刮擦痕迹的轻重变化、线条痕迹的粗细变化、镶嵌物的压入方向、痕底附着物翘起端的指向和堆积物的形态、附着物的拉伸方向和颜色变化等,可以分析判断造痕客体相对于车体的运动方向。

需要注意的是,极为轻微的车体刮擦痕迹,很难从痕迹的外表形态特征(刮擦痕迹的轻重、线条的粗细变化等)来分辨造痕客体的运动方向,此时则需要借助体视显微镜,观察痕迹的痕底形态特征,从而进行判断。如,基于痕底附着物翘起端的指向和堆积物的形态可以判断造痕客体与车体的相对运动方向;侧面刮擦过程中,车身外表的接触部位有时会形成外翘、外翻或折叠,根据车体痕迹的外翘、外翻或折叠的方向能够判断造痕客体的相对运动方向等。

(2) 碰撞发生后车辆运动状态的分析判断:对于碰撞发生后车辆运动状态的判断主要根据碰撞部位、碰撞角度结合地面轮胎轨迹的分析进行。首先利用碰撞部位和碰撞角度,判断出车辆碰撞后是直线滑移还是旋转滑移,若为旋转滑移,则应当进一步明确向哪个方向旋转,旋转了多少度;而后通过地面轮胎痕迹和散落物分布来印证车辆碰撞后的运动状态。

车辆在发生碰撞后,就撞击力产生的后果而言,其运动可分解为两个分量的合成:一是车辆质心的平移,二是车辆绕质心的定轴转动。对事故车辆运动方向的分析,在正面碰撞和追尾碰撞事故中可按照一维碰撞处理。然实际情况下多为二维碰撞,其受力关系比正面碰撞和追尾碰撞复杂得多,需按二维碰撞分析。

二维碰撞的运动特征表现为：一是碰撞后运动方向与碰撞前不同；二是碰撞后运动为平移与旋转的叠加；三是碰撞后运动易引发二次碰撞。因此，斜碰撞车辆运动状态的判断需通过受力分析结合车体痕迹实现。分析步骤如下：首先，通过车体凹陷痕迹定位接触部位；其次，定性分析两车受力与力偶关系；最后，结合二次碰撞痕迹推断运动方向。

2. 车辆行驶方向鉴定的意义　发生事故后，车辆在道路上的位置和状态一般会发生较大变化，对碰撞前行驶方向及碰撞后运动状态的判断并非易事。车辆事故发生前的行驶方向是每起交通事故调查均需查明的基本事实，对事故原因分析、法律适用及责任认定均具重要意义。而对碰撞后车辆运动状态的判断则是还原事故全过程的必要环节。

第三节　车体痕迹鉴定案例解析

一、常见车体痕迹鉴定案例解析

案例一

××××司法鉴定所司法鉴定意见书

一、基本情况

委 托 人：×××公安局交通警察大队

委托日期：20××年××月××日

委托事项：对某号牌中型特殊结构货车（下称"甲车"）与应××驾驶的正三轮电动车（下称"乙车"）、某号牌大中型拖拉机（下称"丙车"）三车碰撞形态进行鉴定

鉴定材料：1. 涉案车辆（3辆）

2. 道路交通事故现场图（翻拍件）

3. 道路交通事故现场照片（复制件）

4. 涉案三轮电动车事故前图像（复制件）

鉴定地点：××停车场、××××司法鉴定所

鉴定日期：20××年××月××日至××月××日

二、检案摘要

据委托材料，20××年××月××日××时××分，应××驾驶正三轮电动车行经230省道103 km+240 m即×××萧×镇塔下村路段时，与厉××驾驶的某号牌中型特殊结构货车和某号牌大中型拖拉机发生碰撞，造成应××受伤经抢救无效死亡及三车受损的道路交通事故。

三、检验过程

（一）检验方法

根据GA/T 1087—2021《道路交通事故痕迹鉴定》，参照GA/T 41—2019《道路交通事故现场痕迹物证勘查》有关条款及检验方法，对甲乙丙三车的痕迹进行检验，并结合相关送检材料，对委托事项作出鉴定意见。

(二)检验所见

1. 甲车

(1)车身颜色为白色,车辆型号:三力牌 CGJ5071ZYS 型,车辆识别代号为×××××××××××××××××××。(图片省略)

(2)甲车前面左部见明显碰撞痕迹。前保险杠左部距地高 48～65 cm、上下沿分别距车辆中心线 15 cm、32 cm 处缺损(见图 3.1)。

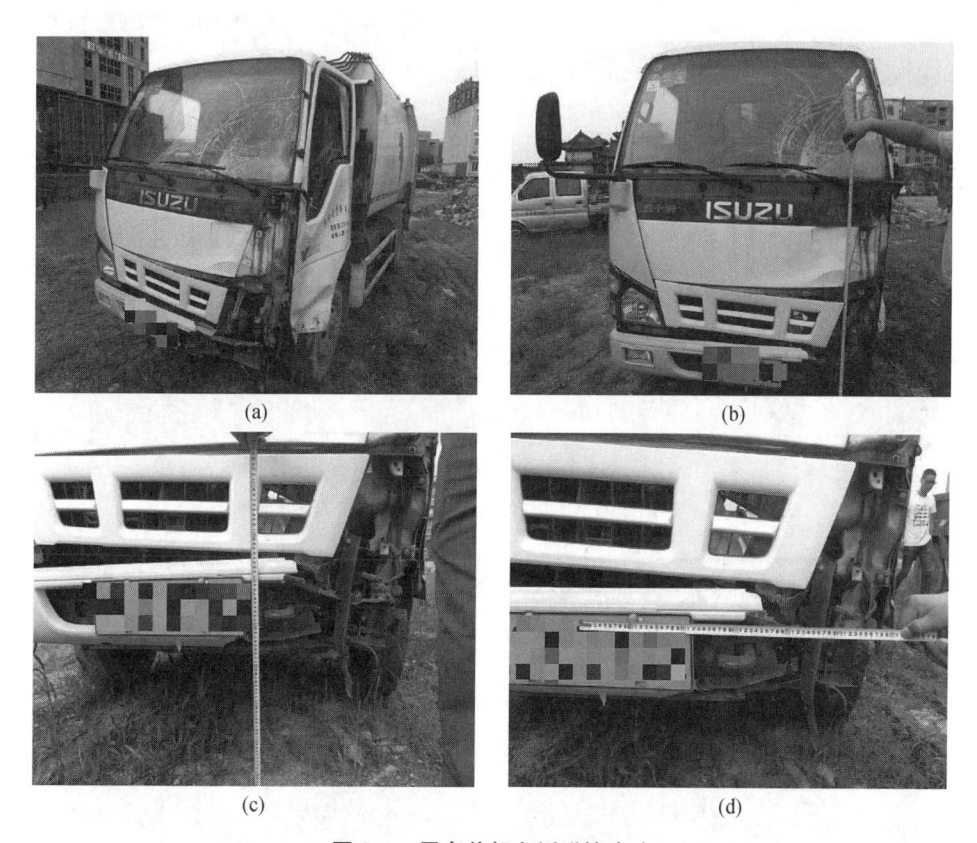

图 3.1 甲车前部左侧碰撞痕迹

(3)前保险杠左部铁质支架见多处刮擦痕迹;其中距车辆中心线约 33 cm 处见蓝色油漆类物质;其上沿亦见蓝色油漆类物质;距车辆中心线 35.5～37.3 cm 处见碰撞痕迹,运动方向从右往左,黏附红色塑料类物质(见图 3.2)。

(4)位于前保险杠左部的牵引钩距地高 52～53 cm、距车辆中心线 27～33 cm 见加层刮擦痕,局部涂层减层,黏附白色物质(见图 3.3)。

(5)位于前保险杠左部后方的直拉杆前部距车辆中心线 38.4～39 cm 处见刮擦痕迹,黏附白色塑料类物质,并镶嵌一红色塑料碎片;转向垂臂螺栓和螺母前端面见碰擦痕迹,表面呈减层(见图 3.4)。

(6)前格栅距地高 70～90 cm 左部松脱,位于其左部的灯具均脱落,前照灯缺损,转向信号灯和前位灯灯罩破损(见图 3.5)。

(a) (b)

(c) (d)

图 3.2 前保险杠左部铁质支架见刮擦痕迹与塑料附着

图 3.3 前保险杠左部牵引钩　　图 3.4 前保险杠左部后方直拉杆

(a) (b)

图 3.5 前照灯缺损,转向信号灯和前位灯灯罩破损

(7) 前面板左部距地高约 90～117 cm、距车辆中心线 30～59 cm 范围内凹陷变形,位于其左部的装饰板(包角)缺损。左后视镜支架往后移位,其后视镜脱落(见图 3.6)。

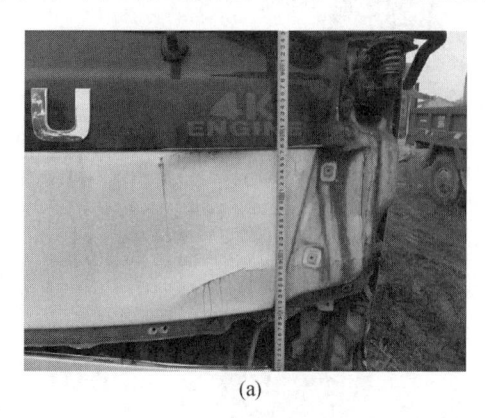

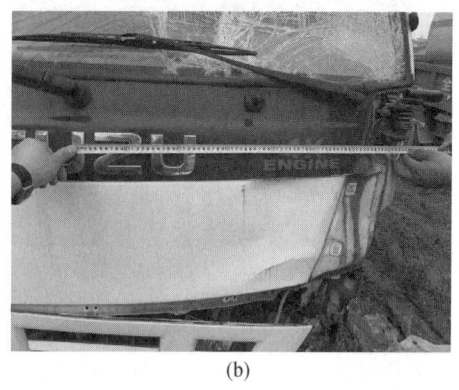

(a)   (b)

图 3.6   前面板左部装饰板(包角)缺损、左后视镜脱落

(8) 前风窗玻璃左部距地高 140～177 cm、距左边缘 0～64 cm 处凹陷变形,中心受力点有两处,未检见毛发、血迹(见图 3.7)。

(a)   (b)

图 3.7   前风窗玻璃凹陷变形

(9) 左车门扭曲变形,其前端距地高 50～93 cm 见刮擦痕,其中距地高 57～61 cm 见碰撞凹陷,受力方向从前往后,并黏附蓝色油漆类物质;左车门下部距地高 56～58 cm、距其前端 15～20 cm 见方形 4 cm×2 cm 凹陷,方形前后端贯穿车门铁皮,在铁皮贯穿破口前见碰擦痕迹,受力方向从前往后,黏附蓝色油漆类物质(见图 3.8)。

(10) 左前轮胎侧见擦划痕,局部黏附蓝色油漆类物质(见图 3.9)。

2. 乙车

(1) 车身颜色为蓝色,未见车架号,电动机型号为 YJZZ60V1000W,号码为 2013068×××(图片省略)。

(2) 前部左侧减震杆向左弯曲,距地高 34.8 cm 处断损,表面未见碰擦痕迹,前轮胎胎面左侧见与地面的擦划痕。车头左右两侧未见碰撞痕迹,位于前轮上方的简易蓬前部支架锈蚀,但未见变形、碰擦痕;前照灯、左右前转向信号灯等未见刮擦痕迹;脱落的简易蓬风窗玻璃未见破损(见图 3.10)。

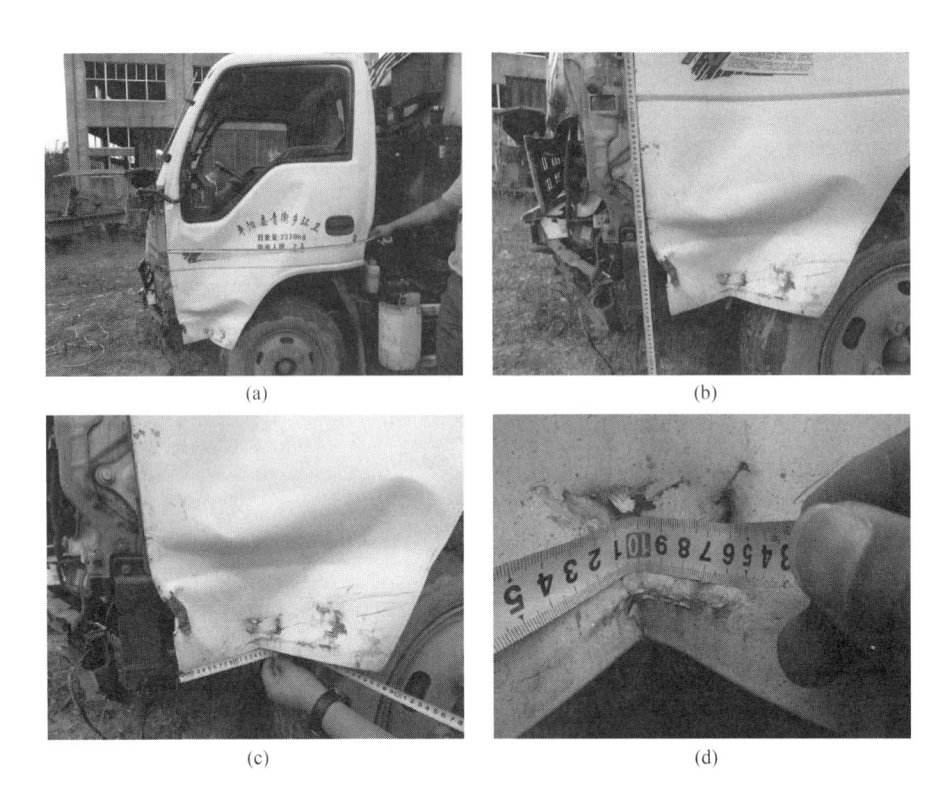

图 3.8 左车门扭曲变形,车门表面见刮擦痕迹,碰撞凹陷处见蓝色油漆类附着物

图 3.9 左前轮胎侧见擦划痕,局部可见蓝色油漆类附着物

(c) (d)

图 3.10 乙车外观概貌

（3）车头仪表外壳（距地高约 98 cm）和位于右把手处的前照灯开关（距地高约 100 cm）见擦划痕，黏附蓝色油漆（见图 3.11、图 3.12）。

图 3.11 车头仪表外壳见擦划痕及蓝色油漆附着　　图 3.12 右把手前照灯开关处见擦划痕及蓝色油漆附着

（4）乙车后端距地高 50～62 cm 见明显的碰撞痕迹，右部碰撞损坏比左部严重。货厢底板铁皮脱位，后部安装尾灯框架撞落；货厢底板后部碰撞变形，整体往前移，其右部下边缘向前移位变形，右侧板折皱变形，受力方向从左后往右前；左部上边缘向前移位变形（见图 3.13）。

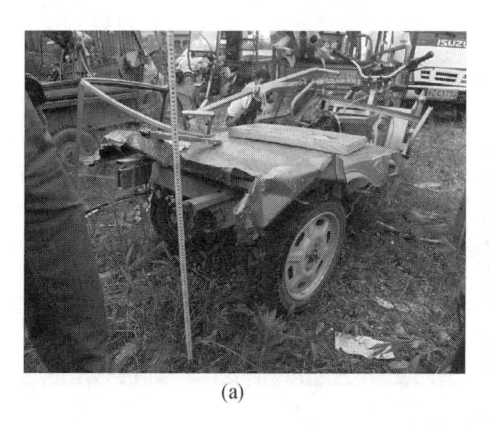

(a) (b)

图 3.13 乙车后端见明显碰撞痕迹

(5) 乙车货厢车架右侧纵梁及其上部的副梁后端距地高 51~59 cm 见明显的碰撞痕迹,受力方向为左后往右前;纵梁与副梁错位,纵梁往右移位;副梁后端附尾灯框架铁皮及红色塑料碎片(乙车尾灯灯罩碎片)(见图 3.14)。

图 3.14 乙车货厢车架右侧纵梁及其上部副梁后端见明显碰撞痕迹及铁皮、塑料附着

货厢车架左侧纵梁及其上部的副梁后端面见轻微刮擦痕。经测量,上部的副梁为 4 cm×2 cm 方管,纵梁为 8 cm×3.5 cm 方管。

(6) 乙车货厢前栏板及安装其上的简易蓬均脱落。复位后检查情况如下:

① 货厢前栏板整体往前倾斜,前栏板中部见凹陷变形,受力方向从后往前;安装在前栏板中间位置的驾驶人靠背脱落,从断损的铰链分析,受力方向从后往前(见图 3.15)。

图 3.15 货厢前栏板损坏照

② 简易篷后端上部两条横杠(2 cm×2 cm 方管)距地高 157～173 cm,距其右边缘 30 cm 处弯折变形,下横杠后面距其右边缘 2～23 cm 见擦划痕,附着蓝色油漆类物质(见图 3.16)。

(a)　　　　　　　　　　(b)

图 3.16　简易篷横杠损坏照

③ 简易篷的上面铁皮整体脱落,复位后检查铁皮后部中间部位见凹陷变形,铁皮下方的纵向左右两条支架断损,向前弯曲变形,铁皮及其左右两支架受力方向均为从后往前(见图 3.17)。

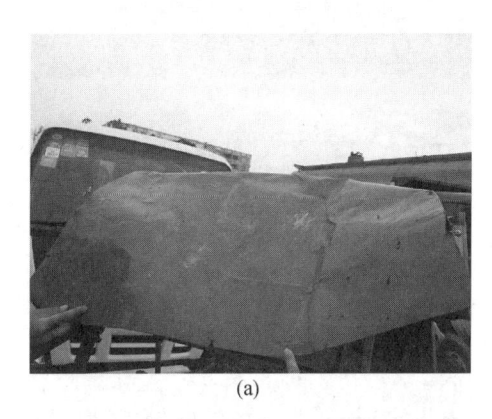

(a)　　　　　　　　　　(b)

图 3.17　简易篷上面铁皮损坏照

3. 丙车

(1) 车身颜色为蓝色,车辆型号:北京牌 BJ160T-1G 型,车架号码为 A0433160T0010××××(图片省略)。

(2) 前保险杠正面左部距地高 42～63 cm 见擦划痕,涂层呈减层,表面黏附黑色物质,其左侧断损,左前雾灯脱位;中网格栅左部距地高 87～90.5 cm 处网格断损,其外框未见刮擦痕迹。

前面板徽标左侧距地高 103～112 cm 凹陷变形,表面见两条长为 8 cm、宽为 2 cm 的减层的擦划痕,方向从左往右;距车辆中心线 18 cm 处折皱变形(见图 3.18)。

(3) 左前角组合灯灯罩距地高 71～96 cm 破损;位于组合灯旁距地高 62～97 cm 处包角装饰板脱落。左前转向灯灯罩距地高 117～122 cm 处破裂;左后视镜支座距地高 126.1～127.1 cm 处涂层剥落(见图 3.19)。

图 3.18　丙车正面见明显碰撞痕迹

图 3.19　左前角组合灯、转向灯灯罩破损；包角装饰板脱落；左后视镜支座局部涂层剥落

（4）左车门距地高110.5～112 cm，距其前端0～60 cm处见一条擦划痕，黏附白色丝状物质（见图3.20）；左车门距地高96～90 cm，距其前端15～68 cm处见一条擦划痕，呈前高后低，黏附白色丝状物质，在左车门上粘贴的"298"字符上方黏附白色编织袋方块形物质（见图3.21、图3.22、图3.23）。

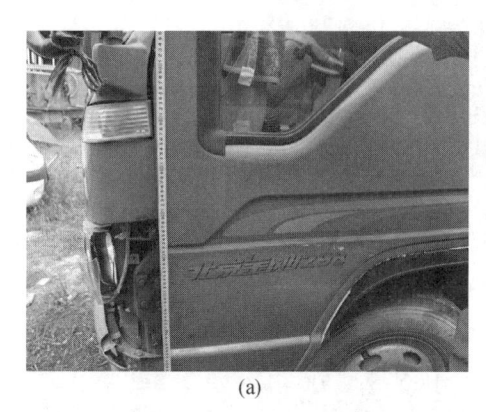

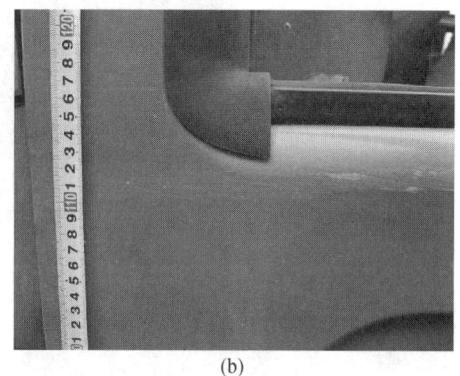

(a)   (b)

图3.20　左车门擦划痕(1)

图3.21　左车门擦划痕(2)

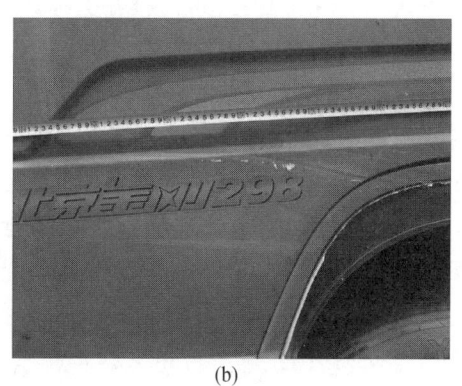

(a)   (b)

(c)

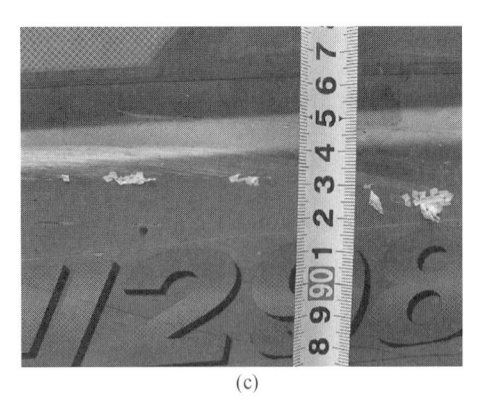

图 3.22　左车门黏附白色丝状物质 1

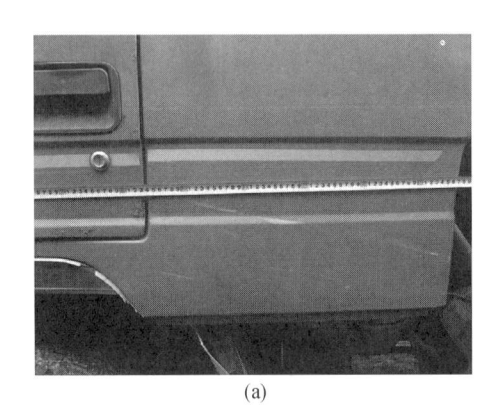

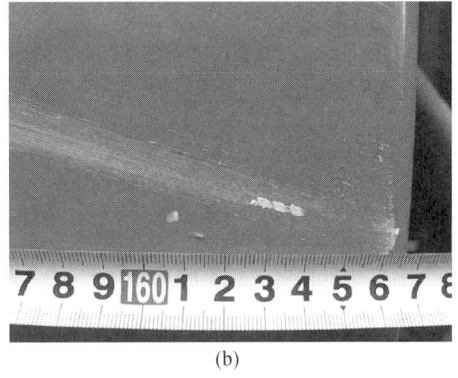

(a)　　　　　　　　　　　　(b)

图 3.23　左车门黏附白色丝状物质 2

左车门距地高 83～82 cm、距其前端 25～51 cm 处见一条擦划痕,黏附白色丝状物质(见图 3.22)。

驾驶室左侧距车门前端 120～166.3 cm 处见一条擦划痕,黏附白色丝状物质,附着物堆积于止缘,起点距地高约 102 cm,止点距地高约 95 cm,呈前高后低(见图 3.23)。

4. 道路交通事故现场图及事故现场照片

事故现场天气为晴天,路面性质为水泥,道路为双向四机动车道,中间单黄色实线分隔。甲车头东尾西停在南侧靠中间的机动车道内;乙车车头南偏西尾北偏东向右侧翻于道路中间位置,其货厢底板掀起,与车架分离,货厢前栏板向车头方向挤压,其周边散落载运的用白色编织袋包装的货物;丙车头西尾东停在北侧的机动车道内(见图 3.24)。

5. 乙车发生事故前通过公安监控视频区域,委托人提供了该视频中图像一张(见图3.25),可知乙车事故前装载货物较高,已高于简易顶篷高度。

四、分析说明

1. 根据乙车后部与甲车前保险杠所检见痕迹,从部位、受力情况、附着物及痕迹形成机理等方面进行分析,甲车前保险杠正面左部碰撞乙车后面右部,可以形成乙车后面右部严重变形,右侧纵梁后端向右前变形,可以形成甲车前保险杠左部缺损,进而与其后部的铁

图 3.24 事故现场照片

图 3.25 委托人提供视频中乙车

质支架发生碰撞,并发生物质转移的后果,位于乙车后面右部的红色灯具因碰撞挤压镶嵌入甲车车头前部的前保险杠左部铁质支架和直拉杆前端。该接触部位应为甲乙两车的第一接触部位。

根据委托人提供的乙车事故前图像及事故现场照片,乙车货物装置较高,其货物用白色编织袋包装,当甲车前保险杠左部碰撞乙车后面右部时,甲车的前面板、前风窗玻璃左部碰撞乙车的货物,形成甲车前面板凹陷和前风窗玻璃凹陷。乙车货物受力碰撞后往前挤压,形成乙车货厢前栏板、简易蓬往前凹陷变形,直至脱位。

2. 甲车左车门扭曲变形和碰撞凹陷,黏附蓝色油漆类物质,及方形 4 cm×2 cm 凹陷,方形前后端贯穿车门铁皮,与乙车后面左部痕迹和车架副梁形状比对,从痕迹部位、受力情况、附着物及痕迹形成机理等方面进行分析,符合甲车前保险杠左部碰撞乙车后面右部后,乙车旋转,其后面左部与甲车左车门发生碰撞接触,乙车车架左侧副梁与甲车左车门形成贯穿痕迹,两者符合造痕体和承痕体形成特征。该处痕迹接触碰撞,说明直行的甲车碰撞正处于左转弯的乙车,如果乙车也是直行行驶,不会发生较大的旋转。

3. 乙车车头前面未检见碰擦痕迹,其左侧减震杆应系其右后部受力撞击后,车头向左形成推力,造成左侧减震杆断损;可排除乙车车头与丙车发生碰撞的可能。

4. 根据丙车前保险杠左部减层的擦划痕、中网格栅左部断损、前面板的两条宽为 2 cm 的减层擦划痕,与乙车的简易蓬后端上部两条横杠(2 cm×2 cm 方管)黏附的物质物、横杠弯折变形进行痕迹比对,当乙车向右侧翻过程中两者在痕迹的高度、附着物、受力方向、痕迹形成机理等方面分析,两者可以形成承痕体与造痕体之间的关系(见图 3.26)。

图 3.26 丙车前侧与乙车简易蓬横杠比对照

5. 根据丙车左车门及驾驶室左侧多条擦划痕,其附着丝状和白色小方块状编织袋类物质,符合与乙车装载物挤压、相互运动摩擦形成的特征。说明丙车车头与侧翻的乙车简易蓬接触碰撞后,乙车受碰撞冲击,促使乙车继续逆时针旋转,进而乙车的装载物与丙车左车门发生挤压摩擦形成丝状和白色编织袋类物质黏附在丙车左车门上。

6. 根据道路交通事故现场图及照片所示内容分析,甲车从西往东行驶,丙车从东往西行驶。

综上分析,该起事故碰撞形态为:甲车正面左部碰撞正在左转的乙车后面右部,乙车发生旋转,其后面左部又与甲车左车门发生接触碰撞,由于乙车装载货物较高,重心不稳,发生向右侧翻;在其向右侧翻过程中受丙车车头碰撞冲击,促使乙车继续逆时针旋转,其装载的货物与丙车的左车门发生挤压。

五、鉴定意见

某号牌中型特殊结构货车正面左部碰撞正在左转的应××驾驶的正三轮电动车后面右部,该正三轮电动车发生旋转,其后面左部又与某号牌中型特殊结构货车左车门发生接触碰撞,随后该正三轮电动车向右侧翻,在其向右侧翻过程中受某号牌大中型拖拉机车头碰撞,促使该正三轮电动车继续逆时针旋转,其装载的货物与某号牌大中型拖拉机的左车门发生挤压。

案例二

×××司法鉴定所司法鉴定意见书

一、基本情况

委 托 人:××市公安局××分局交通警察支队

委托事项:根据案件调查需要,对甲车:某号牌大众牌小型轿车与乙车:悬挂上海

×××××××两轮电动自行车号牌赛峰牌电驱动两轮车的相关痕迹进行鉴定。

委托日期:××××年×月×日

鉴定材料:被鉴定的甲乙两车

鉴定日期:××××年×月×日

鉴定地点:××××停车场

二、基本案情

××××年×月×日14时许,甲乙两车在××路、××路南约400米处发生事故。

三、鉴定过程

(一)鉴定方法

参照GA/T 1087—2021《道路交通事故痕迹鉴定》、GA/T 41—2019《道路交通事故现场痕迹物证勘查》、SF/T 0072—2020《道路交通事故痕迹物证鉴定通用规范》有关条款及检验方法,对甲乙两车的痕迹进行检验。

(二)检验所见

1. 甲车

车辆识别代号为×××××××××××××××××。

右前翼子板外侧距地高67～92 cm、距其后沿0～23 cm见凹陷变形;右后视镜支架脱位;右前门距地高68～72 cm、距其前沿73～82 cm见刮擦痕迹伴凹陷变形,并见黏附红色物质(见图3.27)。

(a) 甲车右前观照

(b) 甲车痕迹部位照

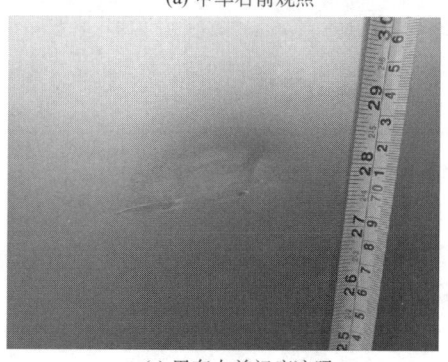

(c) 甲车右前门痕迹照

(d) 甲车右前翼子板痕迹照

图3.27 甲车右侧见凹陷变形,并见红色物质附着

2. 乙车

车架钢印号为××××××××××××××。

左车把棉护套外侧距地高93～101 cm见擦痕；左闸把根部断裂；右闸把根部断裂；后座靠背表层涂层为红色，其左侧距地高67～74 cm见挫痕及破损痕迹。车辆左侧凸出部位局部见倒地挫痕（见图3.28）。

(a) 乙车左观照

(b) 乙车左车把棉护套擦痕照

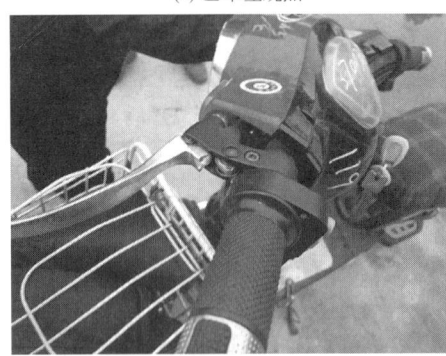

(c) 乙车左闸把根部断裂照

(d) 后座靠背左侧痕迹照

图3.28　乙车左侧见破损痕迹，局部见倒地挫痕

四、分析说明

将甲车右侧中前部与乙车左侧所检见痕迹，从部位、种类、形态、减加层及痕迹形成机理等方面比对、分析，发现甲车右前翼子板凹陷变形及右后视镜支架脱位符合与软性客体发生碰撞所形成的结果，与人体或乙车左车把棉护套发生碰撞可以形成；甲车右前门所检见痕迹与乙车后座靠背左侧发生刮擦可以形成。

综上所述，甲车右侧中前部与乙车左侧发生碰撞可以形成两车相关痕迹。

五、鉴定意见

某号牌大众牌小型轿车右侧中前部与悬挂上海×××××××两轮电动自行车号牌赛峰牌电驱动两轮车左侧发生碰撞可以形成两车相关痕迹。

案例解析

上述案例是较为典型的车体痕迹鉴定案例。在委托事项部分表述为"根据案件调查需要，对甲车：某号牌大众牌小型轿车与乙车：悬挂上海×××××××两轮电动自行车号牌赛峰牌电驱动两轮车的相关痕迹进行鉴定",这种表述方式对应《物证类执业分类规定》中第十六条痕迹鉴定的定义,即为"痕迹鉴定是指鉴定人运用痕迹检验学的理论、方法和专门知识,对痕迹物证进行勘验提取,并对其性质、状况及其形成痕迹的同一性、形成原因、形成过程、相互关系等进行检验检测、分析鉴别和判断并提供鉴定意见的活动",以及第二十七条第三款交通事故痕迹鉴定,即为"(三)交通事故痕迹鉴定。包括通过对涉案车辆唯一性检查,对涉案车辆、交通设施、人员及穿戴物等为承痕体、造痕体的痕迹和整体分离痕迹进行检验分析,必要时结合交通事故微量物证鉴定、法医学鉴定等结果,判断痕迹的形成过程和原因(如是否发生过接触碰撞、接触碰撞部位和形态等)"。可见,用对相关痕迹进行鉴定的表述,并不是道路交通痕迹鉴定委托项目中的常规表述,一般表述为对甲乙两车是否发生过接触碰撞、对甲乙两车的碰撞部位进行鉴定、甲乙两车的碰撞形态进行鉴定等。但并不代表用对相关痕迹进行鉴定的表述不符合道路交通事故痕迹鉴定的范畴,甚至有超范围执业的嫌疑,而恰恰反映了鉴定机构和鉴定人对于此类鉴定较为审慎的态度,并且,在鉴定意见部分表述为"某号牌大众牌小型轿车右侧中前部与悬挂上海××××××两轮电动自行车号牌赛峰牌电驱动两轮车左侧发生碰撞可以形成两车相关痕迹",与委托事项相呼应。在分析说明部分,进行如下分析"将甲车右侧中前部与乙车左侧所检见痕迹,从部位、种类、形态、减加层及痕迹形成机理等方面比对、分析,发现甲车右前翼子板凹陷变形及右后视镜支架脱位符合与软性客体发生碰撞所形成的结果,与人体或乙车左车把棉护套发生碰撞可以形成;甲车右前门所检见痕迹与乙车后座靠背左侧发生刮擦可以形成",其中与软性客体发生碰撞、与人体或乙车左车把棉护套的表述,可能由于机构没有法医鉴定和微量物证鉴定类别,故而没有进行同一认定,而是采取痕迹特征分析的方式进行判断,甲车右前翼子板凹陷变形及右后视镜支架脱位的痕迹形成原因,即造痕客体的可能性,用"可以形成"的表述;也可能是鉴定人对本起鉴定委托事项进行了评估,或者从科学技术的角度认为得出的鉴定意见作为本起案件的技术性证据的证据能力和证明力已经满足诉讼活动的需要等,故而未对甲乙两车的碰撞部位和形态进行鉴定,而是对相关痕迹进行鉴定,并得出相应的鉴定意见。此处的表现,一方面体现了鉴定机构和鉴定人对鉴定质量控制的思考和落实;另一方面体现了鉴定机构和鉴定人对于鉴定风险的防控以及法治思维、法治方式的提升。

《中华人民共和国刑事诉讼法》关于证据的表述主要有以下内容:①证据的定义和种类:可以用于证明案件事实的材料,都是证据。证据包括物证,书证,证人证言,被害人陈述,犯罪嫌疑人、被告人供述和辩解,鉴定意见,勘验、检查、辨认、侦查实验等笔录,视听资料、电子数据。证据的查证属实原则:证据必须经过查证属实,才能作为定案的根据。②证据收集的要求:对一切案件的判处都要重证据,重调查研究,不轻信口供。只有被告人供述,没有其他证据的,不能认定被告人有罪和处以刑罚;没有被告人供述,证据确实、充分的,可以认定被告人有罪和处以刑罚。证据确实、充分,应当符合以下条件:定罪量刑的事实都有证据证明;据以定案的证据均经法定程序查证属实;综合全案证据,对所认定事实已排除合理怀疑。③非法证据排除规则:采用刑讯逼供等非法方法收集的犯罪嫌疑人、被告人供述和采用暴力、威胁等非法方法收集的证人证言、被害人陈述,应当予以排除。收集物

证、书证不符合法定程序,可能严重影响司法公正的,应当予以补正或者作出合理解释;不能补正或者作出合理解释的,对该证据应当予以排除。证据的"三性两力"中证据的"三性"是指客观性、关联性、合法性,"两力"是指证据能力和证明力,证据的"三性"是从证据本身的特征角度来描述的,其中合法性是第一位的;而"两力"则是从证据在法律程序中的地位和作用方面来阐述的,它们共同构成了判断证据是否有效和可靠的重要标准。其中:合法性是指证据的收集、固定和运用必须符合法律规定的程序和要求。客观性是指证据所反映的内容应当是真实的,客观存在的。证据必须是对案件事实的客观记录和反映,而不是虚假的、伪造的或想象的。关联性是指证据与案件事实之间存在着客观的联系,能够对案件事实起到证明作用。这种联系可以是直接的,也可以是间接的,但必须是实质性的联系。包括证据的来源合法、收集证据的主体合法、收集证据的程序合法以及证据的形式合法等方面。证据能力又称证据资格,是指证据材料在法律上允许其作为证据的资格。只有具有证据能力的证据材料才能被法庭采纳为证据。证据能力主要涉及证据的合法性问题,即证据必须符合法律规定的形式和程序要求,才能具备证据能力。证明力:指证据对案件事实的证明作用和价值大小。证明力的大小取决于证据的真实性、关联性以及证据与案件事实之间联系的紧密程度等因素。不同的证据,其证明力可能有所不同。证据能力是第一位的。

二、其他车体痕迹鉴定案例解析

案例三

××××司法鉴定所司法鉴定意见书

一、基本情况

委 托 人:××市公安局交通警察大队

委托日期:20××年××月××日

委托事项:对某号牌小型轿车(下称"甲车")与车架号码为WS201××××539电动三轮车(下称"乙车")的碰撞形态进行检验鉴定

鉴定材料:1. 某号牌小型轿车及其车辆信息

2. 车架号码为WS201××××539电动三轮车

3. 道路交通事故现场图(翻拍件)及照片(复制件)

4. ×××××[20××]微鉴字第×××号司法鉴定意见书

鉴定地点:×××停车场、××××司法鉴定所

鉴定日期:20××年××月××日至××月××日

二、基本案情

据委托材料记载,20××年××月××日凌晨,李××驾驶某号牌小型轿车行经××市××街道进港公路北侧施工路段时,与尹××驾驶的电动三轮车发生交通事故,造成尹××经医院抢救无效于当日死亡及车辆损坏的道路交通事故。

三、资料摘要

据委托人提供的××××[20××]微鉴字第×××号司法鉴定意见书鉴定意见:从某

号牌小型轿车前保险杠右侧提取的蓝色附着物与从电动三轮车驾驶座左扶手前端提取的蓝色油漆成分相同。

四、鉴定过程

(一)鉴定方法

根据 GA/T 41—2019《道路交通事故现场痕迹物证勘查》、GA/T 1087—2021《道路交通事故痕迹鉴定》、SF/T 0072—2020《道路交通事故痕迹物证鉴定通用规范》有关条款及检验鉴定方法,对甲、乙两车的碰撞痕迹进行检验鉴定,结合相关送检材料分析,对委托事项做出鉴定意见。

(二)仪器设备

钢卷尺(5 m)、比例尺、放大镜、数码照相机等。

(三)检验所见

1. 甲车

(1) 甲车为一辆白色二轴小型轿车,前后悬挂"××××××"号牌,品牌型号:起亚牌 YQZ7183APGE5 型,车辆识别代号:×××××××××××××××××。甲车前保险杠、格栅、冷凝器、右前翼子板、右后视镜、后保险杠等均见碰撞痕迹(见图 3.29)。

(a) 甲车前部及右侧痕迹　　　　(b) 甲车前部痕迹

(c) 甲车后保险杠右侧痕迹

图 3.29　甲车碰撞痕迹概貌

(2) 甲车前部痕迹:前保险杠中部距地高约 22 cm 的前下边缘见擦伤痕,前保险杠(前号牌"数字 6"上方)距地高约 54 cm 处开裂。对应的前号牌上边缘见碰擦痕,局部缺损,该痕迹的左边上边缘呈向下翻卷状,该痕迹向右下的前号牌表面均见碰擦痕迹,表面涂层呈减层;前号牌(字符"8、G"表面)距地高 45~50 cm、距其左边 15.5~22 cm 见两条由左上向右下间距为 1.2 cm 的擦伤痕,黏附黑色物质,表面涂层为加层。格栅中部距地高 54~73 cm 破裂,其中部分格栅辐条断损,其中格栅下边缘亮条表面见 6.2 cm×3.1 cm 的长方形擦伤痕,该痕迹上边缘延伸至格栅辐条,辐条下边缘见宽 6.5 cm 的断裂痕,该断裂后面的冷凝器表面见碰擦变形痕;格栅上部亮条表面、前保险杠上部车标及其左部表面均见碰擦痕迹,车标上的痕迹方向由左向右。前保险杠右部(从前号牌右侧开始至右前照灯右边缘)见一条距地高 40~73.5 cm 长约 80 cm 的斜线痕迹,表面黏附黄色锈迹类物质(见图 3.30)。

(a) 甲车前保险杠前下边缘痕迹

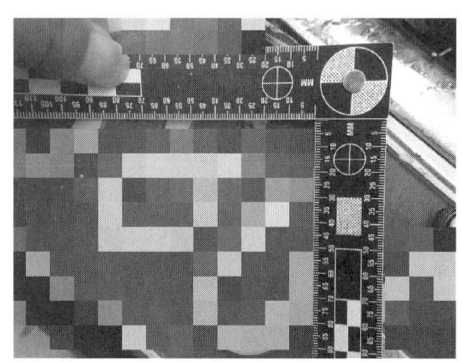

(b) 甲车前号牌痕迹

(c) 甲车前部痕迹1

(d) 甲车前部痕迹2

(e) 甲车前部痕迹3

(f) 甲车格栅及冷凝器痕迹

(g) 甲车格栅痕迹 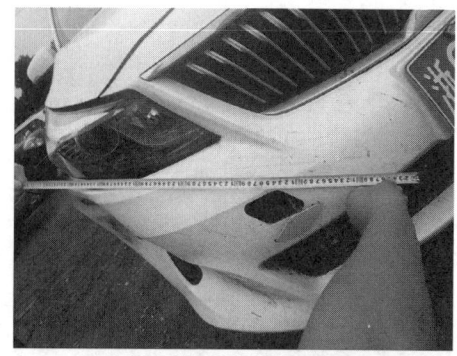　　　　　　　　(h) 甲车前保险杠右部斜线痕迹1

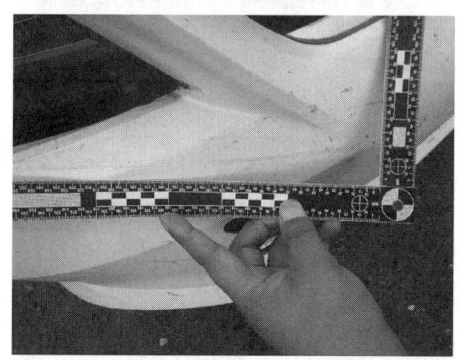

(i) 甲车前保险杠右部斜线痕迹2 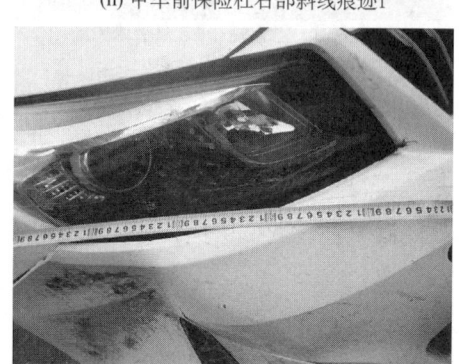　　(j) 甲车前保险杠右部及右前照灯上的斜线痕迹

图 3.30　甲车前部痕迹

（3）甲车右侧痕迹：前保险杠右侧凹陷变形，距地高32～38 cm的右侧前部黏附两处弧状的蓝色附着物，该附着物上方表面伴有片状泥巴；距地高约60 cm（右前照灯下方）的右侧黏附蓝色附着物，表面伴有片状泥巴，提取部分附着物为检材，备检。右前翼子板前部距地高62～70 cm、距其前端28～37 cm处见凹陷变形，表面局部黏附蓝色物质；在该痕迹的上方距地高73～78 cm、距其前端30～40 cm处见两条前低后高擦划痕，表面涂层呈减层，略见凹痕，后方见断续擦划痕；右前翼子板后部距地高63～93 cm、距其前端50～71 cm处见片状擦伤痕，表面黏附黄色锈迹类物质和蓝色物质。发动机舱盖右部距其前端8～75 cm表面黏附蓝色物质。右前车门距地高68～93 cm、距其前端0～75 cm处见片状擦伤痕，表面黏附黄色锈迹类物质。右后视镜支架前表面距地高98～103 cm见片状横向擦伤痕，黏附黄色锈迹类物质。后保险杠右侧距地高52～76 cm、距其前端2～58 cm处见片状擦伤痕，表面黏附绿色物质（见图 3.31）。

（4）甲车后部及左侧痕迹：甲车后部及左侧未见明显新近碰撞痕迹（见图 3.32）。

2. 乙车

（1）乙车为一辆蓝色电动三轮车（用途为早餐车，事发时车上装有一桶糯米饭及一些器具），车身见"万顺"字样，车身后部未悬挂号牌。车辆铭牌标示：产品名称为电动三轮自行车，型号为DS160-01型，电机功率为600～1 000 W，额定载荷为160 kg，系苍南县万顺电动车加工厂生产。车架号为××××××××××××，电机规格及号码为SJTQG-

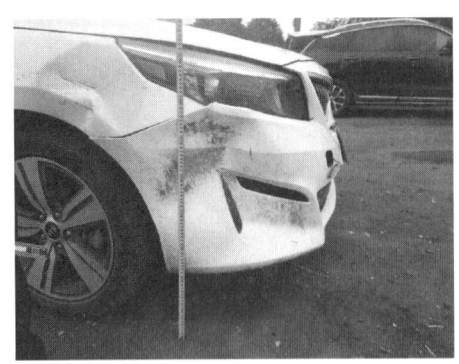

(a) 甲车前保险杠右侧痕迹

(b) 甲车前保险杠右侧痕迹

(c) 甲车右前翼子板痕迹

(d) 甲车右前翼子板痕迹

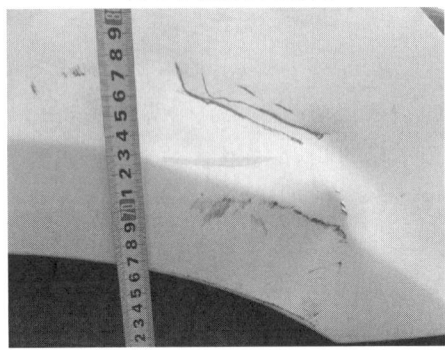

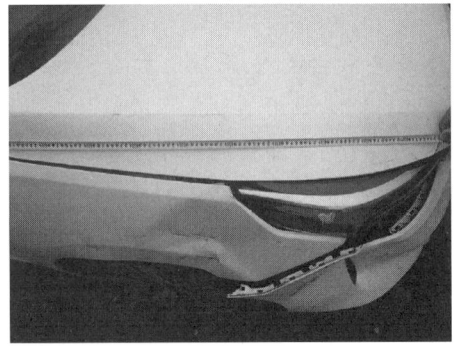

(e) 甲车右前翼子板痕迹

(f) 甲车发动机舱盖右部痕迹

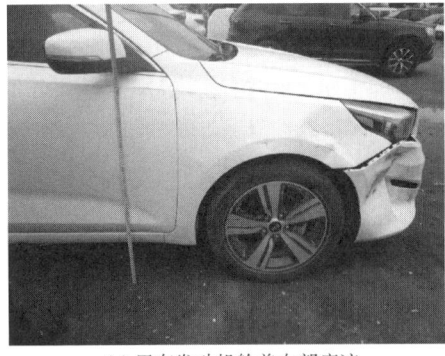

(g) 甲车发动机舱盖右部痕迹

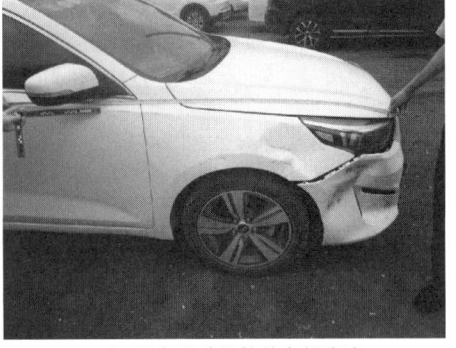

(h) 甲车发动机舱盖右部痕迹

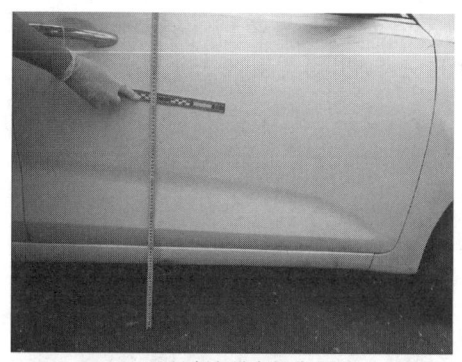

(i) 甲车右前车门痕迹

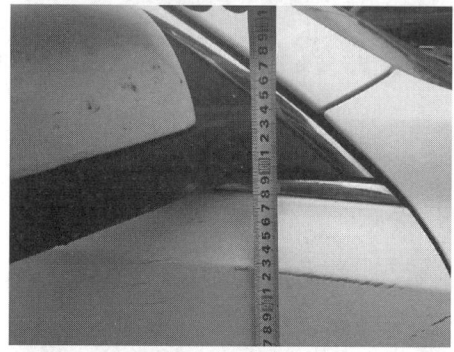

(j) 甲车右前车门痕迹

(k) 甲车右后视镜痕迹

(l) 甲车右后视镜痕迹

(m) 甲车后保险杠右侧痕迹

(n) 甲车后保险杠右侧痕迹

图 3.31　甲车右侧痕迹

(a) 甲车后部外观

(b) 甲车左侧外观

图 3.32　甲车后部及左侧痕迹

A1000W,48V××××××××(图片省略)。乙车原安装有防雨篷(鉴定现场缺失),雨篷前支架、前照灯、仪表盒、驾驶座左侧、货厢前栏板等损坏(见图3.33)。

(a) 乙车前部外观

(b) 乙车左前部外观

(c) 乙车左侧外观

(d) 乙车右侧外观

(e) 乙车后部外观

图3.33 乙车外观概貌

(2) 乙车前部痕迹

位于最前部的前轮胎及前轮挡泥板未见明显变形;原安装的雨篷鉴定现场缺失,雨篷前支架左侧脱焊并向右弯变形;前照灯、仪表盒损坏缺失,线束零乱;左右后视镜破损;方向把右部向左弯变形[见图3.33(a)(b)]。

(3) 乙车左侧痕迹

前轮胎左侧面、前轮轴左侧、左前减震器未见明显新近碰撞痕迹。雨篷左侧下三角铁支架距地高60~70 cm黏附蓝色附着物,距地高73 cm的前部见白色附着物,其下方三角铁内弯变形。防护架左部(外包黄色塑料套)距地高 56~60.5 cm 的塑料套左端破损,其内部的 4 cm×6 cm 方钢的下部前端和前部下端均向中间挤压变形;距地高 42.5~48 cm 的下方圆形防护架的球面脱落缺失。驾驶员座椅底座距地高 54~62 cm 见两处向内下弯折变形,弯折棱边处见摩擦发亮,表面涂层呈减层;驾驶员座椅左扶手前下部距地高约 62 cm 见擦伤痕,表面涂层呈减层,已见锈迹;驾驶员座椅左扶手前部距地高约 72~76 cm 见擦伤痕,表面涂层呈减层,提取该位置附近的蓝色漆为样本,备检;驾驶员座椅左扶手上部后端见擦伤痕,表面涂层呈减层。货厢前栏板向后倾斜,其左侧下部距左边缘 22~25 cm 凹陷变形,栏板加四根强筋下部均已脱焊。雨篷左后三角铁支架前棱边距地高 59~156 cm 见刮擦痕,表面黏附白色物质,已见锈迹。货厢左侧栏板前锁扣距地高 69~82 cm 见刮擦痕,表面涂层呈减层,已见锈迹;货厢左侧栏板前锁舌表面见擦伤痕,上下两端纵向间距约 1.0 cm(见图 3.34)。

(a) 乙车左前部痕迹

(b) 乙车左前部痕迹

(c) 乙车雨篷左侧下三角铁支架痕迹

(d) 乙车防护架左部痕迹

(e) 乙车驾驶员座椅位置痕迹

(f) 乙车驾驶员座椅位置痕迹

(g) 乙车驾驶员座椅底座痕迹 　　　　　(h) 乙车驾驶员座椅底座痕迹

(i) 乙车驾驶员座椅位置痕迹 　　　　　(j) 乙车货厢前栏板痕迹

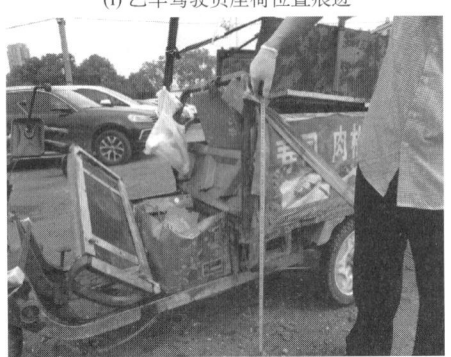

(k) 乙车雨篷左后三角铁支架痕迹 　　　(l) 乙车雨篷左后三角铁支架痕迹

(m) 乙车货厢栏板前锁扣痕迹 　　　　　(n) 乙车货厢栏板前锁扣痕迹

图 3.34　乙车左侧痕迹

(4) 乙车后部及右侧痕迹：乙车后部及右侧未见明显损坏痕迹[见图 3.33(d)(e)]。

（四）事故现场情况

根据道路交通事故现场图及照片，事故现场位于××市××街道进港公路北侧施工路段，该路段系南北走向，道路平直，干燥沥青路面（表面在翻修），甲车头南偏东尾北偏西停放于现场，其左前轮、左后轮距道路东侧边缘分别为 2.20 m、3.25 m，乙车头西尾东向左侧翻于甲车的西侧，其前轮、后轮轴距道路东侧边缘分别为 8.60 m、7.15 m，其后轮轴距甲车右前轮为 3.45 m。甲车中网上见数根线束（非甲车所有）(见图 3.35)。

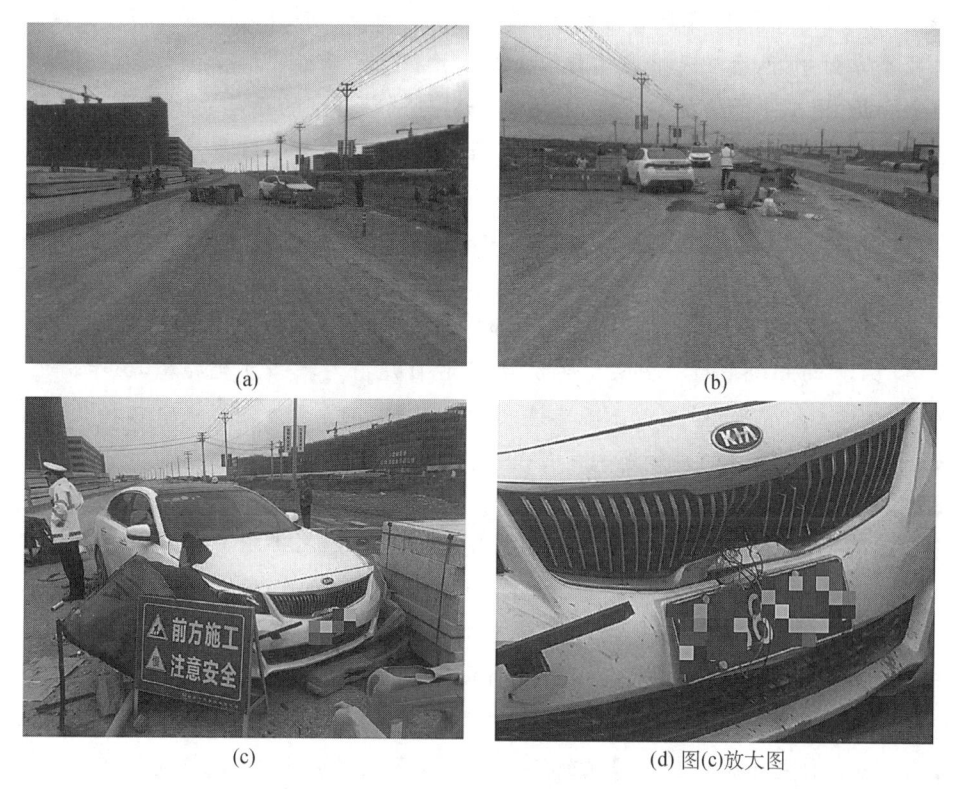

图 3.35 事故现场照片

五、分析说明

根据甲、乙两车的检验所见，结合道路交通事故现场图、事故照片及××××司法鉴定中心出具的微量物证做以下分析：

1. 乙车前部最凸出部位的前轮及挡泥板未见变形，可以排除甲乙两车正面碰撞的可能；乙车后部未见明显损坏痕迹，可以排除甲车追尾乙车后部的可能；乙车右侧未见明显损坏痕迹，可以排除甲车与乙车右侧发生碰撞的可能。

2. 乙车防护架左部 4 cm×6 cm 方钢（外包黄色塑料套）所检见的痕迹与甲车格栅下边缘亮条表面痕迹及辐条下边缘的断裂痕，在痕迹的高度、部位、形态、受力方向及痕迹形成机理等方面分析，存在造痕客体与承痕客体的相互关系。符合甲乙两者该位置碰撞，乙车前部线束遗留在甲车格栅上。

3. 甲车前保险杠右侧的凹陷变形及提取的蓝色附着物与乙车驾驶员座椅左扶手前部

的痕迹,在痕迹的高度、部位、形态、受力方向、物质交换及痕迹形成机理等方面分析,存在造痕客体与承痕客体的相互关系。

4. 甲车前保险杠右部(从前号牌右侧开始至右前照灯右边缘)的斜线痕迹与倾斜后的乙车雨篷左后三角铁支架前棱边上的痕迹,在痕迹的部位、形态、受力方向及痕迹形成机理等方面分析,存在造痕客体与承痕客体的相互关系。甲乙两车该位置碰撞后,由于惯性,乙车驾驶员座椅有一向后翻转的力,从而左扶手碰压货厢前栏板,致其向后变形。

5. 甲车右前翼子板前部的凹陷变形及蓝色附着物和上方的两条前低后高擦划痕与乙车货厢左侧栏板前锁扣及锁舌上的痕迹,在痕迹的部位、形态、受力方向、物质交换及痕迹形成机理等方面分析,存在造痕客体与承痕客体的相互关系。

综上分析,甲车正面格栅、前保险杠右部分别与一定角度的乙车的防护架左部方钢、驾驶员座椅左扶手发生碰撞,由于惯性,乙车逐渐向左倾翻,乙车驾驶员座椅左扶手向后翻转碰压货厢前栏板,乙车货厢左侧栏板前锁扣及锁舌与右前翼子板前部接触,乙车雨篷与甲车发动机舱盖接触形成物质交换,乙车继续向左倾翻,最终向左倒地的运行形态。

六、鉴定意见

某号牌小型轿车正面格栅、前保险杠右部分别与一定角度的车架号码为WS201××××539电动三轮车的防护架左部方钢、驾驶员座椅左扶手发生碰撞,由于惯性,车架号码为WS201××××539电动三轮车逐渐向左倾翻,其货厢左侧栏板前锁扣及锁舌与右前翼子板前部接触,最终向左倒地的运行形态。

案例解析

上述案例是道路交通事故痕迹鉴定中对碰撞部位和形态进行鉴定较为全面体现的案例。主要基础是对甲乙两车车体痕迹的检验,同时也结合了道路交通事故现场图、微量物证鉴定意见进行了综合分析判断,得出的鉴定意见如下:某号牌小型轿车正面格栅、前保险杠右部分别与一定角度的车架号码为WS201××××539电动三轮车的防护架左部方钢、驾驶员座椅左扶手发生碰撞,由于惯性,车架号码为WS201××××539电动三轮车逐渐向左倾翻,其货厢左侧栏板前锁扣及锁舌与右前翼子板前部接触,最终向左倒地的运行形态。做出此鉴定意见的依据在分析说明部分进行了五个方面的详细阐释,可喜的是,鉴定人并没有陷入依据视频资料为主要基础反映事故过程的困局,而是完全依据痕迹学检验原理和方法进行现场勘查,并且得出的鉴定意见客观,依据较为充分,并未在鉴定意见中出现"追尾""超车""变道"等在道路交通事故责任认定中出现的法律用语,符合一份技术鉴定意见的定位。

车体痕迹鉴定是以车体痕迹为基础的道路交通事故痕迹鉴定中重要组成,在鉴定过程中要关注以下方面,防范得出与客观事实偏离的鉴定意见。这些方面包括:①痕迹记录不准确。对车体痕迹的位置、形状、大小等特征记录不精确,或遗漏某些关键痕迹。如未准确测量凹陷痕迹的深度,或未记录细微的划痕走向,这会影响后续对事故过程的分析。②痕迹成因判断偏离。将车辆正常使用磨损痕迹误判为事故碰撞痕迹,或者对碰撞痕迹的形成机制理解错误,导致无法准确判断碰撞的先后顺序和方式。例如,把车辆长期停放造成的地面接触痕迹当成事故刮擦痕迹。③鉴定标准运用不当。对相关鉴定标准的理解和运用不准确,使用了不适用的标准或对标准条款的解读有误。例如,在判断车辆损伤程度时,未按照正确的标准区分轻微损伤和严重损伤。④车辆修复影响。在鉴定前车辆进行了部分修复,导致原始痕迹被破坏或改变,影响鉴定的准确性。例如,对碰撞部位进行了钣金修复,使原本的变形痕迹消失,无法准确判断碰撞的力度和角度。⑤复杂痕迹分析困难。多车事故或多次碰撞事故中,车体痕迹相互交织,分析难度大,容易出现错误判断。不同车辆的碰撞痕迹相互重叠,难以准确区分各自的痕迹特征和形成顺序。⑥人为因素干扰。鉴定人员可能受到外界因素干扰,如来自事故双方的压力、利益诱惑等,影响鉴定的公正性和客观性。或者鉴定人员自身存在主观偏见,先入为主地认定事故责任,从而在痕迹鉴定中出现不客观的判断。

第四章

地面痕迹

第一节　地面痕迹的概述

一、地面痕迹的概念

根据《道路交通事故现场痕迹物证勘查》(GA/T 41—2019)3.1.1,地面痕迹是指车辆、人体或其他相关物体与地面接触,在地面上形成的痕迹,主要包括滚印、压印、拖印、侧滑印、挫划印等。

地面痕迹是指在道路交通事故中,事故车辆车体及相关部件、人体以及与事故有关的其他物件与地面接触而遗留在事故现场的印迹。道路交通事故现场勘查过程中,常见的地面痕迹及地面痕迹附着物包括:地面轮胎痕迹、地面损坏痕迹、地面散落物、血迹、类人体组织等。

二、地面痕迹的分类及特征

如前所述,道路交通事故现场勘查过程中,常见的地面痕迹包括:地面轮胎痕迹、地面损坏痕迹、地面散落痕迹等。

(一) 地面轮胎痕迹

轮胎痕迹可分为三类:第一类是以轮胎为造痕客体,地面为承受客体所形成的痕迹,称为"地面轮胎痕迹",也称为"轮胎主体痕迹";第二类是以轮胎为承受客体所形成的痕迹,称为"轮胎客体痕迹";第三类是以其他物体附着在轮胎上所形成的痕迹。根据轮胎痕迹存在的客体划分,第二类和第三类轮胎痕迹应当属于车体痕迹范畴,本章不做赘述。

1. 地面轮胎痕迹的形成

(1) 地面轮胎痕迹的形成机理:地面干燥情况下,车辆轮胎在机械作用下与地面产生摩擦,轮胎橡胶磨损后,作为橡胶间添加剂的炭黑黏附于地面上,形成地面轮胎痕迹。在地面潮湿或者泥土、水泥等地面材质的情况下,地面轮胎痕迹形成机理基本不变,但要关注地面存在不同情况所造成的对轮胎痕迹的影响。

当地面潮湿时,地面轮胎痕迹的形成机理主要涉及以下几个方面:①轮胎与地面的相互作用。当车辆行驶在潮湿地面上时,轮胎首先会与地面上的水膜接触。由于轮胎表面有一定的粗糙度和花纹,轮胎在滚动过程中会挤压水膜,使水在轮胎与地面之间形成一种动态的分布。轮胎花纹的作用是破坏水膜,让轮胎与地面有更多的直接接触点,以增加摩擦力。但在这个过程中,轮胎花纹会将一部分水挤压到花纹沟内,同时也会在轮胎与地面之间形成一些压力差。②痕迹的形成。由于车辆的重量和行驶时的压力,轮胎与地面接触区域的水被部分挤出,使得轮胎表面的橡胶与潮湿地面直接接触。橡胶具有一定的黏性,会吸附地面上的一些细小颗粒,如灰尘、泥土等。同时,轮胎在滚动过程中会对地面产生一定的剪切力,这种剪切力会使地面上的水和被吸附的颗粒沿着轮胎滚动的方向形成特定的痕迹。而且,不同的轮胎花纹会在潮湿地面上留下具有特征性的花纹印记,这是因为花纹沟的形状、大小和分布决定了水的流动和颗粒的分布方式。车辆的行驶速度会影响痕迹的清晰度和形状。速度越快,水膜被挤压和破坏的程度越剧烈,痕迹可能会更模糊;速度较慢时,痕迹相对更清晰,能更好地反映轮胎的花纹和特征。地面的材质和粗糙度也对痕迹形成有影响。粗糙的地面会使轮胎与地面的接触更复杂,痕迹可能会更不规则;而光滑的地面则会使痕迹相对更规整。轮胎的磨损程度不同,其表面的花纹深度和形状会发生变化,从而导致在潮湿地面上形成的痕迹也有所不同。磨损严重的轮胎痕迹可能会更浅、更不清晰,花纹特征也会不明显。

(2) 地面轮胎痕迹的形成条件:轿车用轮胎因接地压力(内压)低,故常温下出现印痕的情况较少。但由于地面与胎面摩擦生热,当胎面橡胶的温度接近沥青或橡胶熔点时,会导致橡胶软化、变黑并附着于地面。因此,胎面的温度上升,成为轿车用轮胎形成地面轮胎痕迹的条件之一。

此外,轻型载重车、载重车用轮胎以及公共汽车用轮胎接地压力(内压)较高,胎面橡胶易磨损,因此,即使胎面橡胶温度不上升,也较易形成地面轮胎痕迹。

(3) 地面轮胎痕迹的影响因素:车轮运动过程中遗留在地面上的轮胎印痕与车轮滚动状态有关。仔细观察车辆的制动过程,可以发现其遗留在地面上的轮胎印痕基本可分为三段:第一段内,车轮做单纯的滚动,印痕的形状与胎面花纹基本保持一致;第二段内,轮胎不只是单纯的滚动,胎面与地面会发生一定程度的相对滑动,即轮胎处于边滚边滑的状态,此时轮胎花纹的印痕尚可辨别,但已逐渐模糊;第三段内,车轮被制动器抱死,并在地面上做完全的拖滑运动,此时地面上只会留下一条粗黑的印痕,基本无法辨别花纹形态。

地面轮胎痕迹的影响因素主要包括以下几个方面:①轮胎因素。第一,轮胎花纹。不同的花纹形状、深度和密度会使轮胎与地面的接触方式不同,从而产生不同形状和特征的痕迹。第二,轮胎气压。气压不足会使轮胎与地面接触面积增大,痕迹变宽;气压过高则接触面积减小,痕迹相对较窄。第三,轮胎磨损程度。磨损严重的轮胎,花纹变浅,痕迹的细节特征会减弱,且可能出现不规则磨损痕迹。②车辆因素。第一,车辆类型。不同类型车辆的轮胎尺寸、承载能力不同,大型车辆的轮胎痕迹通常更宽、更深,小型车辆则相对较窄、浅。第二,车辆行驶速度。速度越快,轮胎与地面的接触时间短,痕迹可能更浅、更模糊,且制动痕迹会更长;速度慢时,痕迹相对清晰、完整。第三,车辆载重。载重越大,轮胎对地面的压力越大,痕迹会越深、越宽。③地面因素。第一,地面材质。坚硬的水泥地面上的轮胎痕迹相对清晰、稳定;而松软的沙地或泥土地面,痕迹容易变形、模糊。第二,地面湿度。干燥地面的轮胎痕迹主要由橡胶磨损和地面灰尘形成;潮湿地面会因水的作用使痕迹更明显,但也可能因水的冲刷而模糊。第三,地面坡度。在坡地上,车辆的重力分力会影响轮胎与地面的摩擦力和压力,导致痕迹的形状和深度发生变化。④环境因素。第一,光照条件。良好的光照有助于清晰观察轮胎痕迹;逆光或光线昏暗时,痕迹可能难以辨认。第二,天气状况。雨、雪、风等天气会对轮胎痕迹产生影响,如雨水会冲刷痕迹,积雪会覆盖痕迹,大风可能会吹散灰尘影响痕迹的清晰度。⑤制动与转向因素。第一,制动方式。急刹车会使轮胎抱死,产生明显的拖印;而点刹则可能形成不连续的痕迹。第二,转向操作。车辆转向时,轮胎会产生侧向力,使痕迹出现弯曲、变形等特征,转向角度越大,痕迹的变化越明显。

2. **地面轮胎痕迹的分类与特征** 在道路交通事故现场,根据轮胎相对于地面所做的运动状态不同,轮胎痕迹可以分为:滚印、压印、拖印、侧滑印和挫压印。

(1) 滚印:滚印是指车辆轮胎相对于地面作纯滚动运动时,遗留在地面上的印迹,其能够清晰反映轮胎胎面花纹形态、花纹组合形态、胎面磨损和机械损伤等特征。滚印痕迹的宽度取决于轮胎的规格、气压及轮胎负荷等。正常情况下,滚印的宽度与轮胎胎面的宽度基本一致。

根据地面轮胎滚印可以判断轮胎种属、规格,车辆行驶方向及路线等。根据同一车辆的两条滚印,可以判断车辆的轮距,从而推测事故车辆的大小类别。此外,轮胎气压、车辆装载情况、地面状况等因素,都会对滚印特征产生一定影响。

(2) 压印:压印是指车辆轮胎受制动力作用,沿行进方向相对于地面作滚动、滑移复合运动时,遗留在地面上的印迹。其胎面花纹印迹沿车辆的行驶方向有所延长,宽度和胎面宽度保持一致。由于压印产生的过程是制动力增强的过程,因而,车辆制动痕迹呈现由轻到重的趋势。

除与滚印相同的痕迹作用外,根据制动压印还可以判断车辆有无制动过程,从而分析推断车辆的运动状况。事故现场常见在车辆制动过程中所产生的制动压印,但同时要注意区别加速压印、转弯压印、碰撞压印和轮胎泄气压印等非制动压印类型。

ABS 装置指汽车制动防抱死装置。装有 ABS 的汽车,其制动痕迹多为压印,这是由 ABS 的控制原理所决定的。汽车在紧急制动时,ABS 发挥作用,并使车轮的滑移率保持在 15%~20% 的范围内,即车轮相对地面作边滚边滑的复合运动,此时,地面轮胎制动痕迹呈线条状形态,并可见变形的胎面花纹印痕。偶然情况下,装有 ABS 的汽车也会产生微弱和短小的制动拖印。

(3) 拖印:拖印是指车辆轮胎受制动力作用,沿行进方向相对于地面作滑移运动时,遗留在地面上的印迹。拖印呈黑色带状,轮胎花纹的横向特征不易辨认;对于轮胎花纹中存在纵沟的,其制动拖印内多数可见沟的痕迹。拖印的总宽度与轮胎胎面宽度保持一致。

由于制动时胎面物质多呈细小颗粒状脱落,故拖印多为平面加层痕迹。对于同一轮胎而言,随着轮胎气压、负荷的变化,其所产生的拖印宽度、轻重也将有所不同。例如,当轮胎气压不足时,拖印痕迹呈现出中间模糊两边清晰的特点,与前轮紧急制动所形成痕迹相似;而当轮胎气压过高时,拖印痕迹则呈现中间清晰两边模糊特征,与后轮紧急制动痕迹相似。

除与滚印、压印相同的痕迹作用外,根据制动拖印的长度,还可以推断车辆碰撞前的行驶速度。

(4) 侧滑印:侧滑印是指车辆轮胎受制动力、碰撞冲击力或转向离心力的作用,偏离原行进方向,相对于地面作横向滑移运动时,遗留在地面上的印迹。影响侧滑印产生的因素较多,包括轮胎形态、车辆制动性能、行驶速度、装载情况和地面状况等。侧滑印的宽度一般大于或小于轮胎胎面的宽度,且通常不显示胎面花纹。

由于侧滑印是在车辆轮胎作用于地面的横向力大于地面附着力,并相对于地面发生横向滑移时所形成的,因而,即使车辆没有采取制动措施,仍然可能在地面上形成侧滑印。根据侧滑印形成原因的不同,可将其分为:

1) 转向侧滑印:转向侧滑印是指车辆急转弯时,遗留在地面上的轮胎痕迹。转向侧滑印的外侧印痕较黑,外侧轮胎所产生的侧滑印较内侧轮胎更重、更清晰。

车辆在急转弯时,受惯性力和转向力的共同作用,轮胎所作的运动为沿前进方向及转弯方向的合运动。由于轮胎胎面向着轮胎的内侧滑动,故滑动印痕内的花纹呈现倾斜特征,横向沟槽花纹轮胎其胎面沟槽痕迹因而尤为显著。

2) 制动侧滑印:车辆在制动过程中发生侧滑或侧偏时,轮胎在地面上遗留的痕迹称为制动侧滑印。

3) 驱动侧滑印:车辆在驱动过程中发生侧滑或侧偏时,轮胎在地面上遗留的痕迹称为驱动侧滑印。

4) 碰撞侧滑印:碰撞侧滑印是指车辆在运动过程中,与另一车辆或其他固定物相撞时,车辆轮胎在地面上遗留下的印痕。碰撞侧滑印的形态与碰撞的类型、部位、速度等因素相关。其特征往往表现为印痕的突然转折,且转折后的痕迹较原痕迹更宽。

在追尾碰撞中,当前车处于正常行驶状态或停止状态时,一般不形成明显的碰撞侧滑印;当前车正处于制动过程中,由于后车的偏心撞击作用,前车可能会出现制动印痕的突然转折,从而形成侧滑印。通常情况下,无论是正面碰撞还是侧向碰撞事故中,事故现场均可能遗留有碰撞侧滑印。

(5) 挫压印:挫压印是指具有一定载荷的轮胎受到瞬间侧向冲击力的作用时,在地面上所形成的摩擦印迹。按照造痕客体的不同一般可将其分为:汽车轮胎挫压印、摩托车轮胎挫压印和自行车轮胎挫压印。汽车轮胎的挫压痕迹较正常轮胎制动痕迹宽,且痕迹方向往往与车辆原行驶方向形成一定角度;痕迹分布一般较为集中,呈现片状形态,有时能够反映轮胎花纹的结构类型。

摩托车、自行车等两轮车轮胎挫压痕迹的特征一般呈现横向水波纹形状。两轮车在受到外力撞击后,通常会沿着受撞击的方向与其自身原行驶方向的合力方向运动,由于两轮车在运动过程中的横向稳定性较差,轮胎可能会左右摆动,故而在地面上容易形成水波纹形状的挫压痕迹。

(二) 地面损坏痕迹

地面损坏痕迹是指道路交通事故发生时,除车辆轮胎外的坚硬物体相对于地面作撞击、滑移运动时所造成的痕迹。

1. 地面损坏痕迹的形成　地面损坏痕迹的形成原因复杂多样,主要包括以下几个方面:①车辆荷载作用。第一,超重车辆。超重车辆的轮胎对地面产生的压力远超设计标准,使地面结构内产生过大的应力,长期作用下会导致地面出现裂缝、凹陷等损坏痕迹。第二,车辆振动。车辆行驶时的振动会使地面受到反复的冲击力,尤其是在车辆行驶速度较快或地面不平整的情况下,振动加剧,加速地面材料的疲劳破坏,形成坑洼、松散等损坏痕迹。②自然因素影响。第一,温度变化。温度的剧烈变化会使地面材料热胀冷缩。在低温时,地面材料变脆,容易出现收缩裂缝;高温时,沥青地面可能会变软,在车辆荷载作用下产生车辙等损坏痕迹。第二,雨水浸蚀。雨水长期渗透到地面结构中,会使地面材料的强度降低,还可能造成基层软化,导致地面出现唧泥、坑洞等损坏现象。③地面材料与施工质量问题。第一,材料性能不佳。若地面材料的强度、耐久性等性能不符合要求,如使用了质量较差的沥青、集料等,会使地面在使用过程中更容易出现损坏痕迹。第二,施工质量缺陷。施工过程中如果压实度不足,会使地面结构不够密实,在车辆荷载作用下容易产生变形和损坏;此外,施工缝处理不当、基层平整度差等问题也会影响地面的整体性能,导致损坏痕迹提前出现。④交通流量与行车方式。第一,交通流量大。频繁的车辆通行会使地面承受的荷载次数增多,加速地面的磨损和老化,形成磨损痕迹、车辙等损坏现象。第二,不良行车方式。急刹车、急转弯、频繁变道等不良行车方式会使地面局部受到较大的侧向力和摩擦力,容易造成地面的局部损坏,如出现啃边、推移等痕迹。

2. 地面损坏痕迹的分类与特征

(1) 撞击痕迹:撞击痕迹是指在车辆碰撞过程中,地面与沉重或尖锐的零部件碰撞接触,或被车辆装载物砸压所形成的痕迹。常见车体部件对地面造成的撞击痕迹包括:转向横拉杆球头销脱落撞击痕迹;方向机脱落撞击痕迹;变速器撞击痕迹;传动轴脱落撞击痕迹;半轴脱出撞击痕迹;轮胎脱落撞击痕迹等。撞击痕迹通常会在地面上形成坑凹或者沟槽,较容易被发现。

(2) 刮擦痕迹:刮擦痕迹是指车辆零部件或所载货物虽然脱落,但并未与车辆分离,在撞击痕迹形成后,由于车辆继续运动,拖动车体部件或货物与地面之间产生相对滑移而形成的痕迹。

刮擦痕迹一般呈条状,其运动方向通常与车辆的运行轨迹一致。道路交通事故现场常见的刮擦痕迹包括:汽车保险杠脱落造成的痕迹;两轮摩托车、自行车倒地后,方向把、脚踏板及其他部件与地面产生相对滑移而形成的痕迹等。

(3) 挫压痕迹:挫压痕迹是指受到一定压力的摩擦痕迹,按形成机理分类,一般可将其分为轮胎挫压痕迹、鞋底挫压痕迹等。机动车轮胎的挫压痕迹较正常轮胎制动痕迹宽,且方向往往偏离车辆原行驶方向;自行车轮胎的挫压痕迹一般呈横向水纹状;车辆碰撞行人,则常在地面遗留有鞋底挫压痕迹,其特征表现为由重到轻,重端提示车辆驶来方向,通常可将此端点定为事故接触点。

挫压痕迹区别于撞击痕迹的重要特征是物体与地面相互作用的时间短。挫压痕迹大多属于加层痕迹,地面一般不会遭受实质性破坏。

(三) 地面散落痕迹

散落物痕迹是指在交通事故或其他相关事件中,车辆、物体等因碰撞、翻滚、坠落等原因,导致其自身的零部件、装载物或其他相关物品散落于现场地面或其他物体表面,所形成的具有一定形态、分布特征和物质遗留的痕迹。这些痕迹对于分析事故发生的过程、车辆或物体的运动轨迹、碰撞的力度和角度等具有重要的参考价值。

道路交通事故中,散落物是指由碰撞、刮擦及振动等原因而离开车身并散落在现场的各种物体,主要包括:玻璃碎片、塑料碎片、车体油漆碎片、车载货物、附着在车身上的泥土、车辆零部件、冷却水、制动液等。车辆碰撞后,其车灯碎片、车漆碎屑、玻璃渣等散落物的分布情况,可以帮助事故调查人员推断车辆碰撞时的位置和运动方向。

1. 地面散落痕迹的形成　地面散落痕迹的形成主要有以下几种情况:①交通事故造成。第一,碰撞冲击。车辆碰撞时,巨大的冲击力会使车辆零部件如车灯、后视镜、车门把手等被撞飞,玻璃破碎成渣,金属部件变形脱落,这些物体散落在地面形成痕迹。同时,车辆装载的货物也可能因碰撞的震动和冲击力而抛洒出来。第二,翻滚与侧翻。车辆发生翻滚或侧翻时,车身与地面剧烈摩擦,不仅会使车身表面的部件掉落,车内的物品也会因车辆的翻转而被甩出,在地面上形成散落物痕迹,且这些痕迹通常分布范围较广。②物体从高处掉落。第一,建筑施工或高空作业。在建筑施工现场,建筑材料如砖块、水泥块、钢筋等可能因操作不当或固定不牢从高处掉落至地面,形成散落物痕迹。这些痕迹的分布与掉落点的高度、物体的重量和形状等因素有关。第二,桥梁或高处设施故障。桥梁上的部件如防护栏碎片、桥面板小块等,因老化、损坏等原因脱落掉到地面,或者道路上方的广告牌、路灯等设施坠落,都会在地面形成相应的散落物痕迹。③车辆故障或超载。第一,车辆部件故障。车辆的轮胎爆胎、轮毂松动等故障,会使轮胎碎片、轮毂等部件脱离车辆,散落在地面。发动机故障也可能导致一些零部件损坏掉落。第二,超载与货物固定不当。超载的车辆在行驶过程中,由于货物过重且可能未固定好,容易发生货物散落的情况,尤其是在车辆转弯、刹车或经过颠簸路段时,货物更容易掉落形成地面散落物痕迹。

散落物痕迹的形成通常与物体在特定物理作用(如碰撞、坠落、爆炸、抛洒等)下发生的碎裂、分离或分散过程密切相关。其形成机制涉及物理学、材料科学、动力学和环境因素的综合作用。当物体受到外力(如碰撞、爆炸)时,能量通过动能传递到物体内部,超过材料本身的强度极限(如抗拉强度、抗剪强度),导致物体破裂或分散。材料内部的缺陷(如裂纹、孔隙)会引发应力集中,加速断裂过程。例如,玻璃受撞击时,裂纹会从撞击点向外辐射状扩展。物体破裂后产生的碎片大小、形状取决于材料的性质(脆性或韧性)。碎片在惯性作用下沿初速度方向飞散,受重力影响形成抛物线轨迹。轻质碎片(如纸张、塑料)的轨迹易受空气阻力和风向影响,形成不规则分布。碎片与地面或其他物体碰撞后可能改变方向或二次破碎。爆炸或高速碰撞时,碎片以爆心或碰撞点为中心向外扩散,形成放射状痕迹。车辆碰撞后,散落物可能沿车辆运动方向呈带状分布。距离作用中心越远,碎片密度通常越低,碎片体积也可能越小(能量衰减导致)。某些碎片可能携带特定信息,如轮胎摩擦痕迹、金属刮擦痕等,可用于推断作用方向或速度。影响的因素包括风力、地形坡度、降水、人为干扰等。散落物痕迹的形成是能量传递、材料断裂、碎片运动与环境因素共同作用的结果。其分析需结合物理学原理、现场勘查和物证技术,广泛应用于交通事故重建、刑事侦查、灾害评估等领域。痕迹的完整性和分布规律为事件还原提供了关键线索。

在道路交通事故中,车辆碰撞时,车灯碎片、油漆碎屑等散落物的分布可用于重建碰撞角度和速度。轮胎胎面橡胶颗粒的散落路径可反映刹车或转向行为。在刑事案件中,玻璃碎片(如被击碎的窗户)的散落方向可推断打击方向;血迹喷溅痕迹的形成与出血源高度、受力方向相关。在自然灾害中,地震或泥石流中,建筑碎片或泥土的散落范围反映灾害强度。本章主要研究道路交通事故中地面散落痕迹。

2. 地面散落痕迹的类型与特征　在道路交通事故中,地面散落物痕迹可按不同方式分类,以下是常见的分类及特征:①按散落物来源分类。第一,车辆相关散落物痕迹。包含车辆零部件、车漆、玻璃碎片等。车辆零部件散落物形状各异,金属部件可能有变形、断裂痕迹;车漆呈片状或碎屑状,有不同颜色和光泽;玻璃碎片通常为尖锐的不规则小块,边缘锋利。第二,货物散落物痕迹。因货物种类不同而有差异。如散装的砂石、煤炭等,会形成颗粒状堆积,颗粒大小不一;箱装货物散落时,可能有纸箱破损、物品外露的情况,物品的形状和包装特征可作为判断依据。第三,人体相关散落物痕迹:在交通事故中,可能有人体组织、衣物碎片等。人体组织痕迹较为特殊,颜色和质地有别于其他散落物;衣物碎片有不同的材质、颜色和图案,可能带有血迹或破损痕迹。②按散落物形态分类。第一,块状散落物痕迹。如建筑材料中的砖块、水泥块等掉落形成的痕迹。块状物形状相对规则或呈块状的不规则体,有一定的体积和重量,落地后可能会砸出坑洼,周围可能有细小的碎片飞溅。第二,颗粒状散落物痕迹。像砂石、谷物等颗粒状物体散落形成的痕迹。颗粒大小通常较为均匀,会在地面形成一定面积的堆积,堆积形状受地面坡度、风力等因素影响。第三,片状散落物痕迹。例如玻璃碎片、金属薄片、纸张等。片状物一般较薄,形状不规则,具有一定的柔韧性或脆性,容易被风吹动或被其他物体覆盖。③按散落物分布特征分类。第一,集中型散落物痕迹。散落物集中在某一区域,如车辆在原地发生故障导致零部件掉落,或货物在装卸过程中局部洒落,形成的痕迹较为集中,边界相对清晰。第二,带状散落物痕迹。常见于车辆行驶过程中货物逐渐散落或车辆零部件在行驶中掉落的情况。痕迹沿车辆行驶方向呈带状分布,宽度相对较窄,散落物的间距和分布密度可能会随着车辆行驶速度、货物掉落方式等因素而变化。第三,分散型散落物痕迹。散落物在较大范围内分散分布,没有明显的集中区域或规律的分布形状。如车辆发生严重碰撞后,零部件和货物四处飞溅,或者高空物体掉落时被气流吹散,形成的痕迹较为分散,需要仔细勘查和分析才能确定其来源和形成过程。

第二节 地面痕迹鉴定

一、地面轮胎痕迹鉴定

1. 地面轮胎痕迹的发现、测量和提取

(1) 地面轮胎痕迹的发现和测量:精确测量轮胎痕迹是推断车种的重要前提。依据车辆在不同行驶状态下形成的轮胎痕迹,可能分别测出多个车辆参数,鉴定人员应当根据轮胎痕迹的具体形态选择不同的测量方法。

道路交通事故地面轮胎痕迹的测量项目及具体要求如下:

1) 常规地面轮胎痕迹的测量

a) 事故现场中的滚印、压印、拖印、侧滑印及痕迹的突变点应当分别予以测量;

b) 弧形或曲线状的痕迹应根据其突出点、拐点均匀分为若干段,然后分段进行测量;

c) 测量痕迹的长度、宽度,痕迹始点、终点及各分段距地面边缘基线的垂直距离;

d) 测量轮胎痕迹相对于其他车辆、重要痕迹和散落物的位置以及轮胎痕迹的尺寸;

e) 测量地面轮胎痕迹与道路中心线的夹角等。

2) 不规则地面轮胎痕迹的测量

a) 当制动拖印呈断续状态,且断续间距较长时,应分别测量每段拖印,然后相加得出拖印长度,并根据需要测量间断痕迹之间的距离;

b）当各车轮遗留的轮胎痕迹长度不一致时，应当分别进行测量。

3）侧滑印的测量

a）若各车轮发生侧滑现象，首先要确定侧滑印的种属，分辨转向侧滑、制动侧滑、驱动侧滑和碰撞侧滑，进而找出形成侧滑的原因；

b）在对呈曲线状的拖印进行测量时，应当使用软皮尺沿曲线测量各轮拖印长度；

c）测量侧滑印的面积、滑动方向及其距地面边缘基线的距离；

d）测量转向侧滑痕迹时，除进行常规测量外，还应当对外侧轮胎侧滑曲线的一段弦长 S 和弦高 H，及车辆后轴轮距等测量评估。

（2）地面轮胎痕迹的提取：根据案件性质的不同，地面轮胎痕迹的分布范围各有不同，因此，道路交通事故痕迹、物证的提取，必须在全面开展现场勘验的基础上进行。

地面轮胎痕迹的常用固定和提取方法是照相与绘图。用照相的方式固定其外部形态特征；用绘图的方式固定其存在形式和所在位置。拍照时要注意配以比例尺，并标记痕迹特征点。提取前应全面勘验，并注意选择痕迹轮廓清晰、特征反映显著且密集的部位加以提取。

2. 地面轮胎痕迹的分析及作用

（1）判断车种及类型：轮胎痕迹和其他车辆参数是判断车种、车型的主要依据之一。

1）应当依据轮胎痕迹确定车轮数量并通过对胎面痕迹宽度和花纹形态的进一步观察确定车种，判断是汽车、摩托车还是自行车等。

具体而言，如果轮胎痕迹是由四轮或四轮以上的车辆形成，则可确定为汽车。四轮汽车主要有轿车、小型客车和微型载重汽车；六轮车辆主要包括大型客车、中型载重汽车；六轮以上的车辆一般都是三轴，并且以重型载重汽车为主。结合轮胎花纹形态和轴数，可以进一步确定车种。此外，轿车轮胎花纹、工程机械轮胎花纹和载重汽车轮胎花纹三者在形态上有明显差异，因而，据此也能确定车种。

2）如果能从地面轮胎痕迹中测出轴距，则可通过比对车型数据库相关数据，进一步确定车型范围。若轮胎痕迹能够准确反映出车辆的轮数和轴数，则一般可以据此确定车辆种类。车种确定后，利用胎面宽度、轮距和轴距，参照车辆参数等可进一步确定车型。

（2）判断车辆行驶方向：车辆沿一定方向行驶，地面上的尘土、痕迹形态、颜色等呈一定特征分布。利用地面轮胎痕迹的相关特征可以判断车辆的行驶方向：

1）根据制动轮胎痕迹判断车辆行驶方向；

2）根据转弯处的轮胎摩擦痕迹判断车辆行驶方向；

3）根据轮胎花纹颜色的深浅判断车辆行驶方向；

4）根据立体轮胎痕迹判断车辆行驶方向。

（3）分析碰撞接触点：接触点是事故双方最初接触部位在地面上的投影点。接触点的认定是车辆轮胎痕迹鉴定的事项之一，更是认定事故责任的重要依据。其主要分析方法在于利用典型地面轮胎痕迹及其转折点所在位置，结合车辆结构参数综合判断。

1）汽车间的碰撞接触点分析：汽车之间无论发生正面碰撞还是侧面碰撞，在碰撞力的作用下，两车都可能在不同程度上偏离原行驶路线，而行驶方向的突然变化会使得轮胎痕迹产生突变点，最终形成拖印拐点。通常情况下，痕迹突变点较为明显，此时可以根据两车的接触部位和地面轮胎痕迹的突变点直接判断接触点。

2) 汽车与摩托车、自行车间的接触点分析：汽车与摩托车、自行车等发生碰撞时，由于双方的质量和速度对比悬殊，发生碰撞后汽车的行驶速度和方向不会发生明显改变，而摩托车、自行车的运动速度、方向和状态则会发生明显的改变。因此，汽车与摩托车、自行车发生碰撞事故的接触点一般利用摩托车、自行车轮胎在地面上遗留的挫压痕迹及倒地形成的刮划痕迹加以判断。

二、地面损坏痕迹鉴定

1. 地面损坏痕迹的发现、测量和提取

（1）地面损坏痕迹的发现和确认

1) 撞击痕迹的发现和确认：地面撞击痕迹多为第一次碰撞形成的凹坑和沟槽，较易发现和确认。

2) 刮擦痕迹的发现和确认：勘查刮擦痕迹时，应注意车辆碰撞后的运动方向，沿着该方向检查地面状态，直到车辆停止的位置。同时结合车辆相应的损坏情况，将损坏部位的表面与地面材料进行比对，确定地面痕迹的形成原因及产生过程。

3) 挫压痕迹的发现和确认：轮胎挫压痕迹的面积一般不大，痕迹的形状与外力的作用方式及作用方向有关。勘查时，可以通过与其他地面轮胎痕迹、车辆的终止位置以及车体痕迹的对比来发现和确认。

行人鞋底在地面留下的挫压痕迹一般不易被发现，勘查时，要结合车辆遗留在地面上的轮胎痕迹、车体痕迹的所在位置以及人体倒地的痕迹位置，确定鞋底挫压痕迹可能存在的区域，以便勘查。

（2）地面损坏痕迹的测量：对于地面损坏痕迹的测量，应当关注其长度、宽度，以及痕迹中心、突变点或者起止点距道路边缘的距离；对于撞击痕迹则还应测量其深度。

（3）地面损坏痕迹的提取：地面损坏痕迹的特殊性决定了其固定和提取方法的局限性。通常情况下，我们采用照相的方式提取地面损坏痕迹。照相时，应当注意光线角度、反差的控制，以便完整、清晰地表现并记录痕迹。对于立体痕迹，必要时可以采用石膏或硅橡胶灌注的方法加以提取。

此外，在勘查地面损坏痕迹的过程中，应注意确定各痕迹的造痕客体。

2. 地面损坏痕迹的分析及作用　地面损坏痕迹的分析主要从痕迹的类型、形状、分布规律等方面入手，其在道路交通事故处理、道路维护等方面具有重要作用。不同类型的损坏痕迹反映了不同的损坏原因。如裂缝可能是由地面材料的老化、温度变化或基层不均匀沉降引起；车辙通常是长期车辆荷载作用的结果；坑洼可能是由地面材料的局部损坏或雨水浸蚀导致。观察痕迹的形状可以推断损坏的过程和受力情况。例如，块状的损坏痕迹可能是由重物撞击造成；而带状的磨损痕迹可能与车辆的行驶轨迹和制动行为有关。分析损坏痕迹的分布规律有助于确定其形成原因。如果损坏痕迹集中在道路的特定区域，如弯道、路口或重载车辆经常行驶的车道，可能与车辆的行驶特性或荷载分布有关；如果痕迹呈均匀分布，则可能是由地面材料的整体性能下降或自然因素的长期作用导致。

在道路交通事故调查中,通过对地面损坏痕迹的分析,可以帮助确定事故发生的位置、车辆的行驶方向和速度、碰撞的角度和力度等关键信息,为事故责任的认定提供重要依据。例如,刹车痕迹的长度可以用来估算车辆在事故发生前的行驶速度,而车辆碰撞后在地面上留下的划痕和变形痕迹可以帮助还原碰撞的瞬间情况。了解地面损坏痕迹的类型、程度和分布情况,能够为道路维护部门制定合理的维护计划提供依据。对于损坏严重的区域,需要及时进行修复或翻修;对于损坏较轻的区域,可以采取预防性养护措施,如封层、灌缝等,以延长道路的使用寿命。对地面损坏痕迹的长期监测和分析,可以发现道路设计中存在的问题,如弯道半径过小、坡度不合理、地面结构设计不当等。这些信息有利于在后续的道路建设和改造中进行优化,提高道路的安全性和耐久性。

三、地面散落痕迹鉴定

1. 地面散落痕迹的发现、测量和提取 应当注意确定与道路交通事故有关的地面散落物的种属、形状、颜色及其分布位置等,尤其应当确定主要散落物的第一次着地点和着地方向。

(1)地面散落痕迹的发现:勘查人员需对事故现场或相关区域进行全面、细致的巡查。从事故中心向周边扩展,注意观察地面、草丛、路边沟渠等位置,寻找任何不寻常的物体或痕迹。可使用强光手电筒等照明工具及多波段光源等设备,在光线较暗的环境下,从不同角度照射地面,使散落物的轮廓和纹理更清晰,便于发现微小或颜色与地面相近的散落物。

(2)地面散落痕迹的测量:以事故现场的固定标志物为基准点,如路灯杆、里程碑等,使用卷尺、全站仪等测量工具,确定散落物与基准点的距离和方位,记录其准确位置信息,可绘制现场草图辅助记录。对于较大的散落物,用卷尺测量其长、宽、高;对于较小的物体,如玻璃碎片、金属屑等,可使用卡尺测量其关键尺寸,记录数据并标注测量部位。测量散落物分布区域的长轴和短轴长度,或用皮尺围绕散落物分布边界进行测量,确定其覆盖面积,以了解散落物的整体分布情况。

(3)地面散落痕迹的提取

1)直接提取:对于较大且完整的散落物,如车辆零部件、货物包装等,可直接用手或镊子提取,放入专门的物证袋中,并做好标记。

2)吸附提取:对于细小的颗粒状或粉末状散落物,如灰尘、金属粉末等,可用静电吸附器或胶带粘取的方式进行提取,然后将吸附有散落物的胶带或吸附器放入物证袋。

3)溶液提取:当散落物为液体或可溶于某种溶剂时,可用滴管或注射器吸取适量溶剂,滴在散落物上使其溶解,然后将溶液吸入容器中保存,以便后续分析。提取过程中要注意避免污染和损坏散落物痕迹,确保其原始状态和证据价值。

2. 地面散落痕迹鉴定的运用 散落物与车体分离后,通常具有一定速度,因此多做"平抛运动"。

一般情况下,依据散落物的分布方向可以判断事故碰撞方向;依据散落物的分布形态可以判断车辆在碰撞时的运动状态;依据车辆的行驶速度及散落物在车体上所处的位置可以推算出碰撞接触点;依据散落物离开车体后的运动状况可以计算其离开车体时的速度,并为进一步推断车辆的碰撞速度提供依据。

第三节　地面痕迹鉴定案例解析

一、常见地面痕迹鉴定案例解析

案例一

××××司法鉴定所司法鉴定意见书

一、基本情况

委 托 人：×××公安局交通警察局××大队

委托日期：20××年1月1日

委托事项：对某号牌小型轿车与行人张××是否发生过碰撞进行鉴定

鉴定材料：

1. 某号牌小型轿车
2. 涉案车辆通过相关路段的监控视频(4段，复制件)
3. 道路交通事故现场图及事故现场照片(复制件)
4. 张××尸表照片(复制件)
5. ×××公安司法鉴定中心出具的"×公司鉴〔20××〕DNA×号"鉴定书(扫描件)
6. ××〔20××〕微物鉴字第××号司法鉴定意见书
7. ××××〔20××〕微物鉴字第 yy 号司法鉴定意见书

鉴定地点：××××汽车维修厂、事故路段、××××司法鉴定所

在场人员：刘××、洪××等人

鉴定日期：20××年××月××日至××月××日

二、基本案情

据委托人送鉴材料记载，20××年××月××日××时××分许，丁××无有效机动车驾驶证醉酒后驾驶某号牌小型轿车(下称"涉案车辆")沿×××新区东联线自南往北行驶至××公司南侧约100米路段，涉嫌碰撞路边同向步行的行人张××(下称"涉案行人")，事故后丁××驾车逃离现场，事故造成车辆损坏，张××于当日被人发现，经诊断已死亡。

三、资料摘要

1. ×××公安局×××新区分局刑侦大队对尸体下方血迹、死者手上、颈部、外阴部等提取斑迹，和在某号牌小型轿车引擎盖(发动机舱盖)上提取的擦拭棉签2等送×××公安司法鉴定中心进行DNA检验鉴定，据×××公安司法鉴定中心出具的"×公司鉴〔20××〕DNA×号"鉴定书记载的鉴定意见："1. 送检的尸体下方血迹擦拭棉签(××××××××001-2号)上褐色斑迹、死者左手中指擦拭棉签(××××××××001-5号)上斑迹、死者左手掌擦拭棉签(××××××××001-8号)上斑迹、死者右手食指擦拭棉签(××××××××001-10号)上斑迹、死者右手中指擦拭棉签(××××××××001-

11号)上斑迹、死者右手环指擦拭棉签(×××××××001-12号)上斑迹、死者颈部擦拭棉签(×××××××001-15号)上斑迹、死者外阴擦拭棉签(×××××××001-16号)上斑迹、死者阴道擦拭棉签(×××××××001-17号)上斑迹、引擎盖擦拭棉签2(×××××××020-4号)上斑迹中检出的STR分型,与受害人张××的血样在D8S1179等21个基因座基因型相同,其似然率为1.9048×10^{27}。"

2. 委托人将在某号牌小型轿车发动机舱盖上提取的白色附着物和从张××事故时所穿马甲提取的白色羽绒送××××司法鉴定中心进行微量物证鉴定,据××××〔20××〕微物鉴字第××号司法鉴定意见书记载的鉴定意见:"从某号牌小型轿车提取的白色附着物与从张××事故时所穿马甲提取的白色羽绒成分相同。"

3. 委托人将在张××事故现场散落物碎片中提取的灰色物质和从某号牌小型轿车前保险杠右侧提取的涂层送××××司法鉴定中心进行微量物证鉴定,据××××〔20××〕微物鉴字第yy号司法鉴定意见书记载的鉴定意见:"从事故现场散落物中提取的灰色物质与从某号牌小型轿车前保险杠右侧提取的表层灰色油漆成分相同。"

四、鉴定过程

(一)鉴定方法

参照GA/T 41—2019《道路交通事故现场痕迹物证勘查》、GA/T 1450—2017《法庭科学车体痕迹检验规范》、GA/T 1087—2021《道路交通事故痕迹鉴定》、SF/T 0072—2020《道路交通事故痕迹物证鉴定通用规范》有关条款及检验鉴定方法,对涉案车辆、监控视频、事故路段等进行检验鉴定,并结合相关送鉴材料分析,对委托事项作出鉴定意见。

(二)仪器设备

钢卷尺(5 m)、比例尺、放大镜、MF多波段一体式勘查光源、物证勘查箱、视侦通软件、数码照相机等。

(三)检验所见

1. 涉案车辆痕迹检验

(1)涉案车辆为一辆灰色小型轿车,前保险杠、前号牌见大量的混凝土,发动机舱盖、前风窗玻璃、顶篷、后风窗玻璃、后行李箱盖、左右后侧围板等见大量的混凝土(见图4.1)。位于前风窗玻璃左下方的标牌标示车辆识别代号为×××××××××××××××××。

(a) 前部外观照　　　　　　(b) 右后部外观照

(c) 前部外观照

图 4.1　车辆外观照

(2) 涉案车辆前保险杠正面见大量的混凝土，其右前部距地高度 40～51 cm 处涂层见大面积的陈旧性脱落痕和较多旧裂痕，但至少有 3 处涂层见新鲜脱落痕（见图 4.2）；位于其上方的右前组合灯后移。

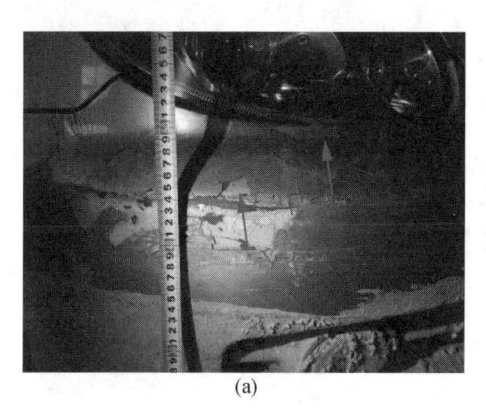

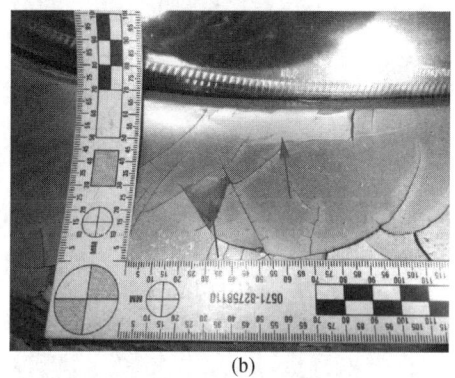

(a)　　　　　　　　　　　　(b)

图 4.2　前保险杠右前部痕迹

(3) 涉案车辆发动机舱盖右部距其右边缘 15～72 cm 处从前至后见大面积凹陷变形，前端距地高度约为 65.5 cm 处表面见从前往后的擦划痕；右侧后部距车辆中心线 22～42 cm 严重凹陷变形，表面见擦划痕，局部涂层呈减层，委托方曾在该处提取白色附着物送检，检验时此处尚黏附少许白色附着物；位于其后处的黑色塑料材质的排水饰板破裂，裂痕新鲜（见图 4.3、图 4.4）。

2. 事故现场情况

根据道路交通事故现场图、照片所示，事故路段路面为水泥路面，宽约 3.50 m，呈南北走向，涉案行人（现场照片已抬至路上）头北脚南躺在路面外距路面边缘约 2.00 m 草地上，其北侧相距 2.20 m 处距路面边缘 0.20 m 处见一疑似嫌疑车辆脱落碎片（即为××××[20××]微物鉴字第 yy 号"JC2"），在该碎片北侧路面边缘处见涉案行人手提包，涉案行人两只鞋子散落在路旁菜地上（见图 4.5）。

(a)

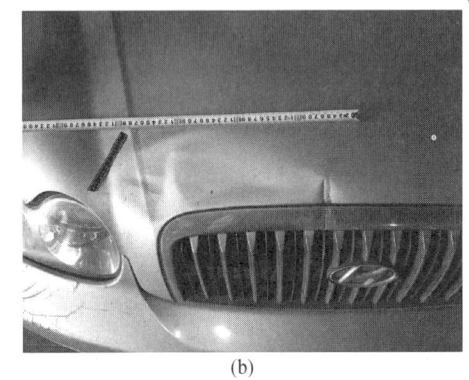

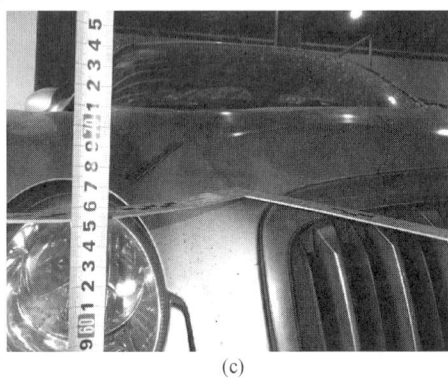

(b) (c)

图 4.3 发动机舱盖右前部痕迹照

(a) 发动机舱盖右后部痕迹照

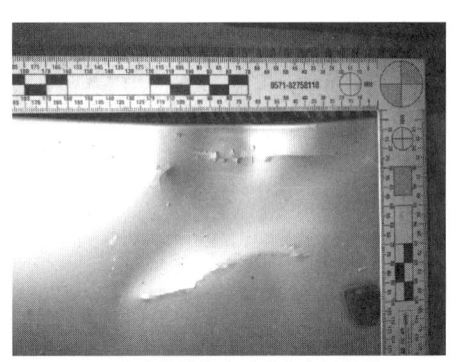

(b) 发动机舱盖右后部痕迹细目照

(c) 发动机舱右后部及排水饰板痕迹细目照

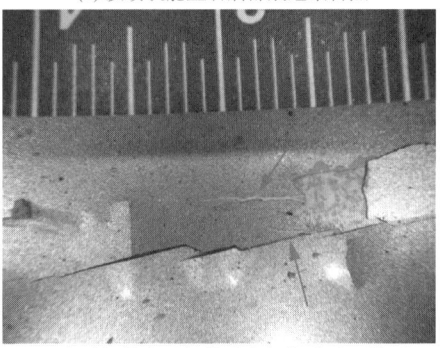

(d) 发动机舱右后部黏附白色物质（显微照）

图 4.4 发动机舱盖右后部痕迹照

(a) 由南向北现场照片　　　　　　　　(b) 由北向南现场照片

(c) 事故现场碎片　　　　　　　　　　(d) 事故现场碎片

图 4.5　现场照片

3. 涉案行人受伤情况

根据涉案行人尸表照片以及委托方介绍,涉案行人主要受伤情况如下:左侧颈椎2、3椎体脱位、颈髓横断,左侧肱骨上段骨折,双侧腓骨上段粉碎性骨折,右侧腓骨下段粉碎性骨折,右踝骨关节脱位,左腰部挫伤等。

4. 视频检验

委托人送鉴4段相关监控视频,按涉案车辆驶离视频中时间先后顺序,依次标识为视频1~4。

视频1:文件名为××××××××-××××53-1.nsf(下称"视频1"),哈希检验值SHA256 为 925651292EE03F082FDB9BA74D665AB41C8AF98E2933D7BFD744B07430×××××××,大小:9.41 MB。视频1画面右上部有日期"2021-12-31"及数显时间,右下部有"×× ×× ××× ××"及"××线-××路方向西"字样,帧率为25帧/秒。在13:58:39(画面显示时间,下同)第4帧图像上,涉案车辆位于视频1画面右下部位置,此时涉案车辆发动机舱盖右部未见凹陷变形(见图4.6)。

视频2:文件名为××××××××-×××03-1.nsf(下称"视频2"),哈希检验值SHA256 为 DCC4A7D38B82830CF03BBEE22E5ED974A65931AA8EB73737CD32C7D141××××××,大小:11.3 MB。视频2画面右上部有日期"2021-12-31"及数显时间,右下部有"×× ×× ××× ××"及"××线-××路"字样,帧率为25帧/秒。在13:58:42第9帧图像上,涉案车辆位于视频2画面左下部位置,此时涉案车辆发动机舱盖右部未见凹陷变形(见图4.7)。

图 4.6　13:58:39 第 4 帧图像

图 4.7　13:58:42 第 9 帧图像

视频 3：文件名为×××××××××-××××57-1.nsf(下称"视频 3")，哈希检验值 SHA256 为 5AAD6F0E564BC30A3AEFC4AF1F14FC940E8872909F3311201C113DA8D4×××××××，大小：5.93 MB。视频 3 画面右上部有日期"2021-12-31"及数显时间，右下部有"×× ×× ×× ××"及"××线-××××东"字样，帧率为 25 帧/秒。在 14:00:05 第 23 帧图像上，涉案车辆位于视频 3 画面下部位置，此时涉案车辆发动机舱盖右部见凹陷变形(见图 4.8)。

视频 4：文件名为×××××××××-××××48-1.nsf(下称"视频 4")，哈希检验值 SHA256 为 3BFDA3C02D250256FFD63CF23709E92E1A662CFF74FC20BCD734105711×××××××，大小：35.1 MB。视频 4 画面右上部有日期"2021-12-31"及数显时间，右下部有"×× ×× ××× ××"及"××路-××村口西"字样，帧率为 25 帧/秒。

图 4.8　14:00:05 第 23 帧图像

视频 4 中在 13:59:58 第 13 帧图像上,涉案车辆位于视频 4 画面左上部位置(见图 4.9);经在事故路段勘查比对,此处距离涉案行人事故现场北侧 20 多米。

视频 4 中在 14:00:30 第 7 帧图像上,涉案车辆位于视频 4 画面下部位置,即将驶出视频 4 范围,此时涉案车辆发动机舱盖右部见大面积凹陷变形(见图 4.9、图 4.10)。

图 4.9　13:59:58 第 13 帧图像

五、分析说明

根据送鉴视频、事故路段勘查以及结合案情,涉案车辆在通过张××事故现场路段前通过视频 1、视频 2 监控范围时发动机舱盖右部未见凹陷变形,通过张××事故现场路段

图 4.10　14:00:30 第 7 帧图像

后,进入视频 3、视频 4 监控范围时发动机舱盖右部见凹陷变形,因此,涉案车辆在时间和空间上存在与张××发生碰撞的可能。

根据对涉案车辆前部痕迹检验所见,其前保险杠右前部涂层见有新鲜脱落痕,发动机舱盖右部从前至后见大面积凹陷变形,并可见从前往后擦划痕,符合与软性物体(如人)发生碰撞形成特征;在发动机舱盖右侧后部见严重凹陷变形,勘查时此处尚黏附少许白色附着物,其后处的黑色塑料材质的排水饰板破裂,裂痕新鲜,结合涉案行人受伤部位,该处痕迹符合与人体头部等较硬部位发生碰撞所形成的特征。

根据微量物证鉴定和 DNA 鉴定,在张××事故现场提取的疑似嫌疑车辆脱落碎片中提取的灰色物质与涉案车辆前保险杠右侧提取的涂层表面灰色油漆成分相同;在涉案车辆发动机舱盖上提取的白色附着物和从张××事故时所穿马甲提取的白色羽绒成分相同;在涉案车辆引擎盖(发动机舱盖)擦拭棉签 2(10202200020-4 号)上斑迹中检出的 STR 分型,与受害人张××的血样在 D8S1179 等 21 个基因座基因型相同。

综上分析,涉案车辆与涉案行人张××发生过碰撞成立。

六、鉴定意见

某号牌小型轿车与行人张××发生过碰撞成立。

案例解析

上述鉴定案例中,涉及地面散落痕迹鉴定部分,对综合分析判断得出"某号牌小型轿车与行人张××发生过碰撞成立"的鉴定意见起到重要作用。地面痕迹鉴定是通过对地面上的各种痕迹进行分析和鉴定,来推断事件发生的过程和相关情况的一种技术手段。鉴定人开展地面痕迹鉴定应关注以下方面可能对得出科学客观鉴定意见产生的影响。这些方面包括:①痕迹识别错误。可能将非相关痕迹误认作与案件有关的痕迹,或者忽略了一些关键的细微痕迹。例如,把自然形成的地面裂缝误当成是车辆碰撞产生的痕迹,或者没有发现隐藏在草丛中的印痕、散落物等。②分析方法不当。在分析痕迹时,若使用了不恰当的方法或公式,可能导致错误的结论。比如,在计算车辆速度时,没有考虑到地面摩擦系数的变化,或者错误地使用了过时的计算公式。③鉴定意见片面。仅依据部分痕迹就得出结论,而没有综合考虑所有相关痕迹以及现场的整体情况。例如,只根据轮胎痕迹判断车辆行驶方向,而忽略了现场的刹车痕迹、散落物等其他证据,可能导致对事故过程的错误判断。④环境因素影响。现场环境因素复杂多变,如天气、地质条件等,可能对痕迹造成破坏、改变或掩盖。例如,雨水会冲刷掉地面的脚印和血迹,大风可能吹散车辆事故现场的散落物,影响对现场的还原和分析。⑤技术水平限制。鉴定人员的专业知识和技能水平参差不齐,如果缺乏足够的经验或培训,可能无法准确识别和分析痕迹。例如,对于一些新型车辆的轮胎痕迹特点不熟悉,或者对复杂的多车碰撞事故现场痕迹分析能力不足。⑥主观偏见干扰:鉴定人员可能受到先入为主的观念、个人情感或外界因素的影响,从而对痕迹鉴定产生主观偏见。比如,在涉及一些有争议的案件中,受到舆论或相关利益方的影响,而在鉴定过程中不自觉地倾向于某一方。

案例二

×××××司法鉴定意见书

一、基本情况

委 托 人:××市公安局交警支队××高速大队

委托事项:根据事故调查需要,对甲车:某号牌福特牌小型普通客车,乙车:某号牌大众牌小型轿车与行人陈某某的碰撞形态及陈某某死亡与甲乙两车的因果关系进行鉴定。

委托日期:××××年×月×日

鉴定材料:

1. 道路交通事故现场图及现场照片等案卷材料(复制件)

2. 被鉴定的甲乙两车

3. 陈某某尸体

4. 乙车车载行车记录仪拍摄的视频两段(复制件)

二、基本案情

××××年×月×日17时许,陈某某在××高速由东向西24公里加400米处,由北向南横穿高速时与某号牌福特牌小型普通客车相撞倒地,约数分钟后,涉嫌被某号牌大众牌小型轿车碾压,陈某某经抢救后死亡。

三、鉴定过程

(一)鉴定方法

参照SF/T 0072—2020《道路交通事故痕迹物证鉴定通用规范》、GA/T 41—2019《道路交通事故现场痕迹物证勘查》、GA/T 1087—2021《道路交通事故痕迹鉴定》、GA/T 268—2019《道路交通事故尸体检验》有关条款及检验方法,对陈某某的尸表及甲乙两车的痕迹进行检验,并结合其他鉴定材料,对委托事项作出鉴定意见。

（二）检验所见

1. 事故现场图及现场照片

事故现场道路呈东西向分布，由两条机动车道与一条应急车道组成。甲车头西尾东停在超车道内，陈某某尸体头西南脚东北倒在应急车道的中间偏北处，设为B点。在陈某某尸体东侧二十多米的应急车道内，靠近行车道与应急车道的分界线处，见一处形成两条向北流淌的血泊，设为C点，并以血泊C点为中心形成向西方向的放射状血滴。在血泊C点的东侧见一组由东(浓)向西(淡)的拖擦血痕，西端接近血泊C点，东端在照片上未体现，暂设为O点。在上述C点向西又见一个血泊，设该处血泊为CB点。从血泊CB点向西到B点距离内的应急车道内还见拖擦血痕、人体分离的组织物和汽车轮胎的带血滚印等现象。见图4.11。

图 4.11 事故现场照片

2. 乙车车载行车记录仪拍摄的视频两段

视频文件名分别为"01"和"02"，其中"01"文件格式为MOV，哈希值(MD5)略，其中×:×:30、×:×:31的帧率均为30帧/秒。

视频图像连续，依时间顺序，依次显示以下内容：

×:×:18开始显示自身车辆向右驶入应急车道，并在应急车道内超越了其左侧车道内行驶的数辆车；

×:×:29逐渐接近躺在应急车道内的陈某某，此位置已位于血泊C点的西侧，位于在CB点处，并见两条双轮胎形成的带血滚印，由东向西延伸分别经过陈某某头、脚部位置，在陈某某体位的西侧路面可见橙黄色异物，参照现场照片分析疑为人体组织物；

×:×:30陈某某身体从图像下方移出(进入自身底盘下方)，图像摇晃(车辆颠簸)；

×:×:30~×:×:31第12帧间的图像基本呈现车辆维持直线或略向左行驶的趋势。

3. 陈某某尸表检验

受害人陈某某颅型不整，全颅崩裂，颜面部见多处擦挫伤，颜面左侧及顶枕部见多处挫裂创口，颅骨外露，脑组织外溢。胸廓变扁，胸锁关节脱位隆起；腹部见大面积擦伤伴细小表皮剥脱，右侧侧腹壁见大面积擦伤，生理反应弱。左上臂畸形，左肱骨骨折；左肘部、左前臂及左手背见多处擦挫伤。右腕关节骨折畸形，右手背多处擦挫伤，指背多处皮肤剥脱。右腹股沟部见裂创，腹腔内肠管等组织外露。阴囊皮肤部分缺损。右大腿部内侧及右小腿部中下段大面积碾挫伤，肌肉、骨质外露，其间夹附裤子残片；右胫腓骨下段骨折，右踝部及右足背大面积碾挫伤，肌肉及骨质外露，其间夹附裤子残片；左右膝关节内侧及后侧、小腿后侧见多处擦挫伤。左股骨下段骨折，左膝关节畸形，左小腿及左足多处挫擦伤，左外踝部皮肤挫裂，骨质外露伴磨损。左臀部外后侧皮肤挫裂伤。左肩胛骨外下方见条片状挫伤；背部见大面积擦挫伤，生理反应不显著。腰部、骶尾部及臀部见大面积挫擦伤，生理反应弱。

4. 甲车

车辆识别代号为××××××××××××××××××。

发动机舱盖整体向右上角移位，其右部距地高 122 cm 以下、距右边沿 0～4 cm、距前沿 31～44 cm 见变形，边缘不清晰。右前照灯灯罩距右侧车身 26 cm 内缺损。右前翼子板整体向后移位，其后部距地高 74～81 cm 见变形，附着蓝黑色物质。右前门前边缘向后弯折变形。右后视镜略向后扭转，其前侧饰罩缺失，裸露的镜架距地高 126～154 cm。

5. 乙车

车辆识别代号为××××××××××××××××××。

车辆前号牌中部见疑似血迹附着。前保险杠中部下沿局部见变形，伴刮擦痕迹，其下侧见片状泥灰擦拭痕迹。发动机机体下侧、变速器油底壳下侧见大面积片状泥灰擦拭痕迹，变速器油底壳右前部紧固处嵌有蓝色和黑色两种布块。底盘下左中右挡板下侧、两级消声器下侧、前后副横梁下侧、燃油箱下侧均见大面积泥灰擦拭痕迹。上述痕迹具有软性物体形成的特性，大面积，由前向后，局部黏附疑似血迹。

四、分析说明

根据甲车检验所见，其痕迹符合与软性物体（如人体）碰撞的特性，结合陈某某的损伤及现场血泊 C 点与 O 点间的拖擦血痕综合分析，受害人陈某某在与甲车发生碰撞、摔跌的过程中可以造成其左侧肢体和头部的损伤，但甲车并未碾压陈某某。

根据乙车检验所见，其痕迹的特征及与受害人陈某某的衣服分离物外观一致的有关附着物，再结合其所载的行车记录仪拍摄的视频分析，乙车在应急车道内碾压、拖带过倒地状态的陈某某可以成立。但依据视频及地面痕迹，碾压时陈某某的体位已不在血泊 C 点处了，据此可以证明受害人陈某某被乙车碾压前已经被其他车辆碾压并拖带至 CB 点。

乙车所载行车记录仪拍摄的视频中未见其碾压、拖带受害人陈某某后在短时间内有向右行驶的趋势，而陈某某在 B 点位置时已位于应急车道中间偏北位置。据此可以排除乙车拖带陈某某至 B 点处，不排除另外车辆所致可能性。

陈某某尸体上所呈现的损伤，具有多次作用形成的特征，除背部、骶尾部及臀部损伤的生理反应不显著外,其他损伤均具有生理反应。因此,受害人陈某某的死亡原因包含但不限于甲车碰撞和乙车碾压的作用。

五、鉴定意见

某号牌福特牌小型普通客车右前部与受害人陈某某发生过碰撞,并致其在被碰撞导致摔跌的过程中,造成头部及左侧肢体严重损伤可以成立;某号牌大众牌小型轿车碾压过倒地的陈某某可以成立。

受害人陈某某的死亡原因包含但不限于某号牌福特牌小型普通客车碰撞和某号牌大众牌小型轿车碾压的作用。

案例解析

上述案例涉及地面痕迹、车体痕迹、人体痕迹等检验,包括道路交通事故痕迹物证鉴定、法医病理学鉴定两个鉴定门类,鉴定材料包括"道路交通事故现场图及现场照片等案卷材料(复制件)、被鉴定的甲乙两车、陈某某尸体、乙车车载行车记录仪拍摄的视频两段(复制件)",得出的鉴定意见如下:"某号牌福特牌小型普通客车右前部与受害人陈某某发生过碰撞,并致其在被碰撞导致摔跌的过程中,造成头部及左侧肢体严重损伤可以成立;某号牌大众牌小型轿车碾压过倒地的陈某某可以成立。受害人陈某某的死亡原因包含但不限于某号牌福特牌小型普通客车碰撞和某号牌大众牌小型轿车碾压的作用。"可见本案例不是典型地面痕迹鉴定,综合考虑案例一的情况,地面痕迹鉴定与轮胎痕迹鉴定存在交叉重合,并且,一般地面痕迹鉴定类型常见案例中,多数情况下,是与道路交通事故综合鉴定项目融合开展的。上述案例中如果被鉴定车辆能提取到生物物证与陈某某生物信息进行法医物证比对分析,对于得出鉴定意见至关重要,而运用视频资料对碰撞过程进行分析,存在涉声像资料鉴定的可能性,要关注并防范道路交通事故痕迹鉴定不是以痕迹学检验原理为基础和主要依据,而将声像资料鉴定作为主体的超范围执业的风险。一般情况下,将跨执业类别的司法鉴定意见用同一份鉴定意见书的形式出具的情况也不多见,存在一定风险。司法鉴定意见书跨不同执业类别主要存在以下风险:①法律责任风险。第一,受到行政处罚。司法鉴定人超出登记的执业类别执业,由省级司法行政机关依法给予警告,并责令其改正。情节严重的,给予停止执业3个月以上1年以下的处罚,甚至撤销登记。司法鉴定机构超越核定业务范围开展鉴定业务的,由司法行政部门给予警告、责令改正或者处以停止执业3个月以上6个月以下的处罚。有违法所得的,没收违法所得,并处违法所得相应倍数的罚款。第二,承担民事赔偿责任。司法鉴定人在执业活动中,因故意或者重大过失行为跨执业类别鉴定给当事人造成损失的,其所在的司法鉴定机构依法承担赔偿责任后,可以向有过错行为的司法鉴定人追偿。②鉴定意见有效性风险。第一,鉴定意见被排除。跨执业类别出具的鉴定意见可能因不符合法定程序或专业规范,不被法院采信。法院在审查鉴定意见时,会关注鉴定机构和鉴定人的资质及执业范围,若发现跨执业类别鉴定,可能认定该鉴定意见不具有证据能力,从而排除在诉讼之外。第二,引发重新鉴定。对方当事人若发现鉴定意见存在跨执业类别问题,可能以此为由申请重新鉴定。这不仅会增加时间和成本,还可能影响案件的审理进度和结果。③行业信誉风险。第一,个人信誉受损。鉴定人跨执业类别鉴定的行为一旦被发现,会在行业内造成不良影响,损害其个人的专业声誉和信誉,影响其未来的执业发展。第二,机构信誉受损。司法鉴定机构对鉴定人的执业行为有管理和监督职责,鉴定人跨执业类别鉴定也会影响机构的声誉和公信力,导致公众对该机构的专业性和公正性产生怀疑,进而可能影响机构未来的业务承接。

二、其他地面痕迹鉴定案例解析

案例三

×××××司法鉴定意见书

一、基本情况

委 托 人:××市公安局××分局交通警察支队

委托事项:根据事故调查需要,对被鉴定车辆:悬挂上海××××××××两轮电动自行车号牌杰宝大王牌电驱动两轮车碰撞时的速度进行鉴定。

鉴定材料:

道路交通事故现场图(复制件)

被鉴定车辆与甲车:某号牌荣威牌小型轿车碰撞形态鉴定意见书(复制件)

二、基本案情

××年×月×日14时×分左右,某驾驶员驾驶某号牌荣威牌小型轿车沿××路由南向北行驶,当行驶进×××路南约50米处停车下客,后座乘客开门时与被鉴定车辆发生道路交通事故。

三、资料摘要

被鉴定车辆与甲车碰撞形态鉴定意见书鉴定意见:某号牌荣威牌小型轿车右后门(呈开启状态)后外缘与悬挂上海××××××××两轮电动自行车号牌杰宝大王牌电驱动两轮车车把左把手护套前部发生过碰撞可以成立。

四、鉴定过程

(一)鉴定方法

参照 SF/T 0072—2020《道路交通事故痕迹物证鉴定通用规范》、GA/T 41—2019《道路交通事故现场痕迹物证勘查》、GA/T 1087—2021《道路交通事故痕迹鉴定》、GB/T 33195—2016《道路交通事故车辆速度鉴定》有关条款及检验方法,对委托事项作出鉴定意见。

(二)检验所见

道路交通事故现场图示:

事发路段为南北走向,干燥沥青路面。被鉴定车辆头西尾东右侧倒地位于现场,其南侧路面上见一条长1.4 m的倒地挫划痕迹。被鉴定车辆西侧为甲车。

(三)分析计算

根据基本案情、事故碰撞形态及道路交通事故现场图分析,被鉴定车辆在由南向北行驶的过程中与甲车发生碰撞,致被鉴定车辆倒地划移,在路面上留下了倒地挫划痕迹。对被鉴定车辆的倒地滑动过程进行分析,由功能原理有下式(1)成立:

$$\frac{1}{2}mv_2^2 - \frac{1}{2}mv_1^2 = -mg\varphi s \tag{1}$$

其中，m 为该车质量。v_1 为该车在痕迹起点时的速度。v_2 为该车在痕迹终点时的速度，其值为 0。s 为滑动距离，其值为 1.4 m。g 为重力加速度，其值为 9.8 m/s²。φ 为该车倒地滑动摩擦系数，参照 GB/T 33195—2016 及测试数据，其值取 0.45～0.70。

将参数代入上式(1)整理计算得：

$$v_1 \geq \sqrt{2g\varphi_1 s} = \sqrt{2 \times 9.8 \times 0.45 \times 1.4} \approx 3.51 \text{ m/s} \approx 12.64 \text{ km/h}$$

$$v_1 \leq \sqrt{2g\varphi_2 s} = \sqrt{2 \times 9.8 \times 0.70 \times 1.4} \approx 4.38 \text{ m/s} \approx 15.77 \text{ km/h}$$

由上述计算，结合事故碰撞形态，被鉴定车辆与甲车发生碰撞时的速度为 12～16 km/h 可以成立。

六、鉴定意见

悬挂上海××××××××两轮电动自行车号牌杰宝大王牌电驱动两轮车发生碰撞时的速度为 12～16 km/h 可以成立。

案例解析

上述案例是利用地面痕迹进行车辆速度鉴定的案例，虽然不归属于道路交通事故痕迹鉴定项目，但却是地面痕迹鉴定，也是道路交通事故痕迹物证鉴定的具体项目内容之一。道路交通事故现场图中体现"被鉴定车辆头西尾东右侧倒地位于现场，其南侧路面上见一条长 1.4 m 的倒地挫划痕迹"，该倒地挫划痕迹属于地面损坏痕迹，根据《道路交通事故车辆速度鉴定》(GB/T 33195—2016)中有关规定，φ 为该车倒地滑动摩擦系数，参照 GB/T 33195—2016 及测试数据，其值取 0.45～0.70。利用倒地摩擦系数分析计算电动自行车速度可能存在以下错误和风险：①数据不准确导致的错误。第一，摩擦系数取值不准确。倒地摩擦系数会受到地面材质、干湿程度、轮胎状况等多种因素影响。比如在干燥的水泥地面和潮湿的沥青地面，摩擦系数差异较大。若取值不当，会直接导致速度计算错误。第二，测量数据误差。测量刹车痕迹长度等数据时，可能因测量工具精度、测量方法不当等产生误差。如测量时未考虑痕迹的不规则性，导致测量值与实际值不符，进而影响速度计算的准确性。②计算模型与实际不符导致的错误。第一，忽略空气阻力等因素。计算模型通常仅考虑摩擦阻力，而忽略了空气阻力等其他因素。在电动自行车速度较高时，空气阻力不可忽视，这会使计算出的速度比实际速度偏大。第二，假设条件过于理想。一般会假设车辆在整个制动过程中摩擦系数恒定、车辆为刚体等。但实际中，制动过程中轮胎磨损、车辆部件变形等会使实际情况与假设不符，导致计算结果不准确。③鉴定意见不被认可。由于上述错误可能导致计算结果与实际速度偏差较大，在司法等领域，这样的鉴定意见可能不被法院或相关机构认可，影响案件的公正处理。④误导事故责任认定。不准确的速度计算可能会对事故责任的划分产生误导。例如，若计算出的速度偏高，可能会加重电动自行车一方在事故中的责任，反之则可能减轻责任，这都不利于准确认定事故责任。

案例四

××××司法鉴定所司法鉴定意见书

一、基本情况

委 托 人：××市公安局交通警察大队

委托日期：20××年××月××日

委托事项：对某号牌重型栏板货车事故发生时的运动轨迹（车身右侧是否进入非机动车道内）进行鉴定

鉴定材料：1. 某号牌重型栏板货车

2. 监控视频3段（复制件）

3. 勘查视频1段（复制件）

4. 道路交通事故现场图（复制件）

5. 事故现场照片及视频共1份（复制件）

鉴定日期：20××年××月××日至××月××日

鉴定地点：×××停车场、事故路段、××××司法鉴定所

二、基本案情

据委托人送鉴材料，20××年××月××日××时××分许，李义建驾驶某号牌重型栏板货车途经塘梅线××市××镇××路15号前路段，涉嫌与邹××驾驶的二轮电动车（悬挂"×× LW19××××"防盗备案号牌）发生碰撞，造成两车不同程度受损、邹××受伤送医院抢救无效死亡的道路交通事故。

三、鉴定过程

（一）鉴定方法

参照GA/T 41—2019《道路交通事故现场痕迹物证勘查》、SF/T 0072—2020《道路交通事故痕迹物证鉴定通用规范》等有关条款及检验鉴定方法，对事故路段进行模拟、勘查，就委托事项进行鉴定。

（二）仪器设备

钢卷尺（5 m）、皮卷尺（100 m）、塔尺、标志牌、视云闪播软件、CorelDRAW软件、数码照相机等。

（三）检验所见

1. 车辆信息

品牌型号：解放牌CA1170P62K1L4A1E6型。

车辆识别代号：×××××××××××××××××××，制造商：中国第一汽车集团有限公司。

2. 监控视频

（1）委托人提供3段监控视频，其中一段文件名为DF11 ××路城南村口（枪）(2022-09-28 11_26_39)_39714. mp4（下称"视频2"），哈希检验值SHA256为：034fec4ca51915fdf9d689cb5e761430fcbfce7ce09cc588f880f2ccca××××××，文件大小：17.1 MB。视频2画面右上部有日期"2022-09-28"和数显时间，右下部有"×× ×× ×× ××""DF11 ××

路城南村口(枪)"字样,帧率为25帧/秒,拍摄到被鉴定车辆事故发生时的位移过程。

(2)根据视频2中被鉴定车辆行驶车道,在事故路段将被鉴定车辆的右侧车身贴近机动车道和非机动车道分界线(以事发时用于隔离机动车道和非机动车道的警示柱安装于双黄色线机动车道行驶方向右侧黄色线为分界线,以下简称"机非分界线")处摆放。其中被鉴定车辆停放在位置1时,其右侧栏板前缘位置略过机非分界线6 cm;停放在位置2时其右侧栏板前缘位置位于机非分界线位置。下载该时间段所摄录的监控视频,其文件名为录像_DF11 ××路城南村口(枪)20221030122617_20221030125141.asf(下称"视频3"),哈希检验值 SHA256 为 f2b02ab9973e2a64d03be6d71e80ccef77824ea39ea419a707ae4d62 11 ××××××,文件大小:355 MB。

视频3与视频2为同一摄像头、同角度、同参数勘查时摄录的视频。画出与视频3画面中事故路段被鉴定车辆在位置1时驾驶室上方"解放"两字、左前轮轮眉上缘、左侧栏板上缘及左后轮胎侧着地点位置的蓝色标注线(见图4.12、图4.13),再画出被鉴定车辆在位置2时驾驶室上方"解放"两字、左前轮轮眉上缘、左侧栏板上缘及左后轮胎侧着地点位置

(a) 车辆停放在位置1　　　　　(b) 位置1数据测量

图4.12　位置1现场照片

图4.13　视频3事故路段位置1摆放被鉴定车辆,蓝色标线画出车身特征点

的黄色标注线(见图 4.14、图 4.15)。由视频 3 与视频 2 的关系,故可将视频 3 中位置 1 蓝色标注线、位置 2 黄色标注线重叠至视频 2 画面中。

(a) 车辆停放在位置2　　　　　　　　(b) 位置2数据测量

图 4.14　位置 2 现场照片

图 4.15　视频 3 事故路段位置 2 摆放被鉴定车辆,黄色标线画出车身特征点

3. 视频 2 画面连续,以时间顺序,依次显示以下内容

在 05:49:32(画面显示时间,下同)第 7 帧图像上,画出被鉴定车辆驾驶室上方"解放"两字、左前轮轮眉上缘、左侧栏板上缘及左后轮胎侧着地点位置的白色标注线,同时将勘查视频中位置 1 时的被鉴定车辆车身特征点的蓝色标注线重叠至该帧图像中,此时被鉴定车辆车身各特征点位于蓝色标注线的左侧(以被鉴定车辆行驶方向为基准),且可见车头部分两者相隔较小,货厢左侧栏板上缘以及左后轮胎外胎侧着地点相隔较大(见图 4.16),因此,此时被鉴定车辆车头部分右侧接近于机非分界线,而货厢右侧以及后轴轮胎未过机非分界线,即此时被鉴定车辆未侵占非机动车道内,但车头有向右侧的机非分界线处靠近。

经过 5 帧间隔,在 05:49:32 第 12 帧图像上,画出被鉴定车辆驾驶室上方"解放"两字、左前轮轮眉上缘、左侧栏板上缘及左后轮胎侧着地点位置的白色标注线,同时将勘查视频

图 4.16　05:49:32 第 7 帧图像

中位置 2 时的被鉴定车辆车身特征点的黄色标注线重叠至该帧图像中,此时被鉴定车辆驾驶室前部特征点位于黄色标注线的右侧,货厢左侧栏板上缘前部近似位于黄色标注线位置,货厢左侧栏板上缘后部及左后轮胎侧着地点位于黄色标注线的左侧,即此时被鉴定车辆的驾驶室右侧位置已过机非分界线,而货厢右侧以及右后轮未过机非分界线(见图 4.17)。

图 4.17　05:49:32 第 12 帧图像

在 05:49:33 第 22 帧图像上,被鉴定车辆已驶出画面,仅可见小部分的货物,在该帧图像与被鉴定车辆未驶过人行横道线时比对分析,可见位于人行横道线旁的路面以及右侧隔离板上分别见轮胎压印痕和擦拭痕迹(见图 4.18)。

四、分析说明

根据视频 2 中检验所见,在 05:49:33 第 22 帧图像上,被鉴定车辆刚驶出画面时,在该

图 4.18　05:49:33 第 22 帧图像及局部放大

帧图像与被鉴定车辆未驶过人行横道线时比对分析,可见位于人行横道线旁的路面以及右侧隔离板上分别见轮胎压印痕和擦拭痕迹,结合事故现场图、事故现场照片及视频分析,被鉴定车辆行经左转弯事故路段时,驶过该人行横道线时,涉案二轮电动车先向右偏驶,随后与右侧的防护栏发生碰擦后倒地。

为了确定涉案二轮电动车在发生事故时,被鉴定车辆是否侵占非机动车道,将被鉴定车辆开至事发路段,并停放不同的位置,再下载与视频 2 同一摄像头、同参数的视频 3,通过对视频 3 中被鉴定车辆在不同位置时车身特征点位置与事发时视频 2 中车身特征点位置比对分析,在视频 2 中 05:49:32 第 7 帧图像上,被鉴定车辆车头部分右侧接近于机非分界线,而货厢右侧以及后轴轮胎未过机非分界线,即此时被鉴定车辆未侵占非机动车道内,但车头有向右侧的机非分界线处靠近;在视频2中05:49:32第12帧图像上,被鉴定车辆的驾驶室右侧位置已过机非分界线,进入非机动车道,而货厢右侧以及右后轮未过机非分界线(未进入非机动车道),结合事故现场图、事故现场照片及视频分析,在该帧图像上,涉案二轮电动车已发生向右偏驶。

综上分析,被鉴定车辆行经左转弯事故路段时,车辆有向右侧偏驶,其驾驶室右侧已进入非机动车道,但其货厢右侧以及右后轮未进入非机动车道内。

五、鉴定意见

某号牌重型栏板货车行经左转弯事故路段时,车辆有向右侧偏驶,驾驶室右侧已进入非机动车道,但其货厢右侧以及右后轮未进入非机动车道内。

案例解析

上述案例中在分析说明部分有如下表述"根据视频2中检验所见,在05:49:33第22帧图像上,被鉴定车辆刚驶出画面时,在该帧图像与被鉴定车辆未驶过人行横道线时比对分析,可见位于人行横道线旁的路面以及右侧隔离板上分别见轮胎压印痕和擦拭痕迹",其中位于人行横道线旁的路面以及右侧隔离板上分别见轮胎压印痕和擦拭痕迹,体现的是地面痕迹,但是在视频图像中,结合其他材料,予以认定。鉴定意见表述为:某号牌重型栏板货车行经左转弯事故路段时,车辆有向右侧偏驶,驾驶室右侧已进入非机动车道,但其货厢右侧以及右后轮未进入非机动车道内。本起鉴定的委托事项为:对某号牌重型栏板货车事故发生时的运动轨迹(车身右侧是否进入非机动车道内)进行鉴定。故而,本起鉴定应为交通事故痕迹物证综合鉴定,只是在鉴定中地面痕迹的认定对于做出科学客观的鉴定意见发挥了较为关键的作用。车辆运动轨迹鉴定可能存在以下风险:①数据采集方面。第一,监控视频画质问题。若监控视频分辨率低、画面模糊或存在遮挡,可能无法准确识别车辆的关键特征和行驶轨迹细节,导致对车辆位置、行驶方向和速度等信息的判断出现错误。第二,传感器误差。利用车载传感器如GPS、惯性测量单元等采集数据时,传感器可能存在精度误差、信号丢失或受到干扰等情况,影响运动轨迹数据的准确性。②数据分析方面。第一,算法局限性。用于分析车辆运动轨迹的算法可能存在局限性,如在处理复杂路况、多车辆交互或特殊驾驶行为时,无法准确模拟和还原车辆的真实运动轨迹,导致计算结果与实际情况不符。第二,人为解读偏差。鉴定人员在分析数据和解读轨迹时,可能因主观因素、经验不足或对相关技术标准理解不准确,出现判断失误,例如对轨迹转折点、速度变化点的错误解读。③环境因素方面。第一,天气条件影响。恶劣天气如暴雨、大雾、大雪等会影响监控视频的画质,也会改变道路表面的摩擦系数等物理特性,进而影响车辆的行驶性能和实际轨迹,增加鉴定的难度和误差。第二,道路施工或障碍物。道路施工、临时障碍物等会改变车辆的正常行驶路径,若在鉴定时未充分考虑这些因素,可能导致对车辆原始运动轨迹的错误判断。

第五章
人体痕迹

第一节　人体痕迹的概述

一、人体痕迹的概念

根据《道路交通事故现场痕迹物证勘查》(GA/T 41—2019)3.1.3条，人体痕迹是指人体与其他物体或人体接触，在衣着、人体体表等形成的印痕、伤痕。本章所讨论的人体痕迹是指道路交通事故中的人体痕迹。

道路交通事故中人体痕迹是指在道路交通事故发生过程中，人体与车辆、道路及其他相关物体相互作用后，在人体表面或衣物上所形成的各种印记、损伤及其他有价值的物理迹象。这些痕迹能够为事故的调查和分析提供重要线索，帮助还原事故发生的过程和确定事故责任。

人体痕迹主要包括体表损伤痕迹，如擦伤、挫伤、创伤口、骨折等，它们可以反映出人体与致伤物的接触方式、力度和角度等信息；还有衣物痕迹，像破损、撕裂、沾染血迹或其他物质等，能辅助判断人体在事故中的运动状态和与不同物体的接触顺序。此外，毛发、皮屑等微量物证痕迹也属于人体痕迹的范畴，对确定事故当事人的身份和事故发生的具体情况有一定的作用。

二、人体痕迹的分类及特征

(一) 道路交通事故人体衣着痕迹

道路交通事故人体衣着痕迹是指在道路交通事故中，人体与车辆或其他物体接触，因撞击、刮擦、碾压、挤压和摩擦等，在人体穿着的衣服上所遗留的印迹。人体衣着痕迹需与其他痕迹相互印证才能发挥证明作用。

根据形成机理的不同，道路交通事故人体衣着痕迹可以分为：

1. *破损痕迹*　破损痕迹是指人体衣着被车辆、物体碰撞、刮擦、碾压后造成的衣着损坏痕迹，包括撕裂、孔洞、开缝、脱扣等痕迹。

2. *附着痕迹*　附着痕迹是指附着在衣着表面的油漆、油污等物质。当车辆与人体接触时，车体上的泥土、油漆等物质会黏附在人体衣着表面形成痕迹。附着痕迹的外部形态特征、位置分布及成分构成，对案件分析均具有重要作用。

3. *碾压痕迹*　碾压痕迹是指人体衣着被轮胎碾压后，在衣着表面留下的胎面花纹、皱褶或散点状破损等痕迹。

(二) 道路交通事故人体体表痕迹

道路交通事故人体体表痕迹是指在道路交通事故中，人体因受外力作用而造成损伤，并在人体体表遗留下的印迹。

1. *按事故损伤的性质分类*　人体体表痕迹可以分为表皮剥脱、皮下出血、挫伤、挫裂创、骨折和关节脱位等。

2. 按事故的致伤方式分类　人体体表痕迹主要可以分为撞击伤、碾压伤、摔跌伤、刮擦与拖擦伤、减速伤等，有时还可能出现挤压伤、砸压伤以及烧伤或爆炸伤等。

(1) 撞击伤：撞击伤是指车辆在行驶过程中碰撞行人或骑车人，或者车内人员与车内物体碰撞所导致的损伤。撞击伤可因撞击速度、致伤物表面形态以及人体受撞击的部位不同而呈现出不同的表现形式，包括表皮剥脱(擦伤)、皮下出血(挫伤)、软组织裂创、内脏器官损伤及骨折等。此外，车外人员受撞击部位的应力区还可能出现伸展创伤。

(2) 碾压伤：碾压伤是指车辆从人体上驶过，车轮碾压或挤压人体所形成的损伤。车轮碾压常导致人体内脏、骨骼严重受损。车轮与人体皮肤接触留下的特征性轮胎花纹印痕通常出现在软组织丰富部位，其本质是皮肤的表皮剥脱和皮下出血，该痕迹在鉴定实践中具有重要意义。

(3) 摔跌伤：摔跌伤是指人体受外力作用导致摔落而形成的损伤(如被车辆撞击后摔跌于路面所形成的损伤)，有时车内人员在事故中因惯性作用被抛出车外也可形成摔跌伤。行驶的车辆赋予人体强大的冲击力，其所引起的摔跌伤往往比人体在静止状态下摔跌形成的损伤更为严重，其具体损伤程度及状况取决于路面情况、车辆传递给人体的动能、人体的姿势及衣着等。较严重的摔跌伤多造成颅脑部颞枕部损伤和对冲性脑挫伤。

(4) 刮擦与拖擦伤：刮擦伤指车辆在行驶过程中，其侧面或突出部位的部件刮擦人体造成人体体表的损伤，其后常继发摔跌伤或碾压伤。拖擦伤是指车辆部件钩挂人体，致使人体随车辆运动，在地面发生拖擦所形成的损伤。损伤往往具有较好的方向性，可以指示力的作用方向。

(5) 减速伤：减速伤是指道路交通事故发生时，由于车辆急剧减速或加速，车内人员受惯性作用与车内部件发生撞击而形成的损伤。车内人员乘坐的位置不同，所形成的损伤特征也不尽相同。

(6) 挤压伤等：挤压伤是指车辆与建筑物、交通设施或其他车辆碰撞后，车体部件变形、移动，挤压人体所造成的损伤。常见于驾驶员被方向盘和座椅挤压，在受挤压部位形成擦伤、挫伤，挤压力较大时可出现挫裂创、骨折以及内脏的损伤，驾驶员可因胸腹部长时间受压而引起窒息，或因全身广泛性挫压致挤压综合征。

事故中，车辆发生翻车、坠车时，车体或其他物体砸压人体，则形成砸压伤，伤处皮肤常见不规则挫裂创及不同程度组织挫碎，亦可见深部粉碎性骨折；车体破碎物或从车外穿入的锋利物可造成人员撞裂创、肢体离断等损伤；由于碰撞后油箱泄油燃烧、电路故障或乘客携带易燃易爆物品等原因致使车辆起火、爆炸，则还可能引起人员烧伤或爆炸伤。

3. 按事故损伤的后果分类　人体体表痕迹可以分为致死性损伤、致残性损伤、非致残性损伤等。

4. 按交通参与者的交通行为分类　人体体表痕迹可以分为车内人员的损伤和车外人员的损伤。车内人员可根据乘员所处位置的不同，将其分为驾驶员损伤和其他乘员的损伤；车外人员的损伤包括行人的损伤和两轮车或三轮车骑乘人员的损伤等。

(1) 车内人员损伤特征

1) 驾驶员损伤特征：车辆驾驶室前有挡风玻璃、方向盘、仪表盘，后有靠背座椅，下有油门、制动及离合器踏板,左有车门,右有变速器操纵杆等。事故发生时,上述部件都可能造成驾驶员特征性损伤。常见的包括:挡风玻璃或玻璃框碰撞伤、方向盘损伤、仪表盘损伤、四肢反射性损伤、安全带损伤、气囊损伤、挥鞭样损伤等。

a) 挡风玻璃或玻璃框碰撞伤:在无安全带和气囊保护的情况下,车辆前方发生撞击时,驾驶员头部撞击挡风玻璃或玻璃框,可造成头面部擦伤、挫伤、挫裂创及玻璃所致的浅小刺切创和划伤,有时在损伤部位或附近头发内还可发现玻璃碎片。

b) 方向盘损伤:方向盘损伤是指驾驶人胸腹部与方向盘撞击所形成的特征性损伤,表现为胸腹部皮肤出现与方向盘形状一致的弧形擦、挫伤,多伴有胸骨横断骨折和肋骨多发性骨折(以单侧多见),严重时可导致胸腹腔脏器挫伤或撕裂伤。

c) 仪表盘损伤:驾驶员下肢与仪表盘碰撞,导致其胫前、膝部及大腿擦伤、挫伤、挫裂创,甚至出现髌骨粉碎性骨折、胫骨平台骨折。由于力的传导作用,有时还伴有股骨颈骨折、股骨头脱位等现象。

d) 四肢反射性损伤:事故发生瞬间,驾驶员的避险动作区引发的本能反应可以形成驾驶员的特征性损伤,如:双手紧抓方向盘、用力支撑身体等动作,造成手腕和前臂尺桡骨的骨折,有时骨折断端会向外刺破皮肤;右脚用力踩踏制动踏板,致使车辆碰撞的冲击力传导集中至承重腿上,造成踝关节脱位、骨折及跟腱断裂,脚踏板可在右足鞋底留下印痕;若右脚滑移嵌入制动与油门踏板之间,可形成右脚及右踝部的损伤,称为脚踏板损伤,该处的损伤对于判断驾驶员具有重要的意义。

e) 安全带损伤:当前,机动车大多采用三点式安全带,高强度碰撞可致驾驶员胸腹部形成与安全带走行方向一致的条带状皮肤擦挫伤,其斜行损伤呈现左上至右下的特征性分布模式,构成安全带相关损伤的法医学鉴定此外,安全带收紧引起的腹腔压力改变可造成肠管、肝、脾等脏器的破裂,而身体在安全带限制的作用下腰椎突然前屈可出现第2或3腰椎的压缩性骨折。

f) 气囊损伤:通过生物力学分析发现,未使用安全带约束的乘员在碰撞瞬间将产生显著的前向惯性位移,形成气囊触发时序延迟效应,从而无法对人体形成保护。快速膨胀的气囊与人体发生高速冲击,可造成人体皮肤擦伤、挫伤、撕裂以及颈椎脱位或骨折等损伤。由于气囊模块空间定位的确定性,其损伤分布特征与乘员坐姿体位参数呈显著相关性。

g) 挥鞭样损伤:车辆突然加速(追尾)或减速(碰撞)时,车内乘员颈部过伸或过屈,导致颈部椎旁软组织、颈椎及脊髓损伤,常见于下位的颈椎。

2) 其他成员损伤特征

a) 副驾驶位乘员损伤特征:副驾驶位乘员的损伤与驾驶员损伤类似,但不形成方向盘损伤及脚踏板损伤。因前方没有方向盘的阻挡,副驾驶位乘员头面部及上肢的损伤较驾驶员与后排乘员更严重。此外,其安全带损伤呈右上左下斜行走向。

b) 后排乘员损伤特征:后排乘员损伤多见于四肢及头面部,下肢较上肢多;其中较为特殊的损伤为分腿外展式损伤,其形成机理为:事故中突然碰撞,后排乘员身体前移,两膝部抵在前排座位靠背上,而臀部因惯性继续向前移动,导致大腿剧烈屈曲外展分腿,造成髋关节骨折、脱臼等损伤,也可发生股骨颈骨折、骨盆分离等。

(2) 车外人员损伤特征

1) 行人损伤特征:行人损伤特征,按照损伤形成的先后顺序可分为两类,第一类称为原发性损伤或第一次损伤,是车辆第一次碰撞或碾压人体所造成的损伤,如直撞伤、碰撞三联伤(首次碰撞伤或直撞伤—抛举性碰撞伤—滑动性碰撞伤)、碾压伤等;第二类称为继发性损伤或二次损伤,是人体被撞击后发生摔跌,身体与地面或其他物体碰撞、擦划形成的损伤如摔跌伤、拖擦伤等。

a) 撞击伤:交通事故中,行人被车辆撞击致伤是最常见的损伤类型,车辆不同部位撞击人体可形成不同特点的损伤。

ⅰ) 保险杠损伤:车辆保险杠撞击人体时,下肢损伤呈现典型接触特征:表层皮肤可能因衣物遮蔽效应不显撞击性皮损,但深层软组织挫伤出血具有高检出率;撞击可致胫腓骨楔形骨折,骨折楔形的底边为力的作用点,楔形的尖端指向力的作用方向,即车辆的行驶方向。

ⅱ) 膝关节撞击伤:膝关节外侧受到撞击时,可出现腓骨颈附近横行骨折,胫骨、股骨外侧髁压缩骨折,内侧髁牵拉骨折以及韧带的拉伸撕裂。若膝关节深部关节面检见挫伤出血,常提示事发时行人处于直立状态。

b) 碾压伤:人体不同部位受到碾压可呈现不同损伤特征:头部被碾压时,在车轮及地面的共同作用下,在受力较小或无外力作用的部位出现头皮及颅骨崩裂;胸腹部受碾压时,急剧升高的胸腹腔内压力可致内脏器官脱出体外;四肢受碾压时,车轮的旋转对四肢皮肤产生的牵拉力,致皮下囊腔形成或皮肤破裂撕脱,称为剥皮创。

此外,车轮碾压形成的花纹印痕类型与是否刹车有关。刹车碾压时,人体皮肤常出现与轮胎凸面花纹一致的表皮剥脱和皮下出血;不刹车碾压时,皮肤印痕则反映轮胎凹面花纹特征。若出现髋关节外向性脱位,通常提示仰卧位碾压。

c) 摔跌伤:摔跌伤多见于体表突出部位,因人体具有一定初速度,故其损伤程度通常较日常摔跌更重。行人摔跌伤多见为头部着地,形成减速性颅脑损伤,脑组织呈现对冲伤特征,具体表现为:除着力点出现冲击伤外,其对侧脑组织亦可见较严重的损伤。

d) 拖擦伤:拖擦伤可因人体与路面接触引起,也可由人体与车辆部件接触所致。其总体特征表现为面积较大,方向性较好的刷状擦伤,且起始端较重,尾端较轻,尾端通常呈分叉状。

e) 伸展创:车辆从人体后部撞击人体重心区,致身体向后过度伸展形成腹股沟或下腹部伸展创;或人体遭受碾压时,车轮的巨大牵拉力,造成碾压部位前方皮肤菲薄部位形成伸展创。伸展创多见于人体屈侧部位,其特征表现为皮肤表面沿张力线分布的断续平行排列的浅表性撕裂创。

值得注意的是,道路交通事故人体损伤程度与汽车的类型、行驶速度以及人体受伤的部位、方式等均具有很大关系。机动车致人体损伤的过程短暂而迅速,并可能有多个复杂环节参与,如碰撞、摔跌、碾压和拖擦等可见于同一事故。

2) 两轮车或三轮车骑乘人员损伤特征

a) 骑行状态损伤特征:两轮车或三轮车驾驶员与乘员因所处位置及与车辆结合状态

不同,其特征性损伤存在明显差异。

ⅰ)骑跨伤:事故发生时,驾驶员因本能夹紧双腿防止人车分离,可导致会阴部、大腿内侧与鞍座/油箱剧烈摩擦,形成擦挫伤,严重时可出现撕裂伤或耻骨骨折等损伤形态。此外,驾驶员膝关节、小腿及踝关节内侧也可能出现类似机制的软组织损伤。而乘员则因与车体结合松散,事故时易被抛离车辆,此类骑跨伤较为少见。

ⅱ)车辆部件接触伤:驾驶员身体前冲时与车把、后视镜等部件碰撞,形成特征性压痕;此外,其或与挡风玻璃接触,致使颈部被玻璃划伤。乘员下肢易与车辆后部部件(如摩托车排气管)接触,造成擦挫伤或高温烫伤等特征性损伤。

ⅲ)其他特征性损伤:摩托车事故中,因车辆本身质量、冲力较大,在紧急制动时,驾驶员双手本能地紧握车把,可造成其虎口处机械性损伤;同时,因其与车体结合紧密,故多向前外侧摔跌,头颈部、肩部首先着地,锁骨骨折风险高。而摩托车乘员与车体结合松散,体位自由度大,摔跌时支撑点分散,骨折概率相对较低。

电动两轮车(多为踏板式)驾驶人及乘员的损伤特征以碰撞伤、摔跌伤为主,较少出现传统摩托车典型的骑跨伤或下肢机械性损伤。

b)推行状态损伤特征:推行车辆发生事故时,往往不出现骑跨伤等特征性损伤。有统计数据表明,若事故发生时,机动车先撞击推车人,则受到撞击侧会出现下肢擦挫伤、楔形骨折等行人损伤特征,而对侧则反映与两轮车或三轮车部件接触所形成损伤;若先撞击车辆,撞击侧的损伤则相对较轻,而对侧的摔跌伤通常较重。

三、人体痕迹的作用

(一)查明痕迹形成机理

综合分析人体体表痕迹的部位、数量、形态特征及损伤程度等,结合地面痕迹、车体痕迹检验鉴定,研究人体痕迹的形成机制,从而推断受害人在损伤形成前所处的位置及运动状态。

1. 判断损伤的形成过程　通过分析损伤的形态特征及分布规律,研究其形成机制,进而实现事故过程的重建与再现分析。

2. 判断损伤的形成时间　通过损伤形成时间的推断,可为道路交通事故发生时间的判定提供依据。根据鉴定对象的不同,损伤时间的推断可分为活体损伤时间推断与尸体损伤时间推断两类:活体损伤时间主要可以通过临床表现进行推断,但因个体差异及环境因素等影响,其准确性往往存在一定局限;而尸体损伤时间则需结合尸体现象与损伤组织的修复吸收程度进行综合分析。

(二)确定道路交通事故案件性质

道路上发生的人身伤害事件中,既包括道路交通事故,也包括利用交通工具实施的刑事犯罪,还包括当事人自杀或遭遇其他意外事件等情形。通过对人体体表痕迹的形态学检验,既可分析损伤符合生前伤抑或是死后伤特征,又能判断其是否符合道路交通事故的损伤特征,从而为案件性质的判定提供有力依据。

第二节　人体火灾痕迹

一、人体火灾痕迹的概念

人体火灾痕迹是指人体在火灾环境中,受火烧、烟熏等作用在人体上所遗留下的痕迹。这些痕迹包括高温作用在人体表面、内脏形成的不同类型、不同程度的烧伤痕迹;烟气在人体呼吸系统、消化系统等气流所至部位留下的烟尘;人体受火灾作用而形成的烧损痕迹;人体烧伤后创口发生生化反应所形成的充血、出血、水肿等痕迹及内部血液变化等。

对于人体烧伤痕迹的研究,有助于火灾调查者分析火灾形式及涉案人员在火灾中的活动情况,为判定起火部位和起火原因提供证据,并以此鉴别人员是火灾致死还是死后被焚,从而进一步分析火灾性质等。

二、人体火灾痕迹的形成机理

火灾热、烟气等能造成处于其环境内的人员受伤,甚至死亡,其致伤(死)机理如下:

(一)火烧伤亡

火灾形成的高温作用于人体上,可破坏人体组织,严重时会导致死亡。

习惯上将火焰所致的损伤称为烧伤,高温固体接触人体引起的损伤则称为灼伤。按照局部烧伤的程度,通常将烧伤分为四个级别:

1. Ⅰ度烧伤　又称为红斑。是指当温度为40～50℃时,热作用于皮肤表面的浅层所致的损伤。局部真皮乳头层毛细血管及小动脉扩张充血,从而表现出红斑。尸体持续受高温作用后,红斑消失。

2. Ⅱ度烧伤　又称水疱期。是指当温度为50～70℃时,热作用于表皮全层及真皮层所致的损伤。特征表现为表皮细胞坏死,毛细血管及小动脉扩张,通透性增高,大量血浆成分外渗;表皮与真皮分离形成水疱,水疱内含黄色清亮液体,水疱底组织充血、水肿。死后被烧形成的水疱多为空气疱,疱底组织呈焦黑色。应当注意区分与腐败水疱间的特征差异。

3. Ⅲ度烧伤　又称坏死期。当温度达70℃以上时,热作用伤及皮肤全层,甚至深达肌肉和骨骼。其特征表现为局部组织受热凝固坏死,表面形成棕褐色焦痂,焦皮周围出血,底部血管扩张,血管内细胞聚集及血栓形成。

4. Ⅳ度烧伤　又称炭化期。组织经高温作用坏死,水分消失,变黑炭化。炭化组织因皮内干燥、组织强度收缩开裂,胸腹腔破裂,内脏脱出。肢体肌肉中屈肌较伸肌发达,高温后肌肉干缩变短,四肢常屈曲呈拳斗状姿势。炭化裂口有时与切创相似,注意不可混淆。

烧伤致死,称为烧死。烧伤面积过大时,会强烈刺激皮肤感觉神经末梢引起剧烈疼痛,反射性引起中枢神经系统技能障碍,导致原发性休克。大面积烧伤者,往往机体免疫功能低下,细菌易从伤口处侵入人体,可继发感染导致死亡。另外,体表Ⅱ、Ⅲ度烧伤,会造成

血管通透性增高,大量液体外渗,从而导致继发性低血容量性休克,烧伤休克如不及时救治,烧伤者会迅速死亡。

(二) 气体中毒

火灾中产生的有毒气体,可能会引发人体中毒反应,进而导致人身伤亡。

1. 一氧化碳(CO)中毒　CO 可以像 O_2 一样和血液中有输氧功能的血红蛋白结合,且其与血红蛋白的亲和力比 O_2 大 200 倍左右,因而可以轻易地将氧合血红蛋白(HbO_2)中的氧置换出来,形成碳氧血红蛋白(HbCO)。血液中 HbCO 占比血红蛋白总量越大,向大脑和肌肉输送的氧就随之减少,从而形成对细胞氧化和呼吸的直接抑制,进而造成内窒息。

通常情况下,因缺氧造成的窒息死亡是一个渐进的过程:人体吸入致死量的 CO 气体后,血液中 HbCO 含量将逐渐增加,直到超过致死含量。当人体暴露在 CO 含量达到临界危险值的空气中时,血液中 HbCO 的含量会缓慢增加,直到与空气中的 CO 形成平衡。当血红蛋白显著地失去携氧功能时,人即会死亡,此时,人体血液中的 HbCO 含量可能处于相对较低水平;而当突然暴露在 CO 含量极高(大大超过临界危险值)的空气中时,人体会在较短时间内吸入大量的 CO,甚至超过极限点,此时,人体血液中的 HbCO 含量可能会高达 80%~90%。

因此,如果受害者死亡时血液中的 HbCO 含量相对较低,可以说明受害者生前长时间暴露在 CO 含量相对较低的空气中,例如,持续时间较长的局部小火灾;而当受害者死亡时血液中的 HbCO 含量较高,则说明其生前可能短时间内暴露在 CO 浓度极高的空气中。

此外,如果人体活动量较小,或不活动,则机体所需要的氧气就会大大减少,呼吸因而变得缓慢、浅短,CO 在人体内的积累就会减缓。因而,受害者生前的活动情况也是值得火灾调查人员考量的问题。

2. 其他有毒气体中毒　除一氧化碳(CO)外,燃烧产物中的主要毒性成分是氰化氢(HCN)。含氮高分子材料广泛存在,其燃烧时普遍会产生此类剧毒气体。如广泛应用于覆盖层、涂料、清漆中的聚氨酯橡胶,常见于装饰家具中的弹性聚亚氨酯泡沫橡胶、刚性聚氨酯泡沫等。其他如头发、羊毛、尼龙、蚕丝、尿素、三聚氰胺和丙烯腈聚合物燃烧也会产生副产物 HCN。

(三) 窒息伤亡

人体吸入过热的烟气会引起咽部反射性痉挛从而导致呼吸停止,并造成窒息死亡,这种现象被称作"迷走神经抑制"。燃烧消耗了火灾现场的大量氧气,使得氧气在混合体中的比例极低,与此同时,人体又因吸入过热烟气造成呼吸道烧伤、充血、水肿,引发呼吸道阻塞,最终窒息死亡。

除上述三种火灾致死原因外,火灾事故现场,还可能存在众多致死情形。如火灾爆炸冲击波作用而导致的伤亡、被坍塌的建筑构件或爆炸碎片击中而造成的死亡、因高空坠落导致的死伤、在逃生时冲撞门框或墙壁等造成的机械性死伤以及受触电或雷击等电作用而导致的电击伤亡等。

三、人体火灾痕迹的分类及特征

火灾现场中,人体火灾痕迹特征主要表现在尸体姿态、体表特征和内部特征上。

(一) 尸体姿态

火场尸体体位呈现高度异质性:

1. **按照坐卧形态分类**　大体可以分为仰卧、俯卧、侧卧、坐位状。仰卧,即呈腹上背下状,面部既可朝上,也可偏向一侧;俯卧,即面部朝下、背部朝上状。侧卧,即身体或左或右侧着地;坐位状,即臀部吃力,支撑上半身呈坐状,坐位状形态通常还有墙面、桌椅为支撑。

2. **按照生前活动迹象分类**　可分为平静型、反应型和挣扎型。平静型尸体面部表情自然,肢体伸展顺畅;反应型尸体表现出动作趋向,但动作暂无或迟缓无力;挣扎型尸体表现出强烈的逃生欲望,火场中通常表现为向床、沙发等家具下钻的迹象,尸体则常以手抱头作保护姿态。

3. **按照四肢蜷屈状态分类**　又有蜷屈和顺直之分。仰卧、俯卧、侧卧、坐位状尸体四肢既可蜷屈,也可顺直。

4. **按照头脚朝向分类**　又有头南脚北、头北脚南、头东脚西、头西脚东、头东北脚西南等的区别。

5. **按照尸体皮肤、头骨等是否开裂分类**　又分有开裂和无开裂两类。

6. **按照眼睛的闭合状态分类**　可以分为睁眼、半睁眼、闭眼、强闭眼四种。遭遇火烧时人体会反射性眼睑闭合,因此烧死尸体常见以下特征:眼皮内侧残留烟尘颗粒,外眼角皱褶凹陷处因皮肤遮挡可形成无烧伤条纹状区域,皱褶凸起部位可见炭末沉积。由于眼睑紧闭,睫毛通常仅见尖端烧焦痕迹。

(二) 体表特征

人体在火场中易直接接触火焰及高温,故其体表通常会呈现特征性烧伤痕迹。

1. **皮肤烧伤痕迹**　人体皮肤受火灾热力作用,通常会呈现出不同损伤特征。根据热源温度、作用时间及烧伤深度,可分为Ⅰ、Ⅱ、Ⅲ、Ⅳ四度。

若皮肤表面沾有可燃液体,短时间燃烧会造成局部皮肤受损,皮肤表面膨胀松弛,均匀脱落,形成特殊的"人皮手套"痕迹特征。

2. **生化反应**　人体烧伤后创面会触发局部生化反应,包括充血、出血、水肿及血管内血栓形成等。即使个体在火场中死亡,其体表仍可保留生化反应特征。

3. **其他痕迹**　电击致死时体表可见电流斑、电烧伤及电烙印等特征性痕迹;爆炸冲击波致死者尸体多发生位移,且面向爆心侧体表常呈现特征性冲击伤。

(三) 内部特征

人在呼吸停止前的生物体活动状态下,火灾烟、气、热会通过呼吸及消化系统侵入体内,从而形成特征性内损伤征象。

1. **呼吸道烧伤伴炭末沉积**　火场中的存活者因急促呼吸,可能吸入高温烟尘等燃烧产物,因而造成呼吸道烧伤,并在鼻腔、口腔至气管黏膜中可见炭末烟尘沉积。

2. **口腔、食管、胃等消化道及眼睑内侧可检出烟尘炭末残留**　生前具有吞咽反射的遇难者,吸入的烟尘炭末可随吞咽动作进入消化道,尸检可见食管、胃及十二指肠内存在炭末残留;同时瞬目反射引发的眼睑闭合会阻隔外部烟尘,导致炭末选择性沉积于结膜囊内。

3. **血液中检出碳氧血红蛋白(HbCO)** 人体吸入一氧化碳(CO)后,CO与血红蛋白结合生成樱桃红色的碳氧血红蛋白(HbCO),此特性使烧死者血液及内脏呈现特征性樱桃红色。法医学检验可通过检测心血或大血管内血液中的HbCO饱和度,辅助判定火灾致死性质。

4. **硬脑膜外"热血肿"形成** 火灾热效应引发颅骨板障内血管破裂,同时脑组织及硬脑膜蛋白质受热凝固收缩,导致硬脑膜与颅骨内板分离。此时,硬脑膜小静脉或脑膜中动脉分支撕裂出血,血液积聚于剥离腔隙,形成硬脑膜外"热血肿",其特征呈现砖红色蜂窝状结构,紧密贴附颅骨内板且易与硬脑膜分离。值得注意的是,该征象需与生前外伤性硬脑膜外血肿进行鉴别区分。

(四) 火灾对尸体产生的典型影响

高温导致肌肉收缩形成特征性"拳斗姿势",表现为四肢关节屈曲,这与生前活动无关,属单纯的热作用结果。

屈肌强直收缩可能引发关节骨折,通过骨折断端的形态学分析及细胞结构分析可区分热源性骨折与创伤性骨折。颅骨受热形成的骨折种属多样(呈现纵行、横行、横端直行、横断弯曲等),但多沿骨纹裂开且呈斑片状和分层簇状的横断分层状,与钝器造成的线状骨折有显著差异。

研究表明,骨骼在700℃高温下会产生约20%的收缩率,可能影响对死者身高的判断估计。而潮湿骨骼易因湿气受热膨胀而发生爆裂,类似混凝土热分解。

高温可能使少量血液从口鼻渗出,但体表碳化会限制出血量。故现场若发现明显血迹需考虑生前损伤。

腹部皮肤热裂伤可能造成内脏膨出,需与钝器挫伤开裂鉴别。

由于人体组织内含有大量体液,并起到相应保护作用,一般来说,框架结构住宅火灾温度和燃烧持续时间并不足以完全损毁成人骨骼,但体液蒸发会致使尸体体积缩小。

悬空暴露的尸体(如被金属支架承托)或密闭空间(如车辆火灾)会加剧燃烧损伤,短时高温即可造成严重碳化。

特定条件下,即使所处建筑未被烧毁且周边未见其他燃料,人体仍可能发生严重炭化,此类特殊燃烧现象称为"人体自燃"。此种情况多见于以下情形:

1) 死者多为老年人,往往身材肥胖,且常因酗酒、药物过量或身体虚弱等原因,导致行动能力受限;

2) 尸体周围可发现低强度火源(如未熄灭烟头),火灾多数由意外点燃衣物或被褥引发;

3) 死者通常独处时间较长,死亡发生时附近人员未听到惨叫或呼救声;

4) 火势通常局限于人体周围,邻近家具未明显受损;

5) 火灾现场多见织物类物品(如毛毯、沙发),其既可作为持续燃料又能发挥"灯芯"效应。

"人体自燃"现象符合燃烧学基本原理:初始火源(如烟头)引燃衣物或寝具后,形成低强度阴燃火。受害者因吸入烟气、有毒气体或受药物/酒精抑制丧失行动能力,无法逃离数分钟后,受害者皮肤碳化破裂,皮下脂肪熔融渗出成为燃料,其燃烧产生含焦油物质的浓烟,高温分解物在接触面形成褐色油性烟炱。周围织物(如沙发填充物)吸收熔融脂肪后形成类烛芯结构,通过毛细作用持续输送燃料。此时由于热、燃料和空气的动力学作用,燃烧进入稳态阶段,最终发展成为缓慢、稳定的小火焰火灾。最终尸体将在"脂肪-烛芯"耦合机制下持续燃烧 6～8 h,直至脂肪组织即可燃油分耗尽。

第三节　人体痕迹鉴定

一、人体痕迹鉴定的概念

道路交通事故中人体痕迹鉴定是指鉴定人运用痕迹检验学的理论、方法和专门知识,对道路交通事故中涉及人体的痕迹物证进行勘验提取,并对其性质、状况及其形成痕迹的同一性、形成原因、形成过程、相互关系等进行检验检测、分析鉴别和判断并提供鉴定意见的活动。

人体痕迹鉴定主要包括对衣着痕迹和体表痕迹的鉴定。通过对这些痕迹的分析,可以帮助判断事故过程、分析事故原因,为事故责任认定提供重要依据。

二、人体痕迹的勘验

(一) 道路交通事故人体痕迹勘验的内容及方法

对于人体痕迹物证的勘查应当先拍照记录受害人在现场所处的位置以及倒卧姿态,然后按照从外到内,先衣着后体表的顺序对其进行勘验。

1. 人体衣着痕迹勘验的内容及方法

1) 检查时应当记录衣着痕迹和附着物的位置、形状、特征、面积及中心部位距人体足跟的距离。

2) 检查受害人衣服上有无轮胎碾过的痕迹,有无油污等痕迹。

3) 检查衣服是否被车辆凸出部位撞击或刮擦,根据痕迹特征确定人车接触时力的作用点及作用方向。

4) 检查有无因摔倒时与路面接触而造成的衣物磨损。

5) 检查受害人鞋底状态,及其在路面上留下的痕迹。

6) 检查衣着痕迹时,应轻拿轻放,不能拖拉和抖动,以免破坏衣着上的尘土痕迹,必要时可用多波段光源帮助发现痕迹。

7) 若遇衣物作为造痕客体,并将其与承受体上的痕迹进行比对,或需通过衣物确认当事人身份时,应严格记录衣着的名称、产地、颜色、新旧程度等特征及受害人穿着顺序等信息,并提取必要的衣着物证。

2. 人体体表痕迹勘验的内容及方法

1) 检查是否存在与交通事故致伤物相关的特征性损伤。

2) 发现、测量体表损伤的部位、类型、形状、尺寸,及造成损伤的作用力方向;记录损伤部位距足跟的距离;提取损伤部位的附着物等。

3) 发现并提取伤亡人员的血迹、组织液、毛发、体表上的附着物等。

4) 发现、记录并提取人体附着物的种类、形状、颜色及其分布位置,以及与人体相关的酒精、毒品等摄入类物证。

3. 其他承痕体上人体痕迹的勘验内容及注意事项

(1) 肇事车辆勘验的内容及注意事项:现场勘查时,对于事故车辆要进行测量,记录车辆的长、宽、高等参数,查看车体形态的变化,注意发现擦痕、结构变形、撞击痕以及有无二次碰撞等。应当注意检查车辆碰撞部位有无血迹、毛发、衣服残片以及人体组织等附着物(切记不遗漏车底盘的较为隐蔽部位)。

(2) 现场环境勘验的内容及注意事项:注意检查事故现场路面以及周围建筑、固定物等客体表面是否遗留有人体擦痕、人体组织、血迹血痕等。

(二) 血痕的勘验

血液在流出体外干燥后形成的斑迹称为血痕,道路交通事故中只要有人身伤亡就可能涉及血痕的检验。

1. 血痕的痕迹特征

(1) 血痕的颜色:新鲜血液为鲜红色,形成血痕后即呈暗红色,并随时间的推移逐渐呈红褐色、褐色、绿褐色以及灰褐色。日光的直接照射可使血痕的变化加快,使其颜色迅速改变。潮湿条件下,血痕容易腐败。

(2) 血痕的形状:血液接触物体表面时,其形态特征受距离、方向、速度及物体表面特性等因素影响(如滴落状、喷溅状等)。通过分析血痕的形态特征与空间分布规律,可推测案发时的出血位置、行动轨迹等关键信息。

血痕的形状大致可分为以下六种:

1) 点状血痕:血液垂直滴落至物体表面时,通常形成圆形血痕,其边缘可见特征性锯齿状突起或星芒状结构;此类形态由血液表面张力与撞击动能共同作用形成,可作为判断滴落高度与方向的重要依据。

2) 流柱状血痕:当大量血液溅洒于垂直或倾斜表面时,因重力作用形成纵向流注状(带状)血痕,其下端沉积区因血液聚集及流体力学特性常呈现膨大形态;该特征对判断出血体位及流注方向具有重要意义。

3) 喷溅状血痕:动脉血以倾斜角度喷射至物体表面时,常形成感叹号状血痕(尖端指向喷溅方向),其形态由喷射角度与物体表面特性共同作用形成;该痕迹特征可用于推断出血源方向。

4) 擦拭血痕:擦拭血痕的形态特征受作用力大小、方向及擦拭物特性影响,不具有固定形状。

5) 接触状血印痕:案发现场通常能够发现接触式血痕遗留(如血指纹、血掌纹或血足迹等);此类印痕对个体识别及行为重建具有重要物证价值。

6) 血泊:人体大量出血,血液在受伤处聚集形成血泊(血液聚集区);该特征可作为判断原始出血位置的直接证据;通过测量其面积及形态特征能够估算总出血量,结合其他物证分析可推断受伤者体位。

2. 血痕的发现、测量和提取

（1）血痕的发现：血痕通常可通过肉眼观察颜色差异直接识别，尤其是附着在物体表面（如肇事车辆轮胎内侧、部件结合部）的血痕，因其黏附性强，即使经雨水冲刷也不易脱落。

当血痕面积过小或载体表面颜色较深时，肉眼观察易遗漏。此时需先评估血痕存在的可能性，再采用斜光照射、紫外线检测等方法进行细致筛查。必要时可通过预试验（如联苯胺试验）、确证试验（如结晶试验）及种属鉴定等实验室检测手段，发现并确认血痕的存在。

（2）血痕的提取

1) 对附着在小件物品上的血痕，如衣物、树叶、玻璃、塑料等，可以连同载体整件提取。

2) 血痕附着在车体等较大且质地致密的载体上时，由于不易将载体与血痕同时提取，故可采用刮取或擦拭方法提取。

擦拭提取的具体方法为：根据血量的多少，准备适当大小的纱布块或纱线，用蒸馏水浸润后仔细擦拭血痕，将血痕全部转移至纱布块（线），而后将其置于阴凉处晾干，记录提取部位并包装送检。应当注意在血痕邻近区域使用相同方法提取无血痕载体样本，独立包装送检。

3) 对于质地松软载体，如沥青路面、土路上的血痕提取，应尽量将血痕全部提取，并尽可能少地混带其他杂质。

附着在沥青路面上的血痕可以采用刮取方法提取；对于土路上的血痕可以将有血痕的土块完整提取，并尽可能防止土块破碎。此外，应当注意在血痕邻近区域使用相同方法提取无血痕载体样本，独立包装送检。

4) 对于冰面、雪地上的血迹，应将血痕连同冰雪一同取下，放置于干净容器内，待其在室温下自行融化后，再以少量干净医用纱布吸取液体，并在室温下晾干后保存、送检。

5) 提取血痕检材时还应控制提取量。作为物证的常规血痕量应有 $3\sim5\ cm^2$（血液 3 mL）；酶型或血清型检验应尽量在提取后 1 个月内送检，血痕量应不少于 $1\ cm^2$。

第四节　人体痕迹鉴定的实践运用

一、行人交通行为方式鉴定

鉴定实务中，委托方一般不将交通事故涉案行人在事发时是否处于直立状态作为委托事项单独提出。委托方通常会委托鉴定人对交通事故涉案行人在事发时的行走方向做出鉴定意见，或将对交通事故涉案行人姿态鉴定包含在车辆与行人是否发生碰撞、车辆与行人的碰撞形态以及多次碾压事故过程分析鉴定要求之中。

（一）直立状态

直立状态，是指道路交通事故发生时，涉案者正处在道路上直立行走或者站立的状态。当事人事发时处于直立状态的判定，一般参考以下技术指标：

第一，当事人体表损伤（包括外衣、裤）的部位、分布、距地高度是否与车体痕迹的位置、

距地高度相对应。肢体两侧或前后均有损伤或体表痕迹,其中一侧为直接撞击伤、另一侧通常为在摔跌过程中与路面接触形成的擦、挫伤,当事人肢体损伤中常伴有躲避车辆碰撞的"防御性损伤"。

第二,当事人肢体直接撞击形成的损伤位置偏低,与造成其损伤车辆部位距地高度有偏差,要考虑事发时致伤车辆"制动点头"的因素影响。

第三,当事人事发时足穿鞋底的痕迹多位于鞋跟部位,鞋底挫划痕迹的方向、程度以及数量常反映出车辆作用力方向、大小及当事人事发时的承重腿。

第四,直立状态下,人体重心处于较高位置,如发生抛摔,人体落地位置会相对较远。

(二) 蹲踞状态

蹲踞状态,是指交通事故发生时,涉案人员正处在蹲踞或坐于地面上的非行走状态。蹲,即两膝如坐,臀部不着地;踞,有蹲或坐之义,本义蹲坐。交通事故中常见于当事人正在进行道路施工、窨井排污及在道路上维修交通工具等情况。当事人事发时处于蹲踞状态的判定,一般参考以下技术指标:

第一,车体痕迹通常距离地面位置较低,符合与软性客体发生碰撞的特征。发动机舱盖、前挡风玻璃少见凹陷变形及破损。

第二,损伤距足跟高度明显高于车辆痕迹的高度,若当事人处于直立状态则与车体痕迹的高度不符。当事人肢体损伤中少见躲避车辆碰撞的"防御性损伤"。损伤多分布在头部、躯干及双上肢,通常见于人体背侧及肢体两侧,多见能反映车体局部凸出部位形成的特征性损伤。

第三,当事人衣着痕迹与直撞伤部位相对应,蹲踞状态时由于人体重心较低,被车辆撞击后多伴滚动挫划痕迹。

第四,当事人被车辆撞击后移动的距离较近,事发时足穿鞋底挫划痕迹面积较大且多见于两只鞋底。

(三) 躺卧状态

躺卧状态,是指交通事故发生时,涉案人员正处在躺卧于地面的状态。常见于醉酒后倒卧地面、突发疾病或与第一辆车发生事故后造成倒卧的情况。身体损伤多为碾压伤、拖擦伤。应当注意区分是刹车碾压伤还是非刹车碾压伤。当事人事发时处于倒卧状态的判定,一般参考以下技术指标:

第一,车体痕迹通常距离地面位置显著偏低,碰撞痕迹常位于车辆前保险杠及其下方,车辆底盘尤其是前部多见由前向后方向的刮擦痕迹,并且经常伴有当事人衣着纤维钩挂,符合与软性客体发生刮擦、挤压的特征。车底多见溅落血迹及细小人体组织黏附。

第二,当事人损伤一般具有从肢体一侧向另一侧分布的方向性特征,碾压伤特征明显,肢体另一侧常伴有地面衬垫伤。多见头颅崩裂、胸廓塌陷、肠管外露及肢体离断等较严重损伤。要注意区分生前伤和死后伤、一次碾压还是多次碾压。

第三,当事人衣着及身体上常见肇事车辆轮胎印痕、车辆底部钩挂痕迹,要注意钩挂纤维的及时提取。

第四,当事人被车辆碾压后移动的距离近,几乎就停留在原始倒卧位置或被翻转几个身位；如发生钩挂则移动距离较远，并可检见拖擦伤及地面上刮擦痕迹；事发时足穿鞋底无挫划痕迹。

二、非机动车当事人交通行为方式鉴定

自行车是指仅借骑行者的人力，主要以脚蹬驱动，至少有两个车轮的车辆，一般包括：两轮车（两个车轮的自行车）；送货车（主要设计用于运送货物的自行车）；串列自行车（装有双人或者多人鞍座，前后依次排列的自行车）等。对于鞍座的高度要求是针对从地平面到鞍座面的高度而言的，在测量时，自行车应垂直于地面，然后从鞍座面的中心垂直测量其到地面的距离。

道路交通事故涉案者交通行为方式鉴定中，自行车和电动自行车涉案者事发时交通行为方式状态主要有：骑行状态、推行状态、骑跨状态、驾驶状态、乘坐状态，当然也存在其他特殊状态的情形。

（一）骑行状态

骑行状态是驾驶状态的一种，在此，特指单人驾驶自行车的状态和情形。

自行车当事人事发时处于骑行状态的判定，一般参考以下技术指标：

第一，当事人具有骑跨伤特征，即双下肢内外侧均有损伤或体表痕迹，其中外侧呈现一侧为直接撞击伤、另一侧为摔跌伤，而内侧通常为在摔跌中与自行车部件接触形成的擦、挫伤。

第二，自行车同侧前后部均有碰擦痕迹，则说明当事人呈骑跨状态的可能性比较大。

第三，当事人下肢直接撞击形成的损伤位置偏低，与造成其损伤汽车保险杠距地高度有偏差，可以考虑碰撞时其脚位于自行车踏板上的可能性。

人体损伤检验分析通常是基于车身结构与受力方向，或是碰撞形态来进行分析的。对于人体自身而言，人体结构特征是形成损伤的客观依据；而当事人所穿着的衣物、鞋袜、帽子，佩戴的首饰或携带的物品等则是形成痕迹的客观依据。两者结合是对应车体痕迹的造痕客体，同时受反作用力影响，同时也是承痕客体。

在骑行状态下，或者说在骑跨姿态下，应当主要关注的人体特征性损伤集中在头面部、手腕部、胸腹部、大腿内侧、膝盖内侧以及脚踝等部位，具体而言：头面部损伤常常表现为因骑跨姿态高位被摔抛而形成的特征性损伤；手腕部损伤通常为在遭受侧面受力时因抓握手把产生的特征性损伤；胸腹部会在遭受前、后受力的情况下产生特征性损伤；大腿内侧会因为骑跨在鞍座上与鞍座发生接触而形成损伤，这一损伤被认为是最为关键的判断依据；膝盖内侧有时也会形成一定的损伤；脚踝内外侧均会因碰撞形态的不同而形成不同程度、类型的损伤。在人体损伤分析中，自行车和电动自行车的车体结构构件的影响常常比较小，因为道路交通事故痕迹的特点在于其形成于近乎完全动态的过程中。在勘验车体的过程中，应仔细寻找造痕客体特征，尤其是血迹等生物检材、衣物等织物纤维、油漆和油渍等有机物及无机物检材产生的相互作用和物质交换。致伤物的判断尤其重要，所以道路交通事故涉案者交通行为方式的鉴定，在某种程度上与致伤方式鉴定密不可分，这与临床医学存在很大差异。

（二）推行状态

推行状态是指道路交通事故发生时，涉案者单人正在推车行进的状态。

自行车当事人事发时处于推行状态的判定,一般参考以下技术指标:

第一,当事人不具有骑跨伤特征,即双下肢内外侧均没有损伤或体表痕迹。

第二,可根据绝大多数自行车当事人的推车习惯位于自行车左侧的情况(特殊情况除外)及与其他车辆的碰撞形态,分析两车间是否存在直立的当事人。

第三,当事人下肢直接撞击形成的损伤位置较高,与造成其损伤汽车保险杠距地高度无明显偏差,可以考虑碰撞时其脚位于地面的可能性。

第四,当事人处于推行状态时可与推行的车辆相碰撞产生相应的损伤、痕迹。

在推行状态下,或者说在推行姿态下,需要主要关注的人体特征性损伤集中在头面部、手腕部、胸腹部、胯部、腰腹部、大腿内侧、膝盖内侧、脚踝部等部位,具体而言:头面部损伤常常体现为不同于因骑跨姿态高位被摔抛而形成的特征性损伤;手腕部同样会在侧面受力时因抓握手把而产生特征性损伤;不同于骑跨状态,胸腹部会产生面积集中在右部的特征性损伤;大腿内侧因推行姿态而未与鞍座发生接触,不会形成相应的骑跨损伤;膝盖内侧有时也会形成一定的损伤;脚踝外侧因碰撞形态的不同而形成不同程度、类型的损伤,这一损伤通常会作为认定推行姿态的关键性损伤。

(三) 驾驶状态

驾驶状态是指涉及各类车辆的道路交通事故发生时,处于车辆驾驶座位置的人员正在驾驶车辆的状态。这里的驾驶状态,特指自行车上有两人以上的状态和情形。

自行车当事人事发时处于驾驶状态的判定,一般参考以下技术指标:

第一,根据自行车正面碰撞事故的碰撞对象及碰撞形态,分析碰撞时车辆的减速度或者加速度,推断自行车上人员不同的运动轨迹。依据被碰撞车、物上的痕迹和各人不同的着地位置,结合人体体表痕迹及损伤判断其事发时在车上所处的位置,这里突出的是驾驶位置。

第二,自行车正面碰撞事故中,应根据其前后座人员的不同损伤进行分析。前座人员的损伤特征以正面直接撞击伤,特别是头面部及四肢前侧损伤为主。

第三,对于自行车侧面被其他车辆碰撞的事故,应在确认两车具体碰撞部位的基础上,判断自行车车上人员是否应受到直接碰撞,分析可能形成的不同受伤情况。对于自行车前后座踏脚高度不同的情况,可根据受伤人员下肢损伤位置距地高度来判断。

第四,应注意自行车驾驶人在事故碰撞、倒地过程中,其上肢和手部容易受到的特征性损伤(如大鱼际擦挫伤、腕关节脱位或尺、桡骨下段骨折等)。

具体鉴定过程中,首先要分清驾驶状态与乘坐状态的区别。驾驶状态是指驾车运动的状态,行为主体是掌握方向把的操作人,是一种主动的行为状态,驾驶人对车辆的运行、停止、转弯等具有绝对的掌控能力。而乘坐状态是一个被动的状态,这里的乘坐状态特指乘坐人的状态。一般情况下两轮车的乘坐人会采用侧坐或正坐姿态,侧坐是指面朝向一侧的坐姿,而正坐是面朝向前方或者后方的双腿叉开的坐姿。当然也有一些特殊的乘坐姿态,如小朋友的儿童座椅一般只反映为向前方的坐姿,儿童座椅可以安置在后书包架上也可以安置在横杠上,当然也有儿童不借助儿童座椅的情形。乘坐人有时会侧坐在横杠上、站立在踏板上或与驾驶人一起坐在鞍座上,此时其一般位于驾驶人前部。也有乘坐人站立在书包架或者鞍座较宽位置的情形。一般在人力三轮车(送货车)有乘坐人时,乘坐人大多数以各种姿态位于货厢内,但也不仅限于此种情形。

此种鉴定类型,一般常见于被鉴定的非机动车承载有至少两个当事人的情况。当然也不排除事故现场只有一个人,而有证人发现有两个以上人员甚至更多人员时,按照事故调查需要,委托方要求对被鉴定的自行车或者电动自行车的现场当事人是否为事发时的驾驶人进行鉴定的情况。从事故处理和责任认定的角度,驾驶人承担着事故的关键责任,乘坐人一般为受侵害方,除特殊情况外,基本属于无责方。这里的特殊情况是指有证据证明驾驶人在正常行驶的情况下,因乘坐人的过错,如主动打闹、超出车身、主动碰撞接触其他车辆等行为而诱发了事故,这时乘坐人也要承担相应的责任。

三、机动车当事人交通行为方式鉴定

(一) 摩托车当事人交通行为方式鉴定

1. 驾驶人　驾驶状态是指涉及各类车辆的道路交通事故发生时,处于车辆驾驶座位置的人员正在驾驶车辆的状态,这里特指摩托车上有两人以上的情形。

摩托车当事人事发时是否处于驾驶状态的判定,一般参考以下技术指标:

第一,根据摩托车正面碰撞事故的碰撞对象及碰撞形态,分析碰撞时车辆的减速度或加速度,推断摩托车车上人员不同的运动轨迹。依据被碰撞车、物上的痕迹和各人不同的着地位置,结合人体体表痕迹及损伤判断其事发时在车上所处的位置。

第二,摩托车正面碰撞事故中,应根据碰撞对其前后座人员所形成的不同损伤进行分析。前座人员除头面部(或头盔)直接在碰撞中形成损伤外,其胸腹部和顶枕部、腰背部往往会与所驾车辆的驾驶操纵部件以及后座人员身体碰撞形成特征性损伤;此时后座人员的损伤程度则一般较轻。

第三,对于摩托车侧面被其他车辆碰撞的事故,应在确认两车具体碰撞部位的基础上,判断摩托车车上人员是否应受到直接碰撞,分析可能形成的不同受伤情况。对于摩托车前后座踏脚高度不同的情况,可根据受伤人员下肢损伤位置距地高度来判断。

第四,对于踏板式摩托车,可根据前后座人员下肢、会阴区所处的位置及其接触物的不同,分析不同的损伤机理。前座驾驶人通常两腿间无异物,且处于相对隐蔽位置;后座骑跨式座位的乘坐人的腿部则比较暴露,碰撞或倒地时下肢和会阴部的内外侧往往都会形成骑跨式损伤痕迹。

第五,应注意摩托车驾驶人在事故碰撞、倒地过程中,其上肢和手部容易受到的特征性损伤(如大鱼际擦挫伤、腕关节脱位或尺、桡骨下段骨折等)。

第六,应注意以摩托车车上人员衣裤的损坏和车辆表面附着物特征来鉴别事发时摩托车上人员所处的位置。

2. 乘坐人　乘坐状态是指涉及各类车辆的道路交通事故发生时,处于车辆乘坐位置的人员乘坐车辆的状态,这里特指摩托车上有两人以上的状态和情形。

摩托车当事人事发时处于乘坐状态的判定,一般参考以下技术指标:

第一,根据摩托车正面碰撞事故的碰撞对象即碰撞形态,分析碰撞时的减速度或加速度,会造成摩托车车上人员不同的运动轨迹。依据被碰撞车、物上的痕迹和各人不同的着

地位置,结合人体体表痕迹及损伤判断其事发时在车上所处的位置。

第二,摩托车正面碰撞事故中,应根据碰撞对其前后座人员所形成的不同损伤进行分析。前座人员除头面部(或头盔)直接在碰撞中形成损伤外,其胸腹部和顶枕部、腰背部往往又会与所驾车辆的驾驶操纵部件以及和后座人员身体碰撞形成特征性损伤,此时后座人员的损伤程度则一般较轻。

第三,对于摩托车侧面被其他车辆碰撞的事故,应在确认两车具体碰撞部位的基础上,区分摩托车车上人员是否应受到直接碰撞和可能形成的不同受伤情况。对于摩托车前后座踏脚高度不同的情况,可根据受伤人员下肢损伤位置距地高度来判断。

第四,对于踏板式摩托车,可根据前后座人员下肢、会阴区所处的位置及其接触物的不同,分析不同的损伤机理。其前座驾驶人两腿间无异物,且处于相对隐蔽位置。后座骑跨式座位的乘坐人的腿部则比较暴露,碰撞或倒地时下肢和会阴部的内外侧往往都会形成骑跨式损伤痕迹。

第五,应注意区分与摩托车驾驶人在事故碰撞、倒地中,其上肢和手容易受到的特征性损伤(如大鱼际擦挫伤、腕关节脱位或尺、桡骨下段骨折等)。

第六,应注意以摩托车车上人员衣裤的损坏和车辆表面附着物特征来区分事发时摩托车上人员所处的位置。

3. 驾乘关系　驾乘关系鉴定实际上是对驾驶人和乘坐人的分析判断,一般是要明确驾驶人和乘坐人的具体位置关系,即在鉴定意见里面要明确谁是驾驶人、谁是乘坐人,其判断的依据,一般是参考上述关于驾驶状态鉴定的技术指标。

(1) 摩托车正面与小型车辆发生碰撞:摩托车前部与小型车辆发生正面或者侧面碰撞时,由于小型车辆前、后保险杠及车身侧面下边梁和裙边位置较低,摩托车前轮作为车体前端部件一般最先与小型车辆发生碰撞接触,摩托车主要受力点集中在摩托车的前轮上,在前方受阻的情形下,此种碰撞形态可造成摩托车尾部上翘抬升。这时,摩托车驾驶人在惯性作用下继续向前运动,身体整体呈前倾姿态,易与小型车辆发生直接碰撞接触,而摩托车乘坐人受到摩托车尾部上翘抬升作用,会沿着身体前倾的驾驶人的背部向斜上方抛出,因受到驾驶人的阻挡,不易与小型车辆发生重于驾驶人的直接碰撞接触。上述情况可以在两种不同情形下发生:一是在相对碰撞速度较大的情况下,乘坐人被摔抛的距离可能较远,其落点位置甚至可能位于小型车辆的另一侧,也就是与驾驶人不在小型车辆的同一侧。二是在相对碰撞速度较小的情况下,摩托车给予乘坐人的抛出初速度不至于让乘坐人飞至小型车辆的另一侧,随着摩托车翻倒,两人会同时落点于小型车辆的同一侧,且驾驶人往往距离摩托车较乘坐人更近。综上所述,在此种属型的碰撞中,摩托车驾驶人易于直接与小型车辆发生碰撞接触,在小型车辆上相对应部位留下特征性痕迹。驾驶人人体损伤一般集中在身体前侧,如头面部、胸腹部、双上肢等,这里要特别关注摩托车驾驶人手部因抓握方向把形成的对应性损伤,而摩托车乘坐人由于受驾驶人阻挡不易与小型车辆发生直接碰撞接触,从而产生与摩托车驾驶人不同的损伤。

(2) 摩托车正面与低位固定物(如匝石等)发生碰撞:当摩托车正面与道路匝石等低位固定物发生碰撞时,摩托车前轮受到匝石碰撞阻挡,造成车尾抬高上升,使乘坐人获得大于驾驶人的抛出初速度向前抛出。由于乘坐人受到摩托车的约束较小，而驾驶人手握方向把受到较大约束力，因此抛出后乘坐人距离碰撞点更远，可通过现场被鉴定人最终躺倒位置分析判断出其驾乘关系。由于固定物处于低位，摩托车驾驶人和乘坐人均很难与其产生直接碰撞接触，所以并不具备从直接碰撞产生的损伤角度区别驾驶人和乘坐人的条件，但可以从其他损伤比对的角度来进行分析，对涉案者事发时交通行为方式的鉴定，涉案者的损伤情况是必须关注的条件。仅靠驾驶人和乘坐人最后的落点位置的单一因素分析就得出鉴定意见的情形较为少见，且意见的准确性存疑，意见内容也容易受到现场变动等因素的影响，因此要结合其他物证鉴定进行综合分析判断。如果在没有其他因素的情况下得出鉴定意见，一般表述为"不排除×××是摩托车事发时的驾驶人（或乘坐人）的可能性"。

（3）摩托车侧面与小型车辆、固定物等发生碰撞：在此类碰撞事故中，摩托车侧面与其他车辆或固定物发生碰撞刮擦，碰撞产生的减速度较小，碰撞后摩托车一般不会出现尾部上移抬高的现象，发生较为严重旋转的概率也不高。然而，摩托车碰撞后往往会发生倒地滑移，摩托车上的人员一般会随着摩托车一起滑移。在滑移过程中，由于乘坐人受到摩托车的约束较小，所以一般会先与摩托车分离而滑出，驾驶人受到摩托车的约束较大，一般会继续随着摩托车一起滑移。反映在现场位置上，驾驶人的最终位置距离摩托车较近，而乘坐人距离摩托车较远。反映在驾驶人和乘坐人的损伤特征上，由于驾驶人随着摩托车一起滑移的距离较长，其衣物和体表挫伤相对较多且集中于身体一侧，而乘坐人衣物和体表的挫伤较少且相对分散。

（4）摩托车正面与大型车辆或者高位固定物发生碰撞：摩托车正面与大型车辆或者高位固定物发生碰撞时，由于大型车辆和高位固定物接触面较高，一般摩托车的受力点集中在前轮上方，或者出现摩托车直接钻入车底的情形。在此类碰撞事故中，鉴于摩托车受力点较高，故一般不会发生尾部上移抬高。摩托车受到碰撞阻碍或者摩托车钻入对方车底的过程中，摩托车上人员在惯性作用下均保持向前运动的趋势，驾驶人的头面部及胸腹部易于与摩托车和大型车辆发生直接碰撞接触，造成其头面部、胸部、脏器等的损伤。这种情形下，易产生生物物证，可以作为痕迹鉴定和法医损伤鉴定的补充。除有特殊体位的乘坐人外，乘坐人一般位于驾驶人身体后方，其胸腹部一般不易与大型车辆或者高位固定物发生直接碰撞形成创伤。但其头面部会产生相应损伤，往往反映为乘坐人与大型车辆或者高位固定物上高于驾驶人头面部的位置碰撞接触所遗留下的损伤，而损伤程度相对于驾驶人一般较轻。对于落点位置，驾驶人与乘坐人的先后顺序一般不会发生变化，差异主要体现在与摩托车距离的远近方面。

（二）轿车当事人交通行为方式鉴定

1. 驾驶人　分析判断轿车驾驶人的依据主要有以下几个方面：

一是根据不同事故的碰撞形态，车内人员会形成不同的碰撞结果，其在车内驾驶座位置或驾驶座以外位置所形成的碰撞现象因周边环境的不同而不同，形成的损伤及体表痕迹也会有所差异。

二是根据车辆前后风窗玻璃及左右车门玻璃的损坏情况，分析是与硬物碰撞形成还是与软性客体（如人体）碰撞形成，并结合人员体表痕迹及损伤进行判断。

三是根据各座位上安全带痕迹及锁止情况,分析各座位上的当事人是否使用了安全带、气囊是否起爆,并结合车内人员的不同体表痕迹对道路交通事故涉案者交通行为方式及损伤进行判断。

四是根据驾驶座周边部件(如方向盘等)及其他座位周边部件是否异常损坏、是否留有撞击印痕及附着物,结合车内人员的不同衣着及损伤进行比对判断,必要时对微量物证进行比对。

五是根据勘验到的各座位周边附着的血迹、毛发和人体组织物,结合车内人员不同部位的痕迹及损伤形态特征进行判断,必要时与当事人进行DNA检验比对。

六是根据在第一现场查找到的各座位周边的遗留物(手机、鞋等个人用品),确认其所有人。

七是根据各车门、车窗的变形、锁闭情况,分析车内人员的撤离、抛甩条件进行判断。

八是对于已经被抛甩出车外的人员,应再结合原始现场的人、车相对位置进行判断。

在对轿车驾驶人的分析判断过程中,主要关注的人体特征性损伤集中在头面部、手腕部、胸腹部、腰胯部、双下肢等部位,具体而言:头面部损伤常常体现为与前风窗玻璃或者车内位于前方类似高度位置的部件发生碰撞接触而形成的特征性损伤;手腕部因抓握方向盘在遭受各方向受力时产生的特征性损伤;胸腹部因遭受前、后受力的情况下与方向盘发生碰撞接触产生的特征性损伤,这一损伤被认为是最为关键的判断依据;腰胯部主要与身体右侧的中控台和身体左侧的左前门内侧发生碰撞接触而形成特征性损伤;双下肢主要是与驾驶座下方部件和操作踏板发生碰撞接触产生特征性损伤。在驾驶人人体损伤分析中,轿车的车体结构构件的影响通常比较大,因为此类勘验是具有可重复验证性。轿车驾驶座及附件部件的配备基本相似,位于驾驶座的驾驶人在交通事故中的运动轨迹和运动过程中所产生的特征性损伤具有一致性。在勘验车体的过程中,应仔细寻找造痕客体特征,尤其是血迹等生物检材、衣物等织物纤维、油漆和油渍等有机物及无机物检材产生的相互作用和物质交换。

2. 乘坐人 分析判断轿车乘坐人的依据主要参考对驾驶人的判断依据,具体有以下几个方面:

一是根据不同事故的碰撞形态,车内人员会形成不同的碰撞结果,其在车内所形成的碰撞现象受到车内座位位置等周边环境的影响,且形成的损伤及体表痕迹也会因此有所不同。

二是根据车辆前后风窗玻璃及左右车门玻璃的损坏情况,分析是与硬物碰撞形成还是与软性客体(如人体)碰撞形成,并结合人员体表痕迹及损伤进行判断。

三是根据各座位上的安全带痕迹及锁止情况,分析各座位上的当事人是否使用了安全带、气囊是否起爆,并结合车内人员的不同体表痕迹及损伤进行判断。

四是根据驾驶座周边部件(如方向盘等)及其他座位周边部件是否异常损坏、是否留有撞击印痕及附着物,结合车内人员的不同衣着及损伤进行比对判断,必要时对微量物证进行比对。

五是根据勘验到的各座位周边附着的血迹、毛发和人体组织物,结合车内人员不同部位的痕迹及损伤形态特征进行判断,必要时与当事人进行DNA检验比对。

六是根据在第一现场查找到的各座位周边的遗留物(手机、鞋等个人用品),确认其所有人。

七是根据各车门、车窗的变形、锁闭情况,分析车内人员的撤离、抛甩条件来进行判断。

八是对于已经被抛甩出车外的人员,应再结合原始现场的人、车相对位置进行判断。

在轿车乘坐人的分析判断中,头面部损伤常常表现为与前风窗玻璃或者车内位于前方相似高度位置的部件发生碰撞接触而形成的特征性损伤,副驾驶座的乘坐人胸腹部会在前、后受力的情况下与前方平台发生碰撞接触产生特征性损伤,后座乘坐人亦会与前方部件发生碰撞造成损伤,腰胯部主要会与身体左侧的中控台和身体右侧的右前门内侧发生碰撞接触形成特征性损伤,双下肢主要是与车内平台发生碰撞接触产生特征性损伤等。乘坐人特征性损伤只有在与驾驶人损伤进行比较分析时,才具有一定的关键性判断依据作用,通常情况下还是要结合痕迹物证来进行判断。

3. 驾乘关系　驾乘关系鉴定是指对被鉴定车辆内乘员位置关系进行分析判断,做出谁是驾驶人、谁是乘坐人的鉴定意见的鉴定类型。其中对于车内乘员具体位置的分析判断,是鉴定实践中的难点问题。驾乘关系鉴定是建立在驾驶人与乘坐人的分析判断的基础上的,其鉴定依据参照驾驶人或乘坐人的判断依据。

第五节　人体痕迹鉴定案例分析

一、常见人体痕迹鉴定案例解析

案例一

××××司法鉴定所司法鉴定意见书

一、基本情况

委 托 人：××市公安局××分局

委托日期：××××年×月××日

委托事项：对某号牌轻型普通货车轮胎与被害人张××身上的轮胎碾压印痕进行痕迹比对鉴定

送检材料：

1. 某号牌轻型普通货车

2. 事故现场照片、尸检照片、尸检报告

3. 现场勘验检查工作记录等

鉴定日期：××××年×月×日

鉴定地点：××××、××××鉴定所

二、检案摘要

据委托方材料,××××年×月×日凌晨2时许,死者张××被人发现躺在××区农贸市场停车场内地面上,后经120急救人员检查发现已死亡。××市公安局××分局委托我所,对某号牌轻型普通货车轮胎与被害人张××身上的轮胎碾压印痕进行比对鉴定。

三、鉴定过程

（一）鉴定方法

根据GA/T 41—2019《道路交通事故现场痕迹物证勘查》、GA/T 1087—2021《道路交通事故痕迹鉴定》有关条款及检验方法,对送检的某号牌轻型普通货车进行检验勘查,结合相关送检材料,比对分析送检的某号牌轻型普通货车轮胎与被害人张××身上的轮胎碾压印痕,并作出鉴定意见。

(二) 送检材料摘录

1. 尸体检验鉴定书部分摘录如下:"被害人腰背部:左背部见 1.2 cm×1.0 cm 及 1.0 cm×0.5 cm 表皮剥脱,左腰背部见四条平行的波浪形皮下出血,从上至下分别为 23.0 cm×1.5 cm、13.0 cm×0.7 cm、12.0 cm×0.5 cm 及 8.0 cm×0.5 cm,伴多处散在的小面积表皮剥脱。腰背部(平第 12 胸椎处)见 5.0 cm×8.5 cm 表皮剥脱及 7.0 cm×8.0 cm 皮下出血"。

(三) 检验所见

1. 车辆相关信息

品牌型号:时代牌轻型普通货车

车辆识别代号:××××××××××××××××××(照片省略)

2. 某号牌轻型普通货车轮胎

被鉴定车辆前轴为单胎式,后轴为双胎式。

左右前轮规格均为朝阳牌 6.00R15 LT97/92L 型子午线轮胎,其花纹型号为 CR808 型,花纹深度约为 6 mm,有 4 条直线型沟槽,轮胎滚压印痕总宽度约为 120 mm,第 1 至 4 条沟槽宽度约为 77 mm(见图 5.1、图 5.2)。

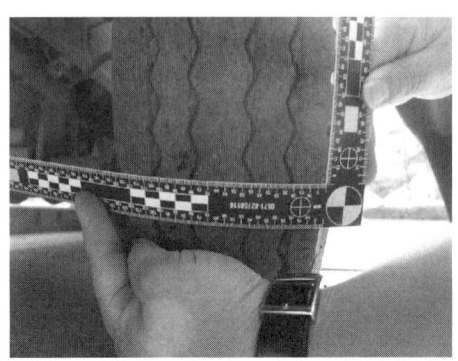

(a) 左前轮　　　　　　(b) 左前轮花纹

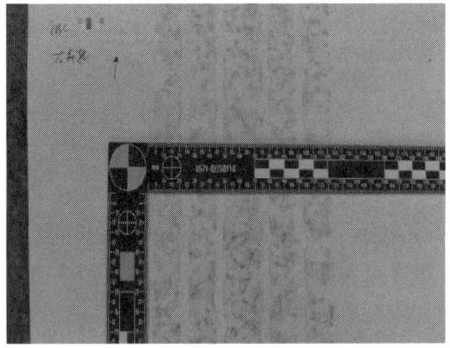

(c) 左前轮滚压印痕

图 5.1　左前轮及其轮胎花纹印痕

(a) 右前轮

(b) 右前轮轮胎花纹

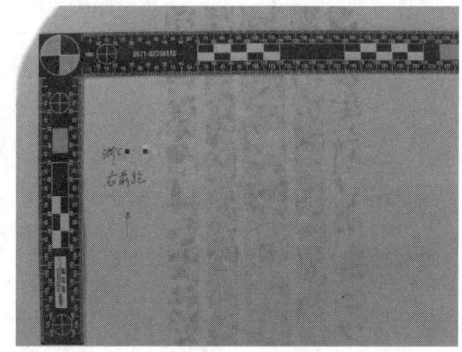

(c) 右前轮滚压印痕

图 5.2　右前轮及其轮胎花纹印痕

左右后轮轮胎的品牌规格均为朝阳牌 6.00-15 LT97/92L 型斜交轮胎,其花纹型号为 CL835,为横向花纹,轮胎滚压印痕总宽度约为 90 mm。右后轮内外档轮胎花纹深约为 10 mm,左后轮外档轮胎花纹基本磨平,局部帘线层暴露(见图 5.3、图 5.4)。

3. 根据法医学尸体检验鉴定书以及尸检时照片,被害人张××左腰背部见四条平行的波浪形皮下出血(见图 5.5),经比例尺比对,其四条平行的波浪形宽度约为 120 mm(不包括两边胎肩部分的宽度),现装车的前轮轮胎两边胎肩部分(即胎面最外缘至相邻沟槽部分)的滚压印痕宽度之和约为 43 mm。

(a) 左后轮

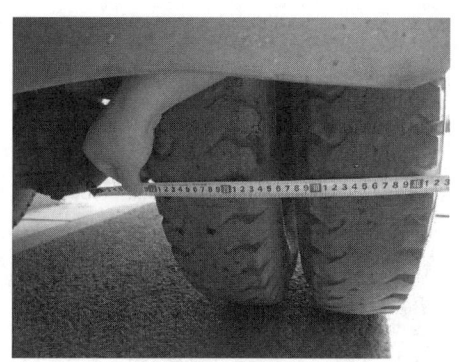

(b) 左后轮胎花纹

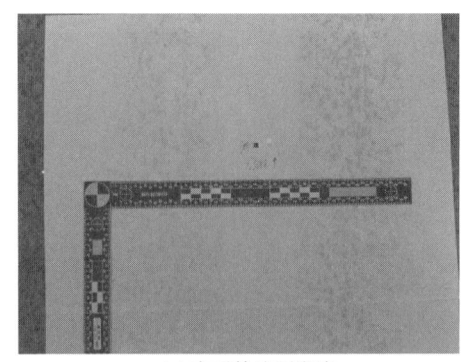

(c) 左后轮滚压印痕

图 5.3 左后轮及其轮胎花纹印痕

(a) 右后轮　　　　　　　　　　　　(b) 右后轮花纹

(c) 右后轮滚压印痕

图 5.4 右后轮及其轮胎花纹印痕

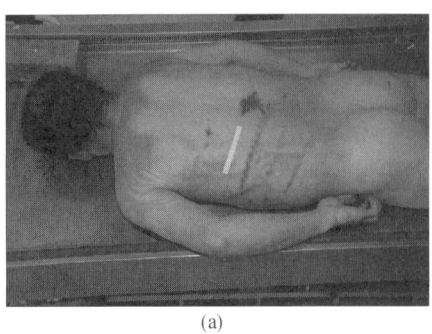

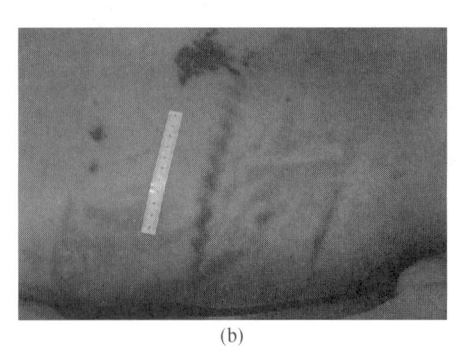

(a)　　　　　　　　　　　　(b)

图 5.5 被害人腰背部碾压印痕

四、分析说明

1. 从轮胎花纹分析

被鉴定车辆现装车的左右前轮花纹为直线型沟槽,其第1至4条沟槽宽度约为75 mm,与被害人张××身上的轮胎碾压伤痕形状以及宽度均不符。被鉴定车辆现装车的左右后轮胎花纹为横向花纹,与被害人张××左腰背部所见四条平行的波浪形皮下出血的轮胎碾压伤痕不符。

2. 从轮胎规格分析

被鉴定车辆所配置的轮胎规格为6.00-15(或6.00R15),对该类型号轮胎的测量,其轮胎滚压印痕总宽度约为120 mm(轮胎使用状况、气压、花纹形状不同会略有差异),而被害人张××左腰背部上四条平行的波浪形宽度约为120 mm(不包括两边胎肩部分的宽度),现装车的前轮轮胎两边胎肩部分滚压印痕的宽度之和约为43 mm,轮胎规格尺寸越大,胎肩宽度也会相应增加,两者宽度差异明显,可排除系被鉴定车辆碾压。

综上所述,根据实车勘验及现有送检材料分析,可排除被害人张××左腰背部的轮胎碾压印痕系某号牌轻型普通货车所留。

五、鉴定意见

根据痕迹比对并结合相关送检材料分析,可排除某号牌轻型普通货车碾压被害人张××。

案例解析

上述案例中的委托事项如下:对某号牌轻型普通货车轮胎与被害人张××身上的轮胎碾压伤痕进行痕迹比对鉴定。从委托事项来看,应对被鉴定车辆轮胎是否能形成被害人张××身上的轮胎碾压伤痕进行分析判断。轮胎碾压伤痕遗留在张××的身上,所以认为是人体痕迹鉴定。本鉴定对被鉴定车辆的轮胎形成的印痕进行了实验提取,并与张××身上的轮胎碾压伤痕进行了比对分析。关于张××身上的伤痕,委托方已经判断为轮胎碾压伤,这里不再赘述存在一定的风险。人体痕迹鉴定在交通事故处理中至关重要,但也存在一些可能导致错误和风险的因素,具体如下:①鉴定依据不充分。第一,痕迹提取不完整。若现场勘查不细致,一些细微的人体痕迹,如衣物上的微量血迹、毛发等未被发现和提取,会影响鉴定的全面性和准确性。第二,样本对比缺失。缺乏足够的比对样本,如未获取事故车辆相关部位的准确样本,或未收集到伤者在事故前的体表特征资料,可能导致鉴定时无法准确判断痕迹的形成原因和关联性。②鉴定人员专业局限。第一,知识技能不足。鉴定人员对法医学、痕迹学等专业知识掌握不够深入,或缺乏丰富的实践经验,可能无法准确识别和分析复杂的人体痕迹,如对一些特殊部位的损伤机制判断错误。第二,主观偏见影响。鉴定人员受先入为主的观念或外界因素干扰,如受事故双方关系或舆论影响,在鉴定过程中带有主观偏见,可能导致对痕迹的判断和分析出现偏差。③鉴定技术限制。第一,技术方法滞后或者不当。采用的鉴定技术和设备相对滞后,无法对一些复杂或细微的人体痕迹进行精确分析,如难以通过普通显微镜观察到衣物纤维上的微观损伤特征。第二,多因素干扰。人体痕迹可能受到多种因素干扰,如事故后伤者的救治过程、环境因素等,现有技术难以完全排除这些干扰因素的影响,从而影响鉴定结果的准确性。

二、其他人体痕迹鉴定案例解析

案例二

××××司法鉴定所司法鉴定意见书

一、基本情况

委 托 人：××市公安局交通警察大队

委托日期：××××年×月×日

委托事项：对某号牌重型自卸货车轮胎与邓某某身上的轮胎碾压痕进行痕迹比对鉴定

送检材料：

1. 某号牌重型自卸货车
2. 道路交通事故现场图及事故现场照片
3. 尸检照片、尸检报告
4. 驾驶人询问笔录

鉴定日期：××××年×月×日

鉴定地点：××××鉴定所

二、检案摘要

据委托方材料，××××年×月×日5时许，邓某某被人发现死于某街道东侧地段，身体有车辆碾压痕迹。经初步调查，某号牌重型自卸货车有重大嫌疑。因办案需要，××市公安局交警大队委托我所，对某号牌重型自卸货车轮胎与死者邓某某身上的轮胎碾压印痕进行比对鉴定。

三、鉴定过程

（一）鉴定方法

根据 GA/T 41—2019《道路交通事故现场痕迹物证勘查》、GA/T 1087—2021《道路交通事故痕迹鉴定》有关条款及检验方法，对送检的某号牌重型自卸货车、死者邓某某及其事故发生时所穿衣物、事故路段等进行勘查检验，结合相关送检材料分析，就委托事项作出鉴定意见。

（二）送检材料摘录

根据道路交通事故现场图及照片，道路南北走向，死者邓某某头北脚南平躺在路中间，双手打开，上身外套前襟敞开，内衫T恤正面见轮胎碾压印痕，裤子的左右裤筒正面上见明显的轮胎碾压印痕；头部见血迹，左右两侧见伤痕（见图5.6）。

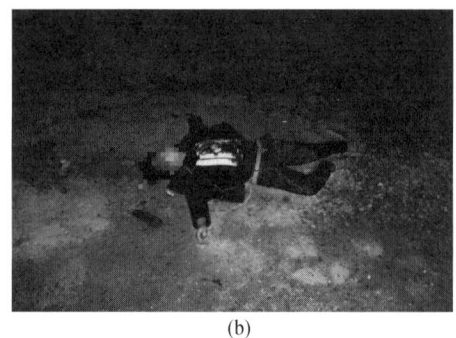

(a)　　　　　　　　　　(b)

(c) 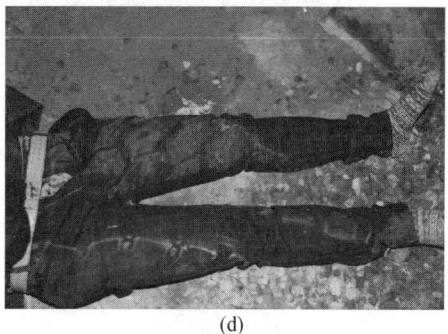   (d)

图 5.6　事故现场照片

（三）检验所见

1. 被鉴定车辆相关信息

品牌型号：福田牌重型自卸货车

车辆识别代号：××××××××××××××××

2. 某号牌重型自卸货车

（1）被鉴定车辆前轴为单胎式，左右前轮轮胎品牌规格均为艾普勒牌 10.00R20 型子午线轮胎，花纹型号为 D688，为混合花纹，胎肩两侧为横向花纹，中间为纵向花纹，轮胎成色较新，磨损正常，未见偏磨现象（见图 5.7）。

(a) 左前轮轮胎    (b) 右前轮轮胎

图 5.7　车辆前轮轮胎

（2）被鉴定车辆后轴为双胎式，轮胎规格均为 10.00R20 型子午线轮胎。左后轮内外档轮胎品牌与花纹不同，外档轮胎为澳斯达牌，花纹型号为 HD686，为混合花纹，胎肩两侧为横向花纹，中间为纵向花纹，轮胎成色较旧，中间花纹深度接近使用极值，左右胎肩磨损较严重。内档轮胎花纹为横向花纹，磨损正常（见图 5.8）。

右后轮内外档轮胎品牌与花纹相同，均为兴源牌轮胎，花纹型号为 399，为块状花纹，轮胎成色较旧，局部有缺损；其花纹由两排相同形状（互为 180 度）块组成，胎面总宽约为 22 cm，内外档轮胎胎肩处相隔为 11 cm，胎肩处块状宽度为 6.5 cm，沟槽宽为 3.3 cm，中间尖角间距为 9.8 cm，中间尖角处角度为 90 度，两直角边长约为 5.5 cm。采集了轮胎的滚压印痕供比对（见图 5.9）。

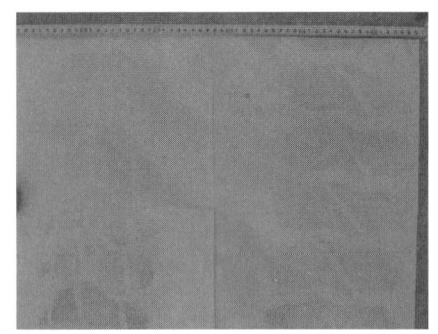

(a) 左后轮轮胎　　　　　　　　　(b) 左后轮轮胎压印

图 5.8　左后轮及其轮胎花纹印痕

(a) 右后轮轮胎1　　　　　　　　(b) 右后轮轮胎2

(c) 右后轮轮胎压印1　　　　　　(d) 右后轮轮胎压印2

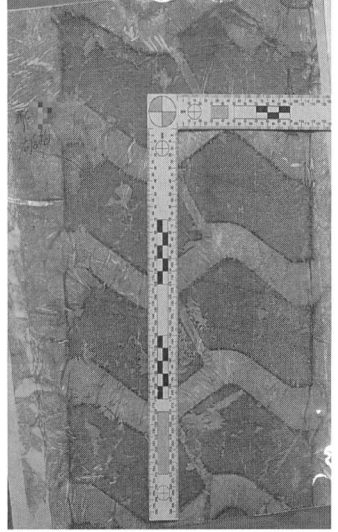

(e) 右后轮轮胎压印3　　　　　　(f) 右后轮轮胎压印4

(g) 右后轮轮胎压印5 　　　　　　　　　(h) 右后轮轮胎压印6

图 5.9　右后轮及其轮胎花纹印痕

3. 邓某某事发时所着衣物

(1) 长裤：深蓝色格子休闲裤，格子为 3 cm(横向)×3.8 cm(纵向)长方形，左右裤筒正面见轮胎碾压印痕，印痕从右裤脚处开始至裤腰头，正面右部大腿处清晰可见 4 块胎肩的压痕，间隔为 9.8 cm，中间沟槽宽度约为 3 cm，沟槽中间还有点状；在其裤脚处见三块清晰的花纹，间隔为 9.8 cm，中间沟槽宽度约为 3.3 cm 并向裤子左部左侧大腿处延续，平展开后左右两轮胎压痕相隔 14 cm。裤子正面左侧大腿处见清晰的两排块状轮胎压痕，胎肩处块状宽度为 6.5 cm，沟槽宽为 3.3 cm，中间尖角间距为 9.8 cm，约为 90 度，两直角边长约为 5.5 cm，轮胎压痕总宽度约为 20 cm(见图 5.10)。

(2) 上衣外套为灰色呢子大衣，袖子已剪开，衣领处有血迹，未见轮胎压痕；内穿黑色短袖 T 恤，已剪开，T 恤正面见双胎式轮胎压痕，中间相隔约 11 cm，压痕从下部至领口(见图 5.11)。

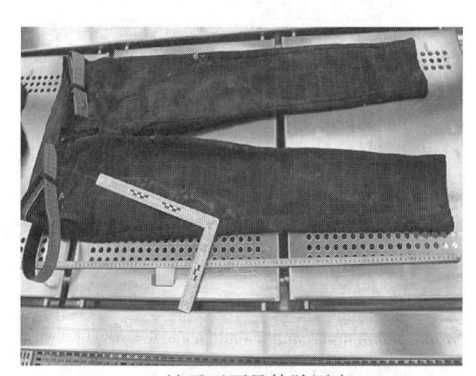

(a) 裤子正面见轮胎压痕 　　　　　　　　(b) 裤子正面右部大腿处见轮胎压痕

(c) 裤子正面右部小腿处见轮胎压痕 　　　　(d) 裤子正面左右两轮胎压痕间隔测量

(e) 裤子正面左侧大腿处见轮胎压痕　　　　(f) 裤子正面左侧大腿处见轮胎压痕

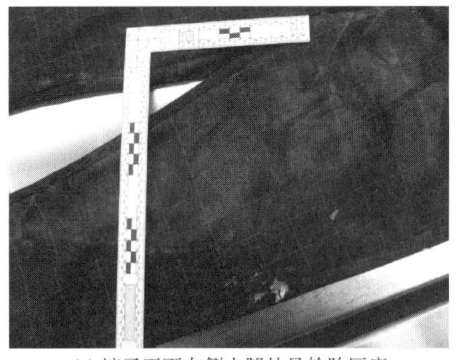

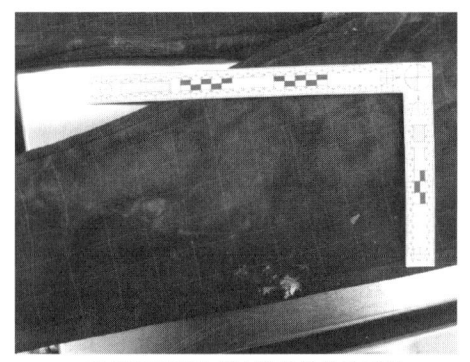

图 5.10　受害人所着长裤，左右裤筒正面见轮胎压痕

(a) 上衣外套　　　　(b) 上衣外套衣领处见血迹

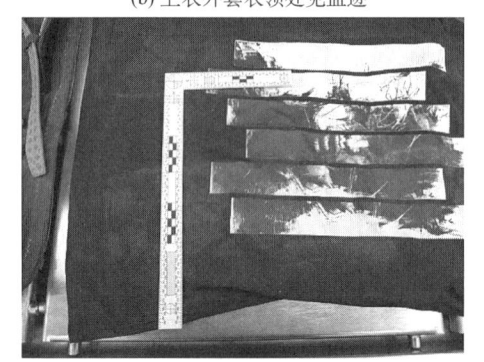

(c) T恤正面　　　　(d) T恤两轮胎印痕间距测量

图 5.11　受害人所着衣物，T恤正面见双胎式轮胎压痕

四、分析说明

被鉴定车辆左右前轮花纹为混合性花纹，且为单胎式，左后轮虽为双胎式，但其外档轮胎花纹为混合式，内档轮胎花纹为横向花纹，与死者邓某某事发时所着衣物上的轮胎压痕不符，可排除。

被鉴定车辆右后轮内外档轮胎花纹相同，均为块状花纹，其轮胎花纹印与死者邓某某事发时所着衣物上所检见的轮胎花纹印，在花纹形状、沟槽形状、间距、排列规则上具有一般特征上的一致性。同时对采集的右后轮滚压印痕，通过图像处理软件分析，与死者邓某某裤子所检见的轮胎花纹印进行重影、切割对接、比对分析，两者轮胎印痕的花纹结构、沟槽形状、间距等特征一致,即二者轮胎花纹印痕相符(见图 5.12)。

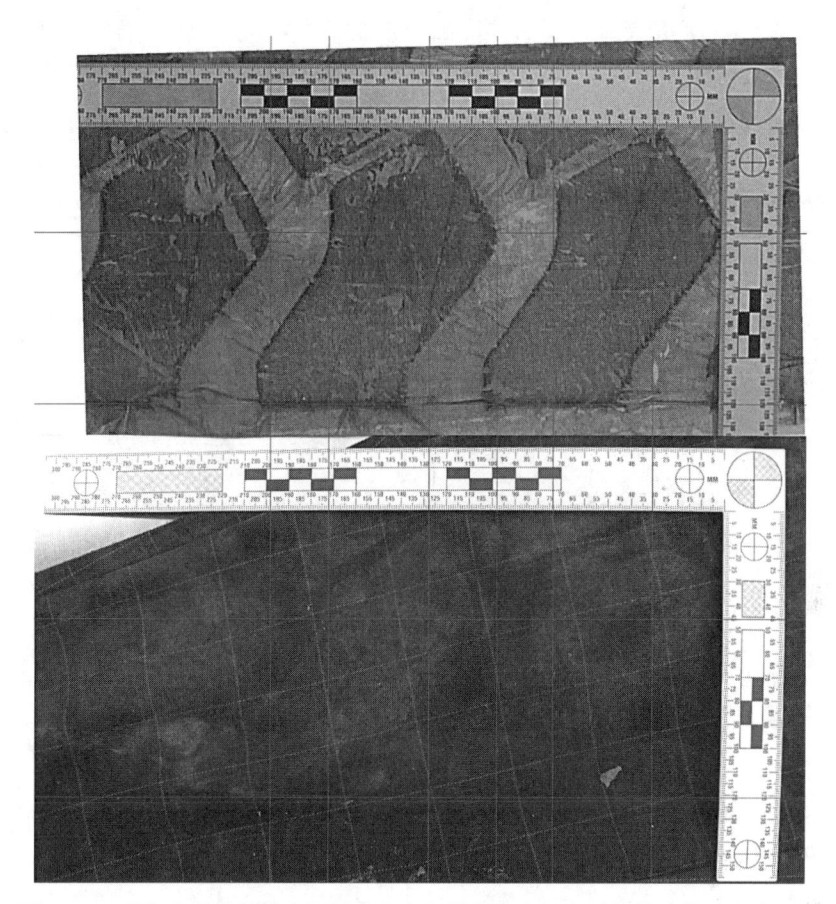

图 5.12　受害人所着长裤表面轮胎压印与被鉴定车辆右后轮轮胎花纹印痕比对

综上所述,某号牌重型自卸货车右后轮胎的花纹印痕与死者邓某某所着裤子表面的轮胎花纹印痕相同。

五、鉴定意见

根据痕迹比对并结合相关送检材料分析,某号牌重型自卸货车右后轮胎的花纹印痕与死者邓某某裤子表面的轮胎花纹印痕相同。

案例解析

上述案例是一起认定的人体衣着痕迹的鉴定案例,鉴定意见表述如下:根据痕迹比对并结合相关送检材料分析,某号牌重型自卸货车右后轮胎的花纹印痕与死者邓某某裤子表面的轮胎花纹印痕相同。委托事项如下:对某号牌重型自卸货车轮胎与邓某某身上的轮胎碾压痕进行痕迹比对鉴定。可见,鉴定意见与委托事项进行了相互呼应,从本质上来讲,也就是某号牌重型自卸货车右后轮胎可以形成死者邓某某裤子表面的轮胎印痕。轮胎与人体衣着上轮胎印比对分析可能存在以下错误和风险:①比对方法不科学导致的错误。第一,特征选取错误。若在比对时选取了不具有代表性或稳定性的特征,如轮胎印中一些因偶然因素形成的痕迹,而忽略了轮胎花纹的关键特征,可能导致错误的比对结果。第二,测量误差:在测量轮胎

印的尺寸、花纹间距等参数时,若测量工具精度不足或测量方法不当,会产生较大误差,影响比对的准确性。例如,使用普通尺子而非专业的测量仪器,可能无法精确测量出细微的尺寸差异。②样本不规范带来的风险。第一,轮胎样本不具代表性。如果提取的轮胎样本不是事故发生时的实际轮胎,或者轮胎在事故后经过了修补、更换等,那么以此为样本进行的比对将毫无意义,可能得出错误意见。第二,衣着样本污染或损坏。人体衣着上的轮胎印可能在收集、保存过程中受到污染、损坏或变形。比如,在提取过程中使用了不合适的工具或方法,导致轮胎印被破坏;或者保存时未采取正确的防潮、防腐蚀措施,使轮胎印的特征发生改变。③环境因素影响。第一,光照条件差异。在比对分析时,若光照条件与轮胎印形成时不同,可能会使轮胎印的视觉效果产生差异,影响对其特征的观察和判断。例如,在强光下可能会掩盖一些细微的花纹特征,而在弱光下又可能无法清晰分辨某些关键细节。第二,温湿度变化。不同的温湿度条件会影响轮胎和衣着的物理性质。如高温可能使轮胎橡胶膨胀,导致花纹尺寸发生变化;潮湿环境可能使衣着上的轮胎印晕染、扩散,模糊其原本的特征。

案例三

××××司法鉴定所司法鉴定意见书

一、基本情况

委 托 人:××市公安局交通警察局×××大队

委托日期:20××年××月××日

委托事项:对某号牌小型轿车与严××的人力三轮车发生碰撞时,人力三轮车当事人严××的交通行为方式(骑行或者推行)进行鉴定

鉴定材料:

1. 浙JH×××J号小型轿车

2. 严××的人力三轮车

3. 道路交通事故现场图(翻拍件)及现场照片(复制件)

4. 严××医疗证明材料

鉴定日期:20××年××月××日至××月××日

鉴定地点:××市×××停车场、××××司法鉴定所

二、基本案情

据委托材料,20××年××月××日××时××分许,卢某驾驶某号牌小型轿车(下称"甲车")沿××区××街道××大道自东往西行驶至漫悦湾东侧人行横道时与沿漫悦湾东侧人行横道自南往北严××的人力三轮车(下称"乙车")发生碰撞,造成两车不同程度损坏及严××受伤的道路交通事故。

三、鉴定过程

(一) 鉴定方法

参照 SF/T 0072—2020《道路交通事故痕迹物证鉴定通用规范》、GA/T 41—2019《道路交通事故现场痕迹物证勘查》、GA/T 1087—2021《道路交通事故痕迹鉴定》、SF/T

0162—2023《道路交通事故涉案者交通行为方式鉴定》等有关条款及检验鉴定方法,对提供的甲乙两车进行检验勘查,结合相关送鉴材料,就委托事项作出鉴定意见。

(二)仪器设备

钢卷尺(5 m)、比例尺、放大镜、痕迹物证勘查箱、数码照相机等。

(三)检验所见

1. 甲车相关信息

甲车车身颜色为白色,品牌型号为三菱牌 DN7162H5 型,车辆识别代号为×××××××××××××××××××(图片省略)。

2. 甲车损坏痕迹

(1)甲车除左后轮外,其余三轮均已瘪气。

(2)前保险杠左部下缘距地高 15.5 cm、距车辆中心 24.0~78.0 cm 见碰擦痕,表面涂层局部呈减层[见图 5.13(a)(b)]。

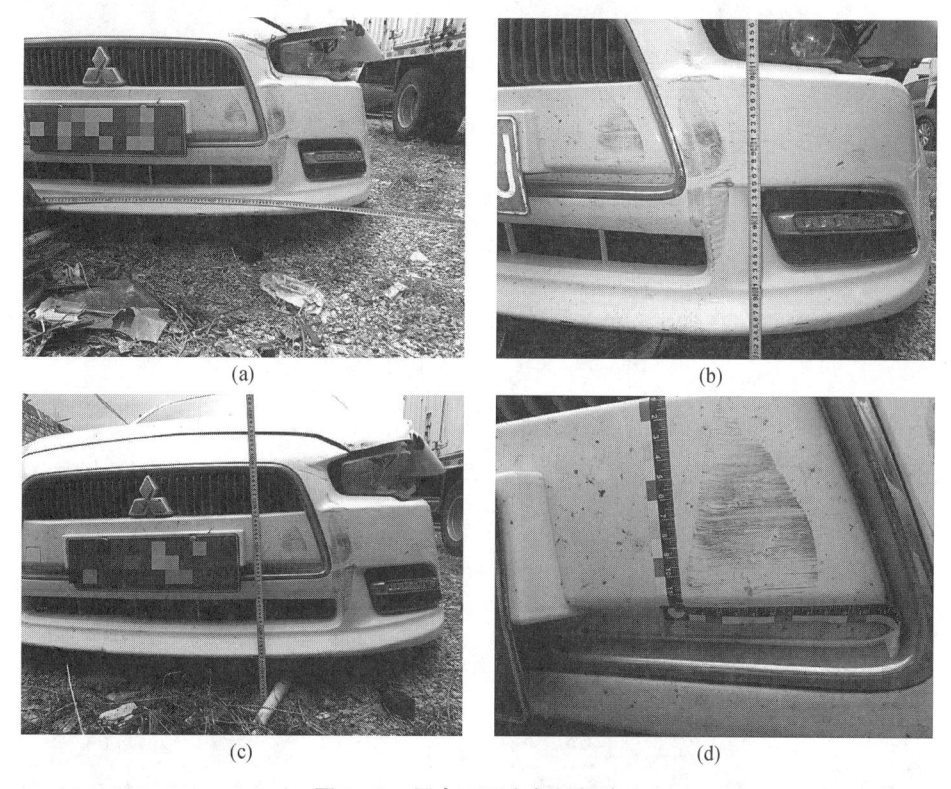

(a)　　　　　　　　　　　　(b)

(c)　　　　　　　　　　　　(d)

图 5.13　甲车正面左部损坏痕迹

(3)前保险杠左部距地高 36.5~47.0 cm、距车辆中心 31.0~38.0 cm 见三角形状碰擦痕,伴横向丝条状痕迹,表面黏附绿色物质[见图 5.13(c)(d)]。

(4)前保险杠左部距地高 23.0~48.0 cm、距车辆中心 44.5~50.0 cm 见轮胎碰擦印痕,表面黏附黑色物质[见图 5.13(a)(b)(c)]。

(5)前保险杠左部距地高 56.5~60.5 cm、距车辆中心 34.5~43.0 cm 见两条间距约 2.0 cm 右高左低平行的擦划痕,表面涂层呈减层,方向由前往后;该痕迹的下方距地高

48.5~53.0 cm、距车辆中心 41.0~47.5 cm 见碰擦痕,表面黏附黄色物质,其右上方见一条擦划痕,表面涂层呈减层,已露底色(图 5.14)。

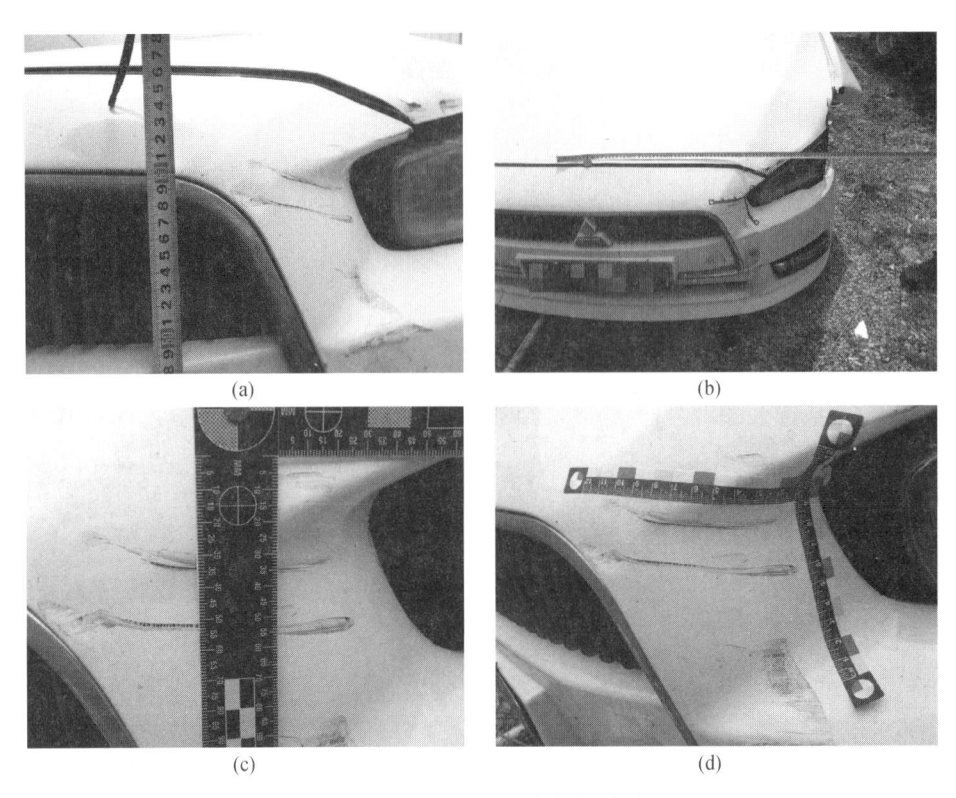

图 5.14 甲车正面左部损坏痕迹

(6) 前保险杠左部距地高 61.5 cm、距车辆中心 42.0~49.0 cm 见碰擦痕迹,表面黏附黄色物质(见图 5.15);前保险杠上部最后端距地高 63.0 cm 见磕碰痕,方向由后往前[见图 5.15(b)、图 5.16(a)]。

图 5.15 甲车正面左部损坏痕迹

(7) 前保险杠左侧上部断损,其上表面距地高 49.0 cm,距其左侧后端 24.5~43.0 cm 见片状碰擦痕,表面黏附黄色物质,左侧距地高 19.0~49.0 cm 见两条纵向碰擦痕,表面黏附黄色物质[见图 5.16(b)]。

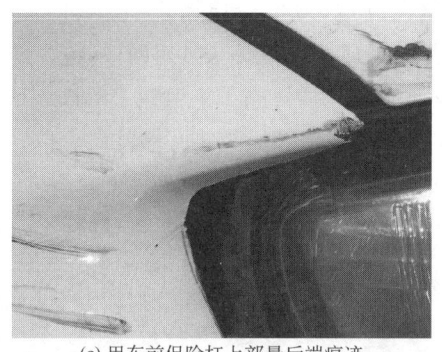

(a) 甲车前保险杠上部最后端痕迹 　　　(b) 甲车前保险杠左侧痕迹

图 5.16　甲车前保险杠擦碰痕迹

（8）左前雾灯距地高 27.0～30.0 cm、距车辆中心 70.0～79.0 cm 破损，其雾灯框左部脱位，雾灯下方前保险杠未见破损（见图 5.17）。

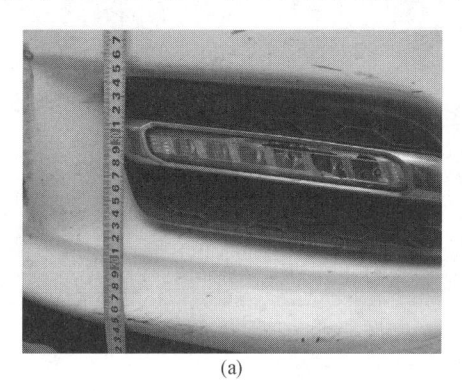

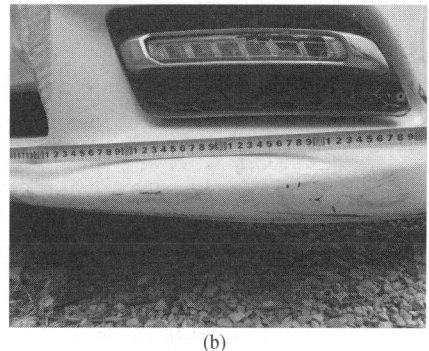

(a)　　　(b)

图 5.17　甲车左前雾灯损坏痕迹

（9）左前照灯距地高 52.0～67.0 cm 破损，左侧后部损坏程度较为严重[见图 5.15(a)、见图 5.16(b)]。

（10）左前翼子板前部距地高 58.0～74.0 cm 见溃缩变形痕，表面黏附红色物质（见图 5.18）。

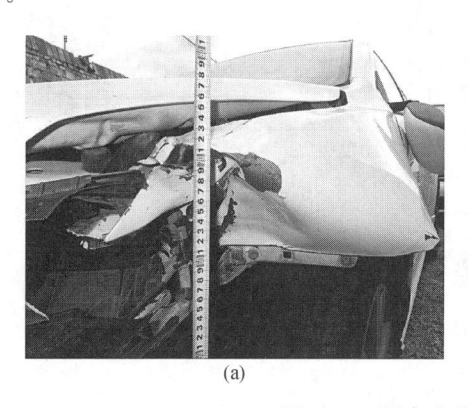

(a)　　　(b)

图 5.18　甲车左前翼子板损坏痕迹

(11) 发动机舱盖左前部距地高 68.0 cm 见碰擦痕,表面黏附绿色物质,伴凹痕,其右侧见一条长约 18.0 cm 弯曲状碰擦痕,表面黏附黑色物质,该痕迹后方见 28.0 cm×27.0 cm 范围凹痕,凹痕的左后侧见向下弯曲变形痕,表面涂层局部呈减层(见图 5.19);发动机舱盖左侧距其前端 82.0~95.0 cm、距左侧边缘 0~9.0 cm 见凹痕[见图 5.19(d)]。

(a)

(b)

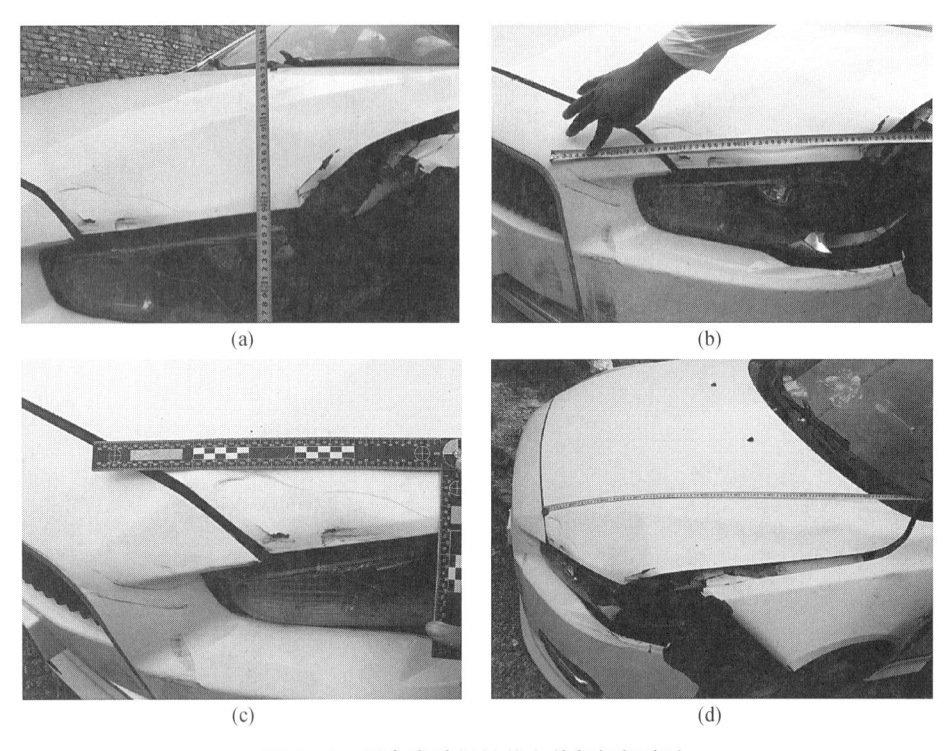

(c)

(d)

图 5.19 甲车发动机舱盖左前部损坏痕迹

(12) 左前轮后移碰抵后方门槛。左后视镜断损悬挂。

(13) 前风窗玻璃距其下缘 81.0 cm、距其左边缘 5.0 cm 为中心呈放射状破裂,其下方距下缘 16.0 cm、距其左边缘 14.0 cm 范围见破裂痕(见图 5.20);左侧 A 柱距其下端 37.0~55.0 cm 见凹痕(见图 5.21)。

(a)

(b)

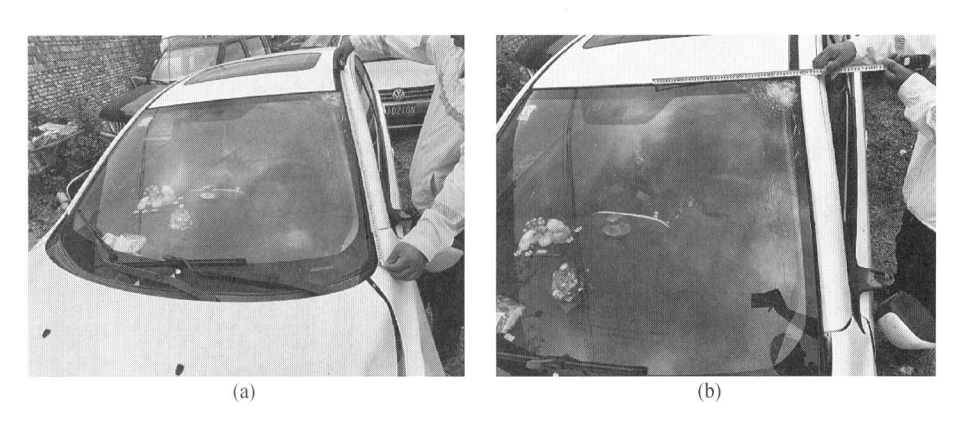

图 5.20 甲车前风窗玻璃损坏痕迹

(a) (b)

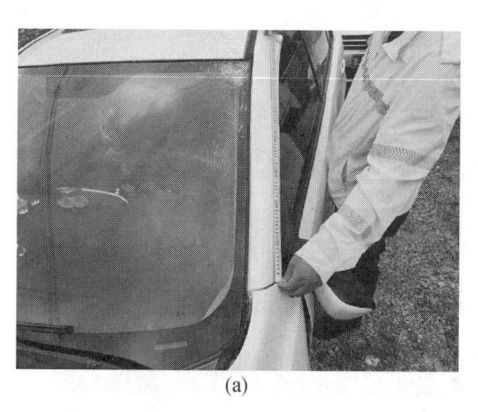

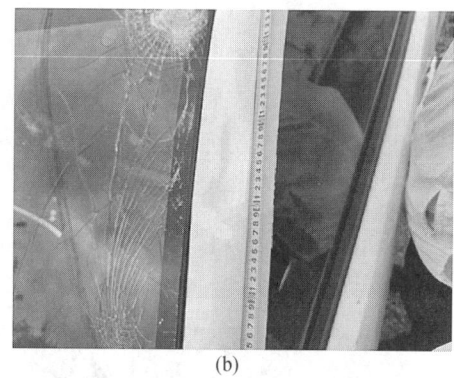

图 5.21　甲车左侧 A 柱损坏痕迹

(14) 左侧前后车门距地高 41.0～92.0 cm、距左侧前车门前缘 42.0～145.0 cm 范围凹陷变形,其中左前车门距地高 42.0～46.0 cm 见前高后低长约 16 cm 的擦划痕,表面涂层呈减层,方向由前往后[见图 5.22、图 5.23(a)];左前车门后部距地高 36.0～71.0 cm、距其后端 0～33.0 cm 见圆弧状轮胎印痕,表面黏附黑色物质,在距地高 48.0 cm 处见表面涂层脱落痕[见图 5.23(b)];左后车门距地高 50.0～57.0 cm、距其前端 8.0～24.0 cm 见两条间距约 2.0 cm 的平行擦划痕,表面涂层呈减层,方向由前往后[见图 5.24(a)(b)];左后车门距地高 75.0 cm、距其前端 4.0～13.0 cm 见两处凹痕[见图 5.24(c)(d)]。

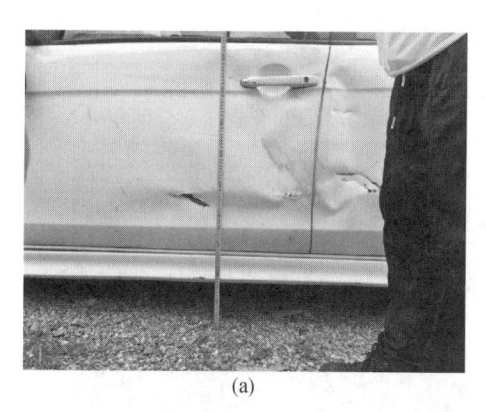

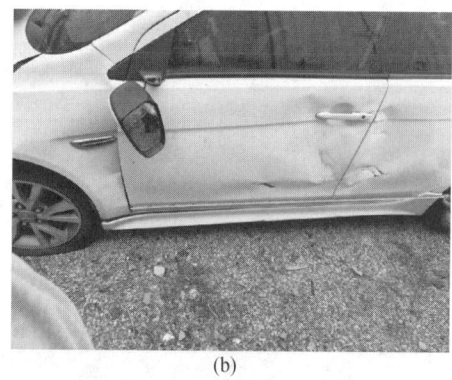

(a) (b)

图 5.22　甲车左侧前后车门损坏痕迹

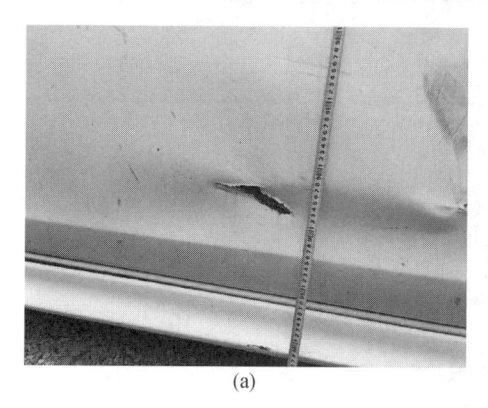

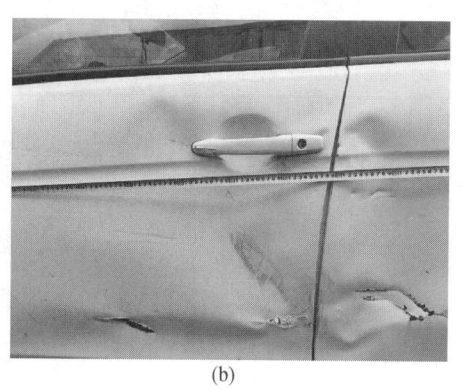

(a) (b)

图 5.23　甲车左侧前车门损坏痕迹

(a)　　　　　　　　　　　　　　　　(b)

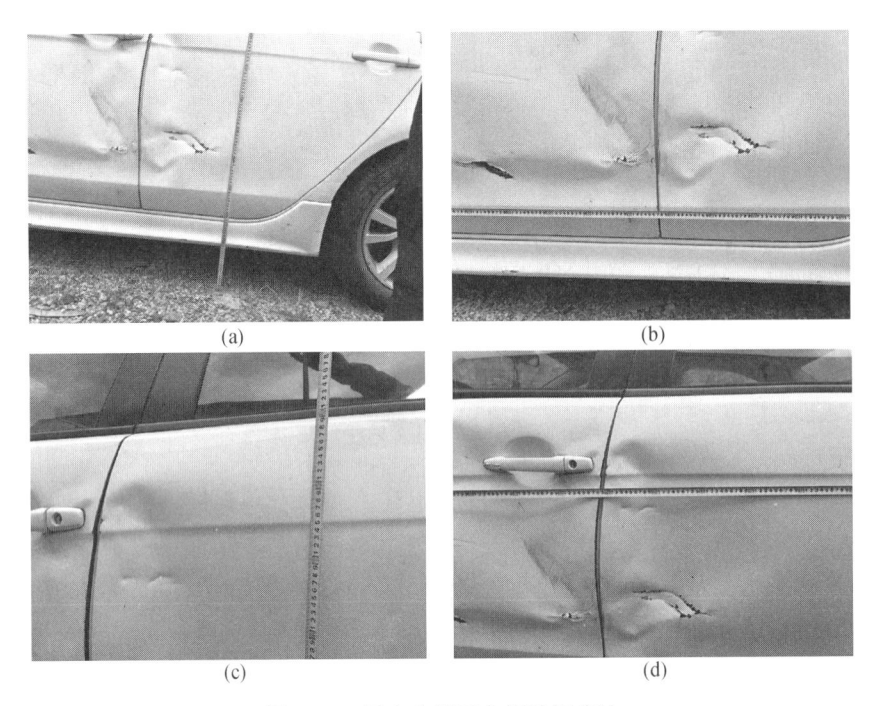

(c)　　　　　　　　　　　　　　　　(d)

图 5.24　甲车左侧后车门损坏痕迹

3. 乙车损坏痕迹

(1) 乙车为一辆绿色人力三轮车,品牌型号为强力牌 RL685C(350)型。

(2) 前轮扭曲变形,方向把向左偏转,前轮胎直径约为 57.0 cm(见图 5.25)。

(a) 乙车前观照　　　　　　　　　(b) 乙车方向把及鞍座

(c) 乙车前轮直径测量

图 5.25　乙车外观照

(3) 前叉右侧后外表面距地高 36.0～47.5 cm 见片状碰擦痕,表面涂层呈减层(见图 5.26);前叉右侧上部后外表面距地高 55.5～57.5 cm 见碰擦痕,表面黏附白色物质,其上方的车架套管右侧距地高 60.2 cm 见碰擦痕,以及其后方的车架右侧面距地高 60.0～61.5 cm 见片状碰擦痕,表面涂层呈减层(见图 5.27)。

图 5.26 乙车前叉右侧后外表面痕迹　　图 5.27 乙车前叉右侧上部外表面痕迹

(4) 前轮挡泥板后部右侧距地高 42.5 cm 见断裂痕,其右侧表面距地高 42.0～51.0 cm 见碰擦痕,表面为黄色锈迹(见图 5.28)。

图 5.28 乙车前轮挡泥板痕迹

(5) 手闸手柄前外表面距地高 60.5～62.0 cm 黏附黑色物质,方向由前往后,手闸轨道右侧面距地 62.0～63.0 cm 见碰擦痕,表面涂层呈减层,距车架套管纵向距离为 11.0～18.0 cm(见图 5.29)。

(6) 鞍座距地高 85.0 cm,呈向顺时针偏转状,伴向右倾斜[见图 5.25(b)、图 5.30];鞍座下表面塑料左侧呈纵向开裂(见图 5.31)。

(7) 右脚蹬曲柄向左弯曲变形,脚蹬处于最低最高位时距地高 10.0～51.0 cm,脚蹬轴距前叉纵向距离约 37.0 cm(见图 5.32)。

(8) 右后轮轮胎直径约为 56.0 cm,右侧胎面见碰擦痕,表面泥灰呈减层(见图 5.33);右后轮轴及其六角螺母距地高 31.0～33.0 cm 见碰擦痕(见图 5.34)。

(a)

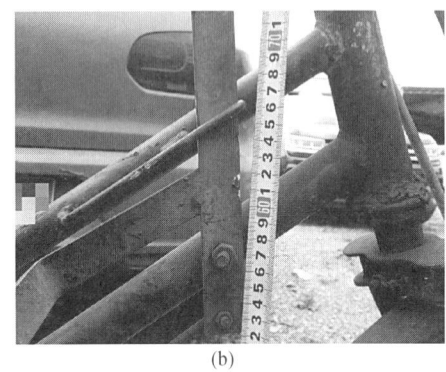

图 5.29 乙车手闸手柄痕迹

图 5.30 乙车鞍座

图 5.31 乙车鞍座下表面痕迹

(a)　　　　　　　　　　(b)

图 5.32 乙车右脚蹬

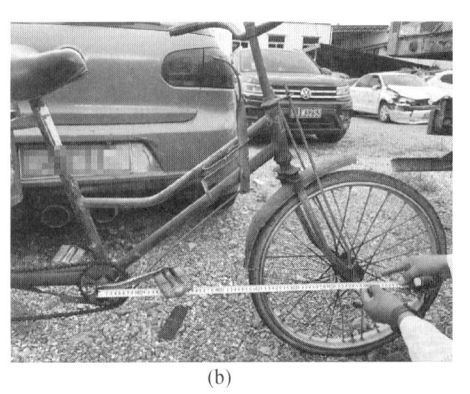

图5.33　乙车右后轮直径测量 　　　　　图5.34　乙车右后轮轴及其螺母痕迹

（9）货厢右侧栏板上平面右侧圆管后部距地74.0 cm脱焊与栏板分离，其右侧面局部黏附白色物质（见图5.35）。

图5.35　乙车右侧栏板上平面圆管痕迹 　　图5.36　乙车货厢右后下部痕迹

（10）货厢右后下部距地高42.3~44.6 cm见后往前弯曲变形痕，表面黏附白色物质（见图5.36）；后栏板右下部距地高44.3~46.6 cm见碰擦痕，表面黏附白色物质（见图5.36）。

（11）货厢右后上部的链条钩距地高72.0~73.7 cm（见图5.35）。

4. 事故现场情况

据道路交通事故现场图及事故现场照片所示，事故路面为干燥、平坦的沥青路面；甲车头西尾东停在北侧非机动车道内，其左前轮距道路北侧边线230 cm，乙车头西偏北尾东偏南左倒于北侧第1机动车道内，其前后轮分别距道路北侧边线830 cm、910 cm，前轮距2 590 cm（见图5.37）。

5. 严××医疗证明材料

据委托人提供的严××××市中心医院（××学院附属医院）出具的医疗诊断证明书所示：20××年××月××日，严××因发生交通事故受伤在我院接受治疗，现经我院初步诊断，严××的伤势情况如下：多发伤、蛛网膜下腔出血、右侧胫腓骨下段骨折、两侧多发肋骨骨折、两侧肩胛骨骨折、右侧血气胸、右侧耻骨上下支骨折。

157

图 5.37　事故现场照片

四、分析说明

1. 经对甲、乙两车痕迹检验比对分析,甲车前保险杠左部距地高 56.5~60.5 cm、距车辆中心 34.5~43.0 cm 见两条间距约 2.0 cm 右高左低平行的擦划痕,表面涂层呈减层,方向由前往后,与乙车前叉右侧上部后外表面距地高 55.5~57.5 cm 见碰擦痕,表面黏附白色物质,两者高度相当,痕迹形态、类型、附着物、受力方向及痕迹形成机理等方面分析,可以形成互为承痕客体与造痕客体之间的关系[见图 5.38(a)(b)]。

2. 甲车前保险杠左部距地高 36.5~47.0 cm、距车辆中心 31.0~38.0 cm 见三角形状碰擦痕,伴横向丝条状痕迹,表面黏附绿色物质和前保险杠左部距地高 23.0~48.0 cm、距车辆中心 44.5~50.0 cm 见轮胎碰擦印痕,表面黏附黑色物质,与乙车前叉右侧后外表面距地高 36.0~47.5 cm 见片状碰擦痕,表面涂层呈减层和前轮胎,两者高度相当,痕迹形态、类型、附着物、受力方向及痕迹形成机理等方面分析,可以形成互为承痕客体与造痕客体之间的关系[见图 5.38(a)]。

3. 甲车左前雾灯距地高 27.0~30.0 cm、距车辆中心 70.0~79.0 cm 破损,与乙车右脚蹬曲柄向左弯曲变形,脚蹬处于最低最高位时距地高 10.0~51.0 cm,脚蹬轴距前叉纵向距离约 37.0 cm,两者高度相当,痕迹形态、类型及痕迹形成机理等方面分析,可以形成互为承痕客体与造痕客体之间的关系[见图 5.38(c)]。

4. 甲车前保险杠上部最后端距地高 63.0 cm 见磕碰痕,方向由后往前,与乙车手闸手柄前外表面距地高 60.5~62.0 cm 黏附黑色物质,方向由前往后,两者高度相当,痕迹形态、类型、附着物、受力方向及痕迹形成机理等方面分析,可以形成互为承痕客体与造痕客体之间的关系[见图 5.38(d)],从受力方向来看,甲乙两车刚碰撞时乙车存在一定的速度。甲车发动机舱左侧的两处凹痕,符合与软性物体(如人体)相碰撞所形成的特征。

5. 甲车左前翼子板前部溃缩及左前轮后移,符合甲车与道路北侧消防栓相碰撞所形成的特征。

6. 甲车前风窗玻璃距其下缘 81.0 cm、距其左边缘 5.0 cm 为中心呈放射状破裂,符合与严××头部相撞所形成的特征,其下方距下缘 16.0 cm、距其左边缘 14.0 cm 范围见破裂痕及左侧 A 柱距其下端 37.0~55.0 cm 见凹痕,符合与严××身体相撞所形成的特征。从

图 5.38　两车痕迹比对

甲车前风窗玻璃上与严××头部相撞位置的高度分析，符合严××呈骑跨乙车姿态时与甲车发生碰撞所形成的特征。

7. 乙车鞍座呈顺时针偏转状，伴向右倾斜，鞍座下表面塑料左侧呈纵向开裂，符合严××呈骑跨乙车姿态时与甲车发生碰撞所形成的特征。

8. 从严××的受伤情况来看，受伤部位多半在右侧，严××在骑跨姿态时身体重心较高，容易直接倒向甲车的发动机舱盖上和前风窗玻璃上，若严××位于乙车右侧推行，发生碰撞时严××会被位于其左侧的乙车阻挡，形成挤压，身体难易直接抛向甲车的发动机舱盖及前风窗玻璃，同理，若严××位于乙车左侧推行，发生碰撞时严××会被向前推出，身体难易直接抛向甲车的发动机舱盖及前风窗玻璃。

综上分析，甲车车头正面左部与乙车右侧前部发生碰撞，发生碰撞时乙车当事人严××正处于骑跨乙车姿态。

五、鉴定意见

某号牌小型轿车与严××的人力三轮车发生碰撞时,人力三轮车当事人严××的交通行为方式为骑行姿态。

案例四

××××司法鉴定所司法鉴定意见书

一、基本情况

委 托 人:××市公安局交通警察大队
委托日期:20××年××月××日
委托事项:对事故发生时皮××的交通行为方式(骑行或者推行)进行鉴定
鉴定材料:
1. 涉案两车
2. 事故路段监控视频(复制件)
3. 事故现场照片(复制件)
4. 道路交通事故现场图(复制件)
5. 皮××及赵×受伤身体检查时照片(复制件)
6. 相关笔录(翻拍件)
鉴定地点:××停车场、事故路段、××××司法鉴定所
鉴定日期:20××年××月××日至××月××日
在场人员:胡××(经办交警)

二、基本案情

据委托材料记载,20××年××月××日××时××分许,李×驾驶无号牌二轮摩托车(下称"甲车"),后载黄×,行经××线 9KM+870M 即××市××街道××村路口地段,车头碰撞皮××的二轮电动车(下称"乙车")及赵×,造成李×受伤经医院抢救无效死亡及皮××、赵×、黄×受伤和两车不同程度损坏的道路交通事故。

三、鉴定过程

(一)鉴定方法

参照 SF/T 0072—2020《道路交通事故痕迹物证鉴定通用规范》、GA/T 41—2019《道路交通事故现场痕迹物证勘查》、GA/T 1087—2021《道路交通事故痕迹鉴定》、SF/T 0162—2023《道路交通事故涉案者交通行为方式鉴定》、GA/T 1133—2014《基于视频图像的车辆行驶速度技术鉴定》有关条款及检验鉴定方法,对涉案两车的碰撞痕迹以及事故路段监控视频进行检验鉴定,结合相关送检材料分析,对委托事项作出鉴定意见。

(二)检验所见

1. 甲车

(1)甲车无悬挂号牌,车身铭牌标示为神鹰摩托车,摩托车型号:SY125T-29G,出厂时间2017年08月,生产厂家为济南大隆机车工业有限公司。车架号码为×××××××××××××××,发动机型号及号码为 P152QMI-B☆OH19P××××☆(见图 5.39)。

(a) 甲车左前部外观 　　　　　　　　(b) 甲车右后部外观

图 5.39　甲车外观照

（2）甲车车头碰撞受损严重，前轮轮胎瘪气，轮胎后移碰抵车身，前轮轮辋前部左侧见弦长 8.5 cm 的凹陷变形，轮辋后部右侧面见弦长 8.0 cm 的缺损；前轮减振器向左弯扭变形；前轮挡泥板、前面板、左右前围板以及导流风罩等装饰件破损；左后视镜外表面见倒地擦划痕，镜面脱落缺损，右后视镜完好；车身左侧后部多处见倒地擦划痕；车身右侧面除前部损坏外，其余未见新旧缺损（见图 5.40），测量前轮轮胎宽度约为 10 cm（见图 5.41）。

(a) 甲车前部损坏痕迹 　　　　　　　　(b) 甲车前部损坏痕迹（放大图）

(c) 甲车前轮及轮辋损坏痕迹 　　　　　　(d) 甲车前轮轮辋前部左侧变形

(e) 甲车前轮轮辋后部右侧缺损 　　　　　(f) 甲车左前后视镜见倒地擦划痕

161

(g) 甲车车身左侧面见倒地擦划痕 　　　　　(h) 右后部外观

(i) 车身右侧面

图 5.40　甲车损坏情况

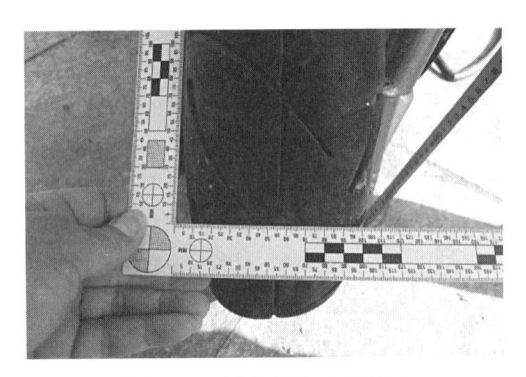

图 5.41　甲车前轮宽度测量

2. 乙车

(1) 乙车车身多处有"绿佳"字样,车架号为19362171250××××,电机型号及号码为SNW-60V800W10ZW-C27H520RSNW1××××××××,外观较新(见图5.42)。

(2) 乙车左侧驾驶人脚踏板处左边条及左侧金属防护杠见碰撞痕破损,车辆平放时距地高度为17～28 cm,变形宽度约38 cm,见从后往前擦划痕,位于该处的车辆单支撑杆支架变形;模拟驾驶人坐在坐垫上左脚落地状态和推行车辆时左脚均接近位于该处(见图5.43)。

前轮向左偏斜,左侧前围板距地高度为64～67 cm处破损,前面板左侧距地高度为75～81 cm处破损(见图5.44)。

左后侧围板见线状轻微擦划痕外,未见缺损;坐垫左侧距地高度为70～73 cm处呈"＜"型破损,覆盖其表面的透明的塑料薄膜呈破洞(见图5.45)。

(a) 乙车左前部外观 　　　　　　(b) 乙车右后侧外观

图 5.42　乙车外观照

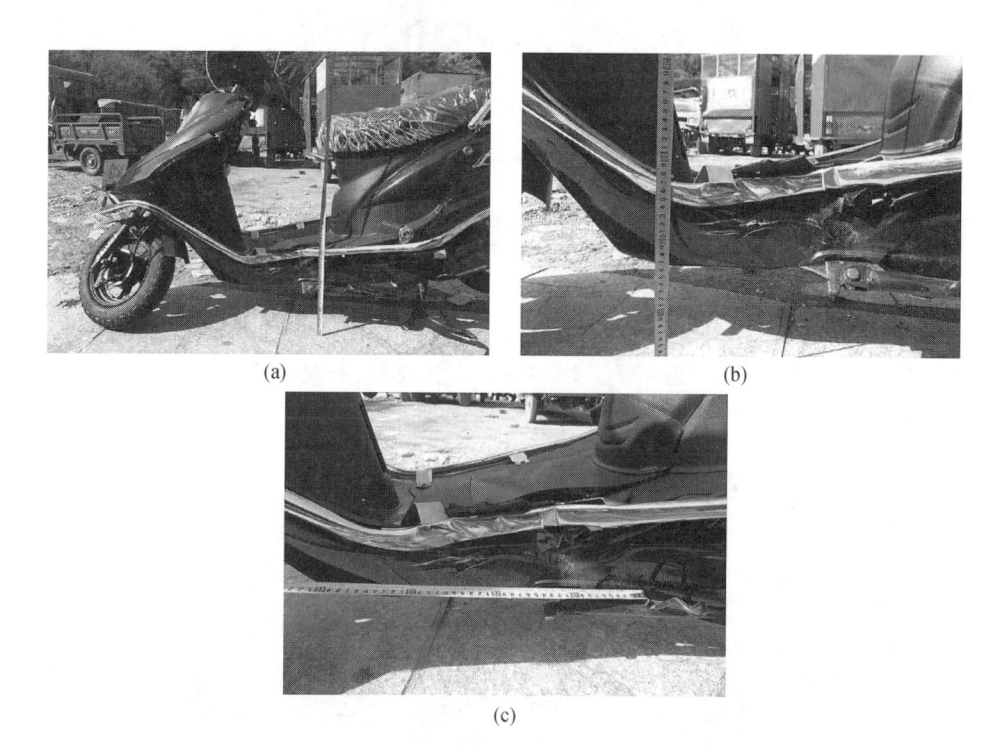

(a)　　　　　　(b)

(c)

图 5.43　乙车脚踏板左边条及左侧金属防护杠损坏痕迹

图 5.44　乙车左侧前围板损坏痕迹

163

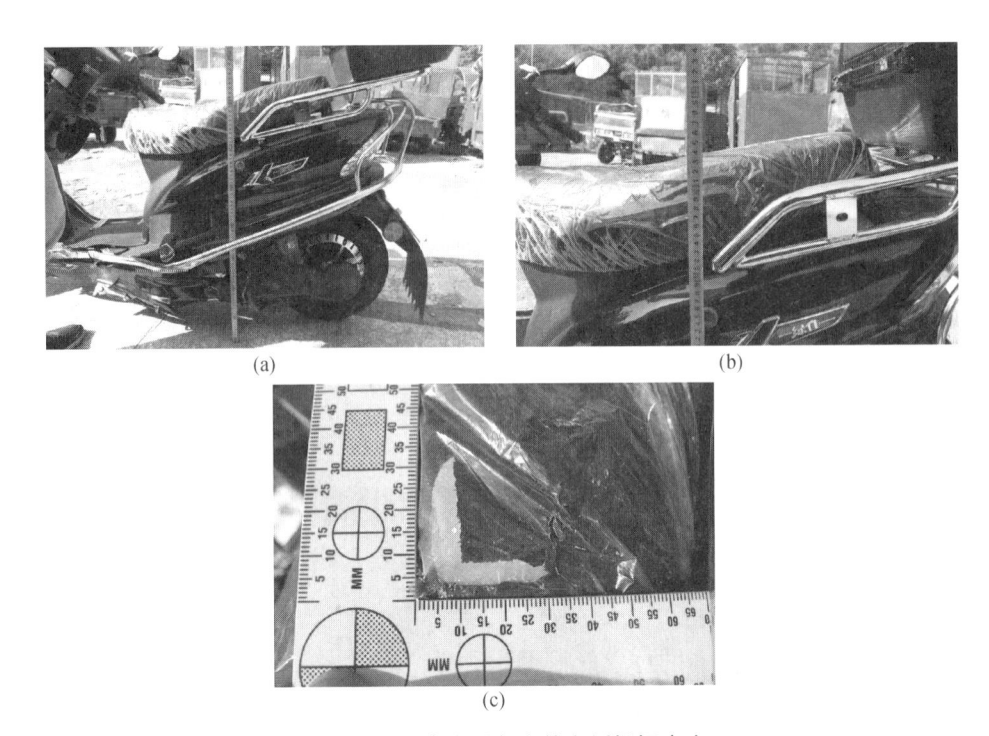

图 5.45 乙车左后部坐垫左侧损坏痕迹

储物箱左侧距地高度为 77~86 cm 处开裂,未见缺损,开裂的上部往右移位,受力方向从左往右(见图 5.46)。

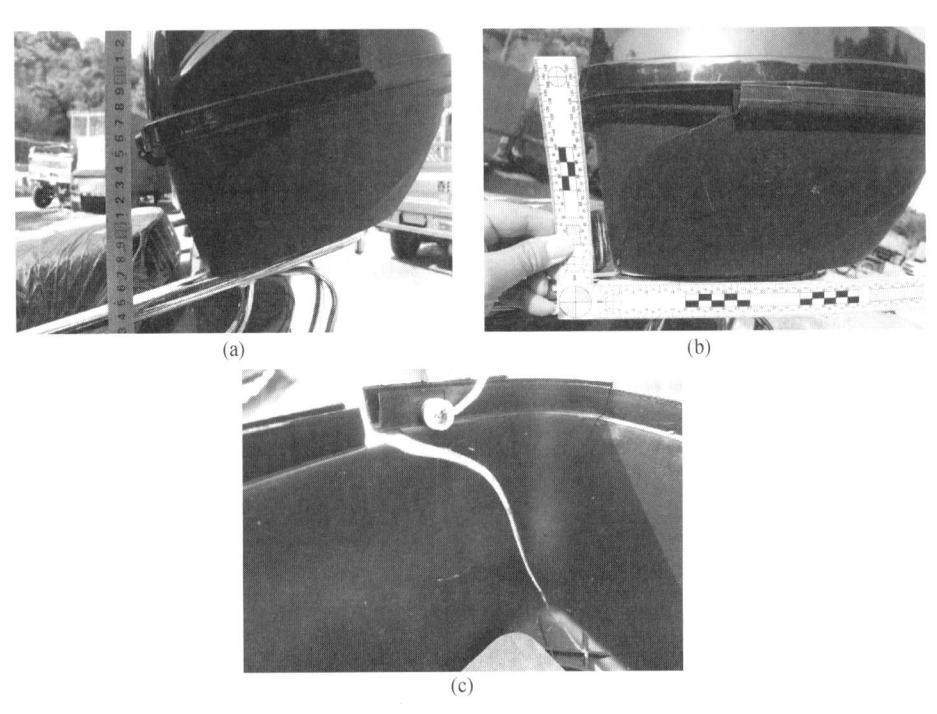

图 5.46 乙车储物箱左侧损坏痕迹(内外侧)

3. 监控视频

(1) 委托人提供1段监控视频,文件名为"案发经过.mp4"(下称"监控视频"),哈希检验值MD5为417694f30beb73791bb2eb34××××××××,大小:132 MB,总时长10分钟零2秒。监控视频画面左上部有日期"2018-03-09"和数显时间,右下部有"Camera 04"字样,帧率为25帧/秒,每帧间隔为0.04秒,记录了甲、乙两车发生碰撞过程。

(2) 监控视频画面连续,以时间顺序,依次显示以下内容:

在19:58:08第2帧图像上,甲车车头出现在监控视频画面左侧上部位置,然后向画面右侧方向行驶。

在19:58:08第21帧图像上,乙车车头出现在监控视频画面右侧上部中间位置,然后缓慢移动。

在19:58:09第9帧图像上,乙车处于基本停止状态(见图5.47)。

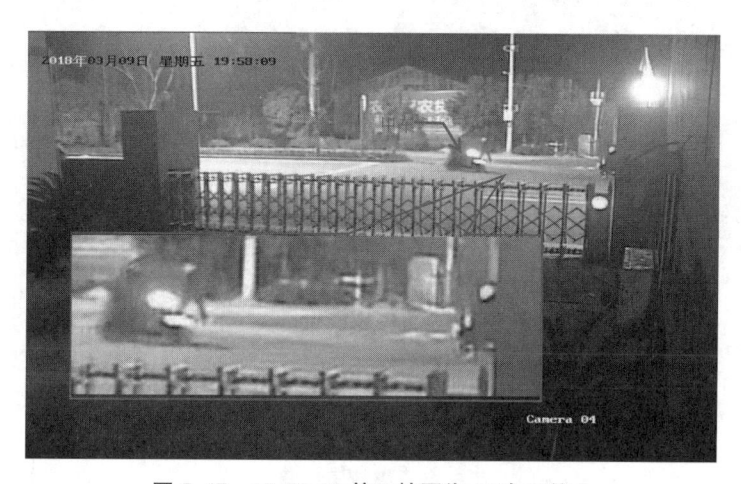

图 5.47　19:58:09第9帧图像,乙车已停止

经过8帧间隔(0.32秒),在19:58:09第9帧图像上,甲车车头正面碰撞乙车左侧面(见图5.48)。随后可见甲车后轮腾空。

图 5.48　19:58:09第9帧图像,甲车车头正面碰撞乙车左侧面

（三）事故现场情况

根据道路交通事故现场图及现场照片所示，事故现场乙车头北偏东尾南偏西右侧倒地，甲车头南偏西尾北偏东左侧倒地。甲车驾驶人头东北脚西南俯卧于甲车后轮旁边，距甲车东侧有一摊血迹 A，血迹 A 中心距甲车后轮 195 cm，距乙车东侧有一摊血迹 B，血迹 B 中心距乙车前轮 255 cm（见图 5.49）。

(a) 事故现场状况（甲车行驶方向）

(b) 事故现场两车位置

(c) 事故现场乙车向右侧翻

(d) 事故现场总体状况

图 5.49　事故现场照片

（四）人员受伤痕迹情况

根据委托方提供的人体表面损伤照片所示，乙车皮××头部受伤，其左脚正面见多处擦伤痕，右脚脚掌有一处擦伤痕（见图 5.50）；赵×主要头部受伤，其右脚右侧（外侧）脚踝、膝关节下部两处见瘀青块，左脚右侧（内侧）脚踝处见瘀青块、左脚膝关节处正面见瘀青块，左手臂内侧见瘀青块（见图 5.51）。

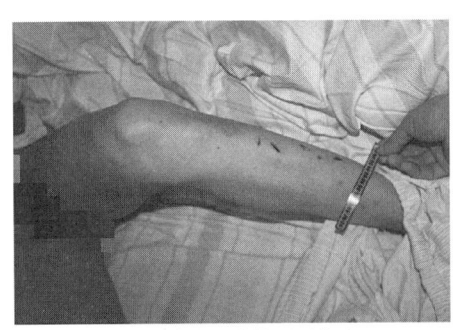

(a) 皮××左脚正面伤痕

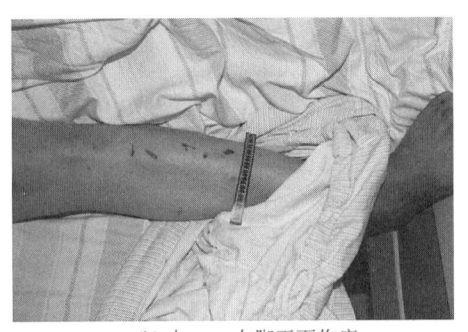

(b) 皮××左脚正面伤痕

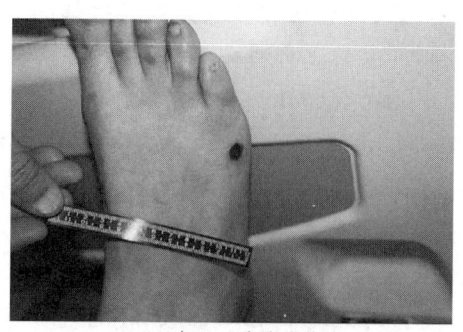

(c) 皮××右脚掌伤痕

图 5.50　皮××受伤痕迹

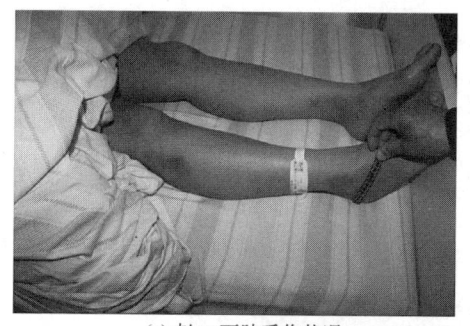

(a) 赵×下肢受伤状况 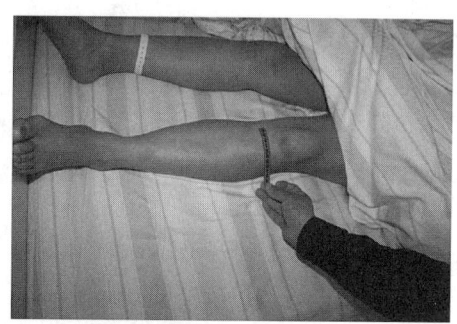　　　　　　　　(b) 赵×下肢受伤状况

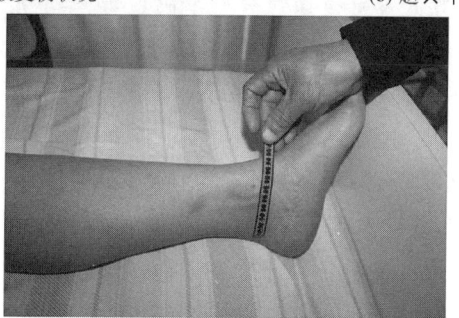

(c) 赵×左脚受伤状况

图 5.51　赵×受伤痕迹

四、分析说明

1. 根据监控视频检验所见，甲车直行正面与自右往左的乙车左侧面发生碰撞，两车碰撞前 0.32 秒时乙车处于基本停止状态；乙车车头出现在监控视频画面至其停止时，仅缓慢移动，由于其在画面中较模糊，难以确定是骑行或推行。

2. 根据甲乙两车的碰撞痕迹，甲车车头正面受损，其前轮正面碰撞乙车车身左侧驾驶人脚踏板处，结合监控视频、事故现场图及照片分析，甲车前部受阻后，后轮腾空逆时针旋转位移 180 多度后左侧倒地；乙车向右侧倒地，车头向右侧偏移。

3. 乙车皮××主要头部受伤，头部应属倒地时撞伤，其左脚正面见多处擦伤痕，符合左脚落地时甲车前轮旁其他机件戳伤其左脚正面，可排除发生碰撞时皮××左脚还搁在乙车脚踏板处。

4. 乙车车身左侧后部未见硬性碰撞所形成的痕迹特征,另其储物箱左侧距地高度为77~86 cm处开裂,未见缺损,开裂的上部往右移位,受力方向从左往右,该破裂痕符合软性物体(如人体)从储物箱左侧往右侧挤压形成的特征。赵×主要头部受伤,头部应属倒地时撞伤,其右脚右侧(外侧)脚踝、膝关节下部两处见瘀青块,符合发生碰撞时赵×右脚位于乙车左侧时右脚右侧与车身挤压形成的特征。据上检验所见的痕迹分析,符合发生碰撞时赵×位于乙车左侧后部位置的碰撞形态特征,可排除发生碰撞时赵×坐骑于乙车车身上的可能性。

综上分析,两车发生碰撞前0.32秒时乙车已基本处于停止状态,碰撞时皮××左脚落在路面上,结合其同伴赵×位于乙车左侧后部行走,事故发生时乙车当事人皮××推行该车的可能性较大。

五、鉴定意见

根据送鉴材料检验所见,结合涉案两车碰撞痕迹以及人体受伤痕迹等分析,两车发生碰撞前0.32秒时皮××的二轮电动车已基本处于停止状态,碰撞时皮××左脚落在路面上,结合其同伴赵×位于该二轮电动车左侧后部行走,事故发生时当事人皮××推行该二轮电动车的可能性较大。

案例解析

上述案例中是人体痕迹鉴定中较为疑难复杂的涉案者交通行为方式鉴定案例。道路交通事故涉案者交通行为方式鉴定是通过分析事故现场、车辆痕迹、人体损伤等综合信息,推断涉案者在事故发生时的行为状态(如驾驶、乘坐、骑行、推行或行人姿态等)的技术活动。尽管该鉴定技术已形成标准化流程,但在实际应用中仍面临以下难点、易错点及风险:①鉴定的主要难点。第一,复杂程度。多因素干扰:事故现场痕迹可能因多次碰撞、环境破坏(如高温、雨水冲刷)或人为干预(如救援、车辆移动)而模糊或灭失,导致原始痕迹难以提取。人体损伤的多样性:不同行为状态(如驾驶与乘坐、骑行与推行)可能导致类似的损伤形态,需结合车辆结构、碰撞角度等综合分析。例如,摩托车驾驶员的腕部骨折可能与乘客的摔跌伤混淆。第二,行为状态的动态性。事故瞬间行为变化:涉案者在碰撞瞬间可能处于动态调整状态(如紧急避险动作),导致损伤特征难以与固定行为模式完全匹配。非典型工具痕迹:如普通刀具切割或车辆部件撞击形成的痕迹缺乏特异性,需依赖微量物证(如纤维、油漆)辅助分析。第三,多学科知识融合要求。鉴定需综合法医学、车辆工程学、动力学等多学科知识,例如通过人体损伤反推碰撞角度时,需结合车辆变形特征和生物力学模型,技术门槛较高。②可能出现以下失误:鉴定人可能因过往案例经验忽视客观数据,例如将摩托车驾驶员下肢损伤误判为骑行状态,而忽略车辆踏板高度与损伤位置的关系。如将行人倒卧状态与车辆碾压痕迹简单关联,未排除其可能因突发疾病倒地后被碾压的情况。如未及时固定车辆分离面或人体损伤部位,导致关键物证(如安全带勒痕、轮胎印)因氧化或摩擦丢失。显微镜分辨率不足可能遗漏微量附着物(如玻璃碎屑),或3D建模误差导致碰撞角度计算偏差。例如将车辆翻滚导致的二次损伤误判为原始碰撞痕迹,错误推断驾驶位人员身份。如未综合考虑车辆制动失效、驾驶员酒后反应迟缓等因素的叠加影响,导致责任划分片面。若未严格遵循《道路交通事故涉案者交通行为方式鉴定规范》(SF/T 0162—

2023)或相关技术标准(如 GA/T 1087),鉴定意见可能因程序瑕疵被法庭排除。辩护方可能以"同一损伤存在多解释性"为由质疑鉴定意见,例如行人直立状态与蹲踞状态损伤的相似性。如错误认定电动自行车骑行状态为推行,可能影响事故责任比例,导致赔偿或刑事责任误判。需重新鉴定或补充侦查,延长案件处理周期,增加社会成本。如因未识别复合材料断裂特征导致错误意见,可能引发公众对鉴定技术的质疑。可以有如下措施:通过结合车载记录仪数据与人体损伤生物力学模拟,还原事故瞬间驾驶员紧急转向动作,避免单一痕迹分析的片面性。综合痕迹检验、微量物证分析、视频图像解析等技术,减少单一证据的局限性。严格依据《司法鉴定程序通则》和相关技术标准规范,从材料收集到报告出具全程记录留痕。利用 AI 图像识别算法等新兴技术手段量化分离面匹配度,降低主观判断偏差。涉案者交通行为方式鉴定的核心在于通过科学、系统地分析还原事故真相,但其复杂性要求鉴定人兼具专业素养与严谨态度。未来需进一步推动技术标准化、跨学科协作及智能化工具的应用,以提升鉴定的精准度与公信力。

第六章
其他痕迹

第一节 其他痕迹的概述

一、其他痕迹的概念

《道路交通事故现场痕迹物证勘查》(GA/T 41—2019)3.1.4 定义其他痕迹是指在树木、道路交通设施、建筑物、牲畜以及其他物品等表面所形成的痕迹。

道路交通事故中,一般参与方较多,除车辆、人员、道路以外的其他客体表面形成的痕迹均为道路交通事故其他痕迹。而本章研究的对象并不限于其他痕迹自身,还有其他附着痕迹,比如车辆的油漆、玻璃、塑料、橡胶、泥土等。

二、其他痕迹的特征

痕迹的要素包括造痕体、承痕体和作用力。上述定义中提及的树木、道路交通设施、建筑物、牲畜以及其他物品,在道路交通事故中,都因为力的作用,体现各自的固有特征和附着特征。其中,树木(行道树、灌木等)和牲畜(牛、羊等)属于动植物,可以通过微量物证和生物物证的技术进行定性定量分析;道路交通事故设施比较多样,形状以及相应部件组合特征应重点关注,油漆或其他涂层是容易发生物质转移的物证;建筑物的固有特征是显而易见的,考虑内部钢架结构,附加特征一般体现为喷涂的字样、标识等,一般采用痕迹检验常见方法之观察法即可以发现,上述其他痕迹的特征的发现、固定,物证的提取等方面要在具体鉴定实践中,聚焦被鉴定对象,分析道路交通事故参与方的运动轨迹和参与状态,评断相互之间的关系。

第二节 其他痕迹检验鉴定

一、油漆物证的勘验

车辆上使用油漆的目的主要是为了保护和装饰车辆,为实现目的,车用油漆应具备极好的耐腐蚀性、耐久性、耐油性、耐磨性、耐湿热性等性能,且应当具备较好的施工性、配套性、机械性和装饰性。

车辆油漆一般有底漆、腻子、二道底漆、面漆等四层。其中,车辆面漆为油漆涂层的最外层涂料,它直接决定了车辆的颜色,并影响车辆的装饰性、耐湿性及防腐性等性能。在进行汽车的油漆涂装时,需要先进行表面处理,再根据汽车的使用环境条件和部位的不同,选择具有不同特点的油漆和不同涂层的体系。

(一) 油漆物证的特征

1) 道路交通事故发生时,由于车辆油漆层老化程度及事故作用力方向、大小的不同,油漆涂层的脱落和转移情况各不相同。有的车辆只有面漆脱落,有的多层油漆和腻子同时脱落。脱落的油漆多数呈小颗粒状或片状。严重老化或局部修补涂装部位的油漆涂层,常呈较大片状散落在事故现场。当车辆与车辆或较坚硬物体平行接触时,车辆表面油漆涂层可呈分离式脱落,由表及里逐层脱落,分别黏附在车辆或物体表面。

2) 道路交通事故中油漆物证可以相互转移,往往存在于事故双方的接触部位。

3) 有关油漆物证化学成分的检验多需要使用专门的仪器。

4) 油漆物证较容易被发现,多存在于事故痕迹处或散落在事故现场。但在提取时,应注意与非事故油漆物证相区别。油漆物证与脱落部位车辆原始油漆涂层的外观特征、层次和颜色对应相同,且由于油漆涂层不易脱落,因此,存在于事故现场的散落油漆碎片多为与事故有关的油漆物证。

附着在车辆、伤亡人员衣服或其他物体表面的油漆颗粒或碎片往往附着力较差,容易掉落。而非事故油漆多具有完好的漆膜,表面光滑,有光泽,有较强的附着力,触及不易脱落。

(二) 油漆物证的作用

油漆物证是道路交通事故调查中最常见的物证。在道路交通事故发生时,车辆表面在外力的作用下发生形变、破损,车体表面的油漆涂层发生碎裂、脱落而遗留在事故现场、其他相关车辆、物体或人体表面,成为证实事故发生的证据。

1. 确定接触的事实

1) 事故现场存在的油漆物证往往可以直接证明事故发生的事实。

2) 通过油漆物证的附着形态可以反映事故发生时相关车辆或其他客体在接触瞬间的相对运动方向等。

3) 油漆物证的存在部位反映了事故双方的接触部位。

2. 认定肇事车辆

1) 把事故现场提取到的整体分离油漆碎片进行比对和拼合后,通过与车体痕迹的比对,确定遗留在现场的油漆碎片之所属。进行比对的关键是油漆碎片的分离线和分离断面与肇事车辆上油漆脱落处的分离线和分离断面是否完全吻合。

2) 现场提取的漆片和嫌疑车的油漆层数及层次结构特征相同,或者对应层油漆组成的有机和无机成分一致,对应层的颜料、填充粒度、微观形态相同,或者油漆具有某种特异性,可以认定或倾向认定肇事车辆。

3) 现场提取的油漆物证的化学成分与嫌疑车辆的不同,可排除车辆嫌疑。

(三) 油漆物证的发现、提取及送检

1. 油漆物证的发现　油漆漆膜的破损、转移是由外力作用造成的,所以油漆物证残留在外力的作用部位上,一般在受力相对较大的划痕切入点、客体凸起处、轮廓边缘等部位易存在油漆残留物,这些部位应重点观察。

勘验时应有充足的光线,注意油漆的颜色会因量的多少或光源情况产生变化,必要时可以借用放大镜或显微镜进行观察。

对现场路面的油漆碎片要根据其存在的位置、破碎情况、边缘的新旧程度来判断是否为该起事故中形成。有时油漆物证的量很小,不易发现,可将重点部位的残留物全部提取下来,以备检验。

2. 油漆物证的提取

(1) 油漆物证的提取方法

1) 常用的提取方法:常用的油漆物证提取方法有直接提取法、刮取法、黏取法、溶剂提取法等,现场脱落的和客体上残留的油漆,如果量很大,可用直接提取法;如果油漆物证残留量较小,则多使用刮取法或黏取法;如果油漆物证附着在较小的客体上,提取有困难时,可连同承载油漆物证的客体一起送检,如衣服、树皮等客体上的油漆附着物。若直接送检有困难,可根据不同情况拆卸、剪取、截取或挖取附着油漆客体的有关部件送检。根据不同检验方法的要求,也可以用脱脂棉球蘸有机溶剂对客体上的油漆进行擦取。

直接提取法——现场路面的油漆可用尖嘴镊子轻轻夹取,放在容器内,并做好标记和提取记录;客体上残留的油漆可用镊子夹取,也可以将容器放在残留物下接着,然后用牙签、针或其他尖锐器具轻轻拨动,使其脱落。

刮取法、黏取法——将客体上油漆残留物用手术刀片轻轻刮取下来,进行包装。也可以使用顶端带黏性的碳台黏取已刮过油漆状附着物的手术刀,或用碳台直接黏取经手术刀片刮擦处理的痕迹部位的油漆状附着物,然后将碳台编号保存。还可以用透明胶纸黏在油漆物证残留处,稍加压力,将油漆黏取下来。必要时,可以把两种方法结合起来使用。

2) 事故痕迹处油漆物证的提取方法:由于车辆各部位油漆不尽相同,因此,要注意提取部位应尽量靠近接触部位。在提取油漆检材时,最好不要直接从事故痕迹处刮取油漆层,因为在事故痕迹处提取油漆物证既破坏了痕迹物证本身,又可能无法提取到完整的油漆层。

(2) 提取油漆物证的注意事项

1) 全面仔细地勘查现场:认真地在肇事嫌疑车辆、受害人、牲畜及自行车或其他有关物体的表面寻找接触部位并确认是否产生新的事故痕迹,注意从肇事嫌疑车辆的事故接触部位寻找与被撞车辆油漆颜色一致的漆状物质,并加以提取。同时也要注意从被撞车辆、受害人、牲畜及自行车或其他有关客体的表面寻找与肇事嫌疑车辆油漆颜色一致的漆状物质加以提取。

当肇事嫌疑车辆刮擦自行车或碰撞行人、牲畜时,要仔细寻找在受害客体上有无刮擦痕迹,要在肉眼能观察到的刮擦部位借助放大镜或立体显微镜观察被刮擦的痕迹上有无漆状附着物,并观察附着物的颜色情况。如果发现痕迹上有颗粒状漆或有较大覆盖面的漆状附着物,为防止漆状物提取时散落遗失,应将承载物置于痕迹下方,用刀片连同车辆原涂层、漆状附着物一起刮取;对于那些不易提取的油漆痕迹和极微量的漆状附着物,最好连同载体一起妥善保存送检。散落在道路交通事故现场的油漆碎片,要注意细心观察,确定其为与事故有关的油漆物证后,应及时收集。

2) 提取比对检验用的油漆检材要准确。

a) 在提取油漆物证的同时,要从脱落油漆的嫌疑车辆的相应部位提取比对检验用的油漆检材。

b) 在交通肇事逃逸案件中,找到肇事嫌疑车辆后,先不要急于提取比对检验用的油漆检材,而要认真全面地检查车辆,观察嫌疑车辆可疑部位的油漆是否有划痕、擦痕或油漆剥落。观察到刮擦痕迹后,应对痕迹部位的形状、距路面的高度进行测量、记录和照相,同时,应对照检查被撞车辆、人体或其他有关物体被刮擦、碰撞的位置、痕迹方向、高度等是否与之相吻合。如果不吻合,提取肇事嫌疑车辆上此处痕迹附近的油漆作为比对样本则毫无意义。如果吻合,就必须注意油漆的颜色,尤其是面漆的颜色,只有在油漆物证的颜色与肇事嫌疑车辆油漆的颜色相同时,才能提取该肇事嫌疑车辆上相应部位的油漆作为比对样本。

如果发现肇事嫌疑车辆已经重新喷涂了油漆,则应当刮去事故痕迹处新喷涂的漆层,再仔细刮取该处原始的油漆层作为比对样本。如果喷涂面积较大,甚至在喷涂前已除尽原漆层,可以在难以除尽的部位提取原漆层作为比对样本。

3) 提取油漆物证要尽量完整:由于车辆的油漆涂层是多层的,提取痕迹时不能只提取表层油漆,应从油漆涂层的基底部(靠近金属表面处)刮取,以提取完整的油漆各层,有2~3小块即可。

4) 要注意防止油漆物证被污染。

a) 在使用手术刀和不锈钢镊子等工具提取油漆物证时,必须保证提取工具和盛放物证用具干净,当用一种工具提取到一份油漆检材后,要立即用酒精棉球或干净纱布将工具的使用部位擦拭干净。待工具干燥后再用于提取其他油漆检材。

b) 在选择提取物证的工具时,要注意避免工具本身对油漆物证的污染,如使用胶带提取油漆物证,可能会影响对油漆物证有机成分的分析。

c) 在包装油漆物证时,要注意防止包装用具对油漆物证的污染。

5) 提取油漆物证检材和样本时,应在取样前和取样后分别对取样物体和部位进行拍照,制成彩色照片,以备送检。

3. 油漆物证的保管和送检

(1) 保管油漆物证的用具:常用的盛放微量油漆碎片的用具包括:带盖的玻璃瓶、带盖的塑料瓶、硫酸纸袋、白纸袋。通常条件下,由于漆状附着物的数量极少,且往往是连同载体一起保管和送检的,如果载体体积不大,可以用塑料袋包装;对于较大的载体,可以用木箱固定保存。

(2) 保管油漆物证的注意事项

1) 包装油漆物证时,应注意保持检材提取后的状态。尤其应当注重保存黏附在载体上的漆状附着物,避免其再次被刮擦,防止附着物遗失。

2) 刮取漆状附着物送检,应将漆状附着物盛放在干净透明的硫酸纸袋中,袋口密封,同时应提取一份载体其他部位的物质(离附着物很近的载体部位)装在另一个硫酸纸袋中,便于检验分析漆状附着物时排除附着载体本底物质的干扰。

二、玻璃物证的勘验

玻璃是一种易破碎的物质,是道路交通事故现场常见的物证之一,对于认定事故责任,特别是对于认定肇事逃逸车辆具有重要的证明作用。汽车玻璃主要包括:风挡玻璃、车门玻璃、车窗玻璃、前后车灯、后反射镜、转向灯等玻璃制品。

（一）玻璃物证的特征

1）普通玻璃破碎后呈较大条状或块状，边角尖锐。

2）钢化玻璃破碎后呈小块状脱落，边角钝圆。

3）夹层玻璃破碎后，玻璃碎块仍粘接在一起，很少脱落。

4）大灯玻璃破碎后散落在事故现场，玻璃碎片上通常可以看到明显的花纹特征，有时从玻璃碎片上可以找到产品标志或编号。

（二）玻璃物证的作用

玻璃物证是道路交通事故现场常见的物证之一，对于认定事故责任，特别是认定肇事逃逸车辆具有重要的证明作用。肇事车辆在发生事故后，由于制动或倒车等操作，使玻璃碎片断断续续地散落，甚至在行驶一段距离之后仍能找到玻璃碎片，这些碎片（玻璃物证）不仅能够指引肇事车辆的逃逸方向，通过分析其种属，还能判断逃逸车辆的类型。对肇事嫌疑车辆上提取的比对用玻璃物证与事故现场提取的玻璃物证进行比对检验，还可以协助认定肇事车辆。

（三）玻璃物证的发现、提取、包装及送检

1. **玻璃物证的发现**　在道路交通事故现场，当玻璃物证较大或较多时，很容易发现和识别有机玻璃（塑料的一种，具有比普通玻璃轻，透明度大，不易破碎，遇热变软的特征）或无机玻璃。当玻璃物证很小时，易与某些物质混淆，不易发现和判断。

由于玻璃的比重大于水，可用水分层法区分。另外，通过碎片的新旧程度、污染程度及车辆上的玻璃有无损坏可以判断碎片是否与该起道路交通事故有关。

2. **玻璃物证的提取**

1）提取玻璃物证时，为防止金属对元素分析的影响，不能使用金属镊子、钳子夹取，可以使用木质、竹质、塑料等非金属镊子夹取，也可以戴上橡胶手套提取。

2）肉眼能观察到的玻璃微粒，可以用收集勺提取。如果玻璃微粒较分散，可以用软毛刷收拢玻璃微粒后，再用收集勺提取。

3）对散落在现场的玻璃物证，应尽量全部收集（尤其是需要进行拼对、复原时）；对于事故现场较大片的，能拼合起来的玻璃物证，应尽可能拼合并拍照固定。

4）除提取现场散落的玻璃物证外，还应提取其脱落部位的比对样本。

5）在提取玻璃物证时，应注意做好记录，注明提取部位、数量、形状等。当玻璃物证上有血迹、人体组织、毛发等物质附着时，应注意保护其附着物的原始状态。

3. **玻璃物证的包装和送检**　收集到的小片玻璃应用干净的塑料袋包装，细小的玻璃颗粒可装入玻璃瓶内。包装玻璃物证时，不能使用纸质的包装袋。

三、塑料物证的勘验

（一）塑料物证的特征

1. **形态特征**　车辆不同部位的塑料材质，其成分大多不同。可塑性差、质地坚硬的部件，受到撞击后容易破碎，呈块状脱落；而可塑性较强、质地柔软并具有一定韧性的塑料部件，经强力撞击或刮擦，局部会产生高温，因而被撕裂或拉伸，呈胶状或薄膜状，黏附在车辆

或物体表面。

2. **颜色特征** 车辆塑料零部件多具有一定的颜色,特别是机动车转向灯罩、非机动车尾灯标志等均具有鲜艳的颜色。道路交通事故中,由于塑料物证数量和形态的不同,其颜色深度与脱落部位原塑料零部件会略有差异。块状和胶状塑料脱落物颜色较深,与脱落部位颜色基本相同。黏附在车辆或其他物体表面的膜状物颜色较浅,如果将其融凝,颜色会变深。

3. **塑料物证与非事故塑料物质的区别**

(1) 存在部位不同:根据塑料零部件的性质,以及塑料物证形成时所受的作用力的方向和大小,脱落的塑料物一般黏附在车辆或物体表面,或者散落在路面上。黏附在事故车辆或物体表面的非事故塑料物质较少见,即使有也可以通过颜色比对较容易地区分辨别。

(2) 塑料物证与事故痕迹的比对:散落在事故现场的塑料物证与破碎脱落的车辆零部件具有相吻合的分离痕迹。

(3) 形态和颜色:脱落在事故现场的塑料物证,与被撞击或刮擦的塑料零部件颜色和花纹相同。黏附在车辆或物体表面的塑料物证,其颜色与被撞击或刮擦的塑料零部件的色调一致。

(二) 塑料物证的作用

车辆外表面有一些塑料零部件,这些零部件位于车辆的突出部位,在发生道路交通事故时,容易受到撞击或刮擦。因此,塑料物质是事故现场常见的物证之一。通过对塑料物证成分的检验,可以确认肇事车辆。黏附在车辆表面的塑料物证,对于确定事故接触部位,事故发生时的作用力方向及作用力大小等都有着重要的证明作用。

(三) 塑料物证的发现及提取

1. **塑料物证的发现** 散落在事故现场的塑料物证易于发现,而黏附在车体上的塑料物证则相对较难找到。在寻找这些物证时,应当根据对事故的初步分析,有目的、有针对性地探寻。寻找时应注意避免强光或直射光线扰乱视线,避免各种色光相互干扰,避免与灰尘、泥土发生混淆,可使用放大镜协助观察。

2. **塑料物证的提取** 对于块状的塑料物证,一般较易收集和提取。事故现场较大片的塑料片如能拼合起来的,应尽可能拼合并拍照;对散落在路面上的塑料片,可用镊子夹取,并装入透明塑料袋、纸袋或纸盒中;细小的塑料颗粒可装入玻璃瓶内。除提取现场散落的塑料片外,还应提取塑料物证脱落部位的比对样本。

对于那些黏附在痕迹部位的塑料物证,通常需要根据其形态,采取刮取、夹取等方法提取。

四、纤维物证的勘验

道路交通事故现场常见的纤维物证包括:植物纤维,如棉、麻衣物纤维等;动物纤维,如人畜毛发、毛料衣物纤维等;化学纤维,如化纤衣物纤维等。

(一) 纤维物证的特征

1) 车辆与人体或其衣物相接触时,事故现场多会出现纤维物证。纤维物证通常遗留在肇事车辆接触部位中质地坚硬、表面粗糙或带有尖锐凸起的区域。车内驾驶人和乘员在碰撞中会与车体内表面发生接触,并留下纤维物证。

2)纤维物证通常呈现微量特征(有时仅见单根的毛发或纤维),因而不易被发现。此外,纤维物证容易受到接触作用等影响,形成二次转移。

(二)纤维物证的作用

1. **确定肇事车辆** 通过对道路交通事故现场提取的纤维物证与取自肇事嫌疑车辆上附着的纤维物证进行比对检验,可以协助确定肇事嫌疑车辆。

2. **确认当事人的交通行为方式** 通过对车体内部提取的纤维物证进行检验,并综合车辆碰撞过程中的运动状态分析,可推断当事人在事故中的交通行为方式。

(三)纤维物证的发现及提取

1. **纤维物证的发现** 纤维物证通常附着于肇事车辆接触部位,其分布位置与被撞人体纤维脱落区域呈现空间位置关联性。同时,驾驶人员衣着表面常存在与车内物品纤维成分相符的转移附着物。

由于纤维物证具有微量形态特征,在勘验时可以使用放大镜。光线较弱时,还可以使用强光源辅助照明。

2. **纤维物证的提取**

(1)纤维物证的提取方法

1)纤维物证具有迁移性,应尽快提取。

2)在提取纤维物证时,应使用洁净的镊子夹取。在提取前,拍摄固定其原始附着部位和附着状态。

3)对较小的毛状物可用透明胶纸粘取,而后贴在洁净的玻璃片上。

4)当纤维物质较多,难以逐根提取时,可用静电吸附法进行提取。

5)在受害者碰撞或刮擦部位提取比对用毛发或织物纤维检材时,应先用放大镜观察其是否与现场提取的毛发、纤维的颜色和外观形态一致或近似,颜色和外观形态一致或近似的才可以提取。

(2)提取纤维物证的注意事项

1)提取纤维物证时,每一根纤维检材和比对样本应分别包装,贴好标签并标明相关事项。

2)整体提取当事人衣物时,应将有价值的部位放在里面。

3)对于绳子、袋子等纺织品,提取时应尽量保护两端,不得随意剪断。

五、橡胶物证的勘验

(一)橡胶物证的特征

除了轮胎外,车辆的保险杠、灯罩、装饰条、衬垫、护套等部件通常也为橡胶材料。橡胶材料具有良好的弹性和塑性及较低的机械强度和硬度。交通事故中,橡胶材料受到极大的冲击力或受到高温和摩擦等作用时,相关部件局部会产生形变、破裂,材料碎片散落在事故现场或附着在造痕客体的相应接触部位上且不易脱落。

（二）橡胶物证的发现及提取

1. 橡胶物证的发现　　较大的橡胶颗粒较易被发现。寻找微量橡胶物证时，应结合事故情况，有针对性、有目的地勘查现场。勘查时可以使用放大镜，应避免强光、直射光、色光干扰勘验。

勘验时还要注意区分橡胶、灰尘、泥土等物质。通常情况下，橡胶材料在其他客体上的擦蹭残留物因承痕客体表面的粗糙程度、接触力的大小及速度的不同，而呈现不同粗细的屑状圆柱体。

2. 橡胶物证的提取

1）对于散落在现场的橡胶残片，在确认其与事故相关后，可以直接拾取，装入纸袋、纸盒或用纸包好，同时做好标记和记录。

2）车辆的制动痕迹处多留有橡胶残留物，可用硬性胶纸提取法加以提取。

3）在其他承载客体上的橡胶残留物，可以直接用镊子夹取，也可以用牙签挑下后提取。

4）对于微量橡胶颗粒可以用指纹胶带粘取。

六、泥土物证的勘验

车辆行驶过程中，车体上常黏附尘土、砂石。发生道路交通事故时，因撞击、摩擦等作用，尘土等从车体或车轮上掉落至现场路面、受害人衣物或体表，从而形成泥土物证。

（一）泥土物证的作用

1）发生肇事逃逸事故时，可以通过对现场提取的泥土物证进行检验，协助锁定肇事车辆行驶过的路段，从而缩小侦查范围；

2）通过对现场提取的泥土物证与从嫌疑车辆上提取的泥土检材进行比对检验，可以判断嫌疑车辆是否出现于事故现场，是否与受害人发生接触等；

3）通过对泥土物证遗留部位的分析，可以确定事故接触部位，判断接触时车辆的相对运动方向；

4）通过对车轮处掉落泥土物证的形状展开分析，可以获取车辆轮胎花纹特征等信息。

（二）泥土物证的提取

1）提取泥土物证时，应采用竹制刮刀进行分层刮取，严禁使用毛刷类工具（避免纤维污染及土壤结构破坏）；

2）对黏附强度较高，不易刮取的泥土物证，可选用有机溶剂浸润式洗涤方法提取；

3）泥土物证应当使用双层硫酸纸袋封装，严禁使用聚乙烯等塑料制品，防止发生泥土物证粘连及受潮变质，影响检验鉴定。

七、手、足印迹的勘验

驾驶人在驾车过程中，通常会在方向盘、挡把、仪表盘、手制动、门把手等车体部位留下手印，在脚踏板及事故车辆周围留下足印。

（一）手、足印的特征

1. 手印的特征　　手印是手的指头、指节和掌面三部分印痕的总称，人的手印具有很强的个体性特征,是确认肇事嫌疑人,查明死者身份有效且可靠的证据。

手印具有以下特征:①乳突纹线特征。第一,纹线类型。包括弓形纹、箕形纹、斗形纹等不同类型,是手印识别的重要依据。第二,细节特征。如起点、终点、分歧、结合等,这些特征的位置、形态和相互关系具有独特性和稳定性。②皱纹特征。手表面的皱纹具有一定的形态、走向和分布规律,其粗细、深浅、长短各不相同,在一定程度上也能反映个体差异。③伤疤特征。手部因受伤形成的伤疤,其形状、大小、位置和数量等具有独特性,且一旦形成,相对稳定,可作为手印鉴定的辅助特征。④汗孔特征。乳突纹线上的汗孔有其特定的排列规律和分布密度,汗孔的形状、大小及相互间的距离等也具有一定的个体特征。⑤整体布局特征。手印的整体形状、大小以及各部分之间的比例关系,如手指与手掌的比例、手指的长度和粗细比例等,也具有一定的稳定性和特定性,可用于手印的初步判断和分类。

2. 足印的特征　认真分析研究足印的特征,是足印检验工作的需求。足印检验(包括足印的发现、提取、固定分析和足印鉴定)正是根据足印反映出的客观事实来分析形成足印的过程和特征,并由此来推断形成足印的人的特点,最后确定是谁人之足形成现场脚印。根据足印有时可以直接找到遗留足印的人,有时则可能是间接地确认足印的遗留人。

一般情况下,现场足印的表现形式是多种多样的,但无论是立体足印和平面足印,都是通过人的赤脚或鞋、袜与承痕体相互作用而形成的。而在道路交通事故痕迹鉴定中,基本上不存在行为人赤足或穿袜的情况,因此,下文将主要介绍穿鞋足印的特征,一般包括以下三个方面:①鞋印的表面结构特征,即形象特征;②行为人的行走习惯特征,即步法痕迹特征;③脚印附属特征,如气味特征和微量物质特征。

(1) 鞋印外表结构特征:鞋脚印简称鞋印,其外表结构特征主要指穿鞋脚在力的作用下在承痕体表面所反映的鞋的接触部位的外表结构特点。鞋印是鞋底的反映形象,因此,鞋底的表面结构特点会在鞋印中有所反映。鞋印的外表结构特征主要包括如下方面:

1) 鞋印的长宽形态特征:鞋印的长宽特征,即鞋印的长度和宽度所表现出的特点。鞋印的长度,一般的测量方法是:在鞋掌部最宽处和鞋跟部最宽处分别确定两个中心点,连接这两点做一条中心轴线,在鞋尖最前沿和鞋跟最后沿分别做这条中心轴线的切线,这两条切线之间的垂直距离即为鞋印的全长。由于鞋底的形态各不相同,有时鞋底的长度还可细分为:前掌内外侧长、中腰(即弓部)内外侧长和后跟内外侧长等。鞋印的宽度包括前掌宽、中腰宽和后跟宽,前掌宽即前掌部位最宽处的宽度,中腰宽即中腰部位最窄处的宽度,后跟宽即后跟部位最宽处的宽度(见图6.1)。

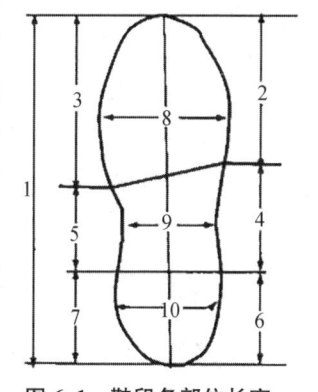

图6.1　鞋印各部位长宽

1.鞋印全长 2.前掌内侧长 3.前掌外侧长 4.中腰内侧长 5.中腰外侧长 6.后跟内侧长 7.后跟外侧长 8.前掌宽 9.中腰宽 10.后跟宽

鞋印的形态特征,即鞋印各个部位所表现的形态特点。鞋底一般都有一定的硬度,故鞋印的形状基本与鞋底的形状一致。鞋底整体观,有弯底和直底;鞋尖有尖、圆、方等形状;鞋跟形状有半圆形、圆台形、圆锥形、多边形、矩形和酒杯形等;鞋底平面和侧面观看,有平底、坡底和高跟底之别;高跟又可分为微高跟、低高跟、中高跟和特高跟。

2) 鞋印的花纹图案商标符号、原材料及生产工艺特征:鞋印会反映出的鞋底花纹图案和各种标志特征。鞋底上的花纹、商标、鞋号,在塑料底和橡胶底上较多出现,布底纳花次之,而皮底上除了制鞋过程中留下的皲裂、糙斑和毛孔外,一般没有花纹。有的鞋底左右脚花纹对称,商标、厂名、鞋号等居于腰档正中部位,特殊设计者也分布于前掌、鞋尖部位,花纹有方块型、圆点型、交织型、线条型、物象型、火焰型、畦埂型及其他花纹等;有的鞋底左右脚花纹不对称,鞋号、厂名、商标等在鞋弓部的具体位置因鞋而异。花纹以横直条型、波型、交织型、方块型、细花纹为主。

鞋印会反映出鞋底的制作材料。我国目前制作鞋底的原料,大多是塑料、橡胶和塑胶,少数是用布和皮革。塑料底和橡胶底的弹性和延展性较好,能较全面地与被踩地面或物体接触,故能留下较清晰的平面痕迹。在立体痕迹中,能反映出鞋底切边、侧缘、围条,甚至部分鞋帮的形态结构。布底在形成鞋印时,鞋印周边不整齐,花纹不明显,且多不成型,常呈麻点状和不规则形状。若是手工纳制的鞋底,其针脚的分布很有特点。皮底因其质地较硬,表面也较平整,在形成脚印时,周边不易全部着地,故脚印边缘不完整;除本身呈规律性排列的毛孔和不规则的微凹陷,以及钉帽等形状外,很少有成型的、明显的花纹。

生产工艺的特点在鞋印中也能得到反映。常见的鞋底生产工艺有机制、半机制和手工制。塑料底机制是以模压或注塑的方式生产出鞋底,其鞋印特点是:周边花纹封口,掌跟的内外侧花纹图案基本对称,跟部靠后外侧多数有抗磨损花纹(塑料凸纹、橡胶接头或传热孔等);半机制是指将鞋底材料经过冲切或裁割得到成型鞋底,其所形成的鞋印周边花纹不封口,内外侧不对称,后跟外侧没有耐磨块;手工制作的鞋底,其缝线的针脚、跳线、断线、接头和护线槽,及钉帽、钉孔等的位置、形状、长短、粗细在鞋印中的反映,都是比较特殊的。

3) 鞋印的穿用修补等特征。

a) 鞋经穿用形成的特征:多出现在前掌的跖趾部位和后跟部位。因穿用过程中鞋底受到摩擦和机械性损伤、烫伤、老化的作用,造成磨损、缺损、断裂、小坑、窟窿、龟裂等变形现象。磨损、缺损的部位、形状、大小和程度人各不同,各鞋相异。其对原有花纹、针脚、钉孔、钉帽等的改变情况,都是很独特的特征。

鞋底磨损特征分为鞋内底磨损特征和鞋外底磨损特征。鞋内底磨损特征是指足与鞋内底表面接触摩擦以及脚底皮肤的汗液、附着物等物质腐蚀、附着,致使鞋内底表面出现磨损、变色等所表现出来的形态特征;鞋外底磨损特征是指人在行走、站立时,鞋外底表面与地面等承痕体表面多次摩擦、挤压造成的鞋外底表面微粒结构形变、剥落而形成的磨损特征。其中高质量的磨损特征有:鞋底磨损所反映出的足型特征的跖内、外缘与拇趾内缘和小趾外缘的关系;各磨损面的重磨点的方位及其相互关系;各磨损面的磨损量的比例关系;鞋底各边缘的磨损形态;鞋底在穿着过程中所形成的磨损损伤——孔、洞、沟、线等大小特征;鞋底局部花纹磨损形成的细微特征,如局部花纹形态反映的花纹深浅变化特征、花纹宽窄变化特征、花纹边沿缺失特征等。

在关注鞋底磨损特征时,还有以下应注意的问题:一是鞋底磨损特征只具有相对的稳定性。随着每个人的生长发育、年龄的增长、生理的变化,鞋底磨损特征会发生一定的变化,但在一定的时间内,磨损特征会有所延续。所以,在认定特征的过程中,要注意区分新旧特征、特征间的覆盖情况等,以去伪存真。二是鞋底磨损特征不完全等同于压痕特征。压痕主要是与地面垂直作用力的结果,压力大小与地面垂直的切向成正比;磨损面是摩擦力作用的结果,摩擦力的大小与地面垂直的法向分力成正比。两者有一定的联系:压痕形成时,摩擦力伴随产生;而磨损重的部位不一定是重压面,如起、落脚部位。因此,在研究鞋底磨损时,要把握区分和确定鞋底的虚边、实边、重压点、重压面、磨损点、磨损面。鞋底的物理性能、承痕体的物理性能、负重都是影响脚印特征的主要方面。此外鞋底材料性能和居住地环境等因素对磨损特征的影响,在分析脚印特征时应加以注意。

b) 鞋底花纹图案生产加工等个体特征及修饰特征。鞋底花纹图案个体特征,是不同个体所表现出的自身特点,如花纹图案中的小凸点、小缺损等;修饰特征主要是指在修补时加的补丁、钉掌、粘掌的数量、位置、形状、大小、厚薄等。

c) 局部鞋帮及底周边侧面痕迹,布纹、织线以及帮底黏合处的形状、方法、帮上的破损、补丁等部位的形状、长宽、粗细等细节特征。鞋帮底侧面围条的痕迹,尤其是脱胶裂口处留痕的形状、位置、大小、距离等,都是较好的特征。

d) 鞋底上的附着物。主要是指鞋底上附着的较稳定的物质,如扎上的图钉、铁屑等;粘上的沥青、油漆;填入的石块、煤渣、泥土等明显而稳定的物质。它们形成痕迹的形状、大小、数量、成分等都是较独特的特征。

(2) 步法痕迹特征:步法痕迹特征是指脚印所反映的人行走时的运脚和迈步的习惯。主要包括步幅特征和步态特征两个方面。

1) 步幅痕迹特征:步幅特征是指反映人行走时左右脚印相互关系的痕迹特征,包括步幅的长度、宽度和角度。

长度,即步长,是指成趟脚印中相邻两个左右脚印相同部位切线之间的垂直距离。按其长短可分为长步(80 cm 以上)、中步(71～79 cm)和短步(70 cm 以下)。从后跟向前算起,左脚脚印后跟后沿切线至相邻的后一个右脚脚印后跟后沿切线的垂直距离为左步长,反之为右步长(见图 6.2)。

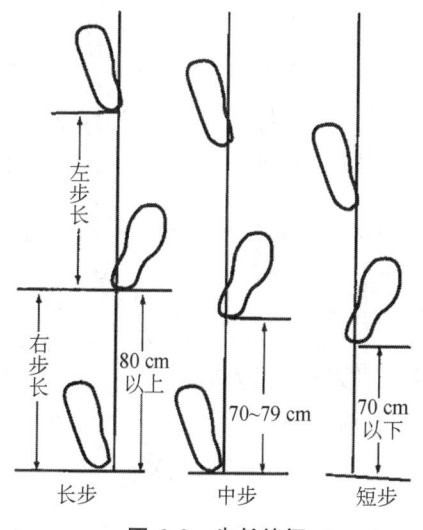

图 6.2　步长特征

宽度,即步宽,是指左右脚印后跟中心点或前掌中心点的水平距离。步宽通常可分为分离步、并跟(尖)步、搭跟(尖)步、直线步、交错步。分离步是左右脚印后跟(或前掌)内边沿切线之间相互分离;并跟(尖)步是左右脚印后跟(或前掌)内边沿切线相并拢;搭跟(尖)步是左右脚印后跟(或前掌)内侧部分相互重叠;直线步是左右脚印后跟(或前掌)中心点在同一直线上;交错步是左右脚印后跟(或前掌)中心点各向对侧交错(见图6.3)。

分离步　并跟步　搭跟步　直线步　交错步

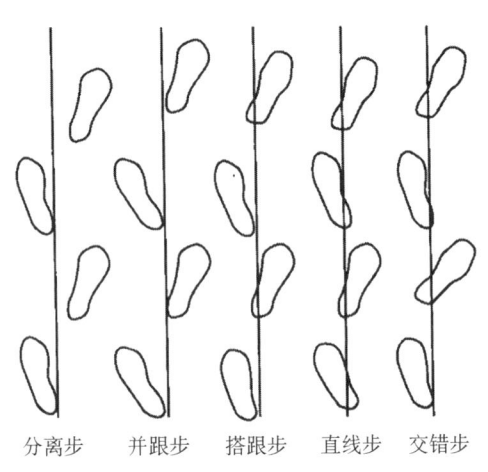

图6.3　步宽特征

角度,即步角,是指脚印中心线与步行线构成的夹角。左脚脚印中心线与左步行线的夹角为左步角;右脚脚印中心线与右步行线的夹角为右步角。步角可分为:外展角——脚印中心线展向步行线外侧超过5°的,其中6°～10°为小外展角,11°～19°为中外展角,20°以上为大外展角;内收角——脚印中心线前端展向步行线内侧,俗称内八字,其角度在负1°以下;直行角——脚印中心线与步行线基本重合,角度为0°～5°;不对称角——左右脚印呈一直行一外展、一直行一内收、一内收一外展的状态(见图6.4)。

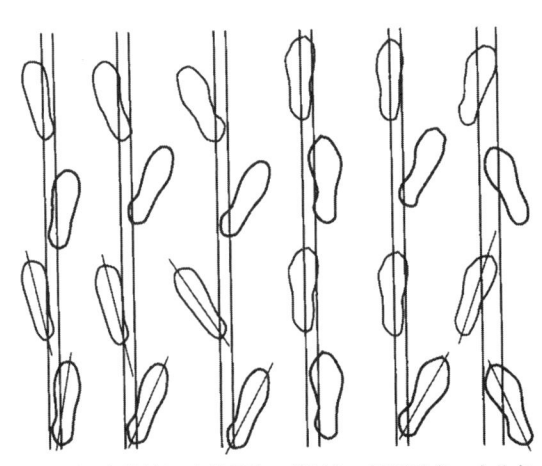

小外展角　中外展角　大外展角　直行角　不对称角　内收角

图6.4　步角特征

2) 步态痕迹特征:步态特征是指人行走时由于作用力方式、大小不同,所反映的步行姿势和各种运脚习惯特点。每个人的足部功能及其反映形象均具有个人规律性,同一个人的赤足和穿鞋、袜的足形成的脚印,所反映的步态特征基本是相一致的。

根据脚印的形成过程,步态特征大致可以划分为起足、落足和支撑三个阶段。各阶段均有必然出现的主体特征和可能出现的伴生特征。所谓主体特征,即起足蹬痕、落足踏痕和支撑压痕。这三种痕迹在每个正常人的脚印中都能出现,且较稳定明显,不易受外在条件影响。所谓伴生特征,即起足时的抬、挑、给、划、扫痕,落足时的擦、磕、推、跄痕,支撑时的坐、迫、拧、搓痕等。这十几种伴生特征不是在每个人的脚印中都能同时出现的,而只是某人或在某特定条件下,方可能出现一两种。

a) 起脚痕迹特征:起脚特征体现在起脚主体特征和起脚伴生特征中。起脚主体特征为蹬痕,包括跖(鞋掌)蹬痕和趾(鞋尖)蹬痕,方向有正后蹬、偏外蹬、偏内蹬。蹬痕是人行进过程中,身体前倾,脚掌部向后用力蹬离地面,使此处泥土向后移位,并有推土现象,有时还会出现向后的鳞状裂痕。在松软可塑的地面等客体上的立体脚印跖部和趾部,反映出较深凹陷痕迹,一般前后沿均呈现弧形,在后沿还伴有堆土或抛土迹象,其形态呈倒三角形;在平坦坚硬承痕体上的平面脚印跖部和趾部,则反映出向后滑动造成的宽窄不同的一簇擦划痕迹,其色调与鞋底凸起花纹一致。蹬痕的形态多数情况下前沿呈弧形、后沿呈角形,角形的部位和指向往往代表蹬的部位和方向。

伴生特征主要抬痕、挑痕、给痕、扫痕、划痕、抠痕、挖痕等。抬痕,起脚时速度快,地面的干细浮尘被吸附起来形成的痕迹,常见的有星芒状、长条状等;挑痕,低起脚时,趾尖向前上方挑破地面所形成的近似三角形的痕迹;给痕,低起脚时,脚尖擦着地面前踢,挪动脚步,离开地面形成近似三角形的痕迹;扫痕,前掌内侧向前扫土,在前掌内缘部位出现较宽的羊胡子状扫土痕迹;划痕,低起脚时,趾尖向前上方挑破地面所形成的近似三角形的痕迹;抠痕,起脚时,脚趾向下用力抠压地面,形成眉弓状的凹陷痕迹;挖痕,起脚时,前掌用力向后挖翻地面,在对应着力的趾尖部位的地面上形成小土坑,并常伴有向不同方向甩土的痕迹。这些伴生痕迹多出现在脚印的前半部。它们所处的部位、长宽、深浅(浓淡)、形状、位置等构成了起足特征的细节,是进行脚印分析和鉴定的物质基础。

b) 落脚痕迹特征:落脚特征同样包括两方面,主体特征为踏痕,分正前踏、偏外踏、偏内踏;伴生痕迹有磕痕、擦痕、推痕、跄痕。落脚主体特征是踏痕。踏痕是在人行进过程中摆动腿变支撑前步时候,为保持身体平衡,足(鞋)底面与地面呈 40°角左右状态,跟部后缘某点先触地,逐次扩散向前下方踏地形成的动态特征。在松软可塑的地面等承痕体上的立体脚印跟后部,则反映出半月形、扇形,前浅后深的凹陷痕;在平坦坚硬承痕体上的平面脚印跟后部,则反映出类似半月形、扇形的残缺和擦拭迹象。

伴生特征中的磕痕是指落脚时由于大腿后群肌用力,脚跟向下方磕碰地面形成的痕迹,痕迹位于脚印后跟后沿,痕迹形态为边沿整齐,多呈直角,沿外有堆土;擦痕,落脚时,由于落脚低,脚跟在向前移动时接触地面而在后跟后沿后方形成长条状或羊胡子状的痕迹;推痕,落脚时脚跟内侧先着地,向内前方推动地面形成的痕迹,痕迹内沿整齐,内前方堆土;跄痕,落脚时由于运步快、惯性大,脚掌平行跄动地面而在后跟前沿形成堆土,在脚掌中部形成横条状裂纹和在脚尖前沿出现喷土或踢土等痕迹。伴生特征多出现在脚印的跟后端,或跟内侧、前沿。

c) 支撑痕迹特征：支撑特征的主体特征为压痕，伴生痕迹有：坐痕、迫痕、拧痕。

压痕是指支撑体重的脚掌面碾压承痕体形成的痕迹。由于压力分布不同，压痕在脚印中的反映有轻重之别。受重压的部位土质密度大，反光较好，有反潮现象，土色较深并可能伴有从鞋底脱落的尘土、泥片或其他杂质；轻压部位土质疏松，反光较差，边缘部位还可能出现虚边。重压面是压痕的集中反映，它是人的年龄、步行姿势等特点的重要反映，是步态特征中一种比较重要和稳定的特征，是进行步法分析和步法检验的重要依据。

伴生痕迹有坐痕、迫痕、拧痕。坐痕，俗称倒跟，脚落地后，支撑腿一侧脚跟支撑体重，当摆腿向前移动时，由于支撑腿脚跟的反作用力，使脚跟后移而形成鞋后缘和鞋帮的部分印压痕迹；迫痕，脚落地后，倾斜向内侧或外侧支撑体重所形成的向倾斜一侧堆土并反映鞋边或鞋帮的痕迹；拧痕，脚开始离地时，由于臀部扭转带动支撑腿，以支撑腿掌为中心轴，脚跟向内或向外扭动，形成脚跟和脚掌内外边沿呈"S"状堆土痕迹。

（3）脚印附属特征：脚印附属特征，主要是指气味特征和微量物质特征等。实践中，只有把脚印的形象特征、步法特征及依附于脚印中的气味、附着的微量物质紧密地结合起来进行分析研究，才能更好地发挥脚印的作用。

1）气味特征：气味的种类包括留脚印者自身的气味、职业气味（如汽车司机、炊事员、医务工作者、油漆工等）、生活气味（如住所、服装、烟草、香料、鞋底的橡胶味等）、接触感染气味（走路时遇到的昆虫、植物花粉、鞋上涂料等）。人体气味是一种看不见摸不着的物质，目前还没有较先进的仪器和设备对其进行分析和研究，长期以来只是借助警犬的灵敏嗅觉进行工作，但这并不能否认气味特征在查找事故线索和肇事驾驶人方面的贡献。所以，勘察事故现场应重视收集行为人在脚印中附属的气体。

2）微量物质特征：鞋底附着物在脚印形成过程中有可能遗留或反映，如果体小量微，严格来讲属于微量物质特征。脚印的微量物质主要包括泥土、粉尘、毛发、纤维、血迹、植物茎与叶、金属屑等。尽管其种类繁多，但其表现出如下特点：①广泛性。任何一种物质都可能成为物证。②多发性。微量物证在现场出现率比较高，如毛发高达50%以上。③隐蔽性。有些微量物质甚至是肉眼难以发现的，实践工作中应注意发现、提取和保全，充分利用现代先进仪器进行分析，同样能为侦查提供重要线索，为破案提供重要证据。

（二）手、足印的作用

提取手、足印迹可以协助确认肇事驾驶人身份，寻找肇事逃逸驾驶人等。

（三）手、足印的发现及提取

1. 手印的发现及提取

（1）手印的发现：由于手印的形成条件不同，一些手印可以直接通过肉眼或借助放大镜等简单工具发现；而另一些手印则需要借助物理或化学方法显现后才能显现。

粉末显现法是目前使用较多的一种手印物理显现方法，其原理是利用手印中的汗、油质等对粉末的黏附作用显现手印。利用该技术显现手印时，首先应当用软毛刷蘸取适量粉末，轻而均匀地抖撒在疑似有手印的物体表面；然后用毛刷尖部轻轻刷动物体表面的粉末；发现手印后，应注意顺着手印纹线方向刷动；最后刷净多余粉末，使手印清晰显现。

(2)手印的提取：提取经粉末显现的手印时，应当使用透明胶纸从手印的一端向另一端推辗压平，直至将手印完全覆盖（覆盖过程中应当尽量避免产生气泡），而后揭下透明胶纸并贴在与粉末不同颜色的衬底纸上，从而将手印完整地提取下来。

(3)指纹的捺印：指纹捺印的核心目的是通过与现场痕迹中提取的指纹特征进行比对，进而实现肇事主体的认定或死者身份的识别等。

捺印时，要求依次将被捺印人（或尸体）的全部手指涂上一层油墨，在平整白纸上按手指顺序依次滚捺出指印，并在各指印下方分别标注出自哪个手指。捺印过程中，应当注意保持手指滚动平稳、连续，不得挪动、重复；捺印的手指应当保持清洁。

2. 足印的发现及提取

(1)足印的发现：一般来说，立体脚印和平面有色脚印反差较强，比较明显，在普通光线下，容易用肉眼发现。但交通事故现场上常常会有某些反差微弱、潜在的脚印，不容易看清，必须采取相应的方法去观察发现。发现的方法主要有如下几种。

1)自然光观察法：利用自然光时，必须站在光线对面或侧面，蹲下俯身前视或卧身侧视，并随时调整视线角度，视角应尽量小一些。

2)配光观察法：夜间无条件利用自然光时，可配以人造光源进行观察，如电灯光、手电光、蜡烛光等。常采用两种配光方式：一种是配光垂直照射地面，平行移动光源观察；另一种是低角度照射，使光束变偏，与地面夹角在$10°\sim 12°$之间，人在侧面俯视观察。

3)显色法：对于反映弱的平面脚印也可用物理或化学方法进行显现处理，然后进行观察，具体方法与显现手印方法相同。

4)静电复印法：在一些现场上往往因形成脚印的物质与承痕体反差均弱，肉眼看不清是否有脚印，可以结合现场情况，利用静电吸附法逐段进行复印，进而发现脚印。

(2)足印的提取：一般采用照相方法提取足迹（印），对立体足迹（印）也可用石膏制作模型。

1)照相提取法：照相提取法，是提取现场脚印最基本、最常用的方法。一般情况下，在采用其他方法提取脚印之前，无论是立体脚印还是平面脚印，都必须先行照相。对单个脚印应在脚印侧边平放比例尺，逐个拍照；对成趟脚印，则应采取直线连续照相方法进行照相提取（同样需要比例尺）。随着数码技术的推广普及，数码照相已被广泛运用于现场脚印提取，数码视频影像技术也为现场脚印影像提取拓展了空间。

2)制模提取法：制模提取法，主要适用于现场立体脚印的提取，即以制作立体脚印模型的方式来提取固定现场脚印。制模所用的主要材料通常是石膏粉、水及模型骨架等，石膏粉必须干燥、精细，石膏粉和水的用量一般按5:3的比例使用。具体操作方法按如下步骤进行：首先，做好准备工作。包括准备制模材料，拍照后清理现场立体脚印中的杂物，制作金属或塑料围墙（也可就地取材使用泥土做围墙）和骨架（用以防止石膏模型断裂）等。然后，按比例调制石膏液。用广口容器承装适量的水，将备好的石膏粉撒入容器，并迅速搅拌，调制成石膏浆，搅拌调制时尽量避免产生气泡。如有气泡应将其赶到容器边沿刺破气泡。调制好石膏液后，在拟做模型的立体脚印外围放好围墙或用泥土围好立体脚印代做围

墙,从立体脚印最深处边沿轻轻将石膏液灌入脚印中,待注满整个脚印并达一定厚度(1 cm 左右)时,放入事先制作好的骨架,再继续灌注石膏液,直至完全覆盖骨架 1 cm 左右为止,并将模型表面平整,等待石膏模型凝固。半小时后,石膏模型会完全凝固。此时,去除围墙,从四周托起立体脚印模型,清水冲洗,清理脚印模型,细小花纹图案间隙的泥土或泥沙应予以保留,不必清洗干净,以待检验细节特征。

制作脚印模型除了使用石膏粉外,也可使用硅橡胶、石蜡、蜂蜡、弹性藻酸钠糊剂等。总之,立体脚印制模提取并不局限于一种材料。选用何种材料还应根据气候和承痕体性状决定。如雪地立体脚印不宜采用石膏法。

3) 静电复印提取法:静电复印提取法,主要适用于平面粉尘灰尘脚印的提取。这种方法对提取水泥、油漆、水磨石、木地板等干燥地面上平面粉尘脚印及纺织品、塑料、玻璃等客体上灰尘脚印效果较佳。该方法是根据静电吸附原理,将平面粉尘灰尘脚印吸附在聚氯乙烯薄膜或薄板上,具体有手工摩擦产生静电和使用静电发生器两种方法,均简便易行,效果良好,能提高脚印的发现、提取率。利用高压静电发生器时,应注意安全。聚氯乙烯薄膜(或贴膜薄板)覆在脚印上后一定要平稳,不能移动。复印在膜(板)上的平面粉尘脚印,应立即进行比例照相,并注明"复印提取"字样,避免损坏和出现差错。同时注意,用上述方法提取的脚印,与捺印样本的左右方向相反,要进行拍照矫正。

综上所述,脚印的提取方法没有固定的程序可循,实践中应根据承痕体、造痕体、介质的变化而变化。照相提取、制模提取、静电复印提取是最常用的方法。对从事现场勘察的技术人员来讲,只有在日常工作中多留心、多实验,不断地探索和总结经验,才能针对不同的现场情况,采用不同的方式对脚印进行发现和提取,以获得最佳的现场脚印。

第三节　其他痕迹鉴定案例解析

一、常见其他痕迹鉴定案例解析

案例一

××××司法鉴定意见书

一、基本情况

委 托 人:××县公安局交通警察大队

委托日期:××××年××月××日

鉴定对象:某号牌正三轮载货摩托车

委托事项:对事故现场提取的散落物与某号牌正三轮载货摩托车进行痕迹比对,确定是否系某号牌正三轮载货摩托车同一整体所分离

鉴定材料:

1. 事故现场提取的油漆碎片(若干块)
2. 某号牌正三轮载货摩托车

3. 事故现场照片(复制件)

鉴定日期：××××年××月××日

鉴定地点：××××停车场、××××司法鉴定所

二、基本案情

据委托材料记载，××××年××月××日 05 时 01 分许，王某某驾驶某号牌正三轮载货摩托车行经××线××县××镇××山隧道西侧路段时，涉嫌碰撞在机动车道上由张某某推行的二轮手推车，造成张某某受伤经抢救无效死亡及两车受损的道路交通事故，事故发生后，王某某驾车逃逸。

三、鉴定过程

(一)鉴定方法

根据《道路交通事故现场痕迹物证勘查》(GA/T 41—2019)、《道路交通事故痕迹鉴定》(GA/T 1087—2013)、《道路交通事故痕迹物证鉴定通用规范》(SF/T 0072—2020)有关条款及检验方法，对提供的事故现场遗提取的散落物和某号牌正三轮载货摩托车进行检验、比对分析，确定送鉴的散落物是否系某号牌正三轮载货摩托车所分离。

(二)仪器设备

钢卷尺(5 m)、数码照相机、痕迹物证勘查箱等。

(三)检验所见

1. 被鉴定车辆信息

被鉴定车辆为一辆蓝色正三轮载货摩托车，未悬挂"贵D××××××"号牌，驾驶室内的车辆标牌已经被拆除，查驾驶室右侧车门下方纵梁上的车辆识别代号为××××××××××××××(见图 6.5)。

(a) 右前部外观 (b) 左前部外观

图 6.5 车辆外观照

2. 车辆碰撞痕迹

被鉴定车辆前面板右侧凹陷变形，其中距地高 76~80 cm 见两条上下分布横向凹陷痕，上面一条表面呈螺纹状，前面板右侧边缘距地 48~80 cm 的范围见表面油漆剥落，右侧车门前缘变形，右前照灯破裂等(见图 6.6)。

3. 事故现场散落物痕迹勘查

送鉴材料为若干块散落物碎片，选取其中 6 块较大的正反面均为蓝色和米白色的油漆

(a) 车辆前观照　　　　　　　　　(b) 车辆右前部痕迹

(c) 车辆右前部痕迹（放大图）　　　(d) 车辆右侧前部痕迹

图 6.6　车辆碰撞痕迹

碎片备检，并标记为检材 1~6，其中检材 1 为约 17 cm×6 cm 刀片状的油漆碎片；检材 2 为约 5 cm×6 cm 拳头状的油漆碎片；检材 3 为约 4 cm×3 cm 五边形的油漆碎片；检材 4 为约 13 cm×6 cm 一侧为锯齿状的油漆碎片；检材 5 为约 7 cm×2 cm 手指状的油漆碎片，涂有蓝色油漆的表面见明显的刮擦痕，表面附着泥灰类物质；检材 6 为约 7 cm×4 cm 葫芦状的油漆碎片（见图 6.7）。

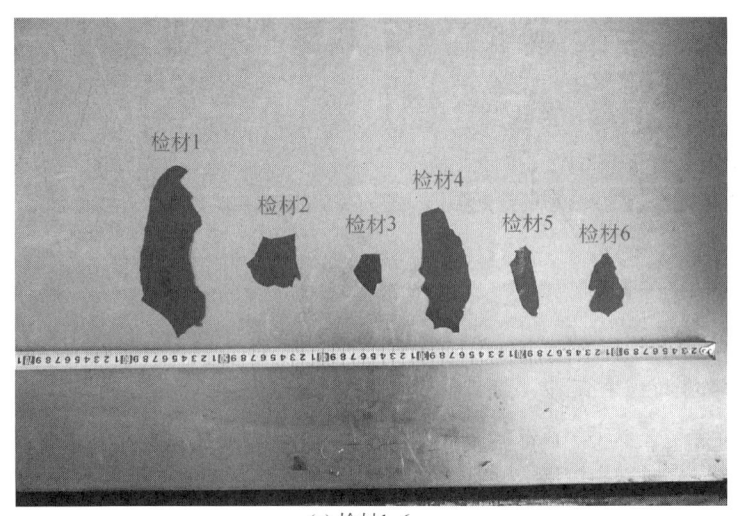

(a) 检材 1~6

(b) 检材1　　　　　　　　　　　　(c) 检材2

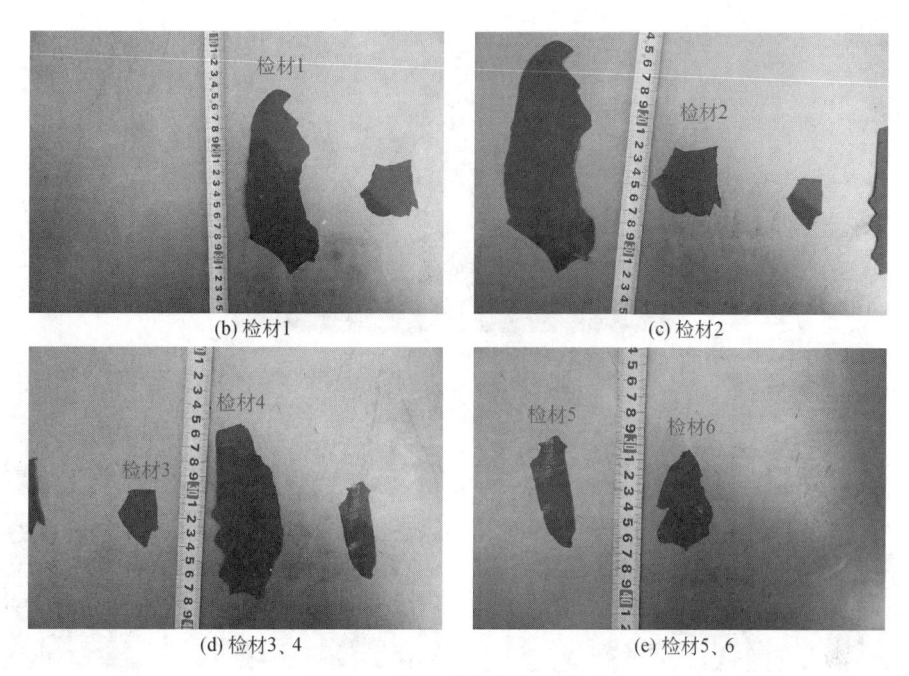

(d) 检材3、4　　　　　　　　　　　(e) 检材5、6

图 6.7　事故现场散落物痕迹

4. 检材1~6与被鉴定车辆痕迹比对

将检材1与被鉴定车辆前面板右侧边缘缺失的油漆部分进行拼接比对，多处相互之间分离线完全相符，其断面可以相互拼接，且两者材质、色泽、局部纹路特征一致（见图6.8、图6.9）。将检材4与被鉴定车辆前面板右侧边缘缺失的油漆部分进行拼接比对，有一处相互之间分离线完全相符，其断面可以相互拼接，且两者材质、色泽、局部纹路特征一致（见图6.10、图6.11）。将检材5与被鉴定车辆前面板右侧边缘缺失的油漆部分进行拼接比对，有

图 6.8　前面板右侧一处油漆剥落情况

一处相互之间分离线完全相符，其断面可以相互拼接，且两者材质、色泽、表面刮擦痕迹、局部纹路特征一致（见图6.10、图6.12）。将检材2、3、6与被鉴定车辆前面板右侧边缘缺失的油漆部分进行拼接比对，未能找到相互分离线，但表面油漆颜色一致。

四、分析说明

根据检验所见，被鉴定车辆前面板右侧因事故碰撞致使表面油漆剥落，事故现场散落物中的检材1、4、5与被鉴定车辆前面板右侧中的一处相互之间分离线完全相符，其断面可以相互拼接，且两者材质、色泽、局部纹路特征一致。另外事故现场散落物中的检材2、3、6与被鉴定车辆相互之间分离线未能相互拼接，但两者材质、色泽一致，可以认定在事故现场提取的若干散落物中选取的6块较大的油漆碎片散落物的其中3块（检材1、4、5）与被鉴定车辆前面板右侧表面油漆，属同一整体所分离。

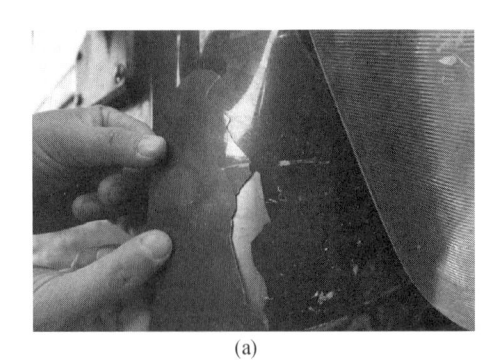

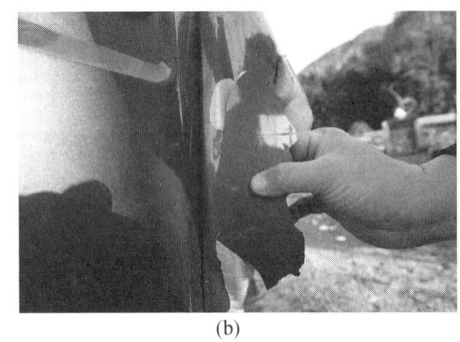

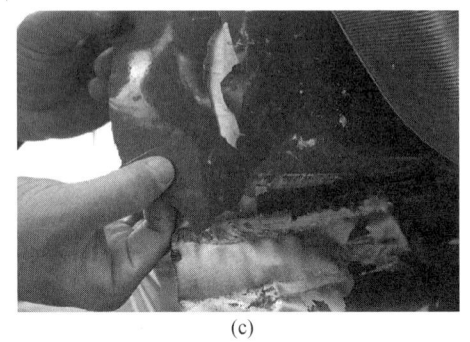

图 6.9 检材 1 与前面板右侧油漆剥落处拼接情况

图 6.10 前面板右侧另一处油漆剥落情况 　　图 6.11 检材 4 与前面板右侧另一油漆剥落处拼接情况

图 6.12 检材 5 与前面板右侧另一油漆剥落处拼接情况

五、鉴定意见

根据对送鉴材料的检验比对分析,可以认定事故现场提取的油漆碎片散落物属某号牌正三轮载货摩托车所分离。

案例解析

上述案例是油漆物证痕迹检验鉴定的案例,具有一定典型性,属于整体分离痕迹鉴定项目。道路交通事故中,一般参与方较多,除车辆、人员、道路以外的其他客体表面形成的痕迹均为道路交通事故其他痕迹。而本章研究的对象并不限于其他痕迹自身,还包括其他附着痕迹,比如车辆的油漆、玻璃、塑料、橡胶、泥土等。这些物证痕迹鉴定在实际操作中可能存在一些错误和风险,以油漆物证为例,主要体现在以下几个方面:①样本采集与保存。第一,采集不具代表性。若采集的油漆样本并非来自事故相关部位,或者只采集了表面油漆而未考虑多层油漆的情况,会导致样本不能准确反映事故中的油漆特征,使鉴定结果出现偏差。第二,保存不当。油漆样本在保存过程中受到污染、变质或损坏,如未密封保存导致油漆中的化学成分挥发,或保存温度、湿度不合适使油漆发生物理变化,都会影响后续的鉴定分析。②鉴定方法与技术局限。第一,仪器精度不足。使用的分析仪器精度不够,无法准确检测出油漆中的微量成分或精细的物理结构特征,可能导致对油漆种类、品牌等信息的判断错误。第二,多种油漆干扰。当事故现场存在多种油漆混合的情况时,现有的分离和鉴定技术可能难以完全准确地将每种油漆的特征区分开来,从而影响鉴定结果的准确性。③标准与数据库不完善。第一,缺乏统一标准。目前油漆物证痕迹鉴定可能缺乏统一的行业标准,不同鉴定机构或鉴定人员在操作方法和结果判断上存在差异,影响了鉴定结果的一致性和可比性。第二,数据库更新不及时。油漆生产技术不断发展,新产品层出不穷,如果鉴定所依据的数据库更新不及时,就可能无法准确识别新型油漆,导致鉴定意见不正确。

二、其他痕迹鉴定案例解析

案例二

××××技术鉴定意见书

一、基本情况

委 托 人:××市××区人民法院

委托日期:20××年××月××日

受理日期:20××年××月××日

委托事项:对涉案某号牌宝马牌BMW7201WL(BMW525Li)小型轿车(车架号:LBV5S306FSL×××××,发动机号:××××C605)是否为泡水车进行鉴定

被鉴定车辆:某号牌宝马牌小型轿车

鉴定材料:

1. 某号牌小型轿车

2. 某号牌小型轿车的行驶证和机动车登记证书(复印件)

3. 某号牌小型轿车的车辆买卖协议(复印件)

4. 某号牌小型轿车的车辆检测报告和维修理赔报告(复制件)

5. 其他诉讼材料

鉴定地点：×××汽修厂

鉴定日期：20××年××月××日至20××年××月××日

到场人员：王××(原告代理人)、屈××(被告)；××融资担保有限公司(被告,经通知未到场)、范××(被告,经通知未到场)。

二、基本案情

张×与范××、××二手车经纪有限公司、屈××、××融资担保有限公司合同纠纷一案委托要求对涉案某号牌宝马牌 BMW7201WL（BMW525Li）小型轿车（车架号：LBV5S3106FSL×××××,发动机号：××××C605）是否为泡水车进行鉴定。

三、资料摘要

据送检材料被鉴定车辆机动车行驶证记载：号牌号码为××××××,车辆类型为小型轿车,品牌型号为宝马牌 BMW7201WL（BMW525Li）,车辆识别代号为 LBV5S3106FSL×××××,发动机号码为××××C605,注册日期为20××年04月08日等。

据被鉴定车辆的《车辆买卖协议》,卖方(甲方)：范××,买方(乙方)：张×,双方于2020年9月11日订立协议,甲方将宝马牌 BMW7201WL 车壹辆,车架号：LBV5S306FSL×××××,发动机号××××C605,以246000元人民币转让给乙方。

据送检材料示,原告曾将被鉴定车辆委托第三方"查博士"(二手车交易服务平台)进行"全车检测",其中"泡水车检测40项"项目检出：被鉴定车辆转向管柱、主驾座椅轨道及骨架、左侧门槛内部空腔、左侧门槛线束、左前地毯(含周边饰条/饰板)、左前底板隔音胶及封边胶、左后地毯(含周边饰条/饰板)、车内顶棚、右后地毯(含周边饰条/饰板)、仪表台骨架、副驾座椅轨道及骨架、右侧门槛内部空腔、右侧门槛线束、右前地毯(含周边饰条/饰板)、右前底板隔音胶及封边胶、左侧底板横梁内部、左A柱夹层及周边、驾驶舱左侧线束插接件、左后底板隔音胶及封边胶、左前安全带预紧器、左B柱夹层及周边、右后底板隔音胶及封边胶、右前安全带预紧器、右B柱夹层及周边、驾驶舱右侧线束插接件、右侧底板横梁内部、右A柱夹层及周边等共27项异常,存在浸水修复、变色、泥沙、锈蚀、脏污等现象。

四、鉴定过程

（一）鉴定方法

根据 GB 7258—2017《机动车运行安全技术条件》、GB 38900—2020《机动车安全技术检验项目和方法》、GA/T 1450—2017《法庭科学车体痕迹检验规范》、GB/T 30323—2013《二手车鉴定评估技术规范》、GB/T 4780—2020《汽车车身术语》、DB33/T 774—2009《二手车检查评估规范》、T/CADA 18—2021《乘用车鉴定评估技术规范》、JT/T 795—2011《事故汽车修复技术规范》《宝马汽车EPC》等有关条款及检验鉴定方法,对送鉴的被鉴定车辆进行检验勘查,结合相关送鉴材料,就委托事项作出鉴定意见。

（二）仪器设备

比例尺、内窥镜、物证勘查箱、痕迹勘察光源、车辆VIN码查验终端、元征431诊断仪、数码照相机等。

（三）检验所见

1. 车辆基本信息

被鉴定车辆基本信息见表6.1。

表 6.1 被鉴定车辆基本信息

生产厂	华晨宝马汽车有限公司		
车辆识别代号	LBV5S3106FSL×××××		
品牌	宝马（BMW）	发动机排量	1 997 ml
整车型号	BMW7201WL(BMW525Li)		
发动机型号	N××B××C	制造年月	2015年01月
最大允许总质量	2 250 kg	乘坐人数	5人
发动机最大净功率	160 kW	制造国	中国

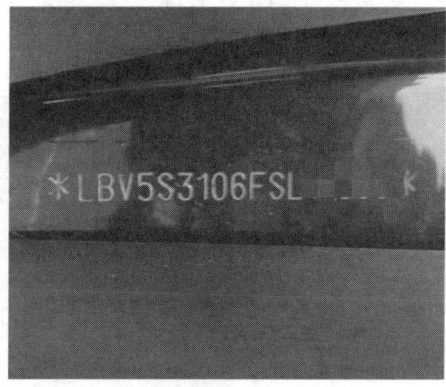

(a) 车辆标签　　　　　　　　　(b) 车辆识别代号（车架号）

图 6.13　车辆基本信息

2. 车辆现状

送鉴车辆外观无明显异常，组合仪表显示行驶里程为 179 697 km（见图 6.14）。

(a) 车辆外观　　　　　　　　　(b) 里程表总行驶里程数

图 6.14　车况

3. 车辆识别代号检验

（1）对被鉴定车辆发动机舱右侧轮罩支撑架上打刻的车辆识别代号（车架号）字符为LBV5S306FSL×××××，打刻字符清晰可辨，未见打磨、凿改等改动痕迹，与机动车行驶证所记载的车辆识别代号信息相符（见图6.15）。

图6.15　车辆识别代号（车架号）

（2）使用车辆VIN码查验终端读取被鉴定车辆电控单元的车辆识别代号为LBV5S306FSL×××××，与机动车行驶证所记车辆识别代号信息相符（见图6.16）。

图6.16　车辆VIN码查验终端检测

4. 泡水痕迹检验

（1）检查驾驶室左前侧，发现左前雾灯的插接件金属表面有明显氧化锈蚀，插口局部有水渍痕迹（见图6.17）。

（2）右前安全带下部织带局部见有霉斑痕迹（见图6.18）。

（3）右前座椅底部皮质表面见有多处明显的霉斑痕迹（见图6.19）；右前座椅驱动电机见氧化痕迹（见图6.20）；右前座椅滑轨有泥沙类物质堆积痕（见图6.21）；右前座椅的控制模块连接线束标签表面见明显泥沙类物质附着痕迹（见图6.22）；右前座椅的控制模块的标签显示生产日期为2015年9月3日（见图6.23）。

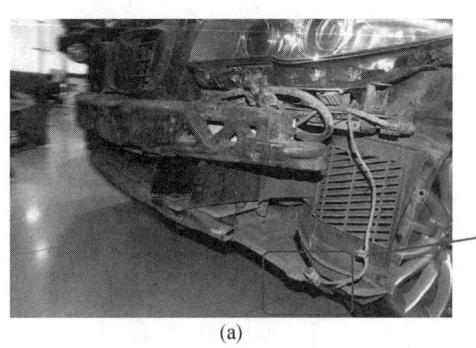

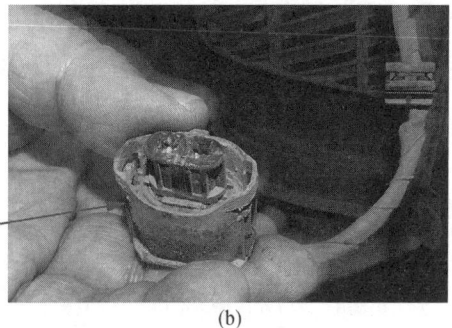

第六章 其他痕迹

(a) (b)

图 6.17　左前雾灯插接件泡水痕迹及其细目照

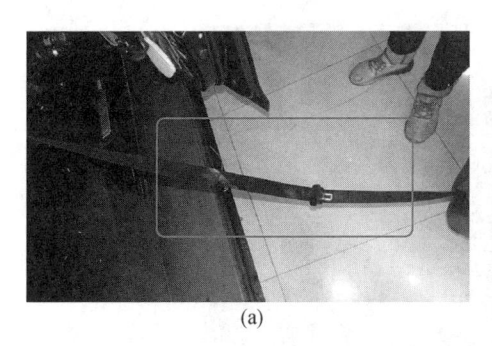

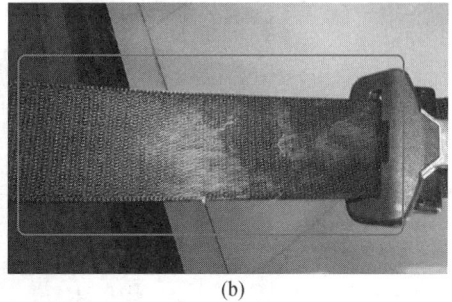

(a) (b)

图 6.18　右前安全带霉斑痕迹及其细目照

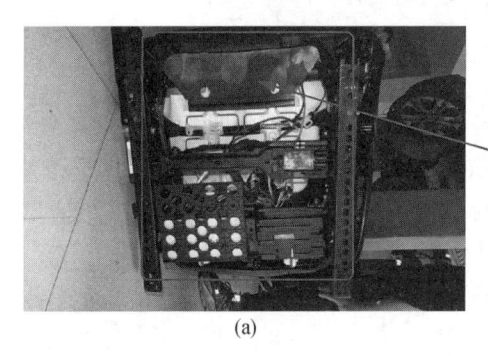

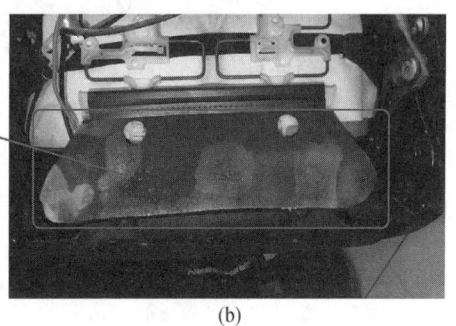

(a) (b)

图 6.19　右前座椅底部霉斑痕迹及其细目照

图 6.20　右前座椅驱动电机锈蚀痕迹 　　　图 6.21　右前座椅滑轨(含泥沙)

(a) 连接线束1　　　　　　　　　(b) 连接线束2

图 6.22　右前座椅底部连接线束(含泥沙)

图 6.23　右前座椅控制模块

(4) 拆卸右前座椅后检查右前地毯表面有泥沙类物质,右前地毯下层的海绵层见水渍污垢痕迹,地毯海绵层已经发黄(见图 6.24);沿右前门槛内侧与地板布置的电气线束接头部位见有氧化现象,剥开线束外部用于捆扎的绝缘胶带,线束各分股导线间见有水渍浸蚀痕迹[见图 6.24(d)、图 6.25]。

(5) 安装于右前地板上的低音喇叭表面见水渍浸蚀痕迹,局部黏附泥沙类物质(见图 6.26)。

(6) 右后通风管固定螺丝表面和通风管内部见水渍浸蚀痕迹,局部黏附泥沙类物质(见图 6.27)。

(7) 右侧 B 柱夹层和右前安全带及固定底座见有水线痕迹,局部黏附泥沙类物质(见图 6.28)。

(8) 使用内窥镜检查右侧地板夹层内腔见有水渍痕,局部有泥沙堆积痕,并伴有异常的泥腥味(见图 6.29)。

(9) 左前部门槛内饰板内表面与沿左前门槛布置的线束及插接件表面见泥沙物质附着痕迹(见图 6.30)。

(10) 使用内窥镜检查左侧地板夹层见大量沉积型泥沙、局部氧化痕迹,并伴有异常的泥腥味和锈蚀味(图 6.31)。

(a) 右前部地毯　　　　　　　　　　　　(b) 右前部地毯上表面

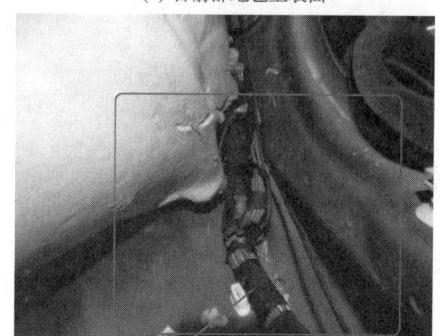

(c) 右前部地毯下表面　　　　　　　　　(d) 右前部地毯前部与电缆

图 6.24　右前部地毯泡水痕迹

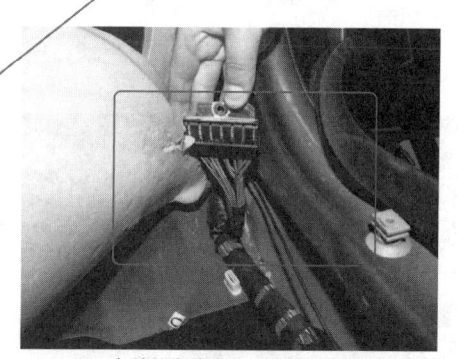

(a) 右前部电线束泥沙痕迹　　　　　　　(b) 右前部电线束接头腐蚀氧化痕迹

图 6.25　右前部电线束泡水痕迹

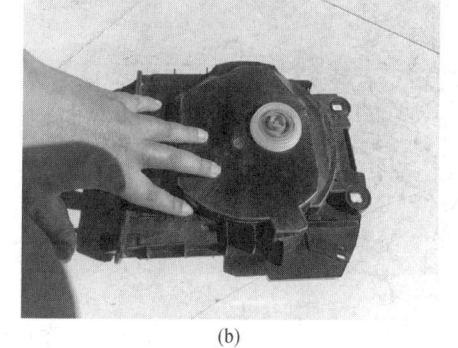

(a)　　　　　　　　　　　　　　　　　(b)

图 6.26　右前部低音喇叭表面泥沙痕迹

(a) 右后通风管固定螺丝泥沙痕迹 　　(b) 右后通风管内部泥沙痕迹

图 6.27　右后通风口处泥沙痕迹

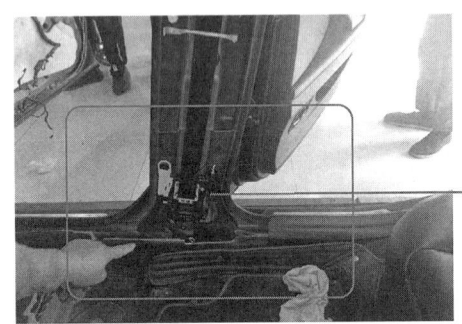

(a) 右B柱内部泥沙痕迹 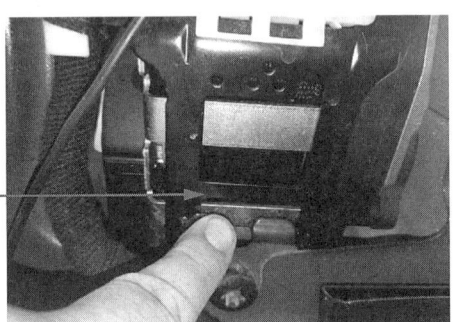　　(b) 右B柱安全带底座泥沙痕迹和水线位置

图 6.28　右 B 柱处泡水痕迹

(a) 使用内窥镜检查右前地板夹层 　　(b) 水渍痕1

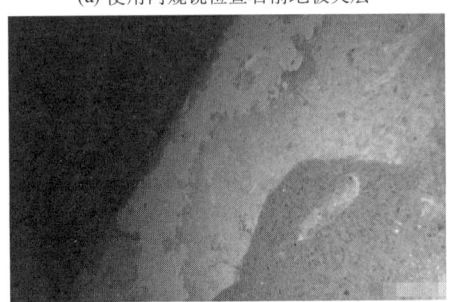

(c) 水渍痕2 　　(d) 水渍痕3

图 6.29　使用内窥镜检查右前地板夹层见水渍痕

(a) 左前部门槛内饰 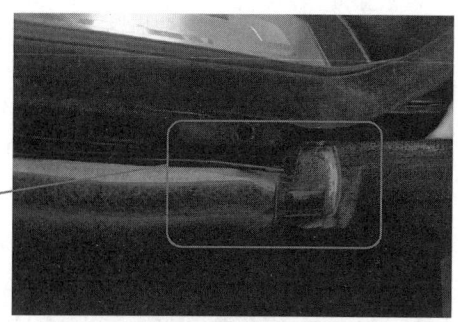　　　　　　(b) 左前部门槛内饰泥沙痕迹

(c) 左前部线束插接件及导线表面泥沙痕迹 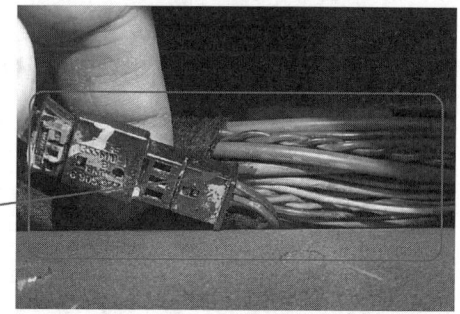　　(d) 左前部线束插接件及导线表面泥沙痕迹细目

图 6.30　左前部门槛内饰、线束插接件及导线处见泥沙痕迹

(a) 使用内窥镜检查左前地板夹层 　　　　(b) 泥沙痕迹1

(c) 泥沙痕迹2 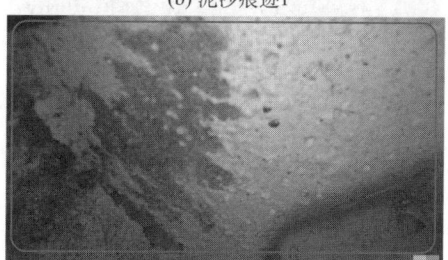　　　　　　(d) 泥沙痕迹3

图 6.31　使用内窥镜检查左前地板夹层见泥沙痕迹

(11) 左前座椅驱动电机见有水渍与锈蚀痕迹(见图 6.32)；左前座椅控制模块已经更换(贴有非原厂供应商标签)，控制器插接件针脚见氧化锈蚀痕迹(见图 6.33)。

(12) 拆检前保险杠，在前保险杠背面、前保险内杠以及周边区域机件表面见泥沙物质附着(见图 6.34)。

(a)   (b)

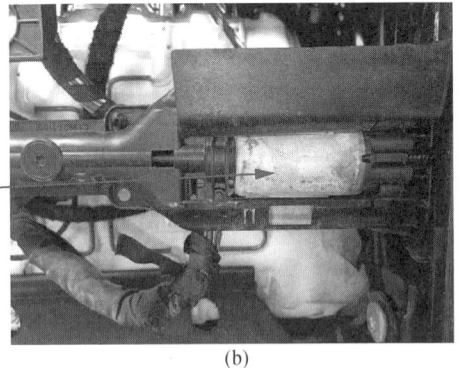

图 6.32 左前座椅底部电机锈蚀痕迹

(a) 左前座椅控制器已更换   (b) 左前座椅控制器插接件针脚已锈蚀

图 6.33 左前座椅控制模块检验

(a) 前保险内杠及周边区域状况   (b) 前保险杠背面区域状况

图 6.34 前保险杠处见泥沙附着

(13) 检查行李箱底板与侧围隔音层、行李箱保险丝盒及线束、车顶篷、发动机舱保险丝盒、驾驶室内保险丝盒、点烟器等部位未见泡水锈蚀、泥沙、水渍、霉斑等缺陷痕迹。

五、分析说明

本案为车辆买卖合同纠纷，委托要求及争议焦点为涉案车辆是否为"泡水车"。为了确定车辆是否属于泡水车，是否存在水泡痕迹，对涉案车辆的前后保险杠、车门座椅、内饰、地毯等部件进行了拆卸检查，通过对被鉴定车辆的相关部件拆检所见痕迹对照相关标准进行判断。

经实车勘检,发现左前雾灯插接件、右前安全带下部织带、右前座椅底部(皮质表面、驱动电机、座椅滑轨、控制模块连接线束标签)、右前地毯、沿右前门槛内侧与地板布置的电气线束、右前地板上的低音喇叭、右后通风管、右侧B柱夹层、右前安全带固定底座、右侧地板夹层、左前部门槛内饰及沿线布置的导线、左侧地板夹层、左前座椅底部(驱动电机、控制模块、控制器插接件针脚)等部位存在水渍、霉斑、泥沙、氧化锈蚀、泡水修复等痕迹,个别零部件存在更换(如右前座椅的控制模块的标签显示生产日期为2015年9月3日,生产日期迟于车辆生产日期),符合部件因泡水后受损的缺陷痕迹之一或多个痕迹,从被鉴定车辆的水泡痕迹与泥沙痕迹所处区域判断,水位线在座椅底板以上,即车内乘员舱存在水高于门槛部分,大面积浸水现象。

根据国家标准 GB/T 30323—2013《二手车鉴定评估技术规范》6.3条驾驶舱的检查项目作业表的检查项目有"车内是否无水泡痕迹""车内是否整洁、无异味"。经实车勘检,被鉴定车辆的车内见有水泡痕迹与泥沙痕迹。

根据浙江省地方标准 DB33/T 774—2009《二手车检查评估规范》第3.7条:"泡水车是指曾发生过水高于门槛部分而导致车内浸水现象的车辆"。根据中国汽车流通协会的团体标准 T/CADA 18—2021《乘用车鉴定评估技术规范》第3.6条:"泡水车是指经水等导电液体浸泡进入驾驶舱内的车辆总称"和第5.5.2.3条"泡水车示意图所示的当泡水水位线在座椅底板以上(包含座椅底板)的即为泡水车"(见图6.35)。

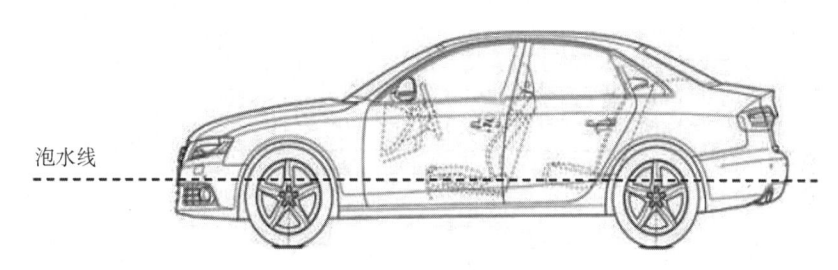

图6.35 泡水车示意图

经实车勘检所见,所检车辆存在"驾驶舱内存在水等导电液体的浸泡痕迹,其泡水水位线在座椅底板以上(包含座椅底板)",存在"高于门槛部分的浸水痕迹",存在"经水等导电液体浸泡导致车辆核心零部件、电气件等受损",符合"泡水车"定义要求。

另外,根据中国汽车流通协会的团体标准 T/CADA 18—2021《乘用车鉴定评估技术规范》第5.5.2.1条:"除5.5.2.2所述情况外,当表5中所述18项部件以及其他未列明部件中,共有三项(含)以上存在表6中对应的缺陷时,则该车为泡水车"(见图6.36)。

被鉴定车辆经实车勘检发现表5代码中的28、29、30、31、34、38、41、42、45等9项部件,存在表6中对应的缺陷。依据该标准"泡水部件"与"缺陷状态"对应的判定准则,可判定为"泡水车"。

六、鉴定意见

涉案某号牌宝马牌 BMW7201WL(BMW525Li)小型轿车(车架号:LBV5S306FSL××××× ,发动机号:××××C605)属于泡水车。

(a) 表5　泡水车部件代码表

部件代码	部件名称	部件代码	部件名称
28	车内地毯	37	发动机舱保险丝盒
29	乘客/驾驶舱地板线束及接口	38	空调出风口
30	座椅滑轨	39	发动机线束及接口
31	座椅坐垫下方	40	车顶篷
32	转向柱	41	车身底板框架
33	点烟器底座	42	柱夹层及周边
34	安全带	43	驾驶舱内控制单元
35	行李箱底板	44	行李箱保险丝盒及线束
36	驾驶室内保险丝盒	45	其他

(b) 表6　车辆缺陷状态描述对应表

缺陷代码	PSXS	PSNS	PSSZ	PSMB	PSXF
缺陷描述	泡水锈蚀	泡水泥沙	泡水水渍	泡水霉斑	泡水修复

泡水车缺陷状态解释：
泡水锈蚀：指车内金属部件因为泡水原因造成的大面积极为明显的锈蚀。
泡水泥沙：指车内存在明显泥沙痕迹。
泡水水渍：指因为泡水车内存留的水印。
泡水霉斑：指车内部件因为泡水后造成的明显发霉现象。
泡水修复：指车内部件存在因泡水后进行修复所造成的痕迹。

图6.36　相关规范截图

案例三

××××司法鉴定意见书

一、基本情况

委 托 人：××市公安局交通警察支队车辆管理所

委托日期：20××年××月××日

委托事项：对某号牌起亚牌小型轿车的车架唯一性进行鉴定

被鉴定车辆：某号牌起亚牌小型轿车

鉴定材料：

1. 某号牌起亚牌小型轿车
2. 机动车登记证书
3. 机动车查验记录表(2014年11月18日注册登记)
4. 机动车查验记录表(2017年6月30日转移登记)
5. 机动车查验记录表(2017年7月13日转移登记)

鉴定地点：××市××区××路8号

鉴定日期：20××年××月××日至××月××日

二、基本案情

据委托材料记载，某号牌起亚牌小型轿车在××市公安局交通警察支队车辆管理所办理相关业务时，需要对该车的车架唯一性进行鉴定。

三、资料摘要

被鉴定车辆机动车登记证书记载，品牌型号为起亚牌YQZ7204A型，车辆识别代号为LJDKAA246E×××××，发动机型号及号码为G4NA、EW×××××，制造厂名称为东风悦达起亚汽车有限公司，车辆出厂日期为2014-09-30。

四、鉴定过程

（一）鉴定方法

根据GB 16735—2004《道路车辆 车辆识别代号（VIN）》、GB 21861—2014《机动车安全技术检验项目和方法》（已废止，现行有效为GB 38900—2020）、GA/T 952—2011《法庭科学机动车发动机号码和车架号码检验规程》、GB 7258—2017《机动车运行安全技术条件》等有关条款及检验鉴定方法，对送检的被鉴定车辆进行检验勘查，并对委托事项作出鉴定意见。

（二）检验工具

使用多功能现场痕迹勘察光源（标识号：××SFJD-33）、新一代汽车智能诊断系统（标识号：××SFJD-08）、工业内窥镜（标识号：××SFJD-41）、放大镜（标识号：××SFJD-15）、金属冲压字迹显现箱（标识号：××SFJD-03）、常用汽车维修拆装工具、数码相机等工具进行检验。

（三）检验所见

1. 被鉴定车辆为一辆白色二轴小型轿车，前后未悬挂号牌，车辆外观整洁，未见异常（见图6.37）。

(a) 车辆左前部外观　　　　　　(b) 车辆右前部外观

图6.37　车辆外观照

2. 检查位于右侧B柱外侧的产品标牌与仪表台左前侧的车辆识别代号标牌，标示的车辆识别代号均为LJDKAA246E0185916（见图6.38），其信息与机动车登记证书上登记的相关信息相符。

3. 被鉴定车辆的车辆识别代号打刻在发动机舱防火墙隔板上部右侧（下称"A组"）和

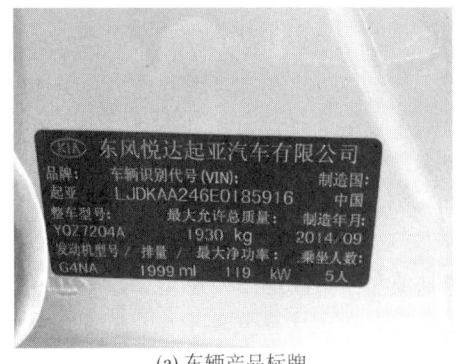

(a) 车辆产品标牌 　　　　　　　　　　　　(b) 车辆识别代号标牌

图 6.38　车辆信息标牌

前排乘员座椅下部横向固定支架金属件上表面位置（下称"B组"），A、B两组打刻的车辆识别代号字符均为 LJDKAA246E0185916，字符清晰可辨，其信息与机动车登记证书上登记的相关信息相符（见图 6.39）。

(a) A组 　　　　　　　　　　　　(b) B组

图 6.39　车辆识别代号打刻所在位置

4. 拆除被鉴定车辆的前排乘员座椅，观察B组车辆识别代号打刻位置与周边机件连接正常，未见有切割焊接痕迹，同时去除车辆识别代号所在位置表层漆层，使用化学显现液进行显现处理，在现打刻车辆识别代号字符位置显现出其他字符的重叠痕迹，其中6位字符"178997"尚能辨认（见图 6.40）。

(a) B组打刻车辆识别代号 　　　　　　　　　　　　(b) B组化学显现情况

(c) B组化学显现情况（局部放大图）

图 6.40　B 组打刻车辆识别代号及其化学显现情况

5. 观察 A 组车辆识别代号打刻在防火墙隔板上的金属件，未见有切割焊接整体分离痕迹，与车身连接正常。使用化学显现液进行化学显现处理，未能显现出其他字符（见图 6.41）。

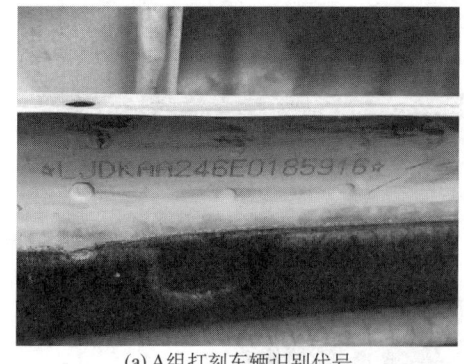

(a) A组打刻车辆识别代号　　　　　　　　(b) A组化学显现情况

图 6.41　A 组打刻车辆识别代号及其化学显现情况

6. 勘查现场将被鉴定车辆打刻的 B、A 两组车辆识别代号字符进行拓印（2019 年 04 月 15 日所拓），称为检材 1、检材 2，与××市公安局交通警察支队车辆管理所提供的被鉴定车辆原始档案车辆识别代号所处在 A、B 两组位置拓印件（2014 年 11 月 18 日注册登记时，拓在 B 组位置，称为样本 1，2017 年 06 月 30 日转移登记时，拓在 A 组位置，称为样本 2，2017 年 07 月 13 日转移登记时，拓在 B 组位置，称为样本 3）进行比对，情况如下：

(1) 将检材 1 与样本 1 和样本 3 扫描后，采用 CorelDRAW 软件进行比对，其中检材 1 与样本 3 的字符字形、大小、排列间距均一致，但与样本 1 的字符字形、大小、排列间距均不一致（见图 6.42）。

(2) 将检材 2 与样本 2 扫描后，采用 CorelDRAW 软件进行比对，两组字符字形、大小、排列间距均为一致（见图 6.43）。

7. 读取被鉴定车辆电控系统的车辆识别代号为 LJDKAA248E0178997（见图 6.44），其信息与机动车登记证书上登记的相关信息不相符。

图 6.42 检材 1 与样本 1、样本 3 特征比对图

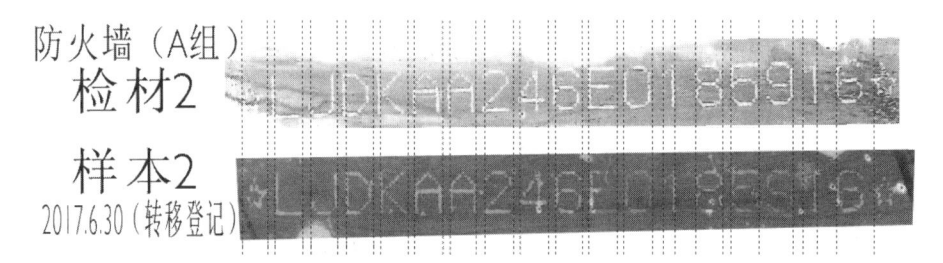

图 6.43 检材 2 与样本 2 特征比对图

图 6.44 电控系统读取的车辆识别代号

五、分析说明

根据送检材料及被鉴定车辆检验所见,打刻的两组车辆识别代号为 LJDKAA246E0185916,字符清晰可辨,与机动车登记证书上登记的对应信息一致。

将被鉴定车辆打刻的 A、B 两组车辆识别代号进行拓印,作为检材 1、检材 2 与样本 1、样本 3 进行比对,检材 1 与样本 3 两者字符字形、大小、排列间距等符合特征的总和,为本质符合,反映了同一打刻痕迹的特定性,构成同一认定的依据。检材 1 与样本 1 特征不同,不符合同一打刻痕迹的特征,可以排除为同一打刻痕迹。检材2与样本2进行比对,两者字符字形、大小、排列间距等符合特征的总和,为本质符合,反映了同一打刻痕迹的特定性,构成同一认定的依据。

对被鉴定车辆A、B两组所打刻位置的金属部件进行化学显现处理,A组所打刻的车辆识别代号未能显现出其他字符,但B组所打刻的车辆识别代号位置显现出其他字符重叠痕迹,显现出尚能辨认的6位字符为"178997",与车辆电控系统读取的车辆识别代号后6位一致。

依据GB 7258—2017《机动车运行安全技术条件》第4.1.3条其中"汽车、摩托车、半挂车和中置轴挂车应具有唯一的车辆识别代号,其内容和构成应符合GB 16735的规定;应至少有一个车辆识别代号打刻在车架(无车架的机动车为车身主要承载且不能拆卸的部件)能防止锈蚀、磨损的部位。打刻车辆识别代号(或产品识别代号、整车型号和出厂编号)的部件不应采用打磨、挖补、垫片、凿改、重新涂漆(设计和制造商为保护打刻的车辆识别代号而采取涂漆工艺的情形除外)等方式处理……"的规定要求。被鉴定车辆B组所打刻的车辆识别代号位置经化学显现出其他字符重叠痕迹,符合打磨重新打刻特征,不具备唯一性。

综上所述,被鉴定车辆打刻的B组的车辆识别代号拓印与2014年11月18日初次注册登记时车辆识别代号拓印件比对不一致,可以排除为同一打刻承痕客体,且B组的车辆识别代号打刻平台符合为人为打磨重新打刻特征,其车架(车身)不具备唯一性特征。

六、鉴定意见

根据实车痕迹勘验及分析,送检的某号牌起亚牌小型轿车的车架不具备唯一性特征。

> **案例四**

××××司法鉴定所司法鉴定意见书

一、基本情况

委 托 人:××区人民法院

委托日期:20××年××月××日

鉴定对象:车牌号为某号牌奔驰E300L时尚豪华型轿车

委托事项:1.对车号为某号牌奔驰E300L时尚豪华型轿车哪些部位有修理过的痕迹进行鉴定;2.对车号为某号牌奔驰E300L时尚豪华型轿车存在哪些故障进行鉴定。

送检材料:1.涉案某号牌奔驰E300L轿车;2.《民事起诉状》《谈话笔录》《鉴定申请书》《关于对原告申请车辆鉴定的意见》等材料。

鉴定地点:××之星汽车有限公司

鉴定日期:20××年××月××日、××月××日

在场人员:陈×(车主);王××(××之星代表)

二、检案摘要

××区人民法院在审理原告陈×与被告××之星汽车有限公司买卖合同纠纷一案时,

需对某号牌奔驰E300L时尚豪华型轿车的哪些部位有修理过的痕迹以及存在哪些故障等事项进行鉴定。

三、检验过程

(一) 检验方法

根据GA/T 41—2019《道路交通事故现场痕迹物证勘查》、QC/T 484—1999《汽车油漆涂层》等有关条款及检验方法,对提供的涉案车辆进行检验鉴定。

(二) 检验所见

1. 车辆相关信息

所有人:陈×

品牌型号:奔驰E300L时尚豪华型轿车(车辆外观见图6.45)

(a) 车辆前部外观　　　　　　(b) 车辆后部外观

图6.45　车辆外观照

车辆识别代号:×××××××××××××××××(图片省略)

生产厂家:北京奔驰汽车有限公司

行驶里程:1 104 km

2. 油漆涂层检测

该车外观油漆完好,经仔细检查发现右后车门下方弧面处有轻微变形痕迹(见图6.46)。

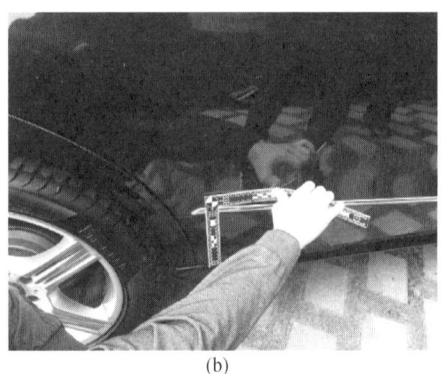

(a)　　　　　　(b)

(c)

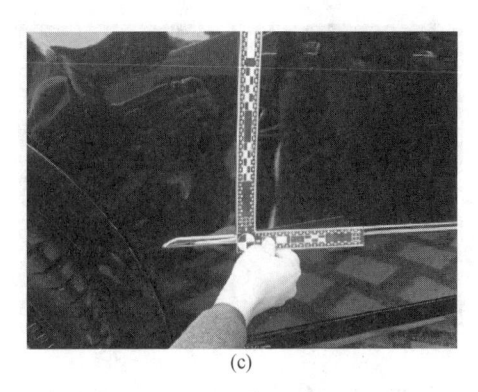

图 6.46　右后车门受损部位痕迹检测

为鉴定车身各处是否经过修理和重新喷漆,采用油漆涂层厚度检测仪对车身油漆涂层厚度进行检测,结果如下:

右后车门油漆涂层厚度(采用多点检测,下同)在 151～221 μm 之间(见图 6.47);

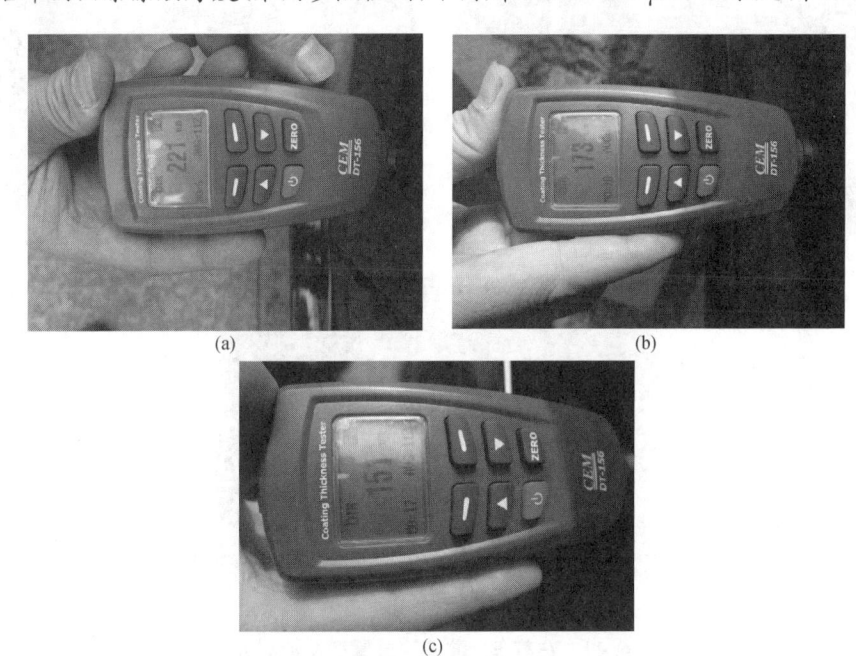

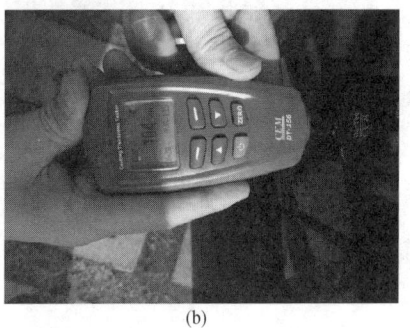

(a)　(b)

(c)

图 6.47　右后车门油漆涂层厚度及检测数据

左后车门油漆涂层厚度在 93～124 μm 之间(见图 6.48);

(a)　(b)

(c)

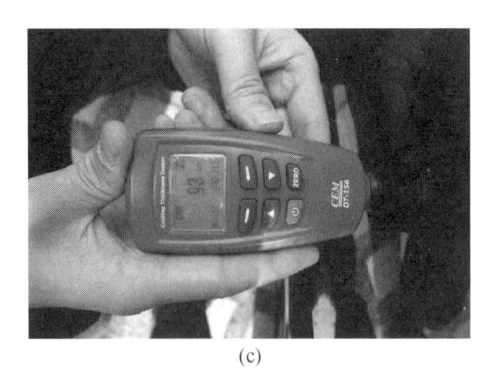

图 6.48 左后车门油漆涂层厚度及检测数据

左前车门油漆涂层厚度在 92~122 μm 之间（见图 6.49）；

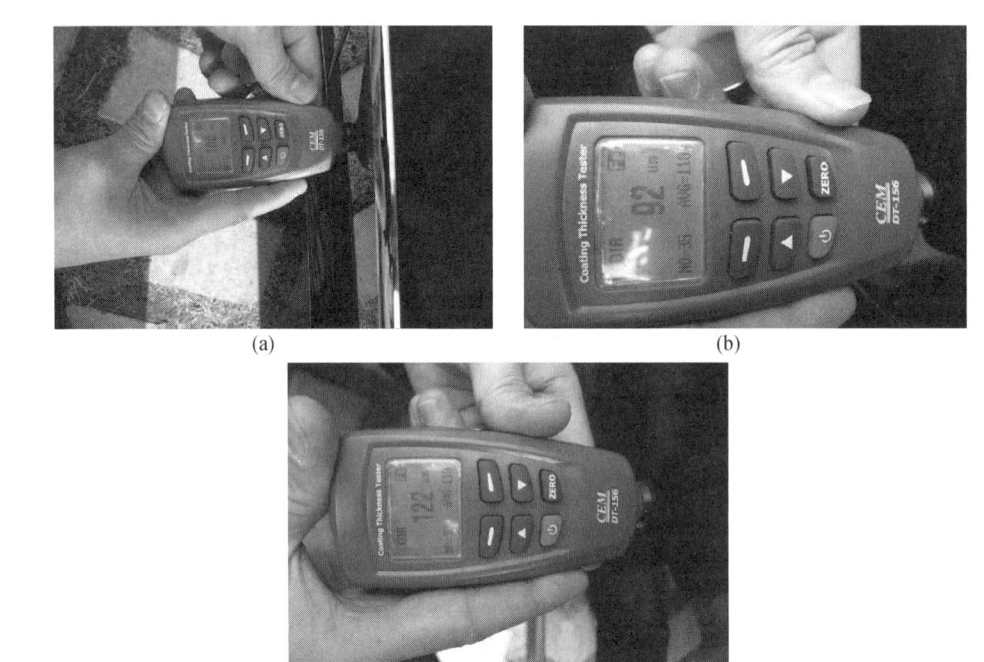

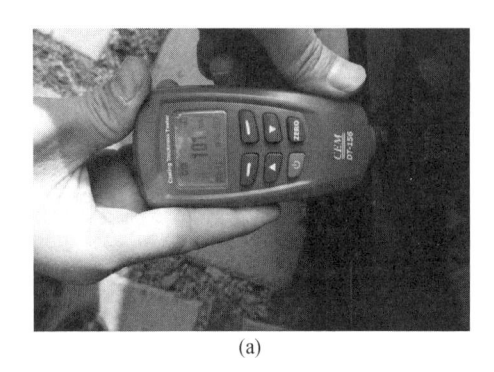

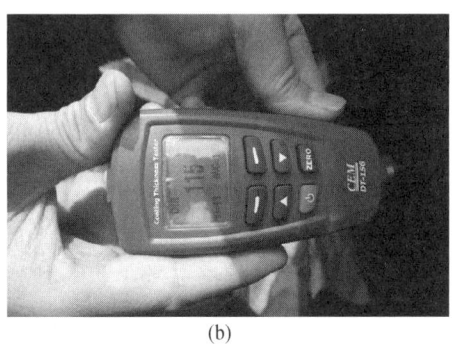

(a)   (b)

(c)

图 6.49 左前车门油漆涂层厚度及检测数据

右前车门油漆涂层厚度在 101~115 μm 之间（见图 6.50）；

(a)   (b)

(c)

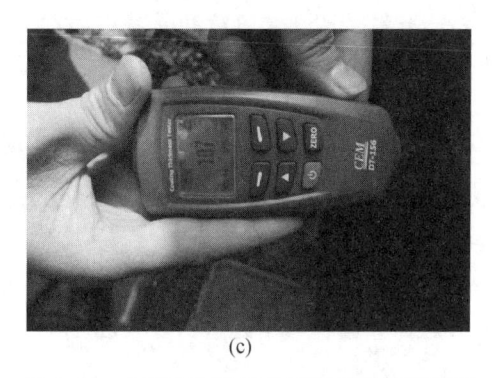

图 6.50　右前车门油漆涂层厚度及检测数据

右后翼子板下方靠近右后车门处取两个部位进行检测,油漆涂层厚度分别为 186 μm 和 218 μm(见图 6.51);

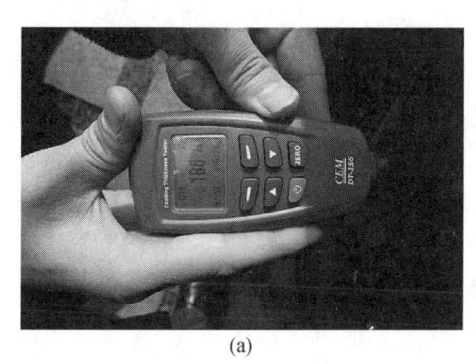

(a)　　　　　　　　　　　　　(b)

图 6.51　右后翼子板油漆涂层厚度及检测数据

左后翼子板取与右后翼子板对应的两个部位进行检测,油漆涂层厚度分别为 123 μm 和 140 μm(见图 6.52)。

(a)　　　　　　　　　　　　　(b)

图 6.52　左后翼子板油漆涂层厚度及检测数据

3. 诊断仪检测记录(图片省略)

使用奔驰专用诊断仪,通过 C4 Xentry 诊断系统对车辆各电脑控制单元进行检测,共发现以下 4 个故障代码:

(1) 故障代码C176,安全气囊(SRS)辅助防护系统与右侧碰撞传感器的通信存在故障。该故障共出现136次,首次出现在行驶里程16公里时;最后一次出现在行驶里程1 104公里时。

(2) 故障代码C264,驾驶室管理(COMAND)系统与倒车摄像机的通信存在故障。该故障共出现3次,首次出现在行驶里程416公里时;最后一次出现在行驶里程1 104公里时。

(3) 故障代码6100,电视调谐器(A90/1)系统出现供电电压过低故障。

(4) 故障代码A10D00,后部音频视频单元(AVE-H)-DVD播放器(A40/4)系统出现供电电压过低故障。

四、分析说明

1. 奔驰E300L轿车哪些部位曾经有修理痕迹的分析

轿车制造过程中的车身喷漆工艺较为复杂,一般要经过:清洗壳体、磷化处理、电泳底漆、涂封闭胶、喷免打磨底漆、喷涂面漆等程序。为保证喷涂质量,轿车制造厂家普遍采用了自动喷漆系统,奔驰轿车也不例外。因此,其新车出厂时车身油漆涂层较为均匀,厚度差异不大,应在微米级范围内。本次鉴定为不损伤和破坏车身油漆,采用油漆涂层厚度检测仪进行检测,根据车身油漆外观以及油漆涂层厚度检测仪的检验结果,经对比检测,左后车门、左右前车门的油漆涂层厚度接近,不均匀度相似,而右后车门的油漆涂层厚度及不均匀度与其他三个车门相比差异明显,可认定为超出正常范围。同理,左后翼子板下方接近左后车门的油漆涂层厚度与左后车门接近,基本正常,而右后翼子板下方对应部位的油漆涂层厚度远大于左后翼子板,可认定为超出正常范围。综上所述,可以认定该车右后车门及右后翼子板下方油漆已做过重新喷涂,即非原厂油漆喷涂状态,存在修理过的痕迹。

2. 奔驰E300L轿车存在哪些故障的分析

从奔驰专用故障诊断仪的检测结果分析,故障代码C176和C264从故障历史上看均为多次重复出现,故可以认定目前该车仍存在着安全气囊(SRS)辅助防护系统、驾驶室管理(COMAND)系统的故障;而故障代码6100(电视调谐器)和故障代码A10D00(后部音频视频单元)从故障历史上看,分析可能与车辆长期停放后蓄电池轻微亏电问题有关。

五、鉴定意见

1. 根据实车勘检及检测分析,可以认定涉案某号牌奔驰E300L时尚豪华型轿车的右后车门和右后翼子板有修理过的痕迹,其表面油漆已重新喷涂过。

2. 根据奔驰专用故障诊断仪的检测结果,可以认定涉案某号牌奔驰E300L时尚豪华型轿车安全气囊(SRS)辅助防护系统、驾驶室管理(COMAND)系统存在故障。而电视调谐器(A90/1)系统和后部音频视频单元的故障代码应与车辆长期停放蓄电池轻微亏电相关。

第七章

车辆火灾痕迹

第一节 汽车电气故障火灾痕迹

一、汽车电气系统

汽车的电气系统由汽车电气设备与汽车电子控制系统两部分组成,每一部分又由若干个子系统组成。汽车电气设备的主要功能是保证汽车正常行驶,而汽车电子控制系统的主要功能是在电子控制单元控制下,使全车各电子控制系统协调工作,提高汽车的整体性能,包括动力性、经济性、安全性、舒适性、操作性、通过性以及排放性能等。

汽车电气设备主要包括电源系统、起动系统、点火系统、照明信号仪表报警系统和辅助电气等子系统。

二、汽车电气故障火灾原因及分类

汽车电气故障火灾总体分为两类:一类是电气设备(含电路基础元件、控制单元等)火灾,另一类是电气线路火灾。

电气设备火灾是指电气设备及电子元器件因老化、击穿、性能减退等而引起的火灾;电气线路火灾主要是指电线短路、接触不良、过负荷、漏电等引起的火灾。

电气设备火灾引起的原因,主要也是其内部电线短路、接触不良、过负荷等引起,其实质与线路火灾一样。然而,若某电气设备搭铁线与车身出现接触不良或断路,有可能把多个电气设备的工作电路连在一起,通过其他线路找到搭铁途径,造成一个或多个电气设备工作异常,而出现过负荷火灾。

汽车各部分电气设备、线路都可能发生与普通电气设备、线路相同的短路、断路、过负荷、接触不良等故障,汽车本身携带不少的燃料油,此外,还有润滑油、制动油、减震油,驾驶室和车厢内的座椅及内部装修大都是可燃物。因此,当汽车在行驶、停放、检修过程中,只要电气设备或线路发生打火或过热的故障时,就有可能引起火灾。汽车底盘、发动机、车身等金属构件都有良好的电气连接,构成汽车电路的公共接地极,因此,只要线路绝缘损坏,就极易发生短路引起火灾。汽车照明、信号、仪表以及辅助、附加用电设备的故障及造成火灾的机理、痕迹特征和证明作用与普通用电设备相似,而且它们引起火灾的主要危险是其供电线路。汽车电源系统、起动系统、点火系统的火灾痕迹形成及特征具有一定的特殊性,这里主要介绍汽车电源系统、起动系统、点火系统设备的火灾形成机理和痕迹特征。

(一) 汽车电源系统

汽车电源系统主要由蓄电池、发电机和调节器组成,其功能是向全车用电设备提供低压直流电源。

1. 铅蓄电池

(1) 组成及用途:铅蓄电池主要由外壳、正负极板、隔板、电解液、铅连接条、极柱和加液孔盖等组成,以硫酸溶液作为电解液,因此也称为铅蓄电池。

铅蓄电池是一种可逆的直流电源,能够将化学能转变为电能供汽车使用,也能将电能转变为化学能储存起来,在汽车上与发电机并联,共同向用电设备供电。

(2) 铅蓄电池火灾痕迹形成机理:铅蓄电池外壳是全封闭式的,内部存在少量的氢气和氧气。实验表明,处于稳定状态的铅蓄电池连续充电完毕后,电解液上方为66%的氢气和34%的氧气。蓄电池过度充电及蓄电池外壳破损,都能使这两种气体泄漏。氢气与空气混合的爆炸极限为4%～75%,氢气与氧气混合的爆炸极限为15%～90%,很容易被蓄电池内、外的火花点燃发生爆炸引起火灾。

除材料和制造工艺方面的原因之外,蓄电池的维护和使用不当,可导致蓄电池在使用过程中出现多种内部和外部故障。汽车在行驶过程中,由于强烈的震动或击伤会使电池外壳破裂。蓄电池发热、气体压力过大或电解液冰冻膨胀,会使外壳变形或封口胶破裂。极柱的接线部位氧化或松动等造成接触不良,蓄电池上放置金属件或蓄电池上方积水(电解液)等,造成极柱间或极柱与车身短路。隔板质量不高或损坏使正负极极板相接触而短路,活性物质在蓄电池底部沉积过多、金属导电物落入正负极极板之间,也可造成蓄电池内部极板短路。这些外部故障和内部故障都可使蓄电池引起火灾。

(3) 铅蓄电池故障火灾痕迹特征

1) 蓄电池泄漏的氢气与电火花发生爆炸起火,蓄电池上表面会烧失,露出内部的电极板。

2) 用来固定蓄电池的夹具如果出现松动,一旦接触到蓄电池的正极会发生短路,蓄电池上表面会烧失或严重炭化,在固定夹具上留下电弧作用痕迹。

3) 蓄电池极柱与接线端子之间如果存在间隙,会造成接触不良导致连接处局部过热,引燃周围的电源线绝缘层并发生火灾。蓄电池表面会烧失或炭化严重,极柱和接线端子有过热熔化痕迹。

4) 蓄电池内部极板击穿会导致短路,形成过热或熔珠状痕迹。

2. 交流发电机

(1) 组成及用途:国内外生产的硅整流交流发电机结构基本相同,由转子、定子、传动带轮、风扇、前后端盖、电刷及整流器等部件组成。

发电机是汽车电气系统的主要电源,与电压调节器匹配工作,由汽车发动机驱动,正常工作时对起动机以外的所有用电设备供电,并向蓄电池充电。目前,国内外汽车上广泛使用硅整流交流发电机。

(2) 交流发电机火灾痕迹形成机理:如果发电机电刷黏附机油,将影响电刷阻值,使电流导通不良,变形的电刷摩擦产生粉末,造成内部与发电机机体损坏发生短路,点燃电刷架。发电机均为负极搭铁,蓄电池搭铁极性必与此相同,否则,蓄电池将通过硅二极管放电,使硅二极管烧毁引起火灾。将交流电转变为直流电的整流器内部二极管或者调节器均为干扰电容等电子元器件,如果发生击穿,能够引起火灾。发电机轴承失效,可引起转子或定子线圈发热发生短路,从而引起火灾。发动机熄火时,未将点火开关断开,蓄电池经励磁绕组和电压调节器放电将励磁绕组烧坏引起火灾。连接发电机电压调节器接线柱的插接器出现松动或受到腐蚀后,按插部位局部过热也能够引起火灾。

(3) 交流发电机火灾痕迹特征

1) 比较典型的痕迹特征就是发电机电压调节器的抗干扰电容被击穿,引起电路电流异常变化,形成局部过热痕迹。

2) 发电机的转子或定子线圈发热形成短路痕迹,线圈被烧焦,并附着浓密的烟熏痕迹。

3) 从发电机到蓄电池(起动机与蓄电池相连的接线柱)区间的导线有过热痕迹或烧焦。

(二) 汽车起动系统

1. 组成及用途　起动系统主要由起动机和起动继电器组成,其任务是起动发动机。

用电力起动机起动发动机几乎是现代汽车唯一的起动方式。电力起动机简称起动机,它由直流电动机、传动机构和控制装置三部分组成。

直流电动机在直流电压的作用下,产生旋转力。接通起动开关起动发动机时,电动机轴旋转,并通过驱动齿轮和飞轮的环齿驱动发动机曲轴旋转,使发动机起动。

传动机构,即单向离合器,其作用是起动时,使驱动齿轮沿起动机轴移出与飞轮啮合,将电动机转矩通过飞轮传递给发动机曲轴,起动后,使驱动齿轮自动打滑,与飞轮齿圈脱离啮合。

控制装置,即电磁开关,其作用是主要用来接通与切断起动机与蓄电池之间的电路,即起动机主电路。

2. 汽车起动系统火灾痕迹形成机理　车辆起动后如果钥匙位置不能复原,点火开关没有完全归位;离合器摩擦片的磨损粉末或者灰尘进入驱动齿轮和飞轮圈内,使其无法脱离;货车或专用车等起动机继电器触点熔融,均造成回路处于接合状态,可使起动机持续转动或起动机过载引起火灾。

因老化或在某种外力作用下,起动机正极端子部分绝缘材料出现裂纹,污水进入起动机内,在端子和起动机壳体之间漏电短路,可能引燃绝缘材料引起火灾。

3. 汽车起动系统火灾痕迹特征

1) 起动机内部有短路痕迹;

2) 起动机继电器触点反复接触熔融,起动机内部有过热痕迹;

3) 起动机正极接线柱与壳体之间有短路痕迹;

4) 电动机励磁绕组绝缘损坏搭铁或电源线接点松动、接触不良,造成局部过热痕迹;

5) 电磁开关线圈有烧毁、触点烧蚀痕迹。

(三) 汽车点火系统

1. 组成及用途　点火系统主要由点火线圈、分电器、火花塞和点火开关组成,其作用是将低压电转变成高压电,产生电火花,点燃气缸中的可燃混合气。

发动机点火系统的基本功用是在发动机各种工况和使用条件下,在气缸内适时、准确、可靠地产生电火花,以点燃可燃混合气,使汽油发动机实现做功。发动机点火系统按其组成和产生高压电方式的不同,可分为传统点火系统、电子点火系统、微机控制点火系统和磁电机点火系统。

(1) 传统点火系统：传统点火系统主要由电源(蓄电池和发电机)、点火开关、点火线圈、电容器、断电器、配电器、高压阻尼电阻和高压导线等组成。点火线圈将蓄电池或发电机输出的低压电转变为高压电，由配电器按发动机各气缸的工作次序轮流分配到各气缸的火花塞，并在火花塞两个电极间产生电火花，点燃燃烧孔内的可燃混合气。

(2) 电子点火系统：电子点火系统又称半导体点火系统或晶体管点火系统，主要由点火电子组件、分电器及位于分电器内的点火信号发生器、点火线圈和火花塞等组成。点火电子组件由半导体元件(如晶体三极管、可控硅)组成，根据点火信号发生器产生的点火脉冲信号，接通和断开点火线圈的初级电路，其作用与传统点火系统中的断电器相同。具有点火可靠、使用方便等优点，是目前国内外汽车上广泛采用的点火系统。

(3) 微机控制点火系统：微机控制点火系统按是否配有分电器，分为有分电器微机控制点火系统和无分电器微机控制点火系统两种。有分电器的微机控制点火系统由电源、点火开关、控制单元(ECU)、点火模块、点火线圈、分电器、火花塞、高压线和各种传感器等组成。无分电器的微机控制点火系统由电源、点火开关、控制单元(ECU)、点火模块、点火线圈、火花塞、高压线和各种传感器等组成。无分电器微机控制点火系统完全取消了分电器，将点火线圈产生的高压电直接通过高压线传递给火花塞使其点火。

2. 汽车点火系统火灾痕迹形成机理　如果汽车点火系统中的火花塞与发动机气缸盖连接处松动、火花塞与高压线的接触处连接松动等都可产生电火花；点火线圈自身故障或引出的高压线发生漏电短路，能够引起火灾。

如果汽油泄漏，汽油蒸气会从分电器的气孔进入分电器内部，遇中心电极和分火头转子间的火花而起火，从气孔喷出的火焰沿着汽油泄漏处燃烧引起火灾。

点火系统出现故障能够导致气缸内发生缺火等点火不良，使未燃的可燃混合气进入排气系统，造成催化转换器内部氧化发热，引燃可燃物引起火灾。

3. 汽车点火系统火灾痕迹特征

1) 点火线圈的高压线芯有短路或电弧灼烧痕迹。

2) 点火线圈低压线插头与印刷线路板焊接处有接触不良造成的局部过热痕迹。

第二节　汽车供油系统油品泄漏火灾痕迹

一、汽车供油系统

汽车供油系统主要由油箱、汽油滤清器、汽油泵、化油器和连接油管组成。汽车使用的燃料是汽油或柴油。随着车辆的增多，燃料出现紧张，目前，一些汽车改用天然气、液化石油气为燃料。

从汽车火灾原因调查实践看，汽车供油系统故障造成漏油是引发汽车火灾的主要原因，不仅成灾率高，而且往往造成重大伤亡和财产损失。

二、汽车供油系统油品泄漏火灾痕迹形成机理

油品泄漏造成的火灾中,燃油管烧落的情况较多,如果属于小规模火灾,有时也源于燃油管的局部泄漏点。在油品泄漏造成的火灾中,燃油泵和喷油嘴连接管之间起火的案例最多,其次是燃油泵、连接软管与燃油分配管之间的连接部位泄漏造成的火灾。燃油供给方式有传统的化油器式和电喷式。燃油管的绕曲部分采用合成橡胶制造,各公司大多采用耐热性、耐油性、耐臭氧性较强的合成橡胶,有的公司还采用双层结构。但是经久使用,都无法避免老化问题,龟裂的位置会出现漏油现象。另外化油器、燃油泵、滤清器等连接部位紧固过度,也会造成油管龟裂,从而导致燃油泄漏。机油泄漏中以发动机机油泄漏居多,但也不乏因变速箱油助力转向液泄漏造成火灾的案例。泄漏大多是油管有小孔、油管连接处松动或出现龟裂、机油滤清器没有紧固、机油滤清器采用双层密封垫、气缸盖罩密封垫损坏等所致。如果为燃点较低的汽油,即使发生泄漏,只要发动机舱内没有电火花也不易着火,而燃点较高的柴油和机油掉落到高热排气(歧)管表面上容易被烤燃起火。

如果纸屑从分电器上处于开启状态的通风孔掉入并接触到内部触点迸发的火花,便会起火,在一定的条件下还可能会持续燃烧。在其他能够产生火花的装置中,如果高压线绝缘层老化或因损伤造成泄漏放电,很容易引燃泄漏的油蒸气或自身绝缘层而引起火灾。

1) 供油系统连接处松动或破裂(损)引起漏油。汽车在使用过程中由于震动、碰撞、腐蚀、老化等原因使油箱、汽油滤清器、汽油泵、化油器等与油管的连接处松动、破裂导致漏油,此时遇到电火花或接触高温排气管就会引起火灾。此外,北方天气寒冷,若燃油质量不好,含有水,则易因结冻使油箱开裂漏油。

2) 改动原有设计、变换油箱位置或安装大容量油箱时油管安装不当引起漏油。大型货车、客车和特种车辆,由于长途运输的需要增加油箱,一些特种车辆根据功能的需要改换油箱的位置时,油管的安装位置不当,连接固定不紧。车辆行驶中的振动或与外部物体的刮碰都可能导致油管连接处松动、管体变形,进而引发破裂漏油。若将油管安装在上部,泄漏的燃油滴落至高温排气管则极易引发火灾。

3) 油管质量不过关,出现开裂或有先天性沙眼。有些油管(软管)质量不过关,受温度、振动等因素的影响,发生老化,材料疲劳损伤,致使出现裂纹漏油。有的出厂就有细小沙眼,初起不易发现,达到一定限度油品就大量喷出而引起火灾。

4) 化油器故障回火,引燃泄漏的汽油;混合气过浓燃烧不充分,排出的火星引燃可燃物起火。

5) 由于交通事故造成供油系统的破损,泄漏的油品遇到电气线路打火或车辆撞击产生的火花而引起火灾。

6) 油管(胶管)长时间使用,造成老化;耐热性、耐压性降低,造成龟裂漏油或者由于胶管老化、接管口处松动漏油,遇到电气打火或导线短路及与高温排气管接触时引起火灾。

7) 发动机温度过高会引起冷却用的润滑油升温,内压加大,当润滑油标尺未插好时,热的润滑油会从插口处喷发出来,落到高温排气管上,从而立即引起火灾。

三、汽车供油系统油品泄漏火灾痕迹特征

（一）机油泄漏火灾痕迹特征

机油可以分为矿物油与合成油两大类。一般来说，绝大多数润滑油是由基础油（基础油大致有两种：一种是以原油经提炼和精制的天然矿物油；另一种是化工原料经化学合成的方法制成的合成基础油）与添加剂调制而成，以天然矿物油与添加剂调制而成者称为矿物油，以合成基础油与添加剂调制而成者则称为合成油。合成油又分为全合成油及半合成油（部分合成油），遇高温情况下会形成燃烧。汽车内机油泄漏引起火灾的火灾痕迹特征主要是从机油滤心到涡轮增压这一段的机油压力管断裂或出现缝隙。

（二）汽油泄漏火灾痕迹特征

汽油的主要成分为辛烷，通常还会添加一定量的四乙基铅。人们常把添加铅的汽油称为"含铅汽油"，而不含铅的汽油叫作"无铅汽油"。汽油属一级易燃液体，挥发性强、燃点低，具有极大的火灾危险性，一旦着火，燃烧迅速。

1. 油箱漏油痕迹特征

1）取下油箱进行加水实验，油箱壁有漏水现象。
2）起火前车上人员能闻到汽油气味。
3）汽车尾部的路面上有漏油痕迹。
4）在行驶过程中汽车仪表盘显示异常现象。

2. 油管漏油痕迹特征

1）油管与油箱、油泵、汽化器等配件接头处松动。
2）油管断裂、破裂。
3）油封破裂。
4）螺丝松动。
5）地面上油迹证明存在漏油故障。

柴油属可燃液体，其火灾危险性较汽油小，但同样具备引发火灾的危险性。

四、汽车供油系统油品泄漏火灾痕迹证明作用

（一）证明起火点

汽车供油系统如有跑、冒、滴、漏现象，一般故障位置或漏油点会留下一行痕迹，逆追踪这个痕迹就可以找到起火点。

（二）证明起火原因

通过现场勘验，若在火灾起火点处发现供油系统存在泄漏的物证（如断裂的油管、破裂的油封、松动的连接部件等），或发现油品泄漏并形成流淌燃烧的痕迹，同时能够排除其他潜在火源引发火灾的可能性，即可证明该火灾系因油品泄漏后遇车内电气火花、排气管高温部件等所致。

五、汽车供油系统油品泄漏火灾痕迹鉴定物证提取与检验方法

(一) 物证提取

1) 提取车盘底下附着烟尘；
2) 提取发动机舱盖内侧附着烟尘

(二) 检验方法

通过薄层色谱(TCL)、紫外光谱(U)、红外光谱(IR)、高效液相色谱(HPLC)和气-质谱(GC-MS)等方法进行检测分析，在提取的样品中均能检出泄漏的汽油、机油燃烧残留物成分或未燃烧汽油、机油成分。

第三节 汽车排气系统火灾痕迹

一、汽车排气系统

排气系统是由排气(歧)管、催化转换器、消声器、尾管构成的，为了减轻这些部件在车身下方受到的振动和冲击，一般采用橡胶制 O 形环加以固定。

二、汽车排气系统火灾痕迹形成机理

经发动机气缸内燃烧后的混合气以高温废气形式排出，致使排气系统自身处于高热状态。尽管排气系统通常设有隔热防护结构，但若维修作业后未妥善处理遗留的可燃物(如破布)，或存在部件脱落(如底罩)、环境可燃物(如停车场的干草)等情形，当其与高温排气管接触时，便可能引发引燃风险。

另外，法兰松动或受到腐蚀、破损，同样会导致高温废气喷出，如果恰巧喷到聚氨酯保险杠或隔热材料上便会引发火灾。

1) 气缸排气(歧)管与总管在汽车运行时，各个气缸内燃料油的燃烧使得排气管温度升高。根据相关资料报道，走一般公路时排气管温度可达到 300～400℃；走高速公路时排气管温度可达到 400～500℃；走山路时排气管温度可达到 500～650℃。这样的高温，足以引起油类着火，此时如若车辆发生漏油故障(包括汽油与润滑油)，油滴落在排气管上，即可引发火灾。

2) 驾驶员在车内长时间踩踏油门造成火灾。这是由于发动机异常地高速、持续空转，造成排气管过热，在其传导和辐射热量影响下使固定排气管的 o 形环或车内地板起火。

当发动机发生过热时，曲轴箱强制通风系统内部气体会因温度异常升高引发以下风险：其一，合成树脂材质的通风装置盖体可能受热熔解，导致机油喷射外泄；其二，发动机缸盖密封垫片可能因高温损坏，造成机油渗漏。若上述外泄机油接触处于过热状态的排气管表面，即存在引燃隐患。

催化转换器作为净化尾气中 CO、HC、NO 以满足排放标准的关键装置，在特定工况

下可能成为火源；若因火花塞点火失效导致持续缺火，或怠速调节异常引发点火开关关闭后发动机仍持续运转（炙燃现象），均可能致使催化转换器超出正常工作温度阈值。此时未完全燃烧的混合气进入催化转换器，经氧化反应（二次燃烧）使装置本体达到炽热状态，其释放的辐射热若与车厢内地毯等可燃物接触，将引发车辆内部燃烧。

3）当发动机气缸发生故障导致燃料油未充分燃烧即被排出时，高温废气在经过排气管内触媒（三元催化）装置时，会进一步氧化放热（俗称第三次燃烧），致使排气管温度急剧上升。此时，若排气管外围存在耐热性不足的树脂塑料部件或其他可燃物，则很可能因热传导或辐射作用引发燃烧。

4）当汽车的点火装置发生故障或将柴油误加入汽油箱造成不能正常点火时，如果不能及时发现更换，会造成气缸内燃料油混合气体在气缸内不能充分燃烧，而未燃烧的燃料混合气体，进入排气管中与触媒装置接触反应，会引起二次燃烧造成排气管高温，引燃周围可燃物。

5）使用劣质燃油时，燃烧形成的有害气体会腐蚀或锈蚀排气管，排气管因而形成漏孔。排气管漏孔中吹出的高温气体会引燃周围可燃物，从而引发火灾。

三、汽车排气系统火灾痕迹特征

1）因排气系统温度过高引燃周围可燃物起火，在汽车底盘和排气管表面有浓密的烟熏痕迹特征。

2）汽车底盘和排气管有金属变色、变形痕迹特征。

3）火势表现出由下向上蔓延的痕迹特征。

四、汽车排气系统火灾痕迹证明作用

(一) 证明起火点

排气系统火灾主要因高温排气（歧）管与可燃物接触引起，因此，在与可燃物接触处排气管金属变色或烟熏痕迹较其他部位明显，且火势表现出以此为中心向四周蔓延的痕迹特征，据此可认定起火点。

(二) 证明起火原因

汽车排气（歧）管是一个能引发火灾的高温热源，在排除其他火源引发火灾的前提下，可认定火灾是由排气（歧）管遇周围可燃物引发。

第四节　汽车制动系统火灾痕迹

一、汽车制动系统

根据车型的不同通常采用不同的制动系统。目前，常见的汽车制动系统包括：液压制动系统、气压制动系统，ABS防抱死系统。

二、汽车制动系统火灾痕迹形成机理

(一) 汽车制动系统故障引发火灾

液压制动系统中因油路故障、制动总泵分泵故障、制动踏板故障、制动器故障;气压制动系统中因空气压缩机故障、制动阀故障、车轮制动器故障;ABS 防抱死系统因制动失灵等原因,造成刹车时刹车装置不回位,"刹车抱死",轮毂与刹车装置(刹车片)剧烈摩擦产生的高温极易引燃轮胎、大箱板、货物等可燃物起火。大型货车在坡段过长路段行驶时,刹车频率高、时间长,尤其容易发生上述情况,引发火灾。

制动系统故障造成的火灾多数是由制动蹄与制动毂间的摩擦或机械部件的损坏引起的。汽车制动系统是一种将动能转变为摩擦形成热能的机械系统,这种摩擦导致机动车减速。热量通过固定在制动蹄上的摩擦片与制动毂或制动盘之间的摩擦产生。如果这种热量不因汽车的行驶而消失或制动毂的适当通风而散发,就会聚集起来。如液压油出现泄漏,这种聚集的热量就会将油液加热到其燃点。

汽车制动系统故障会造成制动毂过热,制动毂随之又将热量传导到附近的可燃物(通常为轮胎)或制动液。制动液温度增加引起压力上升,可能造成制动油路破裂。若制动液喷到过热的制动毂上被引燃,火势将进一步蔓延。此时,汽车司机可能尝试多次踩刹车以克服失压而造成的制动力不足,其结果会致使更多制动液参与燃烧而加速火灾的扩散与蔓延。

(二) 汽车轮胎充气不足摩擦起火

汽车轮胎充气不足会导致机动车侧壁弯曲,加剧橡胶轮胎的摩擦,从而产生高温高热引燃轮胎。载重汽车或拖挂车上的双轮轮胎,若其中一个轮胎跑气或爆胎,相邻的轮胎即承受双倍的负荷而形成过载,更易导致轮胎摩擦生热起火。

三、汽车制动系统火灾痕迹特征

制动系统和轮胎部分起火的现场,起火点与故障点重合,金属变色、刹车片炭化,并有由下向上蔓延的燃烧痕迹特征。轮胎、车厢上形成的燃烧痕迹连成一片,受热与蔓延方向一致。

1) 摩擦片与制动毂紧密接触。
2) 摩擦片或制动蹄烧焦损坏,甚至破裂。
3) 制动毂形成明显局部过热痕迹,其支撑板被烧变形、变色。
4) 制动毂表面的灰尘、油迹炭化,形成摩擦痕迹。
5) 轮胎充气不足、漏气过载或两方面的综合效应造成摩擦过热引起的火灾,其特征表现为起火点在轮胎处,有明显的由下向上蔓延痕迹;轮胎全部烧毁,对残骸进行检查,可发现燃烧程度内重外轻或有旋转扭曲痕迹。

四、汽车制动系统火灾痕迹证明作用

(一) 证明起火点

汽车制动系统火灾一般表现为前(后)轮胎先起火,具有摩擦片烧焦损坏、制动毂局部过热、轮毂摩擦过热、轮胎烧失或火烧内重外轻的特征,有明显的由下向上蔓延的痕迹特点,可据此认定起火点。

(二) 证明起火原因

汽车制动系统火灾的热能来源是摩擦热,在排除其他火源引发火灾的前提下,根据火烧痕迹即可认定起火原因。

第五节 汽车放火痕迹

一、汽车放火案件

汽车放火案件一般发生在深夜、凌晨和僻静、不易被发现的地方,采用易燃液体作为放火物的,占90%以上。纵火者将汽油、柴油、油漆稀料或其他易燃液体直接泼洒在车厢内、车头发动机部位或汽车轮胎等处。纵火者通常以发动机部位及车厢内作为放火目标,尤其多见于骗保放火案件。不过,不论在什么部位纵火,燃烧后都会遗留下明显的燃烧痕迹特征。

二、汽车放火痕迹分类与特征

(一) 车厢内放火痕迹

1. **车厢内放火痕迹特征** 对于车厢内放火,放火者通常将易燃液体泼洒在座位或驾驶台的仪表盘上。其特征一般为:由于易燃液体放火物在火灾发生初期猛烈燃烧,蔓延迅速,车窗玻璃大面积炸裂脱落,玻璃内侧附着大量烟尘;车厢内的可燃物全部炭化或灰化;车门变形,甚至出现较大裂缝;受高温作用车体变色、变形严重。在扑救及时的情况下,车厢内还可呈现不均匀燃烧状态,部分情况下,车厢内地面局部烧损严重,弹簧失去弹性。从整车燃烧痕迹看,车厢内烧损程度重于发动机舱等其他部位。

提取物证方面:正常情况下,车厢内不应该有易燃液体,若从车厢内提取的物证中检出易燃液体,在排除车厢内存放过易燃液体的情况下,即可认定为放火嫌疑。注意:如果汽车发动机舱内油路漏油着火,可在前挡风玻璃外层表面附着的烟尘中检出本车使用的油品成分,也可从机盖内侧附着的烟尘中检出本车使用油品成分,而不会在车厢内出现此种情况,这与用易燃液体在车厢内放火是可以区分开的。

如果未用易燃液体放火,而用棉纱、纸张等物品作为引火物,那么汽车车厢内座椅等可燃物相对燃烧缓慢,表现为有明显的炭化区,并有以此为中心向上部、周围蔓延的燃烧痕迹;其次,车窗玻璃内侧被慢火烧融变形,且玻璃内侧、车厢顶部和内侧的衬套及装修物内侧均有烟熏痕迹;另外,通过车玻璃受损形状、掉落位置、烟熏痕迹特征可判断火源来源和火源种属;通过金属被烧形成的颜色和颜色变化层次可以判断温度变化梯度,以此来确认高温区。

2. **物证提取方法** 现场物证提取主要包括以下几个部位:
1) 起火座椅周围的窗玻璃附着烟尘。
2) 起火点处的炭化物。
3) 座椅上部车顶铁板附着烟尘。

(二) 车头发动机部位放火痕迹

1. 车头发动机部位放火痕迹特征　将易燃液体(如汽油)泼洒在发动机舱的蓄电池、空气滤清器、气缸、分电器盒等部件上,容易被误认为自燃形成,因此具有误导性、隐蔽性和欺骗性。

这些部位如果是自燃起火,多数情况下烧损程度具有局限性——烧损不完全或仅烧损一部分,残留物较多,并有以此部件为中心向四周蔓延的趋势。通常情况下呈现出起火点处钢板变色最为严重,发动机盖内侧变色(特殊情况下要考虑燃烧时间、风力、风向的因素)的痕迹特征。

如果是泼洒易燃液体放火,则绝大多数情况下受火严重的部件多、面积大,蔓延痕迹不明显,受火严重部位除可燃材料被烧毁外,部分金属附件表面由于受高温作用而变色、残留有高温火烧的痕迹;高分子材料燃烧时的滴落物附着在金属附件上,此处对应地面泥土也常残留有易燃液体燃烧的炭化痕迹。提取汽车发动机盖内侧表面附着的烟尘或金属附件表面附着的烟尘,便可检出用于放火的汽油或柴油等引火物成分。

2. 物证提取方法　现场物证提取主要包括以下几个部位:
1) 发动机舱盖内表面附着烟尘。
2) 舱前部灯罩表面附着烟尘。
3) 发动机表面附着烟尘。

(三) 汽车轮胎部位放火痕迹

1. 汽车轮胎部位放火痕迹特征　汽车轮胎是汽车的重要部件之一,是由20多种化学物质组成的高分子有机化合物,属于橡胶制品,无引燃物通常很难直接点燃。由于摩擦生热或刹车片部分过热等原因只会引起轮胎局部受热融化或局部着火。但如果是在轮胎上泼洒易燃液体放火,轮胎会被点燃,且在燃着后烧损严重,几乎全部烧损或烧失,甚至将金属轮毂局部烧熔,直接与地面接触部位的轮胎橡胶也不复存在。而汽车的其他部位烧损程度相对要轻,并形成以轮胎为中心向上蔓延的燃烧痕迹,这与车辆其他部位起火蔓延至轮胎的燃烧痕迹具有明显不同。

提取轮胎残留物及轮胎下面的泥土进行鉴定,均可检出易燃液体及燃烧物成分。如果放火时未将易燃液体直接泼洒在轮胎上,而是泼洒在车体其他部位,轮胎会出现迎火面一侧烧损重,而背火面一侧烧损轻的痕迹特征。因而从轮胎烧残痕迹可进一步证实火势的蔓延方向与泼洒易燃液体的方位。

2. 物证提取方法　现场物证提取主要包括以下几个部位:
1) 轮胎下部的泥土或水泥地面。
2) 轮胎上部挡泥槽及外侧周围的附着烟尘。
3) 轮胎残留物。

(四) 汽车油箱部位放火痕迹

1. 汽车油箱部位放火痕迹特征　在汽车放火案件中,油箱部位放火相对较少。在多数汽车火灾案例中发现,当放火位置不在油箱而在其他部位时,不论火势有多大,一般情况下,油箱完好,油箱内燃油仍能保存。这主要是因为油箱在车体的下部,贴近地面,且周围可燃物少,当汽车燃烧时,由于火焰向上燃烧的趋势,使得油箱部位不易达到较高的温度,油箱内燃油得以保存。

2. 物证提取方法　现场物证提取主要包括以下几个部位:
1) 车门玻璃处附着烟尘。
2) 油箱对应地面的泥土。

由于火灾现场自身的破坏性,给放火案件现场的勘查和物证的提取增加了一定的难度,而人为因素也会导致物证的灭失。因此,物证的发现和提取尤其重要,所发现的痕迹物证,在拍照固定的基础上,应当选择合适的方法提取,细致、准确地做好原始记录,并妥善封存,及时检验。

第六节　燃气汽车火灾痕迹

一、燃气汽车火灾痕迹形成机理

燃气供气系统各部件之间用钢管和胶管连接,由于受到振动、摩擦、碰撞以及高温腐蚀等客观因素的作用,连接处松动、开裂,连接管线磨破、腐烂,致使燃气泄漏引起爆炸起火。

1) 加气口接头、气瓶与连接管线连接处漏气。因加气过程多次重复接触,有时加气完毕之后尚未卸下加气枪之时,司机启动车辆,致使接头松动;此接头处又处在后备箱内,在放入、提出物品时,易受碰撞致使接头处松动漏气,从而发生爆炸起火。

2) 减压调节器、混合器与连接胶管接头老化、开裂致使燃气泄漏。减压调节器、混合器之间连接胶管靠近发动机,振动大、易松动,加之受高温以及燃气的腐蚀作用促使其老化、开裂造成泄漏,致使火灾发生。

3) 气瓶、过滤器、蒸发调节器与连接管线接头处松动或管线磨损,出现孔眼,进而燃气泄漏引起火灾。

4) 加气口接头与气瓶连接管、气瓶与蒸发调节器连接管,因磨损、腐蚀出现孔眼,燃气泄漏引起火灾。这两段管线连接距离较长,且经过部位复杂,多固定在车架或靠钣金部位,在车辆行驶过程中受振动大,易发生摩擦和碰撞;使用时间过长(一般不宜超过 18 个月,行程 2 万公里)发生腐蚀,管壁变薄,在压力和振动的作用下发生破裂而导致燃气泄漏。

5) 燃气质量低,含杂质、焦油等成分过量,造成部分部件失灵,如电磁阀阀门不能关闭等,气源不能切断而造成燃气泄漏。

6) 减压调节器部分零件受燃气和水的腐蚀,在气管和水道之间出现孔眼,使部分燃气进入水道中,迅速气化发生爆炸起火。

7) 操作不当引起。液化石油气汽车,在气温较低情况下,冷车起动应先汽油起动,待汽车的冷却水温上升后,再转换到气体起动。但部分司机因缺乏相关知识,直接用液化气起动,并在不能完成起动时,连续多次起动(甚至无法点火),致使未燃烧的大量液化气(甚至液体),随着起动过程通过空气滤清器排放至外部,遇电火花引起火灾。

8) 打开蒸发调节器排污网(焦油排放阀)排污后未关闭,致使燃气泄漏。特别是停放在库房中,泄漏出的燃气与空气混合气体遇其他火源而引起爆炸起火。

9) 司机自拆自修,造成安装错误(如电磁阀接反)或接头连接不紧,如汽车电磁阀连接于油气分离器和化油器汽油进口之间,用胶管连接时未用卡簧卡紧,致使燃气发生泄漏引起火灾。

10) 减压调节器部件冻裂,引起燃气泄漏。减压调节器是用冷却水来进行热交换的,如果水路循环不顺畅或冷却水流失,就没有足够的热量将液化石油气汽化。容易造成黏附在蒸发调节器里外的湿气结冰,甚至将部件冻裂,发生燃气泄漏,造成火灾。

二、燃气汽车火灾痕迹特征

1) 加气口接头、气瓶与连接管接头处松动、开裂。
2) 减压调节器、混合器与连接管接头处老化、开裂。
3) 加气口与气瓶、气瓶与蒸发调节器之间连接管线(此段高压运行)有磨损、开裂、孔眼。
4) 蒸发调节器外变形、开裂,内部取水道与气室间有孔眼。
5) 气瓶与组合阀连接处、组合阀与管线连接处有松动、开裂,以及气瓶外表有变形、开裂。

三、燃气汽车火灾痕迹证明作用

(一) 证明起火点

燃气汽车发生火灾一般都存在漏气点,并在此处先发生燃烧,形成以此为中心向四周蔓延痕迹,并留下金属变形、变色痕迹,通过这些痕迹能确定起火点。

(二) 证明起火原因

漏气是引起燃气汽车火灾的主要原因,只要获取到漏气部位的证据,如孔眼、开裂等物证,又能排除其他原因引起火灾的可能性,就能据此认定起火原因。

综上所述,汽车火灾发生存在主动和被动两种情况,而主动一般表现为自燃,被动一般表现为人为纵火、发生碰撞或其他因素引发的燃烧。在道路交通事故应用场景中,大部分情况是由于发生碰撞而引发的燃烧,当然也有车辆自燃后再发生碰撞的例外情形。汽车火灾鉴定可参照 SF/T 0100—2021《车辆火灾痕迹物证鉴定技术规范》及"2 规范性引用文件"相关标准有关规定等执行。

第七节　道路交通事故车辆火灾痕迹鉴定案例

案例一

××××司法鉴定所司法鉴定意见书

一、基本情况

委托方:×××保险股份有限公司××支公司

委托日期:××××年××月××日

鉴定对象:某号牌别克轿车

委托事项:对某号牌别克轿车起火原因进行鉴定(确定是否属自燃起火及起火部位)

鉴定材料：

1. 行驶证复印件；
2. 《道路交通事故证明》复印件及事故勘查照片等；
3. 《驾驶员询问笔录》复印件；
4. 某号牌别克轿车及其烧残物。

二、案情摘要

××××年××月××日8时许，余某驾驶某号牌别克轿车途经某高速公路往××方向400余公里时，发生车辆起火，并造成车辆损坏的交通事故。

三、检验过程

（一）检验方法

参照 GA/T 41—2019《道路交通事故现场痕迹物证勘查》、XF/T 812—2008《火灾原因调查指南》、GB/T 16840.1—2008《电气火灾痕迹物证技术鉴定方法 第1部分：宏观法》有关条款及检验方法，对涉案车辆进行检验。

（二）检验所见

1. 车辆相关信息摘录

所有人：×××

品牌型号：别克牌××××××××××

车辆识别号：×××××××××××××××××

发动机号：×××××××××

行驶证注册登记日期：××××年××月××日

2. 车检情况

（1）外观

送检车辆烧毁部位集中在中后部和底部。其前部发动机舱基本完好，左右前轮、发动机盖、前保险杠、前灯具、左右前翼子板、左右前门基本未烧及；车顶、左右后门大部火烧高温褪色；尾部行李箱、灯具、后保险杠完全烧毁；全车玻璃高温烧熔碎裂掉落；左右后轮胎完全烧毁，铝制轮辋局部烧熔（见图 7.1）。

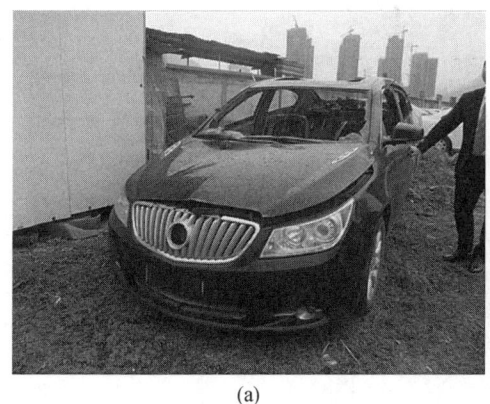

(a)   (b)

(c)   (d)

(e)   (f)

图 7.1　车辆外观照

(2) 发动机舱状况

发动机盖无法打开,但从边缝查视,发动机舱内完好未烧及。

(3) 车厢内状况

车厢内仪表台、座椅、内饰等可燃物质已燃烧殆尽(见图 7.2)。

(a)   (b)

(c) (d)

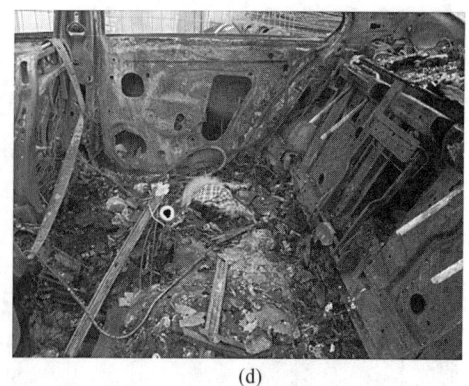

图 7.2 车厢内燃烧状况

(4) 电气线路状况

a. 发动机舱内电线束基本完好未烧及。

b. 车厢内仪表线束、车身线束等局部烧毁后在原位铜芯裸露,检查表面未见铜结晶熔痕和短路搭铁迹象。

c. 尾部灯光线束已部分缺失[见图 7.1(e)]。

(5) 燃油系统状况

底部燃油箱及其橡胶管路完全烧毁,燃油箱烧残物缺失(见图 7.3)。

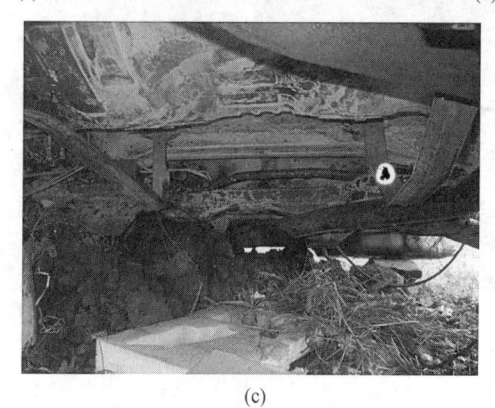

(a) (b)

(c)

图 7.3 燃油系统燃烧状况

(6) 排气系统状况

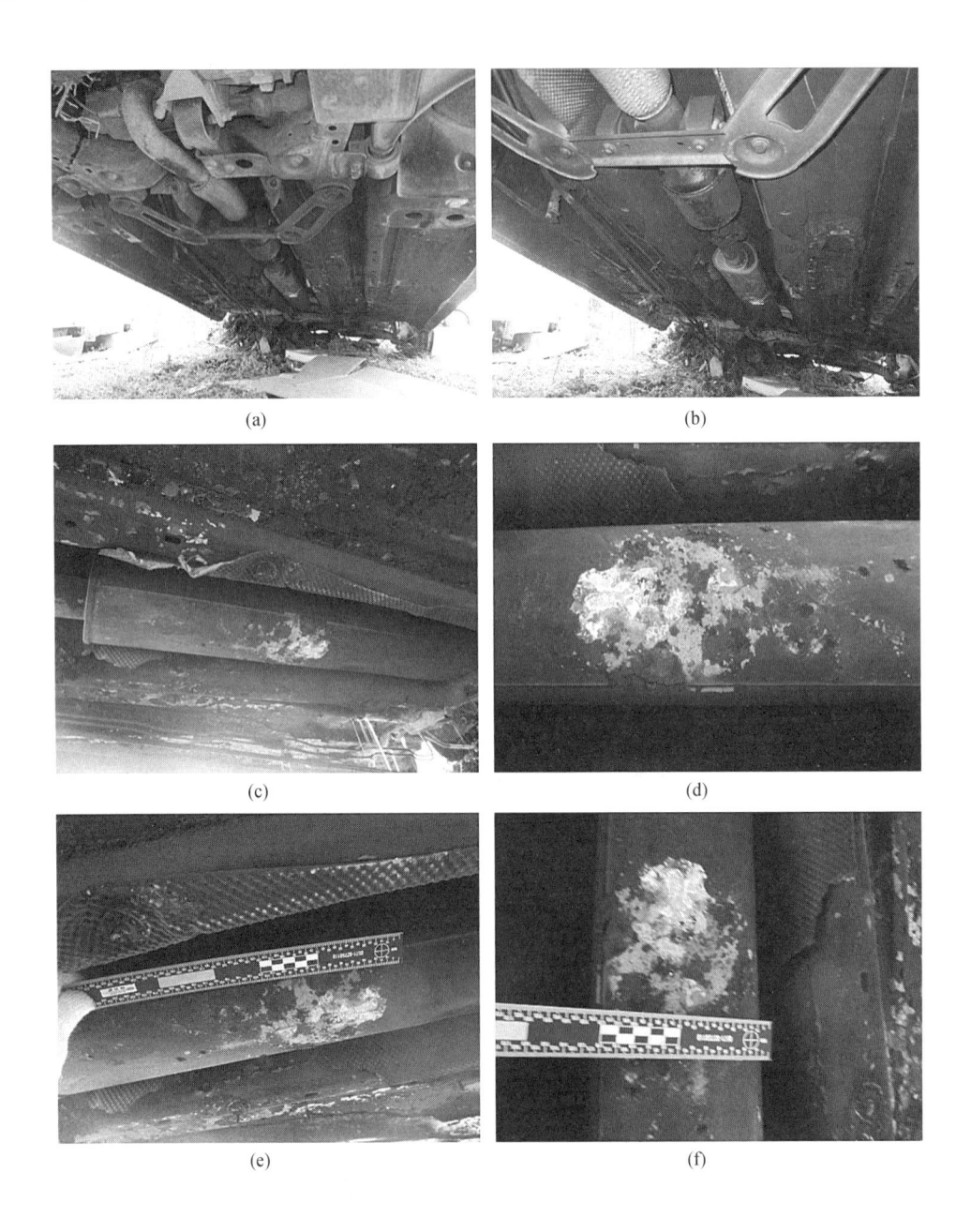

顶高车辆,检查车辆底部排气系统,发现排气系统周围烟熏发黑痕迹明显。三元催化器下方前排气管局部见刮擦痕迹,前排气消音器下方见黑色物质黏附,局部加层,类似油类涂层;其与中消音器接口处也见黑色物质黏附,中消音器中部见白色物质黏附,周边黑色物质黏附(见图 7.4)。中消音器后方靠近燃油箱,其隔热层局部破损(见图 7.5)。

(g)　　　　　　　　　　　　　　　(h)

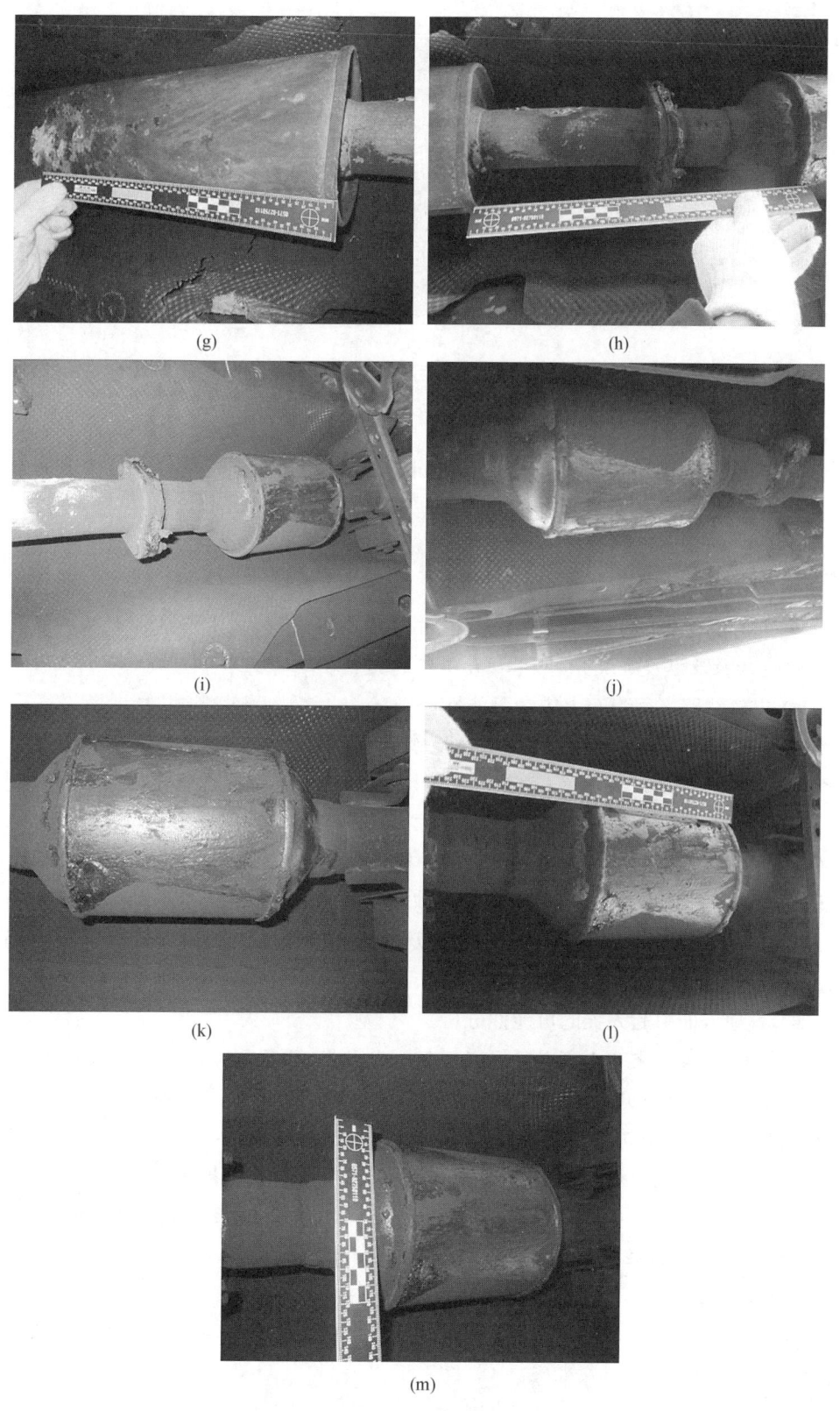

(i)　　　　　　　　　　　　　　　(j)

(k)　　　　　　　　　　　　　　　(l)

(m)

图 7.4　车辆底部排气系统燃烧状况

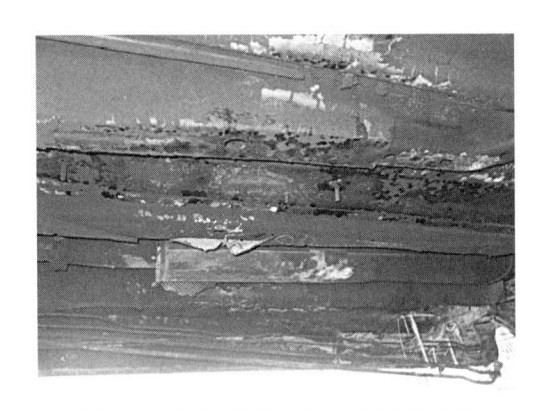

图 7.5　中消音器后方隔热层局部破损

3. 驾驶员询问笔录摘录

根据驾驶员《询问笔录》描述:"当日行驶中忽然感觉刹车不灵了,随后发现挡位的位置冒烟了就马上熄火,车子向前滑行了 100 米左右停下来"。

四、技术分析

（一）起火点判断

该车燃烧相对严重的部位位于车厢内、车尾和车厢底部,其车厢底部尤为严重。根据驾驶员调查笔录及燃烧痕迹分析,可初步确定起火点在车辆底部。

（二）电气线路方面引起火灾的可能性分析

该车发动机舱基本完好,车厢内局部烧毁的电线束均未见铜结晶熔痕和短路搭铁迹象,且车厢底部未见电线束布置;结合上述起火点分析,可以排除电气线路方面引起火灾的可能性。

（三）燃油系统方面引起火灾的可能性分析

送检车辆为行驶途中起火,起火前发动机工作正常,未见供油不畅或加速不良等异常现象,而燃油箱烧毁发生在车辆停下后火势蔓延波及所致,故可以排除燃油系统泄漏导致车辆自燃的可能性。

（四）其他方面引起火灾的可能性分析

据送检材料,车辆起火时正处于高速公路行驶状态,排气系统正处于高温状态,三元催化器后方温度可高达 500℃到 600℃,如排气系统黏附可燃物质,即可将其引燃起火。

从受检车辆排气系统的检查情况来看,其三元催化器后部的排气管及消音器多处黏附不明物质,且周边烟熏痕迹明显。由此可以推断,该车车厢底部接触不明可燃物质导致起火,燃烧的物质在行驶过程中被吹向后方制动软管及燃油箱,最终造成制动软管烧毁、制动失灵,进而导致燃油箱起火并蔓延至车厢及车尾部。

五、鉴定意见

经现场勘验、燃烧痕迹分析及物证检测,某号牌别克轿车系其排气系统接触不明可燃物质并引燃该物质,最终引发火灾。

案例二

××××司法鉴定所司法鉴定意见书

一、基本情况

委 托 人：×××公安局交警支队

委托日期：××××年××月××日

鉴定对象：某号牌小型越野客车

委托事项：对某号牌小型越野客车的起火原因进行鉴定

鉴定材料：

1. 某号牌小型越野客车及其烧残物；

2. 事故现场照片及相关视频（复制件）。

鉴定日期：××××年××月××日

鉴定地点：××××

二、基本案情

××××年××月××日15时许，林某驾驶某号牌小型越野客车在途经某高速往××方向1800公里路段时突发起火，进而造成车辆严重损坏的道路交通事故。

三、资料摘要

据委托方提供的《道路交通事故证明》及事故现场照片及相关视频，被鉴定车辆在高速公路行驶过程中起火，起火最初部位为车头前部发动机舱。

据委托方提供的汽车修理厂结算单（图片省略），被鉴定车辆曾在某汽车修理厂更换过发动机机油、左横拉杆内球头、水泵、正时链条涨紧器、凸轮轴前油封、气缸床、排气门、涡轮增压密封圈、喷油嘴O型圈等配件，并于××××年××月××日竣工出厂。

四、鉴定过程

（一）鉴定方法

参照GA/T 41—2019《道路交通事故现场痕迹物证勘查》、XF/T 812—2008《火灾原因调查指南》、GB/T 16840.1—2008《电气火灾痕迹物证技术鉴定方法 第1部分：宏观法》、GB/T 16840.5—2012《电气火灾痕迹物证技术鉴定方法 第5部分：电气火灾物证识别和提取方法》、GB/T 20162—2006《火灾技术鉴定物证提取方法》、GB/T 18344—2016《汽车维护、检测、诊断技术规范》有关条款及检验方法，对涉案车辆进行检验，并确定车辆起火原因。

（二）检验所见

1. 过火区域

被鉴定车辆完全烧毁，其发动机舱、乘员舱及行李舱严重烧损；前后保险杠、前后灯具均烧毁缺失；车厢内仪表台、座椅、内饰等烧毁仅余有金属支架；车身外表油漆全部烧毁，局部氧化锈蚀，局部呈灰白色；前后风窗玻璃及左右各车窗玻璃烧熔碎裂散落；前后轮胎全部烧毁、轮辋内侧部位烧熔（见图7.6）。

2. 发动机舱

（1）位于发动机舱上部的空气滤清器总成、进气歧管、燃油管、储水箱、制动储液杯等

(a) 车辆前部外观 　　　　　　　　(b) 车辆后部外观

(c) 乘员舱状况 　　　　　　　　　(d) 底部状况

图 7.6　车辆过火区域燃烧状况

均已烧毁；局部空调管、橡胶管和塑料件烧熔；位于发动机舱前部的冷凝器烧熔，发动机下护板前部仅余小部分残片；风扇电机因支架烧熔脱落(见图 7.7)。

(a) 　　　　　　　　　　　　　　(b)

图 7.7　车辆发动机舱总体燃烧状况

(2) 位于发动机舱右前侧(以车辆行驶方向定位)的转向助力泵皮带轮脱位，掉落在发动机舱下护板右前部，其皮带轮楔形槽外缘沿其圆弧见多处变形凹陷痕迹，检查转向助力泵皮带轮的固定卡环有移位现象；转向助力泵内助力油已完全泄漏(见图 7.8)。

(a) 发动机舱右侧转向助力泵皮带轮脱位 　　(b) 发动机舱下护板处的转向助力泵皮带轮

(c) 转向助力泵皮带轮外缘见磕碰凹痕 　　(d) 皮带轮固定卡环移位

(e) 发动机右后部状况 　　(f) 发动机舱右后部油迹残痕

图 7.8　车辆发动机舱具体燃烧状况

(3) 左右前轮胎烧毁；左右前轮辋内侧烧熔，轮辋外侧为外火轻微烧损或烟熏痕迹；发动机舱左右纵梁内侧严重过火氧化呈灰白色，纵梁外侧面见外火烧及痕迹，即车头发动机舱呈现由内向外燃烧蔓延状。

3. 电气线路

(1) 蓄电池整体烧毁塌陷，发动机舱内各电气线束外绝缘层严重烧毁，查视蓄电池正负极电缆线、连接蓄电池、起动机、发电机和发动机舱配电盒的大截面常火电缆线外绝缘层烧毁,铜芯裸露,检查以上导线未见搭铁短路引起的铜结晶熔痕;左右前照灯总成及其线束部分断裂缺失,前部散热风扇电机供电线外绝缘层烧毁,铜芯裸露,检查残余导线未见搭铁短路引起的铜结晶熔痕(见图7.9)。

(a) 发动机内电线束

(b) 发动机舱总保险盒

(c) 起动机及发电机线束正常

图 7.9　车辆电气线路燃烧状况

（2）发动机舱后部防火墙部位各电线束及其余各残余电线束外绝缘层烧毁,检查导线表面均未见明显铜结晶熔痕现象(见图7.10)。

图 7.10　发动机后部及周边线束未见短路熔痕

(3) 驾驶舱内各仪表及用电设备导线外绝缘层烧毁,检查导线表面未见明显铜结晶熔痕(见图7.11)。

(4) 左右尾灯线束严重烧损呈暗红色,其外绝缘层完全烧毁,导线断裂成多段,断裂面见多处明显铜结晶熔痕,局部见熔化过渡痕迹,线端形成熔珠,熔痕附近多股导线熔化并粘结为一体,呈高温烧熔状(见图7.12)。

图 7.11 驾驶舱仪表线束未见短路熔痕    图 7.12 车辆尾灯线束燃烧状况

4. 燃油系统

发动机舱内的橡胶燃油管已烧毁,燃油箱加油管以及沿车底布置的燃油管路均已烧毁[见图7.9(a)、图7.13]。

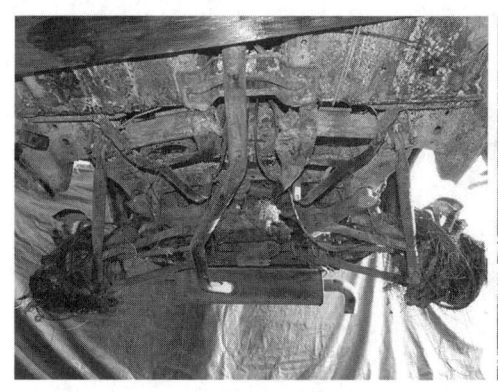

(a) 车辆底部燃油管烧毁   (b) 车辆底部状况

图 7.13 车辆燃油系统燃烧状况

5. 底盘

车身底部未见事故碰撞损伤痕迹,发动机油底壳、变速器、差速器等部位均见黑色烟熏或燃烧痕迹(见图7.13)。

五、分析说明

根据相关送检材料,可以确定被鉴定车辆系高速行驶过程中起火,起火初始部位为车头前部发动机舱。

从过火区域及燃烧痕迹判断,该车发动机舱右侧及后部排气歧管周边是燃烧最为严重

的部位。实车检查发现,位于发动机舱右前侧的转向助力泵皮带轮脱落,其皮带轮的固定卡环见移位现象,皮带轮楔形槽外缘见多处磕碰痕迹。据此分析,被鉴定车辆行驶中转向助力泵皮带轮因故障脱落,转向助力泵内的转向助力油大量泄漏、四处喷溅,不排除其泄漏出的转向助力油喷溅至后部的排气歧管上。

据有关资料,车辆高速行驶时的第一节排气歧管温度可达600~800℃,而转向助力油燃点一般在230℃左右,故当转向助力油喷溅至高温炽热的排气歧管表面时即会将其引燃起火。

综上分析推断,该车因高速行驶中转向助力泵皮带轮脱落故障,导致转向助力油大量泄漏,当泄漏的转向助力油喷溅至高温的排气歧管上时被引燃起火。

六、鉴定意见

根据实车勘检、燃烧痕迹并结合送检材料分析,某号牌小型越野客车在高速行驶过程中因转向助力泵皮带轮脱落故障,造成大量转向助力油泄漏喷溅至高温炽热的排气歧管上,进而引燃起火。

案例解析

上述案例是道路交通事故痕迹物证鉴定中较为疑难的汽车火灾鉴定项目。汽车火灾鉴定存在诸多难点和风险,具体表现如下:①鉴定难点。第一,火灾现场复杂。汽车火灾后,现场往往遭到严重破坏,车辆结构变形,零部件损坏,各种燃烧残留物相互混杂,这使得确定火灾起源和原因变得极为困难。第二,多种致灾因素。汽车包含电气系统、燃油系统、机械部件等多个部分,每个部分都有可能引发火灾,如电气短路、燃油泄漏、机械摩擦过热等,准确判断起火原因需要对各系统进行全面细致的分析。第三,灭火行为干扰。在火灾扑救过程中,消防人员使用的水、泡沫等灭火剂可能会破坏现场,冲毁一些关键证据,给鉴定工作带来干扰。②存在风险。第一,证据误判。若鉴定人员经验不足或对火灾现场勘查不细致,可能将一些因火灾后次生灾害形成的痕迹误判为起火原因的证据,如将车辆碰撞后燃油泄漏引发的火灾误判为电气故障引起。第二,分析方法不当。采用不科学的分析方法或过于依赖单一的鉴定技术,可能导致错误的结论。例如,仅通过对电气系统的简单检查就排除其起火可能性,而未考虑到一些隐蔽的电气故障。第三,安全风险。在对火灾后的汽车进行鉴定时,可能存在未熄灭的火种、漏电、车辆结构不稳定等安全隐患,对鉴定人员的人身安全构成威胁。

第八章
整体分离痕迹

第一节　整体分离痕迹概述

根据《道路交通事故痕迹鉴定》(GA/T 1087—2013)3.6相关定义,整体分离痕迹是指物体受力发生断裂,分离成若干部分产生的痕迹。

整体分离痕迹是刑事案件现场和各类事故现场较为常见的痕迹。交通事故现场遗留的玻璃碎片、断离的金属部件等都属于整体分离痕迹。通过对整体分离痕迹的检验和鉴定,可以分析客体被分离的原因,对于确定案件或事故的性质、明确案件或事故的发生过程等具有重要意义。

一、整体分离痕迹的认识基础

理解整体分离痕迹的概念时,有必要掌握整体物、整体分离两个主要的概念,这有利于完整地把握整体分离痕迹的形成机理和鉴定基础。

(一) 整体物的概念

1. 整体物的定义　整体物是指客观存在的,一种形态完整的,具有一定几何形状和一定功能的单一整体物或者采用某种方式连接的组合整体物。

2. 整体物的分类　从整体物的定义可知,整体物可以分成单一整体物和组合整体物两大类。单一整体物是指由相同物质构成的物体,可以根据实际需要加工成各种形状,如各种金属材料、木材、纸张等。组合整体物是指由若干个单一整体物通过一定的方式连接组成的,以实现一定功能的物体。

按照整体分离物的组成情况,可以将其分为同质整体、同质合体、异质合体三种。以被分离物质的组成类别为分类标准,可以将整体物划分为同质整体物和异质整体物两类:

(1) 同质整体物:同质整体物是指用相同材料构成的一个物体。包括单一的同质整体和组合的同质整体。前者是指无任何其他同质附加物与之组合即形成的物体,如一张纸;后者是指由多个质地相同但形状、功能不同的若干部分,通过一定的方式组合而成的整体物,如一部简单的机器。

(2) 异质整体物:异质整体物是指由材料、形状、功能等各不相同的若干部分组合而成的一种整体物。例如,橡胶包裹的电缆线、塑料包裹的电话线。

(二) 整体分离的概念

1. 整体分离的定义　一个整体物在外力或内应力的作用下,被分离成若干部分,即为整体分离。被分离的每个部分都称为分离体。

2. 整体分离的分类　一般而言,物体结构不同,外力形式不同,整体物的分离状况就会不同。鉴定实践中,鉴定人主要根据外力作用的形式对整体分离现象进行划分和认识。

同一种整体物,因分离方式不同而形成不同的痕迹,其特征表现也有较大的差异。因此,在鉴定过程中,必须综合考虑分离方式与痕迹特征之间的关系,以求客观全面地解释差异点和符合点:

(1) 破坏分离:破坏分离又分为徒手分离、器械分离。

徒手分离,又称手工分离,是指利用人体器官直接将肌体的物理作用力作用于整体物并使之分离的分离方式。手工分离的分离方式主要包括撕、扯、拉、扭、折、蹬、踩、摔等,但具体作用方式应由整体物自身的物理属性(如形状、脆性、硬度、强度)所决定。仅用人力便将整体物分离时,被分离整体物的物理属性应与人力的大小相适应。

器械分离是指利用工具等各种器械,违反同质或异质组合整体物的组合方式,对其施加某种机械力而致使其发生破碎分离的分离方式。采取这一方式分离整体物时,通常采用的工具有刀具、钳类、剪类、锤类、锯类和棍棒类等,具体作用方式包括打击、撬压、劈切或旋切等。

(2) 分解分离:分解分离又称拆卸分离,是指利用某种工具或器械对一定的组合体按照其自身连接方式逆向分解所产生的分离。例如,利用螺丝刀、扳手等工具将物体拆卸分解。特殊情况下,某些组合体也可以通过徒手拆卸使之分解分离。

(3) 自然分离:自然分离是指非人为因素造成的分离。非人为因素主要包括风力、雷电、热作用、化学腐蚀和材料疲劳等。有些组合体也可以由于振动等因素的作用而使内部的某些约束被解除,如机械设备由于长期振动使某一紧固件松动、脱落、分解而造成事故。非人为因素引起的分离通常有其发生、发展过程,其形成的分离痕迹也较为特殊,分析运用时应当特别注意。

二、整体分离痕迹的概念

(一) 整体分离痕迹的定义

整体物由于紧固连接条件的约束,其原始表面呈现连续的形态(包括整体物的连续和表面花纹图案的连续)。当整体物被分离后,分离体形成新的表面或断口。据此,可以将整体分离痕迹(亦称"分离痕迹")定义为:整体物在外力和内应力的共同作用下发生断裂或分解时,在各分离体的断裂或分解处形成的,具有特定形态特征的分离线或分离面的结构特征。

例如,玻璃被击破后,在破裂的玻璃断面上形成的弓形纹、同心圆纹和辐射纹等痕迹特征;机器设备等组合体被拆卸后,在其固有组合部位形成的外围痕迹(外围痕迹是因为组合体外露部分的氧化、擦洗、落尘等外因,使得暴露与掩蔽部位出现色泽差异的反映);纸张被外力撕扯下一部分,在断离边缘上形成撕扯的断离痕迹;金属被剪切成几段,形成反映剪切工具刃口及作用方式的断离痕迹。这种痕迹特征反映了物体被分离的方式和分离物与整体物之间的部分与整体的关系。

(二) 整体分离痕迹的形成机理

整体分离痕迹是在外力和内应力的综合作用下动态形成的,外力的施加者、力的作用方式以及被分离物是整体分离痕迹的三个构成要素。

1. 外力的施加者 外力的施加者给整体物施加什么性质的力,最终就会形成什么类型的分离痕迹。从这个意义上讲,外力施加者是分离痕迹的造痕客体。在形成整体分离痕迹的过程中,外力的施加者主要是指人体器官、工具或器械、物理化学变化、自然过程等。

外力的施加者所施加的作用力并不直接作用在整体分离痕迹上,整体分离痕迹也不反映外力的施加者接触面的外表结构特点。

2. 力的作用方式　外力来源于不同的外力施加者,如人的肌力、工具或器械的压力、切削力、劈切力、冲击力,以及自然和化学的作用等。机械力的作用方式,包括力的大小、方向和角度以及作用力的分布面积与作用点等因素都会对整体分离痕迹的形态产生影响。由于整体分离痕迹不存在接触方式之分,在分析力的作用时需要转换观念,从分离方式与力的作用关系入手进行研判。

3. 被分离物(原整体物)　被分离物在整体分离痕迹三要素中处于核心地位。被分离物是整体分离痕迹的载体,故亦称为承痕体。这些载体在分离前保持整体状态,仅在外力施加者的力的作用下形成两个及以上独立分离体。被分离物分离完成后,其断口呈现的分离面形态、分离线走向等特征与作用力的力学特性形成对应关系,断口痕迹可有效反映作用力的大小、方向及作用方式等多维度特征。

探讨整体分离痕迹的结构与形成机理,开展整体分离痕迹鉴定,必须结合具体整体物的类型、连接条件、空间结构、分离方式以及力的作用等因素进行综合理解和具体研究。

第二节　整体分离痕迹的作用及特征

一、整体分离痕迹鉴定的作用

整体分离痕迹是刑事犯罪现场较为常见的痕迹之一。除自然力作用形成外,大多数整体分离痕迹都是由罪犯的犯罪行为所造成的。通常情况下,被分离物或属于罪犯,或属于被害人,也可能是罪犯破坏的障碍物或目的物。但无论何种情况,被分离物都与犯罪事件有一定联系。充分利用这种痕迹,及时进行整体分离痕迹鉴定,对确定案件性质、搜集案件线索、刻画作案过程、判明现场出入口等,均起到重要的证明作用。

在民事领域(交通事故、重大责任事故)及行政执法过程中,整体分离痕迹鉴定的核心功能在于:依据分离痕迹特征,解析事件性质、重构事故关键环节、确定整体物分离成因,并为责任主体(人员/车辆)的认定提供技术支撑。

整体分离痕迹的特征是鉴定的主要依据,鉴定人员有必要充分掌握整体分离痕迹的形成机制,各类整体物在不同分离方式的作用下所形成的各种分离痕迹特征等,为出具鉴定意见提供可靠依据。一般而言,对整体分离痕迹特征的认识可以从特征的形成和来源入手,具体包括分离痕迹特征(断口特征)、整体物本身所固有的特征、附加特征三个方面。其中,断口特征是最主要的、应用最广泛的特征。

二、整体物的固有特征

整体物的固有特征是指被分离的整体物在生长、制造、合成或组合等过程中所形成的,包括其固有成分、内部微观结构以及外表形态(含连接方式)在内的综合属性。如木头断面上的年轮、树皮表面的凹凸纹线、木质上的纤维形态和细微结构等。这些属性表明一个整体物的各部分之间有着特定的内在关系,这种内在的关系即称为整体物的固有特征。

具体包括:

1)原为同一整体的若干分离体,在物质种属上相同,如同种纸张、木材、金属等。

2)同质整体、同质合体的物质组成及含量相同,且具有相同的微观组织结构。如金属分离体具有相同的化学成分,其中每种成分含量相同、金相相同、光学特征相同、光谱特征相同。

3)异质合体的各组成部分之间,在形状、大小、性能、作用等方面的特点相互符合。

4)物体外表面颜色和新旧程度相同。

5)物体表面的结构特征一致。如外边沿形状、纹痕、裂痕、斑痕、沟纹、编织结构、印染花纹等。

6)物体的规格大小相同。如宽度、长度、厚度、角度、直径、股数等特征一致。

7)物体的组合与成型方式一致。

根据物体固有特征是否一致有助于确定若干分离体是否原系同一整体。

三、被分离整体物的附加特征

整体物在使用过程中或受人为分离作用时,其表面通常会形成外源性附加痕迹特征(如工具摩擦纹、油渍附着等),此类在本体属性之外新增的特征统称为附加特征。由于整体物的种属、用途和使用情况各不相同,一般来说,附加特征也在形式和内容上存在不同。

具体而言,附加特征包括:

1)物体干涸、老化所产生的裂缝,虫蚁蛀蚀的孔洞等。

2)由使用者、产品制造者在物体表面上印制、铸压形成的标记、文字、格线、号码、图案等。

3)物体表面涂抹的油漆、颜料、染料。

4)使用和保管中造成的缺损、折叠、污垢、斑渍。

5)修补、改制的补丁和改制物品的形状、大小及材料的种属。

6)物体表面的其他附着物。

7)遗留在分离体断口及其周围的工具油腻、油漆、金属、木材碎屑、血迹等。结合被分离物的附加特征是否一致或对合,能够更充分地验明各分离体是否源自于同一整体物。

四、整体分离痕迹的特征

(一)整体分离痕迹特征的基本分类

由于整体物本身大小、粗细、厚薄程度的不同,分离痕迹主要表现为"分离线"和"分离面"两种基本形态。分离线是指分离时形成的断口新界面与整体物原始表面的交界线,分离面则指整体物被分离时形成的断口新界面。

分离线亦称"分离缘",指较薄的物体(如纺织品、纸张、塑料薄膜等)被分离后,所形成的边缘或边线的一维线状弯曲形态特征;当具有三维结构的厚型物体被分离时,形成分离面,分离面特征表现为分离体断口间在几何样貌、尺寸参数、空间关系等方面的对应性关联。

(二) 不同被分离物在分离界面上的痕迹特征

尽管整体分离痕迹在形成机制上与其他形象痕迹有所区别,但对其特征方面的研究,仍须结合痕迹形成的三大要素来加以深入分析,以把握整体分离痕迹的实质。

由于被分离的整体物是痕迹形成的核心要素,其质地、组成成分不同,对应的分离特征反映也就不同。组织结构稳定、细密、塑性较好的整体物所形成的分离痕迹具备稳定性强、清晰度高的突出特征,如金属、木质等整体物的分离痕迹即是如此。如前所述,当工具或器械作用于该类整体物时,还可以较好地反映出接触部位的形象结构特征。此时,运用形象痕迹的鉴定理论和方法,还可以同时进行工具痕迹同一认定。

而组织结构疏松的整体物(如纺织品等)所形成的分离痕迹,断口粗糙、反映性和稳定性较差。当工具或器械作用时,一般不能反映工具或器械接触部位的形象结构特征,据此,通常仅可进行整体分离痕迹鉴定,无法同时开展工具痕迹同一认定。

(三) 不同分离方法所形成的分离痕迹特征

1. 器械分离方法所形成的分离痕迹特征　器械分离是刑事案件中犯罪行为人最为常用的破坏性分离方法,其主要特征是:

在分离过程中,整体物因受工具作用而产生分离,被分离物表面遗留有工具外表结构痕迹特征,且分离沿可能产生局部物质"损失"(如纸片、锯屑、木片等)。例如,木材被锯割分离时,最先接触锯的表面有深凹擦痕和凹槽,在锯离开木材的最后处,即最后断沿上有木刺,断面上呈现"阶梯式"凹凸纹线。又如,铜线被剪切工具剪断分离,形成带线特征,切削平面呈现"斜坡状",并能够反映剪切工具刃部结构特征(若刃部存在缺损时,则该特征更为显著)。

同时,由于整体物自身大小、形状、厚薄的不同,其整体分离特征也不尽相同。例如,较厚的物体被分离后,可以观察到断面上的凹凸结构特征;而较薄的物体被分离后,通过目力观察难以发现断面上的凹凸结构特征,因而需要通过仪器辅助观察。鉴定人员应当拓宽检验思路,对于较薄物体也应尽量检验断面凹凸结构特征,以增加检验工作的客观依据。

2. 非器械分离方法所形成的分离痕迹特征　典型的如徒手分离、化学分离、物理分离(如金属物体因"疲劳"而断裂)等,其分离痕迹的主要特征表现为:断面凹凸不齐,呈现非规则形态等。人为撕碎的纸张或折断的木片,其分离界面呈现弯折形变特征,断离面表现出凹凸不平、参差不齐的非规则形态;人为拆卸作用则会在组合体结合部形成特征性脱落痕迹;化学腐蚀作用造成的断离痕迹,断口上以及断口附近残留有化学试剂和特殊气味;在电击和热作用下形成的断离痕迹,断口上通常存在烧灼、碳化、熔融、卷曲等特征。

(四) 同一物体用不同方法分离以及同一分离方法作用于不同物体所形成的分离痕迹特征

痕迹鉴定实务中,使用不同方法对同一整体物进行分离,以及将同一分离方法作用于不同物体,其断口痕迹特征各有不同。

以纸张为例,采用不同分离方法分离纸张,则形成的纸张整体分离痕迹特征不同。用铡刀进行铡断分离,纸张分离线边缘较为整齐光滑,切线平直,目力观察不易见"毛刺";用裁切工具进行裁断分离,纸张分离线边缘较为粗糙,呈不规则"小锯齿"状,边缘有明显"毛刺"现象;用刀进行划断分离,纸张分离缘较为光滑平整,但稍有曲折,有时还会出现由于用力过猛而导致的压折皱痕;用剪刀进行分离,纸张分离线边缘稍光滑,整体弯曲较多(不平直),有时会出现由于停顿动作而产生的剪刺特征;徒手分离纸张,则纸张分离缘粗糙不齐,有较大的凸出和凹进,且弧度较大,伴有细长纤维突出现象。

另外,由于整体物自身的结构特性以及排列方式的不同,运用同一种分离方法作用于不同整体物时,断口痕迹特征也不尽相同。如以剪切作为分离方法,分别剪切电线、纸张、纺织物时,其特征反映就不完全相同。剪切电线能够在断口上形成分离断口(分离面)剪切痕迹特征,剪切纸张、纺织品只能够形成分离线特征。值得注意的是,在进行整体分离痕迹检验鉴定时,分离器械接触面结构在整体物上形成的形态痕迹,也应当作为痕迹鉴定的关键分析对象为鉴定人员所用。

（五）整体分离痕迹与其他形象痕迹的区别

据前可知,两个相邻分离体之间的断口特征,其特点是相互对合。可见,整体分离痕迹的鉴定依据是断口特征,而非其他种属痕迹鉴定所要求的检材与样本特征间的直接比对。整体分离痕迹是一种较为特殊的痕迹,具体而言,可以从以下三方面加以把握、区分:

1. 从形成要素方面分析　整体分离痕迹的形成亦应具备造痕客体和承痕体以及作用力三个要素。实际上,整体分离痕迹的形成往往只有作用力的施加者和整体物两个要件,如人用徒手分离的方式撕碎纸张,则手为造痕客体(即力的施加者),肌体力为作用力,纸张则为承痕体。但此时,对于整体分离痕迹的研究,其目的并非是研究纸张上的指印,而是研究纸张断口的形成方式和分离痕迹特征是否互相吻合为同一整体。

2. 从反映的内容方面分析　一方面,整体分离痕迹形成时,整体物在力的作用下,致使其自身被分离,断口上反映断裂分离痕迹,并不反映力的施加者的外表结构特征。即在形成整体分离痕迹的过程中,力的施加者与形成痕迹部位一般不直接接触,而是通过作用力传递作用于痕迹形成区域。当然,在特殊情况下,造痕客体与整体物也会直接接触,并将外力传递到与整体物的接触部位。如弹头击穿或击碎玻璃。另一方面,整体分离痕迹通常表现为断口的分离面痕迹或分离线痕迹,少部分表现为固有的连接方式被拆卸而形成的外围痕迹。

3. 从反映的内在关系方面分析　整体分离痕迹反映分离体与整体物以及分离体间的相互关系,其实质上反映的是分离体和原整体物之间局部与整体的关联性,同时证明各分离体间原为同一整体物的组成部分。

当存在两个或更多位置相对固定且各自独立的物体时,若其表面同步形成特定附着物,在发生相对位移的过程中,附着物将产生对应分离痕迹。此类分离痕迹能够反映:相对独立整体物之间的原始相对位置关系;位移作用路径以及系统层级属性(证明各独立整体物曾隶属于更大整体系统的组成部分)等。

应当指出,以上3类分离痕迹的特征,是依照痕迹的形成来划分的。从整体分离痕迹鉴定实务的角度,还可以分为整体分离痕迹的"一般特征"和"细节特征"。

一般特征包括：材料的种属和品种、材料的颜色及新旧程度、材料的规格大小、宽度、物体的总体形状或组合体各部分的单独形状、物体连接和成型的方法等物理特征，材料的质量及杂质成分（各部分是否含有同类杂质和附着物）等化学特征，以及分离方法特征等。细节特征包括：分离面特征，分离线特征，分离体表面固有的纹痕、裂痕、缺陷以及凹凸结构特征，分离体上遗留的器械痕迹及各种附加特征（纹痕、伤痕、缺陷、杂质、附着物等），分离体各部分外围边缘形象特征等。

第三节　几种常见物体的整体分离痕迹特征

在刑事案件以及各类事故现场，被分离的整体物种属较多，所形成的整体分离痕迹特征也较为复杂。根据整体分离痕迹鉴定有关经验，玻璃类、纺织品类、木材类及纸张类整体物是最为常见的被分离物。掌握各类分离物的整体分离痕迹特征，对调查及鉴定工作皆具重要的参考意义。

一、玻璃类整体分离痕迹特征

玻璃的整体分离痕迹在盗窃和枪击案件，以及交通肇事、交通事故中最为常见。现场勘察时，为判断事件真伪及分析出入口位置，往往需要寻找与研究破碎玻璃上的有关痕迹；为查明弹道入口、出口及弹孔形态参数（形状、大小）、射击高度与角度，通常需要对散落玻璃碎片进行拼接复原，并实施整体分离痕迹检验；特殊情况下还需要确定玻璃破碎的具体原因。

（一）玻璃的固有特征

1. **玻璃的种属**　根据主要成分的不同，可以将玻璃分为"钾—钙玻璃"、"钠—钙玻璃"、"钾—铅玻璃"、不透明玻璃和有色玻璃。

按照用途不同，又可以将其分为板玻璃、玻璃纤维、电气玻璃与光学玻璃。板玻璃一般用作门、窗、橱柜的透光封闭材料，其又可分为普通玻璃、钢化玻璃、夹层玻璃。其中，普通玻璃用于一般建筑物和日常用品；钢化玻璃用于普通汽车、火车的挡风窗；夹层玻璃用于某些小汽车和飞机的挡风窗。新型板玻璃有带色玻璃、反射玻璃、光致变色玻璃、复层玻璃等。板玻璃是案事件当中最为常见的一类玻璃，不同种属的板玻璃及形成玻璃分离痕迹的原因不同，其分离痕迹特征亦各异。

2. **玻璃的基本特性**　玻璃是一种透明固体材料，属硅酸盐类非晶态物质，其形成过程为：高温熔融态下形成连续网络结构，冷却过程中黏度持续增大并硬化定型而未发生结晶。该材料具有典型的脆性特征，且具有一定抗压强度、硬度、拉伸强度等机械性能。一般而言，普通玻璃的抗压强度为 $70\sim100\ kg/mm^2$，抗拉强度为 $4.6\sim10\ kg/mm^2$，即玻璃的抗压强度高，抗拉强度低，内应力极不平衡，即脆性大而弹性小。因此，玻璃受到外力作用，一般情况下不能形成反映打击物外表结构特征的形象痕迹，而只能形成反映打击物种属、打击力方向的孔洞、裂纹、破碎等分离痕迹特征。

此外，玻璃的机械性能与玻璃的分离痕迹特征具有极为密切的关系。玻璃的光学性能，如折射、色散、透射性等，不但是玻璃分离体的重要种属特征，也是检验其是否源于同一整体的重要鉴别依据。

（二）玻璃的附加痕迹

在生产、运输、使用、保管等过程中，玻璃不可避免地与外界发生接触，并产生一系列的物理、化学变化，从而形成了玻璃的附加特征，但由于玻璃自身光滑、不易被渗透等特性，通常情况下，其产生物理变化为多，形成玻璃制品后发生化学变化不常见。玻璃的附加痕迹特征主要包括：玻璃的烧制工艺、使用磨损、花纹凹凸及纹线等特征；玻璃表面附着的文字、标识、图案、线条等特征；玻璃表面的污垢、黏附物、裂纹以及缺失等特征；玻璃受到腐蚀而产生的孔洞特征；玻璃的修补、粘贴状况以及其所反映修补物的种属、大小、材料物理特性等特征；玻璃表面附着的血、皮毛等生物组织等特征。

（三）玻璃的整体分离痕迹特征

玻璃在外力作用下，其受力点因受压缩应力产生局部凸起，对应面则因拉伸应力发生形变。当外力达到一定数值（超过材料抗拉强度阈值）时，玻璃首先从拉伸应力面发生断裂。碎裂特征可以从水平面及断离面分别进行观察。

1. 玻璃整体分离痕迹的基本特征

（1）玻璃在水平面上的分离痕迹特征：从水平面即玻璃表面观察，玻璃整体分离痕迹在水平面上的断裂纹线呈辐射状和同心圆状。

1）辐射状裂纹的形成机理及特征：从形成机制分析，作用力在玻璃上的某一点会产生轴向和径向分力，使得该点同时受到轴向和径向两方面的分离作用。径向方面的力由着力点开始，以等量的力迅速传导至着力点以外的玻璃表面，从而在其表面形成一种以着力点为中心的，平直或弯曲的、向四周呈"放射状"分布的裂纹，即辐射状裂纹。

辐射纹首先从伸张面开始形成。伸张面以着力点为中心，向玻璃四周扩展其裂缝，因而呈现"辐射状"特征。辐射纹的形状、长短同作用力大小、打击物穿过的速度、着力点的面积以及玻璃种属均息息相关。作用力大、速度快、着力点面积小，则辐射纹稀而短。一般而言，在每一条辐射状裂纹自然终止的末端，其着力点一面的长度与拉伸面一面的长度存在一定差异，即由于拉伸面先于着力面破裂，其辐射裂纹的长度相对较长；而着力点一面的辐射裂纹则相对较短。在辐射纹终止蔓延处，辐射纹断面亦同样呈现终止状态，已断的一边为伸张面，未断的一边为压缩面。这一特征是分析、确认作用力方向及玻璃压缩面的基本依据。

2）同心圆状裂纹的形成机理及特征：玻璃断裂所形成的同心圆状裂纹是指玻璃整体分离痕迹中，以着力点为中心的，层层向外扩散的圆弧形痕迹。从形成机制分析，同心圆纹是在辐射纹形成后，由于玻璃对作用力的反作用而形成的。辐射纹形成后，使得整个玻璃被划分为若干个部分，并以一端固定在框架上，另一端则在洞孔处呈现游离状态。反作用力在洞孔处集中，向玻璃原来受力的压缩面冲击，因而原压缩面变为伸张面，原伸张面变为压缩面，最终形成同心圆纹状的裂缝，其断面"弓形"花纹束指向原受力面的背面。

从玻璃表面观察，同心圆纹的特征呈现出以着力点为圆心，玻璃层层向外扩散、剥脱的

同心圆弧形态。同心圆纹裂痕的疏密程度主要取决于作用力的大小。作用力大,穿透速度快,着力点处的同心圆纹则较为密集;反之,同心圆纹分布稀疏且分布面积相对增大,甚至不构成同心圆纹。同心圆纹的两端通常被辐射裂纹所阻断。此外,在伸张面的断裂表面,还存在碎裂的微小痕迹特征,当伸张面开始碎裂时,碎裂纹棱边形成细小的锯齿痕和层层剥脱的碎玻璃渣。

(2) 玻璃在断离面上的分离痕迹特征:玻璃断裂面的痕迹特征可分为两个部分:一部分是平滑有光泽的镜面区,另一部分则是带有贝壳状花纹的粗糙面。

在玻璃断裂面上,面积相对较大且表面光滑的痕迹形态通常被称为"镜面特征"。断裂面花纹呈现弓形线花束形态,玻璃各方向上的断裂面均存在此类花纹。弓形花纹起始于玻璃的拉伸应力面,逐渐向压缩应力面着力点方向汇聚成束。

粗糙面形成于外力作用尚未完全消失,而玻璃即将破裂的阶段。若在玻璃的破坏速度尚未达到裂纹扩展速度前撤出外力,则断面仅呈现弓形花纹特征。粗糙面分布于压缩应力面一侧,其弓形花纹束的指向与拉伸应力面方向一致。作用力强度与粗糙面宽度呈正相关。

弓形花纹的形态特征不仅取决于作用力的方向和大小,还与裂纹方向密切相关。在辐射纹断面上,弓形花纹束朝向着力点方向;在同心圆纹断面上,弓形花纹束则指向着力点反方向。这种痕迹特征规律对判定外力作用方向具有重要参考价值。

2. 玻璃在不同分离方式下所形成的分离痕迹特征　分离方式不同,所形成的玻璃分离痕迹特征也具有一定差异。相同种属、厚度和形状的玻璃,其碎裂痕迹特征取决于作用力的性质、大小和方向。常见的分离作用力包括枪弹的弹头波、弹弓或石块的投掷力,工具的打击、撬压,以及物理作用力。鉴定人员掌握由不同分离方式所造成的玻璃整体分离痕迹特征,有助于准确分析判断玻璃破碎原因、分离方式、受力方向、着力部位等专门性问题,从而为案事件的分析研判提供重要依据。

(1) 弹头射击形成的玻璃分离痕迹特征:射击弹头属于高速抛射物,其飞行时具有极大的动能。旋转的枪弹击中玻璃而形成的孔洞特征,一般包括"蛛网状"裂纹特征、"喇叭形"洞孔缺损特征以及穿透性洞孔缺损特征三种类型。"蛛网状"裂纹特征是对射击弹头所形成的玻璃分离痕迹特征的平面分布结构形态而言的;"喇叭形"洞孔缺损特征是对射击弹头所形成的玻璃分离痕迹特征的立体结构形态而言的;弹头穿透性洞孔缺损特征则是以玻璃整体因弹头射击而发生的宏观变化而言的。

当高速的弹头击中玻璃并穿透后,玻璃的缺损洞孔四周会产生一圈不透明的碎玻璃屑。缺损洞孔的直径一般会比枪弹直径大 2～6 mm。弹头击中玻璃的瞬间便形成大量的辐射裂纹和同心圆纹,圆弧状的同心圆纹与放射状的辐射裂纹共同交织,便形成"蛛网状"裂纹。同时,由于弹头能量传递作用,玻璃表面受力压缩,对应面形成拉伸性破碎和剥落,在弹头高速螺旋运动的作用下,形成开口与弹头运动方向一致的"喇叭形"洞孔缺损特征,并造成玻璃表面穿透性洞孔缺损。从水平面观察被击中的玻璃,发现"蛛网状"辐射裂纹短而密,部分裂纹存在弯曲现象;断面花纹在洞孔处表现为粗糙断面,向外延伸逐渐过渡为弧形或不规则镜面。同心圆裂纹于洞口处最为密集,裂纹的起点与终点多位于辐射纹上,断面弓形花纹束始终指向受击面背面。

平滑枪筒的猎枪弹打击玻璃时,每一弹丸形成一个"喇叭形"洞孔,四周伴有一圈玻璃碎屑。铁砂穿透玻璃时,小孔直径大于铁砂;未击穿玻璃时,则小孔直径小于铁砂。形成玻璃分离痕迹的特征表现为:辐射状裂纹短、密、直,断面弓形花纹束汇集于受击面并指向小孔;同心圆纹较少,离小孔较近,断面弓形花纹束汇集于受击面背面等。

气枪弹击中玻璃,洞孔呈"喇叭形",直径略大于弹径,为 6~7 mm。分离痕迹呈现出辐射裂纹分布密集,近洞孔处断面形成弓形花纹,花纹束在受击面汇集并指向洞孔中心,而后随着裂纹扩展逐渐转变为弧形花纹;同心圆裂纹数量较少且多分布于远离洞孔区域,其断面弓形花纹束集中出现在受击面背侧等特征。

此外,钢化玻璃被枪弹击穿时,弹孔呈现"喇叭状",边缘形态欠规则;整块玻璃均产生蛛网状裂纹,裂纹从洞孔向四周呈放射状均匀扩散,弹孔周边区域的辐射裂纹尤为平直且密集。

(2) 投掷、弹射物形成的玻璃分离痕迹特征:投掷石块或使用弹弓抛射钢珠击中玻璃后,由于作用力大小的不同,玻璃整体可能整块破碎、脱落,或产生大面积裂纹但仍保持完整,抑或形成洞孔状缺损等。在此类作用力作用下形成的玻璃分离痕迹特征,其通常表现为:击点较大,洞孔及被分离玻璃碎片边缘呈现不规则形态;高速冲击时,洞孔呈喇叭形;辐射裂纹呈现粗大平直特征贯穿玻璃面;同心圆裂纹数量稀少且集中分布于远离洞孔区域。

值得注意的是,石块击打钢化玻璃通常不会形成孔洞,其分离痕迹特征主要表现为着力点处部分玻璃碎屑脱落,整块玻璃同时呈现蛛网状裂纹分布;若形成小孔洞则少见伴随网状裂纹,但受到外力震动后网状裂纹随即出现。

(3) 打击工具形成的玻璃分离痕迹特征:使用锤类、棍棒类、砖石等工具直接击打玻璃,由于接触面大,且打击速度相对较慢,其所形成的分离痕迹特征通常表现为:整块玻璃破碎、脱落,其中以着力点处的破碎程度最高;玻璃表面辐射裂纹明显、平直且分布密集,形成孔洞的直径通常大于打击工具的接触面积;断面存在弓形花纹束,并由打击面的集束状向拉伸面扩散展开。

具体来说,当打击力度大且作用速度快时,所形成的孔洞较大,孔洞边缘破碎玻璃数量较多,辐射裂纹可延伸至玻璃边缘;当打击力度小且速度较慢时,所形成的孔洞相对较小,边缘破碎玻璃较少,辐射裂纹稀少平直,有时仅能形成打击点及局部裂纹。

(4) 工具撬压形成的玻璃分离痕迹特征:工具撬压引起的玻璃碎裂特征与打击、射击所形成的特征不同。撬压作用导致的玻璃破裂通常呈现以下特征:玻璃通常在撬压作用的反面首先发生破裂,自撬压点向外延伸数条贯穿整块玻璃的辐射裂纹,形成多块玻璃分离体;同心圆裂纹数量稀少,有时甚至不反映;断面弓形花纹束始终朝向压缩应力面分布,并由受力撬压点的集束状向另一面扩散。此外,由于撬压点位置一般固定在玻璃边缘,外力作用后,撬压点及其对应面通常会产生玻璃剥落形成的圆弧形缺损等。

(5) 物理作用形成的玻璃分离痕迹特征:普通玻璃在生产过程中因冷却不均会产生内部残余应力。当该应力超过临界值并受到外力冲击或剧烈温度变化时,可能自发产生类似钢化玻璃的破裂特征。当具有一定厚度的玻璃两侧存在显著温差时,通常玻璃就会破裂,

其破裂规律一般表现为:低温侧压缩,高温侧拉伸,造成玻璃向高温侧凸起破裂,且断面弓形花纹呈现从低温侧集束状向高温侧扩散的分布模式;玻璃受到高温作用而发生破裂时,通常不形成同心圆裂纹,辐射裂纹数量也较为稀少,仅在热源附近形成几条较为平直的"平行状"纹线,其断面的弓形花纹仍遵循由低温面的集束状向高温面扩散的分布规律;直接燃烧导致的玻璃破裂则呈现放射状胀裂形态,受火面残留烟熏痕迹,断面弓形花纹特征弱化,且部分断面因高温作用而呈现熔融状态。

(6) 振动形成的玻璃分离痕迹特征:受邻近物体振动或爆炸冲击波作用引发的玻璃破碎,通常形成以下分离痕迹特征:玻璃破碎区域呈大面积分布,破裂后形成块状碎片且裂口尺寸较大。断面弓形花纹在振动传播方向呈集束状分布并向另一侧延展、扩散,辐射裂纹与同心圆裂纹的形态特征界限模糊。

二、纺织品类整体分离痕迹特征

纺织品是指纺织纤维经纺织及复制加工形成的制品,涵盖单纱、股线、绒线、编织或针织物、毡毯以及化纤单复丝等形态,可供直接使用或深加工(二次加工)。鉴定人员首先应当具备有关纺织(品)的基础理论知识,并系统研究掌握常见纺织品类整体分离痕迹特征,以此准确鉴别纺织类整体物被分离的方式及所采用的工具类型,这对刑事案件的侦办具有重要的司法价值。纺织品类整体分离痕迹鉴定的主要依据是纺织品的固有特征、附加特征以及分离线特征。

(一) 纺织品的固有特征

1. 纺织品纤维的一般特征　纺织纤维分为植物纤维、动物纤维和化学纤维三大类。植物纤维如棉、麻等,动物纤维如毛、丝等,化学纤维则包括人造纤维和合成纤维(合成纤维有聚酰胺、聚酯和聚丙烯腈三大类,还包括聚乙烯醇纤维、聚氯乙烯纤维、聚偏氯乙烯纤维和聚丙烯纤维等)。动植物纤维的表面结构、细胞结构,化学纤维的毛细结构,以及它们的染色性、弹性、粗细、横断面形状等,都是纺织品纤维重要的、固有的一般特征。

2. 纺织品的组织类型和织造特征

(1) 组织类型:纺织物一般由纱线组织而成,无论其结构如何复杂,都由完全有组织的重复循环而构成。纺织品由纵横交错的两条线系统织成,经线与纬线相互穿过的次序被称为"交织方法"。经线与纬线相互穿过一次,叫作"一个完全组织"。纺织品的组织类型可以分为基本组织、小花纹组织、复杂组织以及提花组织四类。基本组织又可以分为平纹组织、斜纹组织、缎纹组织三个原组织。

(2) 织造特征:平纹组织是经纬交织最为简单的组织,由经纬各一根上下交错而成,纺织品正反两面的外表结构相同。斜纹组织的特点是每一条经线与下一条纬线相互交错,形成向左下方的对角线花纹;它的最小完全组织由 3 根经线与 3 根纬线构成,每一根纬线压住两根经线,穿过另一根经线;每一根经线压住一根纬线,穿过另两根纬线。缎纹组织的特点是单根经线压住多根纬线,再穿过一根纬线,单根纬线压住多根经线,再穿过一根经线,并由此形成一个完全组织。小花纹组织类的纺织品特点是在织物表面有某种花纹作为装饰;花纹分单色和杂色两种,单色花纹由经纬组织点以不同形式的结合构成,杂色花纹包含条子花纹和格子花纹等。提花组织的特点是在织物表面有各种花纹,其由各种组织类型和联合组织构成。

应当指出,纺织过程中,还可能形成个别特征,包括缺经或缺纬、卷纬、成对、结环、崩经、蛛网、跳花、坏边、织纹失调等疵点。

(二) 纺织品的附加特征

纺织品的附加特征是指加工和使用过程中所形成的特征。

加工特征包括断开方法,缝纫的种属和方法;针脚的大小、形状、方向和排列、接缝、接边的方法,接线的位置和方法;纺织品上印染的图样、文字、数字、印记等。

使用过程中所形成的纺织品附加特征包括磨损的部位、形状、大小;织补的方法;缝线的种属、股数、旋钮方向、颜色;补丁的形状、大小、经纬的方向;补丁上的织品疵点与补丁上的污染斑痕等。

(三) 纺织品的整体分离痕迹特征

纺织品分离一般形成分离线特征;少数纺织品较厚,形成分离线和分离面特征。常见的分离纺织品的方法有剪、撕、割、划等。

1. 剪裁方式形成的纺织品分离痕迹特征　剪刀剪裁形成的分离线向右侧或左侧倾斜。一般要剪断数根经线或纬线,断端整齐、光滑,放大镜下可见稀少细微纤维突出;目力观察,边沿光滑,呈弯曲状,分离线平直。停剪和开剪以及剪切技术较差的情况下,容易形成剪刺状分离线。当剪切工具刃口较钝或有缺口时,易形成有规律性间隔的纤维牵伸现象。

2. 撕裂方式形成的纺织品分离痕迹特征　撕裂纺织品所形成的分离线边沿粗糙不齐,部分纬线纤维凸出并指向撕裂方向,边沿的纬线朝向撕裂方向弯曲呈弧形;而经线则间距增大,并常有游离的经线附着于边沿之上。撕裂起端时常伴随有一小段剪切分离痕迹,用以引导撕扯。

3. 切割方式形成的纺织品分离痕迹特征　割断纺织品,其分离线有撕裂特征,但纬线的断端纤维绒毛短小。用刀片划断的纺织品,则分离线光滑,被划断的经线数量大,一般无游离的经线出现。锋利刀刃切划纺织品形成的分离痕迹特征为:断口纤维平齐,纤维断头整齐并朝向刀刃运动方向,分离线平直,较长的分离线略呈现弧形。刺切形成的分离线平直且短小,纤维断头整齐,在工具作用下纤维呈现拉伸现象。单刃刀具刺切纺织品时,其分离线朝向刃口方向的纤维断裂整齐,而刀背脊一端则有横向撕裂现象,导致纤维拉伸较长。双刃刀具刺切,其分离线两端纤维断裂整齐、对称。

三、木材类整体分离痕迹特征

木制品是指用木材加工制成的具有一定几何形态以及功能的单一物体或组合体,是常见的被分离物。木制品被分离后形成的整体分离痕迹特征是由木材的种属、结构、分离方式等因素综合决定的。

(一) 木材的固有特征

1. 木材的种属和基本特性

(1) 木材的种属:树木是种子植物中的木本植物,分为乔木、灌木和木质藤本。乔木树种又可分为裸子植物(即针叶树)和包子植物。包子植物又包含单子叶植物和双子叶植物。例如,竹属单子叶植物,所有阔叶树均属双子叶植物。我国树木种属繁多,受各地气候、土壤等条件的影响,不同地区分布着不同种属的树木。

(2) 木材的基本物理特性:木材是由无数大小不同的细胞所组成的多孔性物质。其单位面积的强度超过普通钢铁,传热性能低,干木材不导电,弯曲性能随着含水量的增大而增大,有热塑性和吸湿性,易受周围空气温度和湿度的影响而发生不同情况、不同程度的变形和开裂。值得注意的是,各种木材的物理力学性质存在较大差异。

2. 木材的结构特性 木材的结构特性属于木制品的固有特征,是木材在生长过程中所形成的特征。在木制品被分离时,被分离的各部分均能够反映各种固有特征,具体包括宏观结构特征和微观结构特征。不同种属的木材其特征各有不同,这是鉴别木材种属的基本依据。

(1) 木材的宏观特征:木材的宏观特征主要包括树皮、年轮、心材、边材、侵填体、树脂道、木薄壁组织、波痕、材色、结构、纹理、花纹等。

木材的切面不同,同一木材的特征表现亦各有不同。木材有3个切面:在横切面上,可以看到树皮、形成层、木质层和髓部,同时还可发现木材细胞间的相互联系;在径切面上,可清晰反映年轮和木射线的结构特征;弦切面则通过纹理走向变化,使年轮、木射线等特征以差异化的形态呈现。

(2) 木材的微观结构:用肉眼和放大镜观察木材结构,一般只能够看见木材表面的特征,更细微的内部构造,即微观构造特征,必须借助于显微镜才能看到。因此,木材的微观构造特征,又叫显微特征。

显微特征包括细胞、细胞壁和它们的相互关系。在木料鉴定上,将木材微观构造特征分为阔叶树微观特征和针叶树微观特征两大类。针叶树微观特征包括组成管胞、纵生树脂道、横生树脂道、射线管胞、射线薄壁细胞的形态大小等。阔叶树的显微特征包括导管(或管孔)、轴向薄壁组织、晶体和硅石、木射线细胞、木纤维管胞、生长轮、轴向胞间道和其他等九个方面,共87个特征。

(二) 木材的附加特征

木材在运送、堆放、保存、加工制造和使用过程中所形成的特征,统称为木材的附加特征。

木材在运送过程中可能形成外表磨耗和脱皮;若遇河水浸泡,木材可能发生颜色改变;堆放不当,干燥不均,都会引起木材的翘曲和开裂。因此,磨损和脱皮的部位、形状、大小,木材的颜色,翘曲和裂纹的形态,都是原木常见的附加特征。加工制成的各种木制品,其外沿形状、涂漆的种属和颜色、镶嵌或雕刻的花纹图案;木制品在使用过程中形成的磨损、孔洞、斑痕、工具痕迹等也都是木材重要的附加特征。

此外,树皮、木质部和髓部的虫洞位置、外沿形状,也是不可忽视的木材附加特征。

(三) 木材的整体分离痕迹特征

木制品的分离方法主要分为器械分离和手工分离两类,两种分离方式所形成的木材分离痕迹特征存在明显差异。

1. 器械分离木制品形成的分离痕迹特征　这里主要是指利用各种锯类工具和刀斧类工具,通过锯、砍、劈和切割等方式分离木制品所形成的分离痕迹的特征:

(1) 锯割分离木制品的分离痕迹特征:主要反映为断端较为整齐、断口上有梯纹、木质纤维;分离面的起端往往有展平面特征;因分离技能不同,锯片紧固条件不同,分离线可见多种分离形态,断茬终止处的折断痕迹参差不齐,分离处附近常伴有锯屑存在。值得注意的是,锯割所形成断口的两个分离面通常仅具有相同的凹凸变化趋势,而不具备直接的对应关系。

(2) 劈切分离木制品的分离痕迹特征:主要反映为分离面较为整齐光滑,并由多个劈切断面组成断口,每个断面对应一次劈切动作;分离处附近或较远处有楔形木屑分布(尤其以使用斧类工具劈切木制品时最为明显),楔形木屑呈块状分布,面积较大,且呈现弯曲状态;断茬形态参差不齐,相邻折断处可相互对接;劈切断面及楔形木屑表面遗留有反映造痕工具刃部结构特点的动态线形痕迹。

2. 手工分离木制品形成的分离痕迹特征　人运用运动器官以掰、折、压等方式直接将肌力作用于木制品,能够使其分离,并形成不同于器械分离方式所形成的分离痕迹特征。所谓"掰",是指用手顺着木材纤维的走向,以木制品表面的裂缝为起点,运用肌力直接将木制品分离的方式。掰离木制品形成的分离痕迹,其一般特征表现为:断面凹凸不平,分离线较长,分离方向与木材纤维走向一致。所谓"折",是指人利用手直接对直径较小的木制品,以径向的力将木材分离的方式。其分离痕迹特征表现为:由于力施加于某一点,并沿轴向传播,使木材表面受力不均,断口参差不齐,断口的两个分离面痕迹特征相互对应,能够对接。所谓"压",是指用手、脚以垂直方向的力施加于木制品上,使得木制品断离。其分离痕迹特征反映与折断方式形成的分离痕迹特征基本一致。

由此可见,木材被分离的过程中,断口上会同时形成分离线形态特征和分离面凹凸特征,鉴定人员应当系统提取这两类特征的形态学参数,以作可靠的鉴定依据。

四、纸张类整体分离痕迹特征

纸张是用作书写、印刷、绘画或包装等用途的片状纤维制品,通常需要经过制浆处理的植物纤维的水悬浮液,在网上交错组合,经初步脱水,再经压榨、烘干等几道工序而最终制成。纸可以单独用纤维制成,也可以依要求加入填料、胶料和染料等物质而制成。一般而言,纸张按用途可以划分为印刷纸、书写纸、包装纸、工业技术用纸以及加工用的原纸等。纸张的整体分离痕迹特征同样包括断口特征、固有特征以及附加特征三个方面。

(一) 纸张的断口特征

纸张断口特征是指纸张被撕裂、切割或折断后,其边缘所呈现出的形态和结构特点。通过仔细观察和分析纸张断口的形态、毛边特征、纤维走向、分层情况等,可以推断纸张被破坏的方式(撕、切、折等)、可能使用的工具(锋利度)、施力的方向(顺纹/横纹)、纸张本身的特性(如纤维长度、施胶度)以及环境状态(如湿度、老化程度)。

(二) 纸张的固有特征

纸张的固有特征包括纸张的色泽、表面形状、新旧程度、厚薄程度等外观特征,纸张的外表结构特征以及规格特征,纸张的成分含量和纤维组织特征等。

(三) 纸张的附加特征

由于在生产、运输、使用、保管等过程中,纸张不可避免地与外界发生接触,并产生一系列的物理、化学变化,从而形成了纸张的附加特征。其主要包括:纸张表面的色泽、着色工艺、种属、新旧程度等特征;纸张表面附着的文字、标识、图案、线条等特征;纸张表面的污垢、黏附物、折痕以及缺损等特征;纸张受到腐蚀或虫蛀而产生的裂纹孔洞特征;纸张的修补、粘贴状况以及其所反映修补物的种属、大小等特征;纸张表面由物理、化学作用形成的消退、黏附灰尘以及附着生物组织等特征。

(三) 纸张的整体分离痕迹特征

纸张的整体分离痕迹特征与分离方式密切相关,不同的分离方式可以形成不同的分离痕迹特征。

1. 铡切分离痕迹特征　所谓铡切分离痕迹特征,是指运用一种装着枢纽的,可以扳转的刀具切割纸张或者直接使用有刃工具以近似垂直角度冲击切割纸张,从而使纸张分离所形成的分离痕迹特征。其主要表现为:分离线平直、边缘光滑齐整;通常情况下,一次铡切的多层纸张,其分离线特征一致,且能反应刀具铡切时的运动轨迹。

2. 裁切分离痕迹特征　所谓裁切分离痕迹特征,是指将需要裁切分离的纸张按照要求折叠后,使用刀具或薄器具沿折叠线切割所形成的分离痕迹特征。其主要表现为:分离线平直,但边缘较为毛糙。多次裁切多层纸张的,其分离界面呈斜坡状;斜坡层上有裁切工具多次切割留下的痕迹,并且与分离线呈一定角度分布,具有一定的稳定性。

3. 剪切分离痕迹特征　剪切一般是指以两个相互平行或交叉的刀片对材料进行切断的分离方法。纸张的剪切分离痕迹特征,是指纸张在一对大小相等、方向相反、作用线接近的平行力作用下,因相邻横截面发生相对滑移而形成的分离痕迹特征。其主要表现为:分离线不平直,通常有剪刺出现。

4. 划切分离的痕迹特征　所谓划切分离痕迹特征,是指使用尖锐且锋利的刀具或工具分离纸张所形成的分离痕迹特征。其主要表现为:分离线光滑齐整、平直或稍有弯曲;若划切工具的划切部位变钝或有缺损时,则会在划切过程中形成三角形缺口,三角形缺口的顶角为划切的起点,三角形缺口底边通常连带因挤压而产生折皱的三角形纸片。

5. 撕裂分离的痕迹特征　所谓撕裂分离痕迹特征是指徒手将相反方向的力作用于纸张并使其分离时所形成的分离痕迹特征。通常情况下,直接用手撕裂纸张所形成的分离线边缘粗糙不齐,并伴有长短不一的纸张纤维被拉出;如撕裂前有折叠线作为引导,则分离线边缘有折痕。先折叠纸张,然后以斜角方式掀起一角,并沿折叠线逐渐展开撕裂纸张时,其所形成的分离痕迹特征表现为:边缘粗糙不齐,纤维被拉出并呈锯齿状(起端和末端最为明显),分离线边缘有折痕反映。徒手向纸张施以对应拉力将其拉断所形成的分离痕迹特征表现为:分离线弯曲、边缘粗糙且有纸张纤维被拉出;在靠近分离痕迹边缘处,纸张留有因徒手施加外力而形成的折皱或拉伸变形。

综合上述,对在道路交通事故过程中产生的整体分离痕迹进行勘查检验、分析评断并作出鉴定意见的活动就是道路交通事故整体分离痕迹鉴定。上述玻璃类、纺织品类、木材类、纸张类整体分离痕迹均有可能出现在道路交通事故的应用场景中,具体鉴定方法可以参照《道路交通事故痕迹鉴定》(GA/T 1087—2013)附录 A(规范性附录)执行。

第四节　道路交通事故整体分离痕迹鉴定案例

案例一

××××司法鉴定所司法鉴定意见书

一、基本情况

委 托 人:××市公安局交通警察×队

委托日期:××××年×月×日

鉴定对象:某号牌小型轿车

委托事项:对事故现场遗留的前照灯碎片与某号牌小型轿车的前照灯进行比对鉴定,确定该前照灯碎片是否系某号牌小型轿车前照灯同一整体所分离。

鉴定材料:

1. 事故现场遗留的前照灯碎片(若干)

2. 某号牌小型轿车

鉴定日期:××××年×月×日

鉴定地点:××市道路交通施救清障中心某停车场

二、检案摘要

据委托材料记载,××××年×月×日 02 时 30 许,张某驾驶某号牌小型轿车,行经某地段时,车辆前部涉嫌与行人汤某某、邓某某发生碰撞,造成汤邓二人受伤及车辆受损的交通事故,事故现场遗留前照灯碎片(若干)。

三、检验过程

(一)检验方法

根据 GA/T 41—2019《道路交通事故现场痕迹物证勘查》、GA/T 1087—2021《道路交通事故痕迹鉴定》等有关条款及检验鉴定方法,对提供的事故现场提取的前照灯碎片和某号牌小型轿车进行检验、比对分析,确定送检的前照灯碎片是否与某号牌小型轿车的左前照灯为同一整体所分离。

(二)检验所见

1. 受鉴车辆痕迹勘验

(1)受鉴车辆系三菱牌×××××××型小型轿车,车身颜色为黑色,车辆识别代号为××××××××××××××××××(图片省略)。

(2)受鉴车辆前保险杠中部离地高度约 500 mm 处见一纵向破裂痕(见图 8.1);发动机盖前端离地约 780 mm 有一处轻微凹陷痕迹,面积约 200 mm×230 mm(见图 8.2);前风窗玻璃左侧下方中心距左侧边缘约 70 mm、610 mm 有两处破裂点(见图 8.3);左前照灯的反光镜(反射镜)、配光镜(灯玻璃)均破裂,部分已经碎落(见图 8.4)。左后视镜悬挂

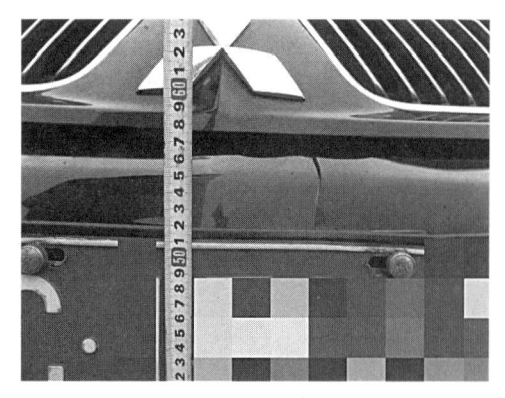

图 8.1　前保险杠破裂痕迹 　　　　　　　图 8.2　发动机盖凹陷痕迹

图 8.3　前风窗玻璃破裂状况 　　　　　　图 8.4　左前照灯破裂状况

2. 事故现场散落物痕迹勘验

送检材料中有 4 块不同大小的前照灯配光镜碎片及 2 块前照灯反光镜碎片。其中 4 块配光镜碎片材质为透明的有机玻璃,4 块配光镜碎片中的检材 1(下同)碎片呈"椭圆形",长约 320 mm、宽约 180 mm;检材 2(下同)碎片呈"圆弧形",长约 70 mm、宽约 55 mm;检材 3(下同)碎片呈"长方形",长约 100 mm、宽约 58 mm;检材 4(下同)碎片呈"梯形",长约 94 mm、宽约 60 mm(见图 8.5)。这 4 块碎片相互之间有一处分离线相符,其断面均可

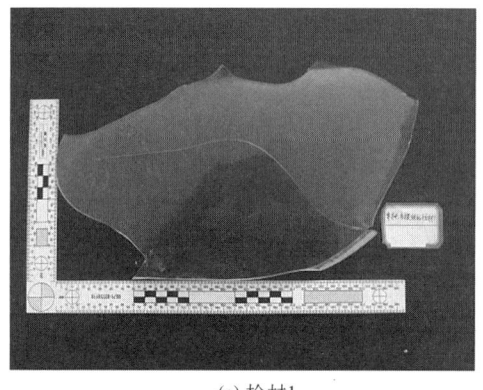

(a) 检材1 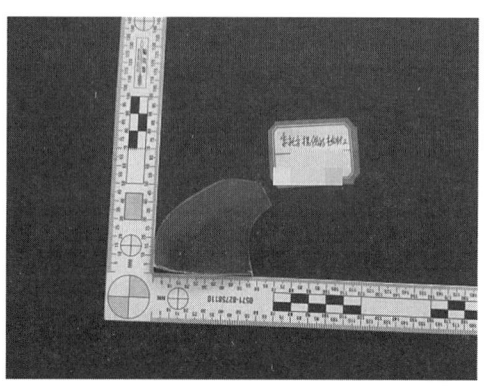　　　　　　　　　　　　　　(b) 检材2

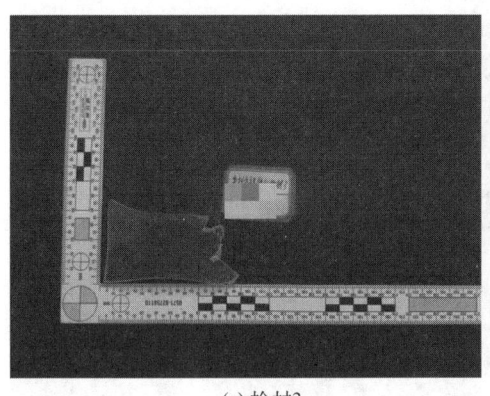

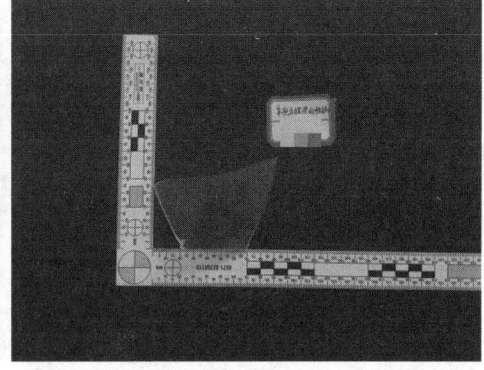

(c) 检材3　　　　　　　　　　　　　　　(d) 检材4

图 8.5　事故现场散落物(前照灯配光镜)

以拼接,是同一整体所分离(见图 8.5、图 8.7)。2 块反光镜碎片中的检材 5(下同)长约 180 mm、宽约 100 mm;检材 6(下同)长约 185 mm,宽约 55 mm(见图 8.6)。这 2 块碎片相互之间有一处分离线相符,其断面可以拼接,是同一整体所分离(见图 8.6、图 8.8)。

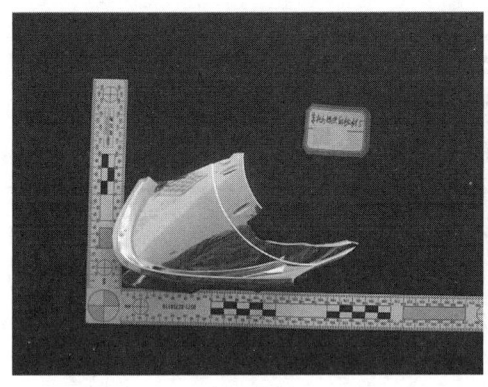

(a) 检材5　　　　　　　　　　　　　　　(b) 检材6

图 8.6　事故现场散落物(前照灯反光镜)

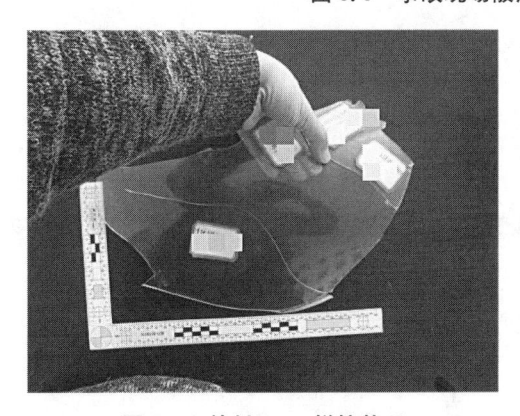

图 8.7　检材 1~4 拼接状况 　　　　　　图 8.8　检材 5、6 拼接状况

3. 送检材料痕迹比对

将检材 1~4 的 4 块前照灯配光镜碎片,经拼装后与受鉴车辆的左前照灯配光镜进行

拼接比对,相互之间分离线相符,其断面可以拼接,是同一整体所分离(见图8.9)。将检材5、6的2块反光镜碎片与受鉴车辆的左前照灯反光镜进行拼接比对,相互之间分离线相符,其断面可以拼接,是同一整体所分离(见图8.10)。

图8.9　检材1～4与受鉴车辆左前照灯配光镜拼接状况

图8.10　检材5、6与受鉴车辆左前照灯反光镜拼接状况

四、分析说明

根据检验所见,受鉴车辆的左前照灯反光镜、配光镜均破裂,部分已经碎落,将检材1～6(事故现场散落物)与受鉴车辆左前照灯反光镜、配光镜进行拼接比对,检材1～4的4块前照灯配光镜碎片与受鉴车辆的左前照灯配光镜相互之间分离线相符,其断面可以拼接,是同一整体所分离;检材5、6前照灯反光镜碎片与受鉴车辆的左前照灯反光镜相互之间分离线相符,其断面可以拼接,是同一整体所分离。

五、鉴定意见

根据对送检材料的检验比对分析,事故现场遗留的前照灯碎片与某号牌小型轿车的左前照灯是同一整体所分离。

案例二

××司法鉴定所司法鉴定意见书

一、基本情况

委 托 人:××县公安局交通警察大队

委托日期:××××年×月×日

委托事项:对事故现场提取的散落物与某号牌小型轿车进行痕迹比对,确定是否系某号牌小型轿车同一整体所分离。

被鉴定车辆:某号牌小型轿车

鉴定材料:

1. 事故现场提取的右后视镜残件(1块)

2. 某号牌小型轿车

鉴定地点:××县×机动车检测有限公司×停车场、××司法鉴定所

鉴定日期:××××年×月×日至×月×日

二、基本案情

据委托人送鉴材料记载,××××年×月×日,陈××驾驶某号牌小型轿车从××市××区行驶至××县××镇,下午六时许行驶至××镇隧道口与黄××驾驶的××××××号电动自行车发生碰撞,事故发生后陈××驾驶车辆离开事故现场,造成黄××及电动自行车乘坐人陆×受伤,两车受损的道路交通事故。

三、鉴定过程

(一)鉴定方法

根据《道路交通事故现场痕迹物证勘查》(GA/T 41—2019)、《法庭科学车体痕迹检验规范》(GA/T 1450—2017)、《道路交通事故痕迹鉴定》(GA/T 1087—2021)、《道路交通事故痕迹物证鉴定通用规范》(SF/T 0072—2020),参照《道路交通事故现场痕迹物证勘查》(GA/T 41—2019)等有关条款及检验鉴定方法,对提供的事故现场提取的散落物与某号牌小型轿车进行检验、比对分析,确定送检的散落物是否与某号牌小型轿车同一整体所分离。

(二)仪器设备

钢卷尺(100 m)、双面黑白直角比例尺、痕迹物证勘查箱、数码照相机等。

(三)检验所见

1. 被鉴定车辆信息

被鉴定车辆为一辆黑色二轴小型轿车,前后部悬挂"××××××××"号牌,品牌型号:雅阁牌 HG7241AB 型(见图 8.11),车辆识别代号:××××××××××××××××。

(a) 车辆前侧外观    (b) 车辆左侧外观

(c) 车辆后侧外观    (d) 车辆右侧外观

图 8.11　车辆外观照

2. 碰撞痕迹

被鉴定车辆右侧前部见新近刮擦碰撞痕迹[见图8.12(a)]。前保险杠右侧与右前翼子板前部在距地高约15~75 cm位置见片状横向刮擦痕迹,表层黑色涂层呈减层,局部凹陷变形[见图8.12(b)]。右前翼子板后部与右前车门前部在距地高约20~85 cm位置局部凹陷变形[见图8.12(c)、(d)]。

(a)   (b)

(c)   (d)

图8.12 车身右侧前部痕迹

右后视镜黑色塑胶材质固定支架在距地高94~102 cm位置见断裂痕迹,断口呈约10 cm×16 cm"菱形"状,后视镜总成脱落缺失(见图8.13)。

(a)   (b)

图8.13 右后视镜支架断裂痕迹

3. 事故现场散落物痕迹

送检材料为 1 块黑色塑胶材质的车辆右后视镜总成残件（下称"检材"），镜面脱落，后视镜外壳见有多处刮擦痕，其支架断口呈约 10 cm×16 cm"菱形"状（见图 8.14）。

(a)

(b)

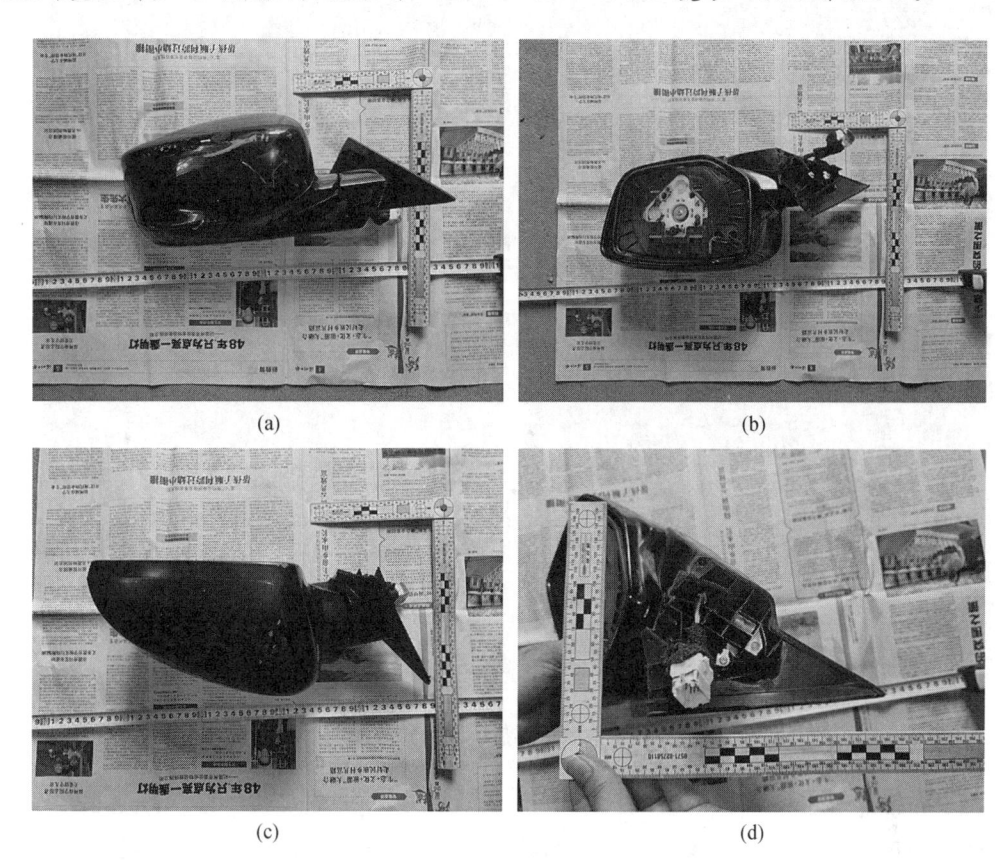

(c)

(d)

图 8.14　检材图片

4. 送检材料痕迹比对

将检材支架断口与被鉴定车辆右后视镜支架断口拼接比对，两者之间分离线相符，断面可以相互拼接，且材质、色泽及构造特征一致（见图 8.15）。

(a)

(b)

(c)   (d)

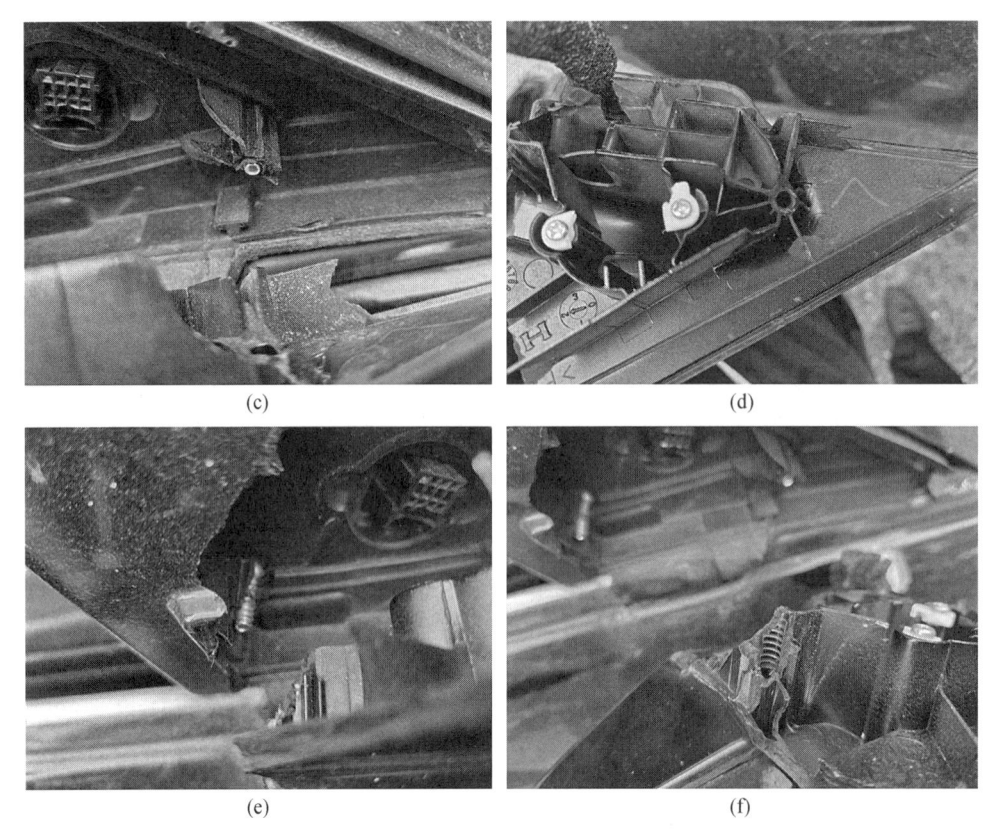

(e)   (f)

图 8.15　送检材料痕迹比对特征情况

四、分析说明

根据检验所见,被鉴定车辆右侧前部所检见的痕迹,符合事故碰撞所形成的痕迹特征。检材(事故现场提取的右后视镜总成残件散落物)与被鉴定车辆右后视镜支架的断口分离线特征比对相符,其断面可以相互拼接,且材质、色泽及构造特征一致。

综上分析,可以认定现场散落物(检材)与被鉴定车辆属同一整体所分离。

五、鉴定意见

可以认定事故现场提取的散落物(右后视镜总成残件)与某号牌雅阁牌小型轿车属同一整体所分离。

案例解析

整体分离痕迹鉴定是通过检验物体分离后形成的痕迹,确定分离体与整体的关系,以及分离的方法和顺序等。其鉴定难点在于以下方面:①分离痕迹复杂。物体分离方式多样,如撕裂、剪断、锯断等,不同分离方式产生的痕迹特征各异,且可能相互交织,增加了准确判断分离方式和部位的难度。②微量物证提取困难。整体分离后,一些微小的分离痕迹或附着的微量物证容易被忽视或丢失,如木屑、金属屑等,而这些微量物证对于确定分离工具和分离过程至关重要。③变形与污染。分离后的物体可能因外力作用发生变形,或在后续过程中受到污染、破坏,导致原始分离痕迹失真,影响鉴定的准确性。④特征误判。鉴定人员可能将一些非本质的特征误判为关键特征,或者对相似特征的差异辨别不准确,从而错误判断分离体与整体的关系。⑤工具认定错误:根据分离痕迹推断分离工具时,可能因对工具痕迹特征的认识不足或经验欠缺,导致对工具种类、型号的判断错误。⑥忽略其他因素:只关注分离痕迹本身,而忽略物体的材质、结构、使用历史等因素对分离痕迹的影响,可能得出片面或错误的鉴定意见。在道路交通事故场景下,整体分离痕迹鉴定是道路交通事故痕迹鉴定中可以同一认定,且争议较少的鉴定项目。故而,在逃逸案件中,如存在现场散落物,采取整体分离痕迹鉴定是较优方案。

主要参考文献

[1] 郭华.司法鉴定术语词典[M].北京:法律出版社,2022.
[2] 冯浩,潘少猷.道路交通事故痕迹物证鉴定概论[M].北京:科学出版社,2020.
[3] 王成荣.痕迹物证司法鉴定实务[M].北京:法律出版社,2010.
[4] 牛学军.道路交通事故现场勘查实务指南[M].北京:中国人民公安大学出版社,2013.
[5] 刘义祥,赵术学.火灾痕迹与检验[M].北京:中国石化出版社,2012.
[6] 胡建国.火灾事故调查工作实务指南[M].北京:中国人民公安大学出版社,2013.
[7] 胡建国.火灾物证技术鉴定[M].北京:中国人民公安大学出版社,2007.
[8] 胡建国.火灾调查[M].北京:群众出版社,2007.
[9] 解云等.中国刑事科学技术大全(痕迹检验)[M].北京:中国人民公安大学出版社,2003.
[10] 赵明辉等.道路交通事故涉案者交通行为方式鉴定[M].北京:科学出版社,2020.
[11] 李丽莉.道路交通事故车体痕迹鉴定[M].北京:科学出版社,2017.
[12] 李丽莉.交通事故痕迹物证鉴定方法研究[M].北京:科学出版社,2024.
[13] 金河龙.火灾痕迹物证与原因认定[M].吉林:吉林科学技术出版社,2005.
[14] 耿惠民,王铁强.汽车火灾的研究[J].消防科学与技术,2004(6):596-599.
[15] 刘振刚.汽车火灾原因调查[M].天津:天津科学技术出版社,2008.
[16] 史文库,姚为民.汽车构造(第六版)[M].北京:人民交通出版社,2013.
[17] 马良清.汽车轮胎使用及案例分析(第二版)[M].北京:中国商业出版社,2008.
[18] 杜志淳,罗良忠,孙大明,等.司法鉴定质量监控研究[M].北京:法律出版社,2013.
[19] 何家弘,刘品新.证据法学[M].北京:法律出版社,2019.
[20] 何家弘,姚永吉.两大法系证据制度比较论[J].比较法研究,2003(4):55-68.
[21] 易延友.证据法学[M].北京:法律出版社,2017.
[22] 李江.交通事故力学[M].北京:机械工业出版社,2000.
[23] 周荣.证据法要论[M].北京:商务印书馆,1936.
[24] 樊崇义.刑事诉讼法学研究综述与评价[M].北京:中国政法大学出版社,1991.
[25] 陈光中.刑事诉讼法学(新编)[M].北京:中国政法大学出版社,1996.
[26] 何家弘.证据调查[M].北京:法律出版社,1997.
[27] 江伟.证据法学[M].北京:法律出版社,1999.
[28] 何家弘.新编证据法学[M].北京:法律出版社,2000.
[29] 樊崇义.证据法学[M].北京:法律出版社,2001.
[30] 陈一云.证据学[M].北京:中国人民大学出版社,2001.
[31] 刘金友.证据法学[M].北京:中国政法大学出版社,2001.
[32] 卞建林.证据法学[M].北京:中国政法大学出版社,2007.
[33] 陈卫东,谢佑平.证据法学[M].上海:复旦大学出版社,2005.
[34] 洪浩.证据法学[M].北京:北京大学出版社,2005.
[35] 张保生.证据法学[M].北京:中国政法大学出版社,2009.
[36] 何家弘,张卫平.简明证据法学[M].北京:中国人民大学出版社,2011.

[37] 邹明理.痕迹学[M].北京:法律出版社,2000.
[38] 于长吉,陶沙.道路交通事故技术鉴定方法[M].大连:大连理工大学出版社,2011.
[39] 刘建军.交通事故痕迹物证鉴定技术[M].北京:中国人民公安大学出版社,2001.